合格革命

2024年度版

行政書士

基本問題集

行政書士試験研究会

早稲田経営出版

TAC PUBLISHING Group

はじめに

　受験生の話を聞いていると、「テキストを何回も読んでいるのに合格できない」「資格学校に通って何年も講義を聴いているのに合格できない」といった悩みを抱えている人が多いようです。テキストを何回も読んだり講義を何年も聴いたりしているのですから、決して勉強自体をしていないわけではありません。

　それでは、なぜ合格できないのでしょうか？　それは、問題を解いていないからです。当たり前のことですが、行政書士試験では、問題が解けなければ1点も取ることはできません。いくらテキストを読みこんだりマーカーをたくさん引いたりしたところで、試験当日に「このテキストを読みなさい」とか「重要なところにマーカーを引きなさい」といった出題はされないのです。したがって、行政書士試験に合格するためには、普段から問題を解く訓練をする必要があるのです。

　ただ、問題を解く訓練といっても、何でもよいからとにかく問題集を解けばよいというものではありません。従来の行政書士試験用の問題集は、テキストとのリンクがなされていないものが多く、問題集を解いてもそこで出てきた知識がテキストのどこに書いてあるかがわからず（ひどいものになると、そもそもテキストに書いてなく）、非常に使いづらいものばかりでした。そこで、本書では、1つの選択肢ごとに『基本テキスト』の参照ページを付けるという「革命的」な試みをし、受験生のみなさんが効率的に学習できるようにしています。

　また、本書は、絶対に押さえておくべき重要過去問を中心に出題しつつ、過去問では不十分なテーマについてはオリジナル問題で補充していますので、出題範囲を網羅的に問題演習することができます。さらに、単に問題と解説を掲載するだけでなく、「キーワード（用語解説）」「ポイント（問題の着眼点）」「解答のテクニック」といったお役立ち情報も満載なので、これ1冊で「革命的」に実力を伸ばすことができます。

　本書は、受験生のみなさんが行政書士試験という堅固な要塞を攻略し、「合格革命」を成功させるための最強の武器となってくれることでしょう。

2023年11月

行政書士試験研究会

目 次

本書の特長と使い方 ………………………………………………… 6

合格革命シリーズの紹介と合格への道のり ……………………… 8

～これは使える～　革命的！解答テクニック ………………… 10

第1部　憲　法　　50問

科目別ガイダンス …………………………………………………… 20

第1章　総　論 ……………………………………………………… 24

第2章　人　権 ……………………………………………………… 26

第3章　統　治 ……………………………………………………… 98

第2部　行政法　　110問

科目別ガイダンス ………………………………………………… 138

第1章　行政法の一般的な法理論 ……………………………… 144

第2章　行政手続法 ……………………………………………… 200

第3章　行政不服審査法 ………………………………………… 238

第4章　行政事件訴訟法 ………………………………………… 258

第5章　国家賠償法・損失補償 ………………………………… 324

第6章　地方自治法 ……………………………………………… 346

第3部　民　法　　85問

科目別ガイダンス ………………………………………………… 378

第1章　総　則 …………………………………………………… 384

第2章　物　権 …………………………………………………… 420

第3章　債　権 …………………………………………………… 462

第4章　親　族 …………………………………………………… 540

第5章　相　続 …………………………………………………… 548

第4部　商　法　　30問

科目別ガイダンス ……………………………………………… 558
第1章　商　法 ………………………………………………… 562
第2章　会社法 ………………………………………………… 574

第5部　基礎法学　　15問

科目別ガイダンス ……………………………………………… 626
第1章　法学概論 ……………………………………………… 628
第2章　紛争解決制度 ………………………………………… 648

第6部　基礎知識　　60問

科目別ガイダンス ……………………………………………… 660
第1章　一般知識 ……………………………………………… 664
第2章　業務関連諸法令 ……………………………………… 718
第3章　情報通信 ……………………………………………… 728
第4章　個人情報保護 ………………………………………… 744
第5章　文章理解 ……………………………………………… 762

本書の特長と使い方

1 各問題のテーマを示しています。

2 過去問の場合は、出題年度と問題番号を明記しています（平成18年度問題4であれば、平18-4としています）。また、法改正などにより過去問を改編した場合は、問題番号の後に「改」と付けています。なお、オリジナル問題の場合は、「オリジナル問題」と記載しています。

3 本試験での出題可能性の高いものから順にA～Cのランクを付しています。時間のない人は、Aランクの問題だけでも解いておきましょう。

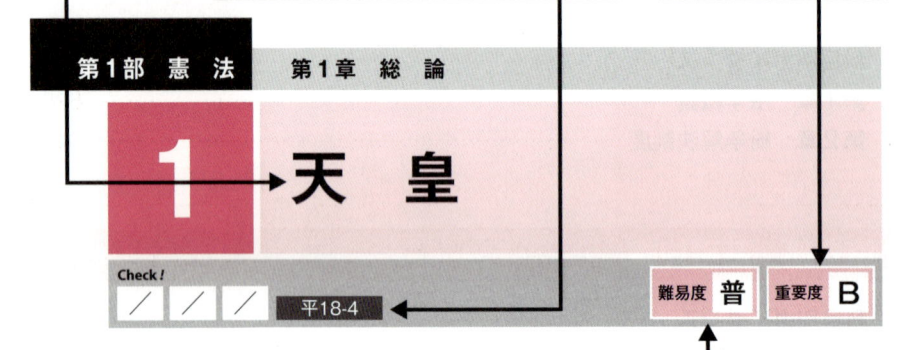

第1部 憲 法	第1章 総 論

1 → 天 皇

Check !
／　／　／　平18-4

| 難易度 | 普 | 重要度 | B |

次のア～オの記述のうち、憲法上、天皇の国事行為として認められていないものはいくつあるか。

ア　内閣総理大臣の指名
イ　憲法改正、法律、政令及び条約の裁可
ウ　国務大臣の任免

4 各問題の難易度を示しています。
易…確実に正解したい基本的な問題
普…できれば正解したい合否を分けるレベルの問題
難…間違えても仕方ないといえる応用的な問題

5 問題を解く際のヒントです。問題を一読してわからない場合は、ヒントを参考にしながら解いてみるとよいでしょう。

> **ヒント**
>
> 瑕疵ある行政行為であったことを理由になされるのが「取消し」、行政行為後の事情の変化を理由になされるのが「撤回」である。肢1～肢5が「取消し」と「撤回」のどちらに当たるかを判断していこう。

解説

ア 認められていない　天皇の国事行為は、内閣総理大臣の任命であり（6条1項）、指名ではありません。なお、内閣総理大臣の指名は、国会の権能です（67条1項）。 テキスト p.11、12

イ 認められていない　天皇の国事行為は、憲法改正、法律、政令及び条約を公布することであり（7条1号）、裁可することではありません。なお、裁可

6 『基本テキスト』の参照ページを示しています。正誤判断ができない知識が出てきたら、『基本テキスト』の該当部分にマーカーを引いておき、定期的にその部分を見直すようにすると、効率的に知識が定着します。

7 正誤判断のポイントは色を変えていますので、なぜその答えなのかが一目でわかるようになっています。

正解　2

8 各問題の正解番号を示しています。

解答のテクニック　5肢択一式の穴埋め問題の解き方

　5肢択一式の穴埋め問題では、全部の空欄を埋めなくても正解が出せることが多いので（本問でも ウ は埋めていません）、確実にわかる部分から空欄を埋

9 問題を解く際に役立つテクニックを紹介しています。

10 その問題で出てきたキーワードの意味を解説しています。

キーワード　天皇の国事行為

　天皇の国事行為とは、天皇が行う形式的・儀礼的な行為のことです。これは、6条に2個、7条に10個定められています。

11 問題を解く際の着眼点（注意すべき点）を示しています。

ポイント　細かい知識は無視

　本問は、肢5において手続的デュープロセス論というアメリカの学説が出てきますが、この学説を知らなくても、肢4が「妥当である」と判断できれば正解することが

合格革命シリーズの紹介と合格への道のり

以下では、「合格革命シリーズ」の内容とその効果的な使い方を紹介します（なお、書名と刊行時期は変更される場合があります）。各書籍の特長をよく理解して、効果的な学習をしてください。

2 『基本テキスト』

行政書士試験合格に必要な知識を厳選した上で、その知識を豊富な図表を使って整理していますので、これ1冊で行政書士試験合格に必要な知識がインプットできます。全ページカラーですから見やすいのはもちろん、「よくある質問」「引っかけ注意！」「受験テクニック」「記述対策」といった側注も充実しており、読んでいて飽きない工夫が満載です。

学習スタート

1 『スタートダッシュ』

行政書士試験合格のための「初めの一歩」として、行政書士の試験制度や頻出テーマの概要を押さえることで、今後の学習をスムーズにすることができます。また、法律学習の最も基本である条文の読み方についても、この1冊でマスターすることができます。

3 『基本問題集』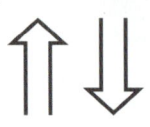

絶対に押さえておくべき重要過去問を中心に出題しつつ、過去問では不十分なテーマについてはオリジナル問題で補充することで、出題範囲を網羅的に問題演習することができます。また、選択肢の1つ1つに『基本テキスト』の参照ページを付けていますので、簡単に復習することができ、『基本テキスト』の知識を定着させるのに最適です。

入門期
概要をマスター！

実力養成期
必要な知識を定着！

4 『肢別過去問集』
(2023年12月刊行)

法令科目と情報通信・個人情報保護の過去問を1肢ごとに分解して、詳細な解説を掲載した、1問1答○×式の問題集です。過去問学習による知識の確認・定着に最適です。

5 『一問一答式出るとこ千問ノック』
(2024年1月刊行)

『基本テキスト』の本文部分と基本事項の側注（赤色部分）を素材として、1問1答○×式のオリジナル問題を1000問出題しています。コンパクトサイズで、いつでもどこでも択一式対策を進めることができます。また、全問オリジナル問題ですから、過去問だけでは物足りない、不安だという人にもオススメです。

6 『40字記述式・多肢選択式問題集』
(2024年2月刊行)

条文・判例の穴埋め問題で、記述式問題の素材となる条文・判例の文言を押さえていく＜基礎編＞から、本試験と同様に事例形式のオリジナル問題を出題している＜応用編＞へと進むようになっており、無理なく40字記述式対策が進められます。また、多肢選択式問題も掲載していますから、多肢選択式対策もこの1冊で万全です。

7

『法改正と直前予想模試』
(2024年4月刊行)

3時間で60問という本試験と同様の実戦演習を3回分行うことができます。もちろん、ヤマ当ても十分に期待できます。また、行政書士試験はその年の4月1日現在施行されている法律に基づいて実施されますので、その時点で判明している法改正情報も掲載します。

合格

弱点克服期 — 苦手分野を克服！

総仕上げ期 — 実力を最終チェック！

革命的！解答テクニック

　このコーナーでは、読者のみなさんがこれから問題演習をするに当たり、是非とも知っておいていただきたい「革命的！解答テクニック」を伝授していきます。このテクニックを駆使することで、短時間でミスなく問題を解き進めることができるでしょう。

　「革命的！解答テクニック」を使いながら本書の問題をくり返し解き、本試験までにこのテクニックを身に付けておきましょう！

1　5肢択一式問題の解き方

1．問題文に○と×を大きく書く

　行政書士試験の問題では、「正しいもの（妥当なもの）はどれか」という問題と、「誤っているもの（妥当でないもの）はどれか」という問題が混在しています。したがって、何となく問題を解いていると、「誤っているものはどれか」という問題で正しいものを選んでしまうなど、知識はあるのに間違えてしまうといった事態が往々にして生じてきます。これはもったいないことです。

　そこで、どちらが問われているかを瞬時に判断できるように、「正しいもの（妥当なもの）はどれか」とあれば○を、「誤っているもの（妥当でないもの）はどれか」とあれば×を、以下のように問題文に大きく書いておきます。

問題1　次の記述のうち、日本の首都として、正しいものはどれか。

　　1　札幌
　　2　東京
　　3　名古屋
　　4　京都
　　5　大阪

２．単純正誤問題では、各肢の正誤判断をしてその結果を横に書き、記号が一致したものを選ぶ

　行政書士試験では、「正しいもの（妥当なもの）はどれか」といった形式の単純正誤問題が最も多く出題されます。このような形式の問題では、各肢の正誤判断をし、「正しい（妥当である）」と判断した肢の横には○を、「誤り（妥当でない）」と判断した肢の横には×を書いていきます。そして、問題文の記号と肢の横の記号が一致したものが正解となります（問題１の正解は「２」となります）。

　このように、ビジュアルでどれが正解かわかるようにしておくと、ケアレスミスの防止に役立ちます。

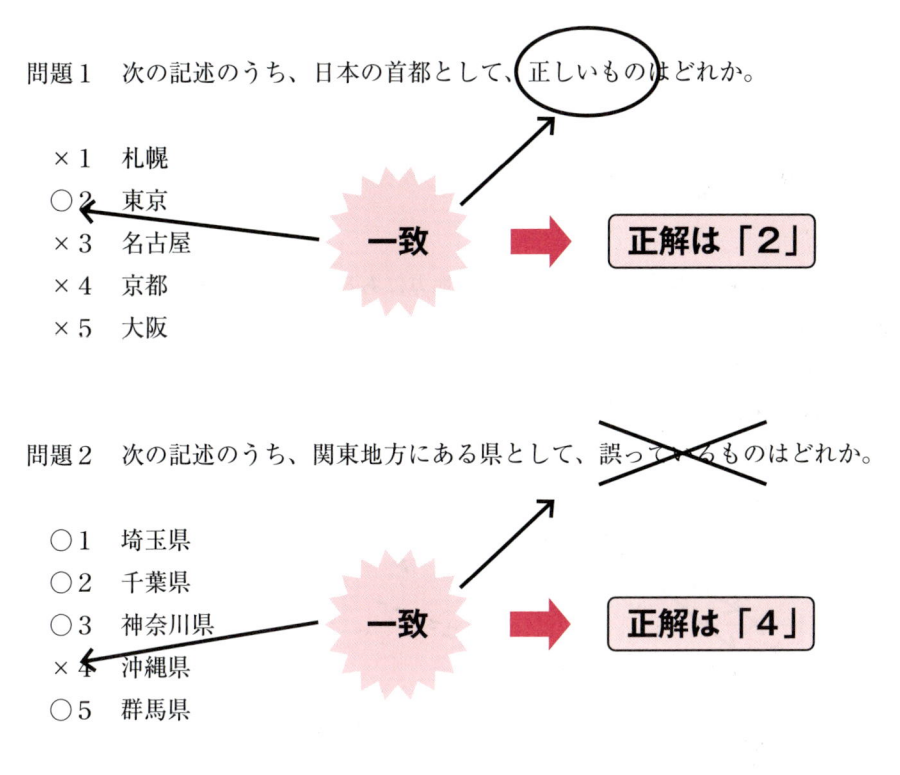

問題１　次の記述のうち、日本の首都として、正しいものはどれか。

　×１　札幌
　○２　東京
　×３　名古屋
　×４　京都
　×５　大阪

一致　➡　正解は「２」

問題２　次の記述のうち、関東地方にある県として、誤っているものはどれか。

　○１　埼玉県
　○２　千葉県
　○３　神奈川県
　×４　沖縄県
　○５　群馬県

一致　➡　正解は「４」

3．組合せ問題では、各肢の正誤判断をしてその結果を書き、記号が一致しないものを含む組合せを消去していく（消去法）

　行政書士試験では、「正しいもの（妥当なもの）の組合せはどれか」といった形式の組合せ問題も出題されます。このような形式の問題では、各肢の正誤判断をしてその結果を横に書き、記号が一致しないものを含む組合せを消去していきます。このようなテクニックを消去法といいます。

　例えば、問題3で、肢アが誤り（×）とわかったら、アに×を付け、アを含む「1」「2」を消去します。次に、肢イが正しい（○）とわかったら、イに○を付けます（記号が一致するので、ここでは消去しません）。次に、肢ウが誤り（×）とわかったら、ウに×を付け、ウを含む「3」「5」を消去します。そして、残った組合せが正解となります（問題3の正解は「4」となります）。

　このように、組合せ問題ではすべての肢を検討しなくても正解が出るようになっていますので（問題3では肢エは検討していません）、消去法を駆使して時間と労力を温存しましょう。

問題3　次のア〜エの記述のうち、関東地方にある県として、正しいものの組合せはどれか。

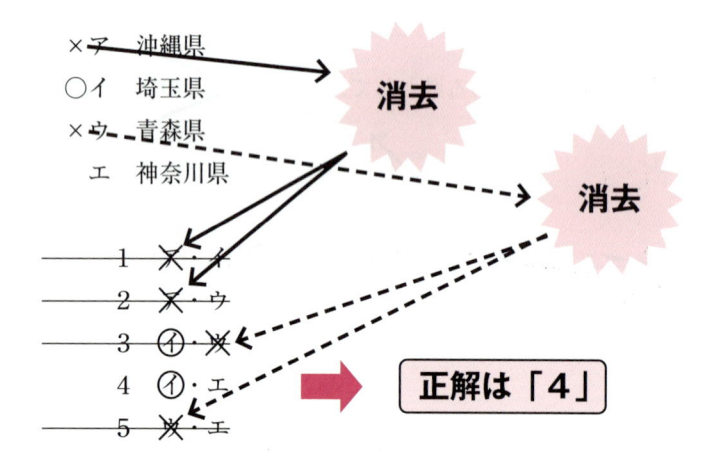

4．個数問題では、各肢の正誤判断をしてその結果を横に書き、記号が一致するものの個数を数えていく

　行政書士試験では、「誤っているもの（妥当でないもの）はいくつあるか」といった形式の個数問題も出題されます。このような形式の問題では、各肢の正誤判断をしてその結果を横に書き、記号が一致するものの個数を数えていきます。

　例えば、問題４では、誤っているもの（×）の個数が問われていますから、×が付いている肢の個数を数えていきます（問題４の正解は「３」となります）。

　なお、個数問題はすべての肢の正誤が判断できなければ正解できず、出題形式としては最も厳しいものであり、受験生の正答率も低くなっています。そこで、個数問題が本試験で出題された場合は、いったん飛ばしておき、最後に時間が余ったら解くようにするとよいでしょう。

問題４　次のア〜オの記述のうち、関東地方にある県として、誤っているものはいくつあるか。

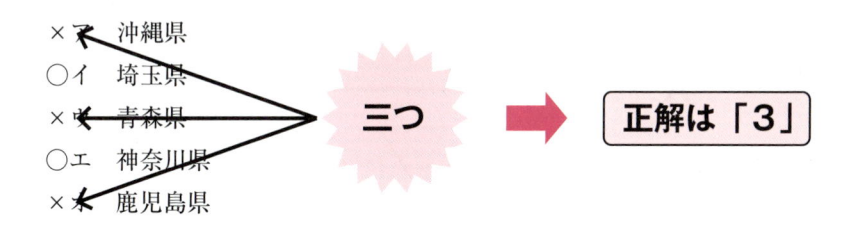

1　一つ
2　二つ
3　三つ
4　四つ
5　五つ

5．事例問題では、簡単な図を書いて登場人物の関係を把握する

　行政書士試験では、A・Bといった人物が登場する事例問題が出題されます（特に、民法で多く出題されます）。このような事例問題が出題された場合、簡単な図を書いて登場人物の関係を把握することが重要です。これをやらないと、AとBを逆に考えてしまい、まったく逆の結論になってしまうこともあります。

　なお、登場人物の関係図は、あくまで自分が登場人物の関係を把握できればよいので、丁寧に書く必要はまったくありません。例えば、登記を「Ⓢ」と略したり、抵当権を「抵」と略しても問題ありません。

　最初のうちは図を書くのに慣れていないのでかえって時間がかかってしまうかもしれませんが、慣れてくると図を書いたほうが登場人物の把握がスムーズにできるようになり、時間短縮の効果が期待できます（しかも、ケアレスミスも少なくなります）。今のうちにたくさん図を書く訓練をしておきましょう。

事例1　Aは、Bに対して自分の持っている甲土地を売り、登記を移転した。

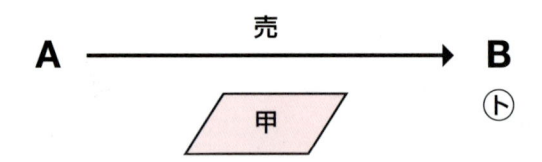

事例2　Aは、Bに対して100万円の貸金債権を持っており、この貸金債権を担保するため、Bの持っている建物に抵当権の設定を受けた。

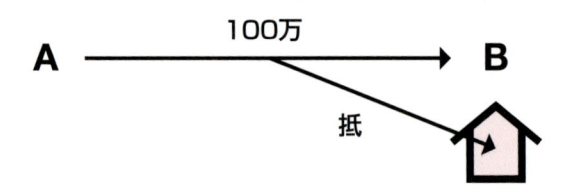

2 多肢選択式問題の解き方

1．まずは知識で空欄を埋めてみる

まずは問題文を読んで、選択肢を見ずに自分の知識で空欄を埋めてみます。そして、空欄を埋めた後に選択肢を見て、埋めた語句が選択肢の中にあれば、それが解答となりますので、選択肢の左横に「ア」「イ」といった感じで空欄の記号を書いておきます。

1	中野区	2	沖縄県 **イ** 3	埼玉県	4	青森県	5	中部地方
6	鹿児島県	7	近畿地方	8	大田区 **ア** 9	関東地方	10	世田谷区
11	千葉県 **エ** 12	新宿区	13	東北地方	14	茨城県	15	群馬県
16	九州地方	17	栃木県	18	愛知県	19	豊島区 **ウ** 20	神奈川県

2．埋まらない空欄は選択肢をグループ分けして推測する

次に、自分の知識で埋まらなかった空欄は、選択肢を見てそこから推測することになります。その際、選択肢をグループ分けしておくと、推測しやすくなります。

例えば、問題5では、「〜地方」「〜県」「〜区」といった3つのグループに分けることができますので、それぞれ○△□などでマークしておきます。そして、問題文2行目に「 イ 」や「 ウ 」などの県がある」と書いてあることから、「 イ 」と「 ウ 」には県のグループである△の選択肢が、問題文3〜4行目に「東京都庁がある区は、「 エ 」である」と書いてあることから、「 エ 」には区のグループである□の選択肢が入ることがわかります。また、残った「 ア 」には地方のグループである○の選択肢が入ることがわかります。

このように、グループ分けによって選択肢を絞ることができ、20分の1の確率であったものを5分の1や10分の1といった確率にまで上げることができるのです。

問題5　次の文章の空欄　ア　～　エ　に当てはまる語句を、枠内の選択肢（1
　　　　～20）から選びなさい。

　　　日本の首都は東京であり、これは　ア　にある。　ア　には、首都である
東京のほかにも、　イ　や　ウ　などの県がある。そして、　イ　の県庁所
在地はさいたま市であり、　ウ　の県庁所在地は横浜市である。なお、東京
都庁がある区は、　エ　である。

1　中野区	2　沖縄県	3　埼玉県	4　青森県	5　中部地方
6　鹿児島県	7　近畿地方	8　大田区	9　関東地方	10　世田谷区
11　千葉県	12　新宿区	13　東北地方	14　茨城県	15　群馬県
16　九州地方	17　栃木県	18　愛知県	19　豊島区	20　神奈川県

3　記述式問題の解き方

1．何を記述する必要があるかを把握する

　まずは何を記述する必要があるかを把握するために、問題文を読んで、記述す
べき事項について書いてある部分に波線を引きます。

　例えば、問題6では、「首都とは、その国の中央政府の所在地であり、通常は、
元首がそこに居住するものとされている」の部分は単なる問題の前提であり、記
述すべき事項は「日本の首都はどこであり、それは何と呼ばれる地方に存在する
か」の部分ですから、そこに波線を引いておきます。

問題6　首都とは、その国の中央政府の所在地であり、通常は、元首がそこに居
　　　　住するものとされている。それでは、日本の首都はどこであり、それは何
　　　　と呼ばれる地方に存在するか。40字程度で記述しなさい。

２．問題用紙の「下書用」のマスに解答を記述する

　次に、一度、問題用紙の「下書用」のマスに解答を記述してみます。この時点では、字数をオーバーしてもよいので、思いつく限りのことを記述していきます。

　その際、先ほど波線を引いた部分にそのまま答えるような形で解答を記述します。例えば、先ほどの問題では、「日本の首都は○○であり、それは△△と呼ばれる地方に存在する。」という形で記述します。

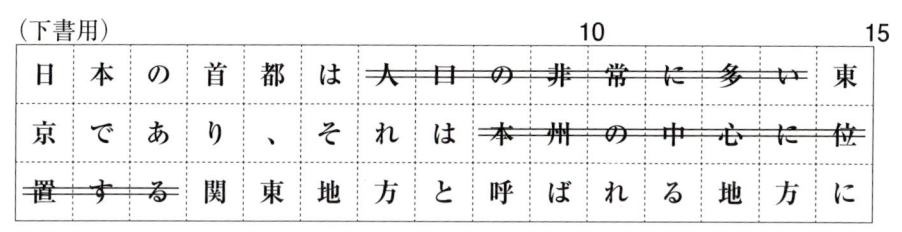

（下書用）　　　　　　　　　　　　　　　　　　　　10　　　　　　　　15

日	本	の	首	都	は	人	口	の	非	常	に	多	い	東
京	で	あ	り	、	そ	れ	は	本	州	の	中	心	に	位
置	す	る	関	東	地	方	と	呼	ば	れ	る	地	方	に

存在する。

３．「下書用」のマスに記述した解答を45マスにおさまるよう不要な部分を削る

　「下書用」のマスに記述した解答が45マスをオーバーしていた場合、不要な修飾語などを削って45マスにおさまるようにします。

（下書用）　　　　　　　　　　　　　　　　　　　　10　　　　　　　　15

日	本	の	首	都	は	~~人~~	~~口~~	~~の~~	~~非~~	~~常~~	~~に~~	~~多~~	~~い~~	東
京	で	あ	り	、	そ	れ	は	~~本~~	~~州~~	~~の~~	~~中~~	~~心~~	~~に~~	~~位~~
~~置~~	~~す~~	~~る~~	関	東	地	方	と	呼	ば	れ	る	地	方	に

存在する。

４．45マスにおさめた文章を解答用紙のマスに記述する

　不要な部分を削って45マスにおさまったなら、それを解答用紙のマスに記述します。その際、誤字・脱字などに十分注意しましょう。誤字・脱字は減点の対象となります（講師が本試験で実証済みです）。

									10					15
日	本	の	首	都	は	東	京	で	あ	り	、	そ	れ	は
関	東	地	方	と	呼	ば	れ	る	地	方	に	存	在	す
る	。													

憲　法

科目別ガイダンス

1 出題傾向表

　直近10年間（平成26年度～令和5年度）の本試験の出題傾向を表にまとめました（○：そのテーマから出題、△：肢の1つとして出題、多：多肢選択式で出題）。

(1) 総論

		26	27	28	29	30	元	2	3	4	5
憲法の意味	憲法の特色				△						
	憲法の基本原理										
天皇	天皇の地位				△						
	皇位継承										
	天皇の権能					○		△			△
	皇室の財産授受の議決										△

(2) 人権

		26	27	28	29	30	元	2	3	4	5
人権総論	人権の分類		○								
	人権の享有主体		○		△						
	人権の限界				△	多	△	○			△
	人権の私人間効力		○			○					
幸福追求権及び法の下の平等	幸福追求権	○		○					○		
	法の下の平等	○		○			○				
精神的自由権	思想及び良心の自由										
	信教の自由			○					○		
	表現の自由		多	多	多		△ 多	○		○	△ 多
	学問の自由					○	△				
経済的自由権	職業選択の自由	○								○	
	居住・移転の自由										
	外国移住・国籍離脱の自由										
	財産権				○				○		
人身の自由	奴隷的拘束及び苦役からの自由										
	法定手続の保障	△		多				○			△
	被疑者・被告人の権利								多	○	
社会権	生存権					○					
	教育を受ける権利				△		△				
	勤労の権利										
	労働基本権							多			
参政権	選挙権						○	△			
	被選挙権							△			

		26	27	28	29	30	元	2	3	4	5
受益権	請願権										△
	裁判を受ける権利										△
	国家賠償請求権										
	刑事補償請求権										△

（3）統治

		26	27	28	29	30	元	2	3	4	5
国　会	権力分立										
	国会の地位								○		
	二院制			△							
	国会の活動			△						△	
	国会議員の特権			△			○				
	国会と議院の権能	△						○			○
内　閣	行政権と内閣										
	内閣の組織	△			△					△	
	議院内閣制	△							△		
	内閣と内閣総理大臣の権能				△					△	△
裁判所	司法権		○					△	多		
	裁判所の組織と権能	△		○			△				△
	司法権の独立						△				△
	違憲審査権	多			△						△
	裁判の公開									○	△
財　政	財政の基本原則										
	財政監督の方式		○		○					△	○
地方自治・憲法改正	地方自治								△		
	憲法改正			△							

2 分析と対策

(1) 学習指針

　行政書士試験の憲法は、ほとんどが「人権」と「統治」から出題され、「総論」から出題されることは稀です。そこで、まずは「人権」と「統治」をしっかり学習し、余裕があれば「総論」も学習するといった順序が効率的です。

(2) 学習内容

① 人権

　「人権」では、「精神的自由権」（特に表現の自由）の出題頻度が高いので、「精神的自由権」については今年度も出題されるものと思って十分な学習をしておきましょう。また、「人権総論」や「幸福追求権及び法の下の平等」もよく出題されていますので、注意が必要です。

　そして、「人権」では、最高裁判所の判例（ある事件について最高裁判所が示した判断）が出題されることが多いので、学習していて最高裁判所の判例が出てきたら、その都度読み込んでいくようにしましょう。なお、最高裁判所の判例は、合憲（憲法に違反しない）か違憲（憲法に違反する）かという結論のみならず、そこに至るまでの理由付け（判旨）についても出題されますので、理由付け（判旨）についてもしっかり押さえるようにしましょう。

② 統治

　「統治」では、ほとんどが「国会」「内閣」「裁判所」のいずれかからの出題であり、その他のテーマからの出題は稀ですから、「国会」「内閣」「裁判所」を重点的に学習しましょう。

　そして、「統治」では、最高裁判所の判例に加えて、条文知識を問う問題もよく出題されますので、最高裁判所の判例のみならず条文も読み込んでおきましょう。

(3) 近時の出題傾向

　近時の行政書士試験の憲法では、簡単な問題（基本的な条文や最高裁判所の判例の知識を問う問題）と難しい問題（聞いたことのないような学説を問う問題や、試験会場でじっくり考えないと解けないような問題）の差が激しいという傾向があります。そこで、憲法では、簡単な問題は取りこぼしのないよう学習し、難しい問題は潔く捨てるといった姿勢が重要となります。

　行政書士試験において、憲法は、300点中わずか28点分しか出題されません。

それにもかかわらず、憲法は最初に学習することが多い科目であるためか、ついつい学習しすぎてしまい、後半の科目に手がまわらないという人が多いようですので、注意しましょう。

(4) 得点目標

　憲法では、6割正解できれば十分といえるでしょう（例年、簡単な問題が6割程度、難しい問題が4割程度出題されます）。

【憲法の得点目標】

出題形式	出題数	得点目標
5肢択一式	5問（20点）	3問（12点）
多肢選択式	1問（8点満点）	6点

1 天 皇

　次のア～オの記述のうち、憲法上、天皇の国事行為として認められていないものはいくつあるか。

ア　内閣総理大臣の指名

イ　憲法改正、法律、政令及び条約の裁可

ウ　国務大臣の任免

エ　大赦、特赦、減刑、刑の執行の免除及び復権の決定

オ　衆議院の解散

1　一つ

2　二つ

3　三つ

4　四つ

5　五つ

ア 認められていない　天皇の国事行為は、内閣総理大臣の任命であり（6条1項）、指名ではありません。なお、内閣総理大臣の指名は、国会の権能です（67条1項）。 テキスト p.11、12

イ 認められていない　天皇の国事行為は、憲法改正、法律、政令及び条約を公布することであり（7条1号）、裁可することではありません。なお、裁可とは、大日本帝国憲法によって天皇に認められていた権能であり、法律に国民を拘束する潜在的な効力を付与する行為のことです。 テキスト p.12

ウ 認められていない　天皇の国事行為は、国務大臣の任免を認証することであり（7条5号）、任免それ自体ではありません。なお、国務大臣の任免それ自体は、内閣総理大臣の権能です（68条1項、2項）。 テキスト p.12

エ 認められていない　天皇の国事行為は、大赦、特赦、減刑、刑の執行の免除及び復権を認証することであり（7条6号）、これらを決定することではありません。なお、大赦、特赦、減刑、刑の執行の免除及び復権の決定は、内閣の権能です（73条7号）。 テキスト p.13

オ 認められている　衆議院の解散は、天皇の国事行為として認められています（7条3号）。なお、衆議院の解散とは、衆議院議員の任期満了前に衆議院議員全員の資格を失わせることです。 テキスト p.12

🔍 **キーワード** 天皇の国事行為
　天皇の国事行為とは、天皇が行う形式的・儀礼的な行為のことです。これは、6条に2個、7条に10個定められています。

正解　4（ア・イ・ウ・エの四つ）

2 外国人の人権

　外国人の憲法上の権利に関する次の記述のうち、最高裁判所の判例の趣旨に照らして妥当でないものはどれか。

1　国家機関が国民に対して正当な理由なく指紋の押なつを強制することは、憲法13条の趣旨に反して許されず、また、この自由の保障は我が国に在留する外国人にも等しく及ぶと解される。

2　日本に在留する外国人のうちでも、永住者等であってその居住する区域の地方公共団体と特に緊密な関係を持っている者に、法律によって地方公共団体の長、その議会の議員等に対する選挙権を付与することは、憲法上禁止されない。

3　普通地方公共団体は、条例等の定めるところによりその職員に在留外国人を採用することを認められているが、この際に、その処遇について合理的な理由に基づいて日本国民と異なる取扱いをすることは許される。

4　社会保障上の施策において在留外国人をどのように処遇するかについては、国はその政治的判断によって決定することができ、限られた財源の下で福祉的給付を行うに当たって、自国民を在留外国人より優先的に扱うことも許される。

5　外国人は、憲法上日本に入国する自由を保障されてはいないが、憲法22条1項は、居住・移転の自由の一部として海外渡航の自由も保障していると解されるため、日本に在留する外国人が一時的に海外旅行のため出国し再入国する自由も認められる。

解説

1 **妥当である**　最高裁判所の判例は、国家機関が国民に対して正当な理由なく指紋の押捺を強制することは、憲法13条の趣旨に反して許されず、**この自由の保障は、我が国に在留する外国人にも等しく及ぶ**としています（指紋押捺拒否事件：最判平7.12.15）。 テキスト p.29、30

2 **妥当である**　最高裁判所の判例は、我が国に在留する外国人のうちでも永住者等であってその居住する区域の地方公共団体と特段に緊密な関係を持つに至ったと認められるものについて、**法律をもって、地方公共団体の長・議会の議員等に対する選挙権を付与する措置を講ずることは、憲法上禁止されているものではない**としています（最判平7.2.28）。 テキスト p.20

3 **妥当である**　最高裁判所の判例は、地方公共団体が、日本国民である職員に限って管理職に昇任することができることとする措置を執ることは、**合理的な理由に基づいて日本国民である職員と在留外国人である職員とを区別するものであり、このような措置は、憲法14条1項に違反するものではない**としています（最判平17.1.26）。 テキスト p.20

4 **妥当である**　最高裁判所の判例は、社会保障上の施策において在留外国人をどのように処遇するかについては、国は、特別の条約の存しない限り、その政治的判断によりこれを決定することができ、**その限られた財源の下で福祉的給付を行うに当たり、自国民を在留外国人より優先的に扱うことも許される**としています（塩見訴訟：最判平1.3.2）。 テキスト p.19

5 **妥当でない**　最高裁判所の判例は、我が国に在留する外国人は、憲法上、外国へ一時旅行する自由を保障されているものではなく、**再入国の自由も保障されない**としています（森川キャサリーン事件：最判平4.11.16）。 テキスト p.19

正解　5

3 外国人の人権

　外国人の人権に関する次の文章のうち、最高裁判所の判例の趣旨に照らし、妥当でないものはどれか。

1　国家機関が国民に対して正当な理由なく指紋の押捺を強制することは、憲法13条の趣旨に反するが、この自由の保障はわが国に在留する外国人にまで及ぶものではない。

2　わが国に在留する外国人は、憲法上、外国に一時旅行する自由を保障されているものではない。

3　政治活動の自由は、わが国の政治的意思決定またはその実施に影響を及ぼす活動等、外国人の地位にかんがみこれを認めることが相当でないと解されるものを除き、その保障が及ぶ。

4　国の統治のあり方については国民が最終的な責任を負うべきものである以上、外国人が公権力の行使等を行う地方公務員に就任することはわが国の法体系の想定するところではない。

5　社会保障上の施策において在留外国人をどのように処遇するかについては、国は、特別の条約の存しない限り、その政治的判断によってこれを決定することができる。

解説

1　**妥当でない**　最高裁判所の判例は、国家機関が国民に対して正当な理由なく指紋の押捺を強制することは、憲法13条の趣旨に反して許されず、この自由の保障は、我が国に在留する外国人にも等しく及ぶとしています（指紋押捺拒否事件：最判平7.12.15）。　テキスト p.29、30

2　**妥当である**　最高裁判所の判例は、我が国に在留する外国人は、憲法上、外国へ一時旅行する自由を保障されているものではないとしています（森川キャサリーン事件：最判平4.11.16）。　テキスト p.19

3　**妥当である**　最高裁判所の判例は、政治活動の自由は、我が国の政治的意思決定又はその実施に影響を及ぼす活動等外国人の地位にかんがみこれを認めることが相当でないものを除き、その保障が及ぶとしています（マクリーン事件：最大判昭53.10.4）。　テキスト p.18

4　**妥当である**　最高裁判所の判例は、国の統治のあり方については国民が最終的な責任を負うべきものである以上、外国人が公権力の行使等を行う地方公務員に就任することはわが国の法体系の想定するところではないとしています（最大判平17.1.26）。　テキスト p.20

5　**妥当である**　最高裁判所の判例は、社会保障上の施策において在留外国人をどのように処遇するかについては、国は、特別の条約の存しない限り、その政治的判断によりこれを決定することができるとしています（塩見訴訟：最判平1.3.2）。　テキスト p.19

正解　1

4 公務員の人権

公務員の政治的自由に関する次の文章の空欄 ア ～ エ に当てはまる語句を、枠内の選択肢（1 ～ 20）から選びなさい。

〔国家公務員法〕102条1項は、公務員の職務の遂行の政治的 ア 性を保持することによって行政の ア 的運営を確保し、これに対する国民の信頼を維持することを目的とするものと解される。

他方、国民は、憲法上、表現の自由（21条1項）としての政治活動の自由を保障されており、この精神的自由は立憲民主政の政治過程にとって不可欠の基本的人権であって、民主主義社会を基礎付ける重要な権利であることに鑑みると、上記の目的に基づく法令による公務員に対する政治的行為の禁止は、国民としての政治活動の自由に対する必要やむを得ない限度にその範囲が画されるべきものである。

このような〔国家公務員法〕102条1項の文言、趣旨、目的や規制される政治活動の自由の重要性に加え、同項の規定が刑罰法規の構成要件となることを考慮すると、同項にいう「政治的行為」とは、公務員の職務の遂行の政治的 ア 性を損なうおそれが、観念的なものにとどまらず、現実的に起こり得るものとして イ 的に認められるものを指し、同項はそのような行為の類型の具体的な定めを人事院規則に委任したものと解するのが相当である。・・・（中略）・・・。

・・・本件配布行為は、 ウ 的地位になく、その職務の内容や権限に エ の余地のない公務員によって、職務と全く無関係に、公務員により組織される団体の活動としての性格もなく行われたものであり、公務員による行為と認識し得る態様で行われたものでもないから、公務員の職務の遂行の政治的 ア 性を損なうおそれが イ 的に認められるものとはいえない。そうすると、本件配布行為は本件罰則規定の構成要件に該当しないというべきである。

（最二小判平成24年12月7日刑集66巻12号1337頁）

1	従属	2	平等	3	合法	4	穏健
5	裁量	6	実質	7	潜在	8	顕在
9	抽象	10	一般	11	権力	12	現業
13	経営者	14	指導者	15	管理職	16	違法
17	濫用	18	逸脱	19	中立	20	強制

解説

本問の文章は、堀越事件における最高裁判所判決の一節です（最判平24.12.7）。

テキスト p.22

❶ 「〔国家公務員法〕102条1項は、公務員の職務の遂行の政治的 ア 性を保持することによって行政の ア 的運営を確保し、これに対する国民の信頼を維持することを目的とする」とあるところ、国民の信頼を得るためには公務員の職務が政治的に中立であること、すなわち行政が中立であることが必要ですから、 ア には「19 中立」が入ります。

❷ 「公務員の職務の遂行の政治的 ア－中立 性を損なうおそれが、観念的なものにとどまらず、現実的に起こり得るものとして イ 的に認められるものを指し」とあるところ、「観念的」という語句と対比されるのは「実質的」ですから、 イ には「6 実質」が入ります。

❸ 「本件配布行為は、 ウ 的地位になく、その職務の内容や権限に エ の余地のない公務員によって…行われたものであり、…公務員の職務の遂行の政治的 ア－中立 性を損なうおそれが イ－実質 的に認められるものとはいえない」とあるところ、高い地位になく権限の幅の狭い公務員が行った行為であれば、政治的中立性を損なうおそれが実質的に認められないといえます。したがって、 ウ には高い地位を示す「15 管理職」、 エ には権限の幅の広さを示す「5 裁量」が入ります。

正解 ア－19（中立）、イ－6（実質）、ウ－15（管理職）、エ－5（裁量）

MEMO

5 在監者の人権

Check！
／／／　令2-3

難易度 **普**　重要度 **A**

　次の文章の空欄 ア ～ オ に当てはまる語句の組合せとして、妥当なものはどれか。

　未決勾留は、刑事訴訟法の規定に基づき、逃亡又は罪証隠滅の防止を目的として、被疑者又は被告人の ア を監獄内に限定するものであつて、右の勾留により拘禁された者は、その限度で イ 的行動の自由を制限されるのみならず、前記逃亡又は罪証隠滅の防止の目的のために必要かつ ウ 的な範囲において、それ以外の行為の自由をも制限されることを免れない・・・。また、監獄は、多数の被拘禁者を外部から エ して収容する施設であり、右施設内でこれらの者を集団として管理するにあたつては、内部における規律及び秩序を維持し、その正常な状態を保持する必要があるから、・・・この面からその者の イ 的自由及びその他の行為の自由に一定の制限が加えられることは、やむをえないところというべきである・・・被拘禁者の新聞紙、図書等の閲読の自由を制限する場合・・・具体的事情のもとにおいて、その閲読を許すことにより監獄内の規律及び秩序の維持上放置することのできない程度の障害が生ずる相当の オ 性があると認められることが必要であり、かつ、・・・制限の程度は、右の障害発生の防止のために必要かつ ウ 的な範囲にとどまるべきものと解するのが相当である。

（最大判昭和58年6月22日民集第37巻5号793頁）

	ア	イ	ウ	エ	オ
1	居住	身体	合理	隔離	蓋然
2	活動	身体	蓋然	遮断	合理
3	居住	日常	合理	遮断	蓋然
4	活動	日常	蓋然	隔離	合理
5	居住	身体	合理	遮断	蓋然

解説

本問の文章は、よど号ハイジャック記事抹消事件における最高裁判所判決の一節です（最大判昭58.6.22）。 テキスト p.23

❶ よど号ハイジャック記事抹消事件における最高裁判所判決は、在監者の閲読の自由に対する制約の合憲性を「**相当の蓋然性**」の有無で判断しています。したがって、 オ には「蓋然」が入りますから、 オ に「合理」を入れている「2」「4」は正解となりません。

❷ 「未決勾留は、…被疑者又は被告人の ア－居住 を監獄内に限定するものであつて、右の勾留により拘禁された者は、その限度で イ 的行動の自由を制限される」とあるところ、**居住が監獄内に限定されれば自由に動くことができず、身体的行動の自由が制限されます**。したがって、 イ には「身体」が入り、 イ に「日常」を入れている「3」は正解となりません。

❸ 「監獄は、多数の被拘禁者を外部から エ して収容する施設」とあるところ、**監獄では被拘禁者が場所的に隔離されて収容されます**（他方で、面会などは一定の要件の下でなし得るため、まったく遮断されてしまうわけではありません）。したがって、 エ には「隔離」が入りますから、 エ に「遮断」を入れている「5」は正解となりません。

❹ 以上より、残った「1」が正解となります。

**解答の
テクニック** 　**穴埋め問題でも消去法を使う**

　5肢択一式の穴埋め問題では、消去法が有効です。つまり、 オ に「蓋然」が入るとわかった時点で、「合理」を入れている「2」「4」を消去します。そうすると、 ア と ウ は「1」「3」「5」がすべて同じ語句ですので、考える必要がないことがわかります。このように、消去法をうまく使うと、すべての空欄を埋めなくても正解が出せるので、時間を節約することができます。

正解　　**1**

6 人権の私人間効力

　私法上の法律関係における憲法の効力に関する次の記述のうち、最高裁判所の判例に照らし、正しいものはどれか。

1　私人間においては、一方が他方より優越的地位にある場合には私法の一般規定を通じ憲法の効力を直接及ぼすことができるが、それ以外の場合は、私的自治の原則によって問題の解決が図られるべきである。
2　私立学校は、建学の精神に基づく独自の教育方針を立て、学則を制定することができるが、学生の政治活動を理由に退学処分を行うことは憲法19条に反し許されない。
3　性別による差別を禁止する憲法14条1項の効力は労働関係に直接及ぶことになるので、男女間で定年に差異を設けることについて経営上の合理性が認められるとしても、女性を不利益に扱うことは許されない。
4　自衛隊基地建設に関連して、国が私人と対等な立場で締結する私法上の契約は、実質的に公権力の発動と同視できるような特段の事情がない限り、憲法9条の直接適用を受けない。
5　企業者が、労働者の思想信条を理由に雇い入れを拒むことは、思想信条の自由の重要性に鑑み許されないが、いったん雇い入れた後は、思想信条を理由に不利益な取り扱いがなされてもこれを当然に違法とすることはできない。

解説

1 **誤り** 最高裁判所の判例は、私人間の関係においても、相互の社会的力関係の相違から、一方が他方に優越し、事実上後者が前者の意思に服従せざるを得ない場合があるが、このような場合でも、憲法の基本権保障規定の適用ないし類推適用を認めるべきではないとしています（三菱樹脂事件：最大判昭48.12.12）。 テキスト p.25

2 **誤り** 最高裁判所の判例は、私立学校は、建学の精神に基づく独自の教育方針を立て、学則を制定することができ、学生の政治活動を理由に退学処分を行うことは、懲戒権者に認められた裁量権の範囲内にあり、憲法19条に違反しないとしています（昭和女子大事件：最判昭49.7.19）。 テキスト p.26

3 **誤り** 最高裁判所の判例は、就業規則中、女子の定年年齢を男子より低く定めた部分は、性別のみによる不合理な差別を定めたものとして民法90条の規定により無効であるとしており（日産自動車事件：最判昭56.3.24）、経営上の合理性が認められる場合に男女間で定年に差異を設けることを禁止するものではありません。 テキスト p.26

4 **正しい** 最高裁判所の判例は、国が行政の主体としてでなく私人と対等の立場に立って、私人との間で個々的に締結する私法上の契約は、当該契約がその成立の経緯及び内容において実質的にみて公権力の発動たる行為と何ら変わりがないといえるような特段の事情のない限り、憲法９条の直接適用を受けないとしています（百里基地訴訟：最判平元.6.20）。 テキスト p.25

5 **誤り** 最高裁判所の判例は、企業者が特定の思想・信条を有する者をそれを理由として雇い入れることを拒んでも、それを当然に違法としたり、直ちに民法上の不法行為とすることはできないとしています（三菱樹脂事件：最大判昭48.12.12）。 テキスト p.25

正解 **4**

7 プライバシー

　プライバシーに関する次の記述のうち、最高裁判所の判例に照らし、妥当なものはどれか。

1　何人も、その承諾なしにみだりに容貌等を撮影されない自由を有するので、犯罪捜査のための警察官による写真撮影は、犯人以外の第三者の容貌が含まれない限度で許される。

2　前科は、個人の名誉や信用に直接関わる事項であるから、事件それ自体を公表することに歴史的または社会的な意義が認められるような場合であっても、事件当事者の実名を明らかにすることは許されない。

3　指紋は、性質上万人不同、終生不変とはいえ、指先の紋様にすぎず、それ自体では個人の私生活や人格、思想等個人の内心に関する情報ではないから、プライバシーとして保護されるものではない。

4　犯罪を犯した少年に関する犯人情報、履歴情報はプライバシーとして保護されるべき情報であるから、当該少年を特定することが可能な記事を掲載した場合には、特段の事情がない限り、不法行為が成立する。

5　いわゆる住基ネットによって管理、利用等される氏名・生年月日・性別・住所からなる本人確認情報は、社会生活上は一定の範囲の他者には当然開示されることが想定され、個人の内面に関わるような秘匿性の高い情報とはいえない。

1 妥当でない　最高裁判所の判例は、何人も、その承諾なしに、みだりにその容ぼう等（容ぼう・姿態）を撮影されない自由を有するとしています（京都府学連事件：最大判昭44.12.24）。しかし、同判例は、警察官が犯罪捜査の必要上写真を撮影する際、その対象の中に犯人のみならず第三者である個人の容ぼう等が含まれていても、これが許容される場合があるとしています。

テキスト p.28

2 妥当でない　最高裁判所の判例は、ある者の前科等にかかわる事実は、刑事事件・刑事裁判という社会一般の関心・批判の対象となるべき事項にかかわるものであるから、事件それ自体を公表することに歴史的・社会的な意義が認められるような場合には、事件の当事者についても、その実名を明らかにすることが許されないとはいえないとしています（ノンフィクション「逆転」事件：最判平6.2.8）。　テキスト p.29

3 妥当でない　最高裁判所の判例は、指紋は、性質上万人不同性、終生不変性をもつので、採取された指紋の利用方法次第では個人の私生活あるいはプライバシーが侵害される危険性があるとしています（指紋押捺拒否事件：最判平7.12.15）。　テキスト p.29

4 妥当でない　最高裁判所の判例は、犯罪を犯した少年を特定することが可能な記事を掲載した場合、この記事の掲載によって不法行為が成立するか否かは、被侵害利益ごとに違法性阻却事由の有無等を審理し、個別具体的に判断すべきであるとしています（長良川事件報道訴訟：最判平15.3.14）。

テキスト p.28

5 妥当である　最高裁判所の判例は、いわゆる住基ネットによって管理・利用等される氏名・生年月日・性別・住所からなる本人確認情報は、社会生活上は一定の範囲の他者には当然開示されることが想定され、個人の内面に関わるような秘匿性の高い情報とはいえないとしています（住基ネット訴訟：最判平20.3.6）。　テキスト p.31

正解　**5**

8 プライバシー

Check!　／　／　／　平28-4

難易度 **普**　重要度 **A**

　最高裁判所は、平成11年に導入された住民基本台帳ネットワークシステム（以下「住基ネット」という。）について、これが憲法13条の保障する自由を侵害するものではない旨を判示している（最一小判平成20年3月6日民集62巻3号665頁）。次の記述のうち、判決の論旨に含まれていないものはどれか。

1　憲法13条は、国民の私生活上の自由が公権力の行使に対しても保護されるべきことを規定しており、何人も個人に関する情報をみだりに第三者に開示または公表されない自由を有する。

2　自己に関する情報をコントロールする個人の憲法上の権利は、私生活の平穏を侵害されないという消極的な自由に加えて、自己の情報について閲覧・訂正ないし抹消を公権力に対して積極的に請求する権利をも包含している。

3　氏名・生年月日・性別・住所という4情報は、人が社会生活を営む上で一定の範囲の他者には当然開示されることが予定されている個人識別情報であり、個人の内面に関わるような秘匿性の高い情報とはいえない。

4　住基ネットによる本人確認情報の管理、利用等は、法令等の根拠に基づき、住民サービスの向上および行政事務の効率化という正当な行政目的の範囲内で行われているものということができる。

5　住基ネットにおけるシステム技術上・法制度上の不備のために、本人確認情報が法令等の根拠に基づかずにまたは正当な行政目的の範囲を逸脱して第三者に開示・公表される具体的な危険が生じているということはできない。

1 含まれている 住基ネット訴訟における最高裁判所判決は、憲法13条は、国民の私生活上の自由が公権力の行使に対しても保護されるべきことを規定しており、**何人も個人に関する情報をみだりに第三者に開示または公表されない自由を有する**としています（最判平20.3.6）。 テキスト p.30

2 含まれていない 住基ネット訴訟における最高裁判所判決は、自己に関する情報をコントロールする個人の憲法上の権利（プライバシー権）の性質、すなわち**私生活の平穏を侵害されないという消極的な自由か、自己の情報について閲覧・訂正ないし抹消を公権力に対して積極的に請求する権利をも包含するかについて、判示したわけではありません**（最判平20.3.6）。 テキスト p.30

3 含まれている 住基ネット訴訟における最高裁判所判決は、氏名・生年月日・性別・住所という4情報は、人が社会生活を営む上で一定の範囲の他者には当然開示されることが予定されている個人識別情報であり、**個人の内面に関わるような秘匿性の高い情報とはいえない**としています（最判平20.3.6）。 テキスト p.31

4 含まれている 住基ネット訴訟における最高裁判所判決は、住基ネットによる本人確認情報の管理、利用等は、法令等の根拠に基づき、**住民サービスの向上および行政事務の効率化という正当な行政目的の範囲内で行われているもの**ということができるとしています（最判平20.3.6）。 テキスト p.31

5 含まれている 住基ネット訴訟における最高裁判所判決は、住基ネットにおけるシステム技術上・法制度上の不備のために、**本人確認情報が法令等の根拠に基づかずにまたは正当な行政目的の範囲を逸脱して第三者に開示・公表される具体的な危険が生じているということはできない**としています（最判平20.3.6）。 テキスト p.31

正解 **2**

9 法の下の平等

　次の文章は、平等原則について、先例として引用されることの多い最高裁判所判決の一部である。文中の空欄 ア ～ エ にあてはまる語句の組合せとして、正しいものはどれか。

　思うに、憲法14条1項及び地方公務員法13条にいう社会的身分とは、人が社会において占める継続的な地位をいうものと解されるから、高令（齢）であるということは右の社会的身分に当らないとの原審の判断は相当と思われるが、右各法条は、国民に対し、法の下の平等を保障したものであり、右各法条に列挙された事由は ア なものであって、必ずしもそれに限るものではないと解するのが相当であるから、原判決が、高令（齢）であることは社会的身分に当らないとの一事により、たやすく上告人の……主張を排斥したのは、必ずしも十分に意を尽したものとはいえない。しかし、右各法条は、国民に対し イ な平等を保障したものではなく、差別すべき ウ な理由なくして差別することを禁止している趣旨と解すべきであるから、 エ に即応して ウ と認められる差別的取扱をすることは、なんら右各法条の否定するところではない。

（最大判昭和39年5月27日民集18巻4号676頁以下）

	ア	イ	ウ	エ
1	具体的	形式的	客観的	事柄の性質
2	例示的	絶対的	合理的	公共の福祉
3	例示的	相対的	合理的	事柄の性質
4	具体例	一般的	実質的	公共の福祉
5	例示的	絶対的	合理的	事柄の性質

解説

　本問の文章は、平等原則について、先例として引用されることの多い最高裁判所判決の一部です（最大判昭39.5.27）。 テキスト p.32、33

❶ 「右各法条に列挙された事由は ア なものであって、**必ずしもそれに限るものではない**」とありますので、 ア には列挙された事由以外にもありうるという意味の**「例示的」が入ります**。この時点で、本問の正解は「2」「3」「5」のいずれかに絞られます。

❷ 「国民に対し イ な平等を保障したものではなく…差別的取扱をすることは、なんら右各法条の否定するところではない」という流れから、 イ には**「差別的取扱をすることは、…否定するところではない」と反対の意味の語句が入る**ことがわかります。したがって、 イ には差別的取扱いを全く許容しないという意味の**「絶対的」な平等が入ります**。この時点で、本問の正解は「2」「5」のどちらかに絞られます。

❸ 「2」「5」は ウ に「合理的」が入るとしている点で共通していますから、 ウ は検討せずに、 エ の検討に進みます。

❹ 「 エ に**即応して**…差別的取扱をすることは、なんら右各法条の否定するところではない」とありますので、**何に応じた**差別的取扱いをすることが許されるのかを考えますと、「公共の福祉」では意味が通らないため、**「事柄の性質」が入ります**。したがって、本問の正解は「5」となります。

解答のテクニック　**5肢択一式の穴埋め問題の解き方**

　5肢択一式の穴埋め問題では、全部の空欄を埋めなくても正解が出せることが多いので（本問でも ウ は埋めていません）、確実にわかる部分から空欄を埋め、1〜5の語句の組合せを見ながら正解を絞っていき、効率よく正解を導くことが重要です。

正解　5

10 法の下の平等

　法の下の平等に関する次の記述のうち、最高裁判所の判例に照らし、妥当でないものはどれか。

1　憲法が条例制定権を認める以上、条例の内容をめぐり地域間で差異が生じることは当然に予期されることであるから、一定の行為の規制につき、ある地域でのみ罰則規定が置かれている場合でも、地域差のゆえに違憲ということはできない。

2　選挙制度を政党本位のものにすることも国会の裁量に含まれるので、衆議院選挙において小選挙区選挙と比例代表選挙に重複立候補できる者を、一定要件を満たした政党等に所属するものに限ることは、憲法に違反しない。

3　法定相続分について嫡出性の有無により差異を設ける規定は、相続時の補充的な規定であることを考慮しても、もはや合理性を有するとはいえず、憲法に違反する。

4　尊属に対する殺人を、高度の社会的非難に当たるものとして一般殺人とは区別して類型化し、法律上刑の加重要件とする規定を設けることは、それ自体が不合理な差別として憲法に違反する。

5　父性の推定の重複を回避し父子関係をめぐる紛争を未然に防止するために、女性にのみ100日を超える再婚禁止期間を設けることは、立法目的との関係で合理性を欠き、憲法に違反する。

解説

1 **妥当である**　最高裁判所の判例は、憲法が条例制定権を認める以上、条例の内容をめぐり地域間で差異が生じることは当然に予期されることであるから、**一定の行為の規制につき、ある地域でのみ罰則規定が置かれている場合でも、地域差のゆえに違憲ということはできない**としています（最大判昭33.10.15）。テキスト p.309

2 **妥当である**　最高裁判所の判例は、選挙制度を政党本位のものにすることも国会の裁量に含まれるので、**衆議院選挙において小選挙区選挙と比例代表選挙に重複立候補できる者を、一定要件を満たした政党等に所属するものに限ることは、憲法に違反しない**としています（最大判平11.11.10）。テキスト p.33

3 **妥当である**　最高裁判所の判例は、法定相続分について嫡出性の有無により差異を設ける規定は、相続時の補充的な規定であることを考慮しても、**もはや合理性を有するとはいえず、憲法に違反する**としています（最大決平25.9.4）。テキスト p.35、36

4 **妥当でない**　最高裁判所の判例は、尊属に対する殺人を、高度の社会的非難に当たるものとして一般殺人とは区別して類型化し、法律上刑の加重要件とする規定を設けたとしても、**かかる差別的取扱いをもって直ちに合理的な根拠を欠くものと断ずることはできない**としています（最大判昭48.4.4）。なお、この判例は、尊属に対する殺人の法定刑を死刑又は無期懲役刑に限っている点が、不合理な差別として憲法に違反するとしています。テキスト p.34

5 **妥当である**　最高裁判所の判例は、父性の推定の重複を回避し父子関係をめぐる紛争を未然に防止するために、**女性にのみ100日を超える再婚禁止期間を設けることは、立法目的との関係で合理性を欠き、憲法に違反する**としています（最大判平27.12.16）。テキスト p.33、34

正解　**4**

11 議員定数不均衡

Check!

／　／　／　平19-41

難易度 **易**　重要度 **A**

次の文章は、ある最高裁判所判決の一節である。空欄 ア ～ エ に当てはまる語句を、枠内の選択肢（1～20）から選びなさい。

「公職選挙法の制定又はその改正により具体的に決定された選挙区割と議員定数の配分の下における選挙人の投票の有する ア に不平等が存し、あるいはその後の イ の異動により右のような不平等が生じ、それが国会において通常考慮し得る諸般の要素をしんしやくしてもなお、一般に ウ 性を有するものとは考えられない程度に達しているときは、右のような不平等は、もはや国会の ウ 的裁量の限界を超えているものと推定され、これを正当化すべき特別の理由が示されない限り、憲法違反と判断されざるを得ないものというべきである。

　もつとも、制定又は改正の当時合憲であつた議員定数配分規定の下における選挙区間の議員一人当たりの選挙人数又は イ （この両者はおおむね比例するものとみて妨げない。）の較差がその後の イ の異動によつて拡大し、憲法の選挙権の平等の要求に反する程度に至つた場合には、そのことによつて直ちに当該議員定数配分規定が憲法に違反するとすべきものではなく、憲法上要求される ウ 的 エ 内の是正が行われないとき初めて右規定が憲法に違反するものというべきである。」

（最大判昭和60年7月17日民集39巻5号1100頁以下）

1	羈束	2	数量	3	地域	4	人事	5	権力
6	価値	7	人工	8	結果	9	票決	10	厳格
11	期間	12	効果	13	機関	14	囲繞	15	合理
16	関連	17	人口	18	明確	19	要件	20	秩序

解説

　本問の文章は、衆議院議員定数不均衡訴訟における最高裁判所判決の一節です（最大判昭60.7.17）。 テキスト p.37

❶ 「選挙人の投票の有する アに不平等が存し」とあるところ、選挙権の平等は、**各選挙人の投票の価値**、すなわち各投票が選挙の結果に影響を及ぼす影響力においても平等であることを含むとされています（衆議院議員定数不均衡訴訟：最大判昭51.4.14）。したがって、アには**「6　価値」**が入ります。

❷ 「選挙区間の議員一人当たりの選挙人数又はイ…の較差がその後のイの異動によつて拡大し」とあるところ、**議員一人当たりの較差を生じさせるものであって、かつ、異動するもの**は、選択肢の中では「17　人口」しかありません。したがって、イには**「17　人口」**が入ります。

❸ 「不平等が生じ、それが国会において通常考慮し得る諸般の要素をしんしやくしてもなお、一般にウ性を有するものとは考えられない程度に達しているときは、右のような不平等は、…これを正当化すべき特別の理由が示されない限り、憲法違反と判断されざるを得ない」とあるところ、**不平等が憲法違反となるのは合理的な理由のない場合**です（最大判昭39.5.27）。したがって、ウには**「15　合理」**が入ります。

❹ 「憲法の選挙権の平等の要求に反する程度に至つた場合には、そのことによつて**直ちに**当該議員定数配分規定が憲法に違反するとすべきものではなく、憲法上要求されるウ的エ内の是正が行われないとき初めて右規定が憲法に違反する」とあることから、ウ的エには、**「直ちに」と対になる時間を意味する語句が入ります**。そして、そのような語句は、選択肢の中では「11　期間」しかありません。したがって、エには**「11　期間」が入ります**。

正解 **ア－6（価値）、イ－17（人口）、ウ－15（合理）、エ－11（期間）**

12 議員定数不均衡

　投票価値の平等に関する次の記述のうち、判例に照らし、妥当なものはどれか。

1　議員定数配分規定は、その性質上不可分の一体をなすものと解すべきであり、憲法に違反する不平等を生ぜしめている部分のみならず、全体として違憲の瑕疵を帯びるものと解すべきである。

2　投票価値の不平等が、国会の合理的裁量の範囲を超えると判断される場合には、選挙は違憲・違法となるが、不均衡の是正のために国会に認められる合理的是正期間を経過していなければ、事情判決の法理により選挙を有効とすることも許される。

3　衆議院議員選挙については、的確に民意を反映する要請が強く働くので、議員1人当たりの人口が平等に保たれることが重視されるべきであり、国会がそれ以外の要素を考慮することは許されない。

4　参議院議員選挙区選挙は、参議院に第二院としての独自性を発揮させることを期待して、参議院議員に都道府県代表としての地位を付与したものであるから、かかる仕組みのもとでは投票価値の平等の要求は譲歩・後退を免れない。

5　地方公共団体の議会の議員の定数配分については、地方自治の本旨にもとづき各地方公共団体が地方の実情に応じ条例で定めることができるので、人口比例が基本的な基準として適用されるわけではない。

1 **妥当である** 判例は、議員定数配分規定は、その性質上不可分の一体をなすものと解すべきであり、憲法に違反する不平等を生ぜしめている部分のみならず、全体として違憲の瑕疵を帯びるものと解すべきであるとしています（衆議院議員定数不均衡訴訟：最大判昭51.4.14）。 テキスト p.37

2 **妥当でない** 判例は、憲法上要求される合理的期間内の是正が行われないとき初めて議員定数配分規定が憲法に違反するとしています（衆議院議員定数不均衡訴訟：最大判昭60.7.17）。したがって、投票価値の不平等が、国会の合理的裁量の範囲を超えると判断される場合でも、不均衡の是正のために国会に認められる合理的是正期間を経過していなければ、選挙は違憲・違法となるわけではありません。 テキスト p.37

3 **妥当でない** 判例は、投票価値の平等は、選挙制度の決定について国会が考慮すべき唯一絶対の基準ではなく、国会は、衆議院及び参議院それぞれについて他に考慮することのできる事項をも考慮して、公正かつ効果的な代表という目標を実現するために適切な選挙制度を具体的に決定することができるとしています（衆議院議員定数不均衡訴訟：最大判昭51.4.14）。 テキスト p.37

4 **妥当でない** 判例は、参議院は衆議院とともに国権の最高機関として適切に民意を国政に反映する責務を負っていることは明らかであって、参議院議員選挙であること自体から、直ちに投票価値の平等の要請が後退してよいと解すべき理由は見出し難いとしています（参議院議員定数不均衡訴訟：最大判平24.10.17）。 テキスト p.38

5 **妥当でない** 判例は、公職選挙法の規定は、憲法の投票価値の平等の要請を受け、地方公共団体の議会の議員の定数配分につき、人口比例を最も重要かつ基本的な基準とし、各選挙人の投票価値が平等であるべきことを強く要求しているとしています（最判昭59.5.17）。 テキスト p.38、39

正解 **1**

13 思想及び良心の自由、信教の自由

　精神的自由権に関する次の記述のうち、判例の趣旨に照らし、正しいものはどれか。

1　憲法19条の「思想及び良心の自由」は、「信教の自由」（20条1項）の保障対象を宗教以外の世俗的な世界観・人生観等にまで拡大したものであるため、信教の自由の場合と同様に、固有の組織と教義体系を持つ思想・世界観のみが保護される。

2　憲法19条の「思想及び良心の自由」は、国民がいかなる思想を抱いているかについて国家権力が開示を強制することを禁止するものであるため、謝罪広告の強制は、それが事態の真相を告白し陳謝の意を表するに止まる程度であっても許されない。

3　憲法20条1項の「信教の自由」は、公認された宗教に属さない宗教的少数派であった人たちにも、多数派と同等の法的保護を与えるために導入されたものであるため、すべての宗教に平等に適用される法律は違憲となることはない。

4　憲法20条3項は、国が宗教教育のように自ら特定宗教を宣伝する活動を行うことを禁止する趣旨であるため、宗教団体の行う宗教上の祭祀に際して国が公金を支出することが同項に違反することはない。

5　憲法20条3項は、国と宗教とのかかわり合いが、その目的と効果に照らして相当な限度を超えた場合にこれを禁止する趣旨であるため、国公立学校で真摯な宗教的理由から体育実技を履修できない学生に対して代替措置を認めることを一切禁じるものではない。

1 **誤り** 憲法19条の「思想及び良心の自由」は、信教の自由の場合と同様に、固有の組織と教義体系を持つ思想・世界観のみが保護されるとした判例はありません。なお、このように述べたのは、謝罪広告強制事件（最大判昭31.7.4）における栗山裁判官の補足意見です。 テキスト p.40

2 **誤り** 判例は、謝罪広告を新聞紙等に掲載すべきことを加害者に命ずることは、それが単に事態の真相を告白し陳謝の意を表明するにとどまる程度のものであれば、代替執行の手続によって強制執行しても、加害者の倫理的な意思・良心の自由を侵害するものではないとしています（謝罪広告強制事件：最大判昭31.7.4）。 テキスト p.41

3 **誤り** 判例は、宗教法人に関する法的規制が、信者の宗教上の行為に何らかの支障を生じさせることがあるとするならば、信教の自由の重要性に思いを致し、憲法がそのような規制を許容するものであるかどうかを慎重に吟味しなければならないとしており（オウム真理教解散命令事件：最決平8.1.30）、すべての宗教に平等に適用される法律（宗教法人法）が違憲となる余地を認めています。 テキスト p.43

4 **誤り** 判例は、県が靖国神社等に対して玉串料の名目で公金を支出したことは、憲法20条3項、89条に違反するとしています（愛媛県玉串料事件：最大判平9.4.2）。 テキスト p.44

5 **正しい** 判例は、国公立学校で真摯な宗教的理由から体育実技を履修できない学生に対する代替措置は、目的において宗教的意義を有し、特定の宗教を援助・助長・促進する効果を有するものということはできず、他の宗教者又は無宗教者に圧迫・干渉を加える効果があるともいえないことから、認められるとしています（剣道実技拒否事件：最判平8.3.8）。 テキスト p.43

正解 **5**

14 信教の自由

　次の文章は、宗教法人Xへの解散命令の合憲性に関して、Xの特別抗告に対して下された最高裁判所決定の一節である。空欄 ア 〜 エ に当てはまる語句を、枠内の選択肢（1 〜 20）から選びなさい。

　「（宗教法人）法81条に規定する宗教法人の解散命令の制度は、前記のように、専ら宗教法人の ア 側面を対象とし、かつ、専ら ア 目的によるものであって、宗教団体や信者の精神的・ イ 側面に容かいする意図によるものではなく、その制度の目的も合理的であるということができる。そして…（中略）…抗告人が、法令に違反して、著しく公共の福祉を害すると明らかに認められ、宗教団体の目的を著しく逸脱した行為をしたことが明らかである。抗告人の右のような行為に対処するには、抗告人を解散し、その法人格を失わせることが ウ かつ適切であり、他方、解散命令によって宗教団体であるXやその信者らが行う宗教上の行為に何らかの支障を生ずることが避けられないとしても、その支障は、解散命令に伴う エ で事実上のものであるにとどまる。したがって、本件解散命令は、宗教団体であるXやその信者らの精神的・ イ 側面に及ぼす影響を考慮しても、抗告人の行為に対処するのに ウ でやむを得ない法的規制であるということができる。」

（最一小決平成8年1月30日民集50巻1号199頁以下）

1	直接的	2	間接的	3	積極的	4	消極的	5	明白
6	具体的	7	抽象的	8	容易	9	中立的	10	宗教的
11	可能	12	政治的	13	支配的	14	指導的	15	必要
16	社会的	17	裁量的	18	手続的	19	世俗的	20	有効

解説

　本問の文章は、オウム真理教解散命令事件における最高裁判所決定の一節です（最決平8.1.30）。 テキスト p.43

❶ 　イ の前に「宗教団体や信者の」とあることから、 イ には宗教に関する語句が入ることがわかります。したがって、 イ には「10　宗教的」が入ります。

❷ 　「 ア 目的によるものであって… イ 側面に容かいする意図によるものではなく」という流れから、 ア と イ は反対の意味の語句が入ることがわかります。したがって、 ア には宗教的ではないという意味の「19　世俗的」が入ります。

❸ 　2つ目の ウ について検討すると、空欄の後ろに「やむを得ない法的規制である」とありますから、 ウ には本件解散命令をせざるを得ないといった内容の語句が入ることがわかります。したがって、 ウ には「15　必要」が入ります。

❹ 　「解散命令によって宗教団体であるXやその信者らが行う宗教上の行為に何らかの支障を生ずることが避けられないとしても、その支障は、解散命令に伴う エ で事実上のものであるにとどまる。したがって、本件解散命令は、…やむを得ない法的規制であるということができる。」とあることから、解散命令による支障は、やむを得ない法的規制であると認定できる程度の軽微なものであることがわかります。したがって、 エ には「2　間接的」が入ります。

解答の テクニック　　穴埋め問題で空欄が複数ある場合の解き方

　本問の ウ のように空欄が複数ある場合は、全部の空欄に語句を入れて意味が通るかを検討するとよいです。そうでないと、1つ目の空欄を検討した際に間違った選択肢に飛びついてしまうおそれがあるからです。

　本問でも、1つ目の ウ に「20　有効」を入れても意味が通ることから、2つ目の空欄を検討せずに ウ を「20」にマークして間違えてしまったという受験生が多かったようです。

正解 アー19（世俗的）、イー10（宗教的）、ウー15（必要）、エー2（間接的）

15 信教の自由、政教分離原則

Check !　/　/　/　　平28-6

難易度 **易**　重要度 **A**

信教の自由・政教分離に関する次の記述のうち、最高裁判所の判例に照らし、最も妥当なものはどれか。

1　憲法が国およびその機関に対し禁ずる宗教的活動とは、その目的・効果が宗教に対する援助、助長、圧迫、干渉に当たるような行為、あるいは宗教と過度のかかわり合いをもつ行為のいずれかをいう。

2　憲法は、宗教と何らかのかかわり合いのある行為を行っている組織ないし団体であれば、これに対する公金の支出を禁じていると解されるが、宗教活動を本来の目的としない組織はこれに該当しない。

3　神社が主催する行事に際し、県が公費から比較的低額の玉串料等を奉納することは、慣習化した社会的儀礼であると見ることができるので、当然に憲法に違反するとはいえない。

4　信仰の自由の保障は私人間にも間接的に及ぶので、自己の信仰上の静謐を他者の宗教上の行為によって害された場合、原則として、かかる宗教上の感情を被侵害利益として損害賠償や差止めを請求するなど、法的救済を求めることができる。

5　解散命令などの宗教法人に関する法的規制が、信者の宗教上の行為を法的に制約する効果を伴わないとしてもそこに何らかの支障を生じさせるならば、信教の自由の重要性に配慮し、規制が憲法上許容されるか慎重に吟味しなければならない。

1 妥当でない 最高裁判所の判例は、憲法20条3項により禁止される「宗教的活動」とは、**行為の目的が宗教的意義をもち、その効果が宗教に対する援助・助長・促進又は圧迫・干渉等になるような行為**をいうとしています（津地鎮祭事件：最大判昭52.7.13）。 テキスト p.44

2 妥当でない 最高裁判所の判例は、憲法が公金の支出を禁じている宗教上の組織・団体とは、**宗教と何らかのかかわり合いのある行為を行っている組織・団体のすべてを意味するものではなく、宗教活動を本来の目的とする組織・団体を指す**ものとしています（最判平5.2.16）。したがって、宗教と何らかのかかわり合いのある行為を行っている組織ないし団体であれば、これに対する公金の支出を禁じているとする、本肢の前半は妥当でないといえます。 テキスト p.44

3 妥当でない 最高裁判所の判例は、神社が主催する行事に際し、県が公費から比較的低額の玉串料等を奉納することは、これによりもたらされる**県と神社とのかかわり合いが我が国の社会的・文化的諸条件に照らし相当とされる限度を超えるものであって、憲法に違反する**としています（愛媛県玉串料事件：最大判平9.4.2）。 テキスト p.44

4 妥当でない 最高裁判所の判例は、静謐な宗教的環境の下で信仰生活を送るべき利益は、**直ちに法的利益として認めることができない性質のものである**としています（自衛官合祀拒否訴訟：最大判昭63.6.1）。したがって、宗教上の感情を被侵害利益として損害賠償や差止めを請求するなど、法的救済を求めることは、原則としてできません。 テキスト p.42

5 最も妥当である 最高裁判所の判例は、解散命令などの宗教法人に関する法的規制が、信者の宗教上の行為を法的に制約する効果を伴わないとしてもそこに何らかの支障を生じさせるならば、**信教の自由の重要性に配慮し、規制が憲法上許容されるか慎重に吟味しなければならない**としています（オウム真理教解散命令事件：最決平8.1.30）。 テキスト p.43

正解 **5**

16 表現の自由

Check!

／／／　平25-7

難易度 **普**　重要度 **A**

　次の1〜5は、法廷内における傍聴人のメモ採取を禁止することが憲法に違反しないかが争われた事件の最高裁判所判決に関する文章である。判決の趣旨と異なるものはどれか。

1　報道機関の取材の自由は憲法21条1項の規定の保障の下にあることはいうまでもないが、この自由は他の国民一般にも平等に保障されるものであり、司法記者クラブ所属の報道機関の記者に対してのみ法廷内でのメモ採取を許可することが許されるかは、それが表現の自由に関わることに鑑みても、法の下の平等との関係で慎重な審査を必要とする。

2　憲法82条1項は、裁判の対審及び判決が公開の法廷で行われるべきことを定めているが、その趣旨は、裁判を一般に公開して裁判が公正に行われることを制度として保障し、ひいては裁判に対する国民の信頼を確保しようとすることにある。

3　憲法21条1項は表現の自由を保障しており、各人が自由にさまざまな意見、知識、情報に接し、これを摂取する機会をもつことは、個人の人格発展にも民主主義社会にとっても必要不可欠であるから、情報を摂取する自由は、右規定の趣旨、目的から、いわばその派生原理として当然に導かれる。

4　さまざまな意見、知識、情報に接し、これを摂取することを補助するものとしてなされる限り、筆記行為の自由は、憲法21条1項の規定の精神に照らして尊重されるべきであるが、これは憲法21条1項の規定によって直接保障される表現の自由そのものとは異なるから、その制限又は禁止には、表現の自由に制約を加える場合に一般に必要とされる厳格な基準が要求されるものではない。

5　傍聴人のメモを取る行為が公正かつ円滑な訴訟の運営を妨げるに至ることは通常はあり得ないのであって、特段の事情のない限り、これを傍聴人の自由に任せるべきであり、それが憲法21条1項の規定の精神に合致する。

1 異なる　レペタ事件における最高裁判所判決は、司法記者クラブ所属の報道機関の記者に対してのみ法廷においてメモを取ることを許可することも、**合理性を欠く措置ということはできない**としています（最大判平1.3.8）。
テキスト p.49

2 異ならない　レペタ事件における最高裁判所判決は、憲法82条1項は、裁判の対審及び判決が公開の法廷で行われるべきことを定めているが、その趣旨は、**裁判を一般に公開して裁判が公正に行われることを制度として保障し、ひいては裁判に対する国民の信頼を確保しようとすること**にあるとしています（最大判平1.3.8）。テキスト p.49、50

3 異ならない　レペタ事件における最高裁判所判決は、憲法21条1項は表現の自由を保障しており、各人が自由にさまざまな意見、知識、情報に接し、これを摂取する機会をもつことは、個人の人格発展にも民主主義社会にとっても必要不可欠であるから、**情報を摂取する自由は、右規定の趣旨、目的から、いわばその派生原理として当然に導かれる**としています（最大判平1.3.8）。テキスト p.49

4 異ならない　レペタ事件における最高裁判所判決は、さまざまな意見、知識、情報に接し、これを摂取することを補助するものとしてなされる限り、筆記行為の自由は、憲法21条1項の規定の精神に照らして**尊重されるべきで**あるが、これは憲法21条1項の規定によって直接保障される表現の自由そのものとは異なるから、その制限又は禁止には、**表現の自由に制約を加える場合に一般に必要とされる厳格な基準が要求されるものではない**としています（最大判平1.3.8）。テキスト p.49

5 異ならない　レペタ事件における最高裁判所判決は、傍聴人のメモを取る行為が公正かつ円滑な訴訟の運営を妨げるに至ることは通常はあり得ないのであって、特段の事情のない限り、これを**傍聴人の自由に任せるべきであり、それが憲法21条1項の規定の精神に合致する**としています（最大判平1.3.8）。テキスト p.49

正解　**1**

17 表現の自由

Check！

／　／　／　平28-41

難易度 **易**　重要度 **A**

　次の文章は、最高裁判所判決の一節である。空欄　ア　〜　エ　に当てはまる語句を、枠内の選択肢（1 〜 20）から選びなさい。

　憲法二一条二項前段は、「検閲は、これをしてはならない。」と規定する。憲法が、表現の自由につき、広くこれを保障する旨の一般的規定を同条一項に置きながら、別に検閲の禁止についてかような特別の規定を設けたのは、検閲がその性質上表現の自由に対する最も厳しい制約となるものであることにかんがみ、これについては、公共の福祉を理由とする例外の許容（憲法一二条、一三条参照）をも認めない趣旨を明らかにしたものと解すべきである。けだし、諸外国においても、表現を事前に規制する検閲の制度により思想表現の自由が著しく制限されたという歴史的経験があり、また、わが国においても、旧憲法下における出版法（明治二六年法律第一五号）、新聞紙法（明治四二年法律第四一号）により、文書、図画ないし新聞、雑誌等を出版直前ないし発行時に提出させた上、その発売、頒布を禁止する権限が内務大臣に与えられ、その運用を通じて　ア　な検閲が行われたほか、映画法（昭和一四年法律第六六号）により映画フイルムにつき内務大臣による典型的な検閲が行われる等、思想の自由な発表、交流が妨げられるに至つた経験を有するのであつて、憲法二一条二項前段の規定は、これらの経験に基づいて、検閲の　イ　を宣言した趣旨と解されるのである。

　そして、前記のような沿革に基づき、右の解釈を前提として考究すると、憲法二一条二項にいう「検閲」とは、　ウ　が主体となつて、思想内容等の表現物を対象とし、その全部又は一部の発表の禁止を目的として、対象とされる一定の表現物につき　エ　に、発表前にその内容を審査した上、不適当と認めるものの発表を禁止することを、その特質として備えるものを指すと解すべきである。

（最大判昭和59年12月12日民集38巻12号1308頁）

1	行政権	2	絶対的禁止	3	例外的	4	否定的体験
5	外形的	6	原則的禁止	7	形式的	8	制限的適用
9	抜き打ち的	10	積極的廃止	11	実質的	12	個別的具体的
13	警察権	14	法律的留保的	15	国家	16	網羅的一般的
17	司法権	18	裁量的	19	公権力	20	排他的

解説

　本問の文章は、税関検査事件における最高裁判所判決の一節です（最大判昭59.12.12）。 テキスト p.53

❶　「文書、図画ないし新聞、雑誌等を出版直前ないし発行時に提出させた上、その発売、頒布を禁止する権限が内務大臣に与えられ、**その運用を通じて** ア **な検閲が行われたほか**、映画法（昭和一四年法律第六六号）により映画フイルムにつき内務大臣による**典型的な検閲が行われる**等」とあり、 ア は「典型的な検閲」と対比される用語であることが分かります。そして、典型的な検閲ではなく、運用を通じて行われるものは、実質的な検閲です。したがって、 ア には「**11　実質的**」が入ります。

❷　「検閲がその性質上表現の自由に対する最も厳しい制約となるものであることにかんがみ、これについては、**公共の福祉を理由とする例外の許容（憲法一二条、一三条参照）をも認めない趣旨を明らかにしたもの**」とあるところ、例外を認めない制約は、絶対的な禁止といえます。したがって、 イ には「**2　絶対的禁止**」が入ります。

❸　本判決は、検閲の定義につき、「憲法二一条二項にいう『検閲』とは、**行政権**が主体となつて、思想内容等の表現物を対象とし、その全部又は一部の発表の禁止を目的として、対象とされる一定の表現物につき**網羅的一般的**に、発表前にその内容を審査した上、不適当と認めるものの発表を禁止することを、その特質として備えるものを指す」としています。したがって、 ウ には「**1　行政権**」、 エ には「**16　網羅的一般的**」が入ります。

正解 ア－11（実質的）、イ－2（絶対的禁止）、ウ－1（行政権）、エ－16（網羅的一般的）

18 表現の自由

Check!

／　／　／　令2-4

難易度 普　重要度 A

　表現の自由の規制に関する次の記述のうち、妥当でないものはどれか。

1　表現の内容規制とは、ある表現が伝達しようとするメッセージを理由とした規制であり、政府の転覆を煽動する文書の禁止、国家機密に属する情報の公表の禁止などがその例である。

2　表現の内容を理由とした規制であっても、高い価値の表現でないことを理由に通常の内容規制よりも緩やかに審査され、規制が許されるべきだとされる場合があり、営利を目的とした表現や、人種的憎悪をあおる表現などがその例である。

3　表現内容中立規制とは、表現が伝達しようとするメッセージの内容には直接関係なく行われる規制であり、学校近くでの騒音の制限、一定の選挙運動の制限などがその例である。

4　表現行為を事前に規制することは原則として許されないとされ、検閲は判例によれば絶対的に禁じられるが、裁判所による表現行為の事前差し止めは厳格な要件のもとで許容される場合がある。

5　表現行為の規制には明確性が求められるため、表現行為を規制する刑罰法規の法文が漠然不明確であったり、過度に広汎であったりする場合には、そうした文言の射程を限定的に解釈し合憲とすることは、判例によれば許されない。

1 **妥当である** 表現の内容規制とは、ある表現が伝達しようとするメッセージを理由とした規制のことです。その例としては、政府の転覆を煽動する文書の禁止、国家機密に属する情報の公表の禁止などが挙げられます。 テキスト p.55

2 **妥当である** 表現の内容を理由とした規制であっても、高い価値の表現でないことを理由に通常の内容規制よりも緩やかに審査され、規制が許されるべきだとされる場合があります。その例としては、営利を目的とした表現や、人種的憎悪をあおる表現などが挙げられます。 テキスト p.55

3 **妥当である** 表現内容中立規制とは、表現が伝達しようとするメッセージの内容には直接関係なく行われる規制のことです。その例としては、学校近くでの騒音の制限、一定の選挙運動の制限などが挙げられます。 テキスト p.55

4 **妥当である** 表現行為を事前に規制すること（事前抑制）は、原則として許されないとされています。そして、判例によれば、検閲は絶対的に禁じられますが（税関検査事件：最大判昭59.12.12）、裁判所による表現行為の事前差し止めは厳格な要件のもとで許容される場合があります（北方ジャーナル事件：最大判昭61.6.11）。 テキスト p.53、54

5 **妥当でない** 表現行為の規制には明確性が求められるため、表現行為を規制する刑罰法規の法文が漠然不明確であったり、過度に広汎であったりする場合には許されないとされていますから、前半は妥当です。しかし、判例によれば、このような法文の文言の射程を限定的に解釈し合憲とすることが許容される場合がありますから、後半が妥当でないといえます。
テキスト p.54、55

正解 5

19 表現の自由

　表現の自由に関する次の判断基準が想定している事例として、妥当なものはどれか。

　公共の利害に関する事項について自由に批判、論評を行うことは、もとより表現の自由の行使として尊重されるべきものであり、その対象が公務員の地位における行動である場合には、右批判等により当該公務員の社会的評価が低下することがあっても、その目的が専ら公益を図るものであり、かつ、その前提としている事実が主要な点において真実であることの証明があったときは、人身攻撃に及ぶなど論評としての域を逸脱したものでない限り、名誉侵害の不法行為の違法性を欠くものというべきである。

（最一小判平成元年12月21日民集43巻12号2252頁）

1　XはA駅の構内で、駅員の許諾を受けず、また退去要求を無視して、乗降客や通行人に対してB市の施策を批判する演説を行ったところ、不退去などを理由に起訴された。

2　Yは雑誌上で、宗教法人X1の会長X2に関する事実を批判的に報道したところ、X1・X2の名誉を毀損したとして訴訟になった。

3　作家Yは自らが執筆した小説にXをモデルとした人物を登場させ、この際にXが不特定多数への公開を望まない私生活上の事実を描いたため、Xが出版差止めを求めて出訴した。

4　新聞記者Xは取材の過程で公務員Aに接近して親密になり、外交交渉に関する国の機密情報を聞き出したところ、機密漏洩をそそのかしたとして起訴された。

5　A市の公立小学校で成績の評価方法をめぐる対立が生じ、市民Yが教員Xを厳しく批判するビラを配布したところ、XがYに対して損害賠償と謝罪広告を求めて出訴した。

解説

　本問で引用されている判断基準は、公正な論評の法理と呼ばれ、**批判・論評の対象が公務員の地位における行動である場合**には、この批判等により当該公務員の社会的評価が低下することがあっても、①その目的が専ら公益を図るものであり、かつ、②その前提としている事実が主要な点において真実であることの証明があったときは、③人身攻撃に及ぶなど論評としての域を逸脱したものでない限り、名誉侵害の不法行為の違法性を欠くとするものです（最判平1.12.21）。

テキスト p.50、51

1　**妥当でない**　本肢の事例は、**批判の対象がB市（地方公共団体）の施策で**あり、公務員の地位における行動ではありませんから、本問の判断基準が想定している事例ではありません。

2　**妥当でない**　本肢の事例は、**批判の対象が宗教法人X1の会長X2に関する事実**であり、公務員の地位における行動ではありませんから、本問の判断基準が想定している事例ではありません。

3　**妥当でない**　本肢の事例は、**Xが不特定多数への公開を望まない私生活上の事実を描いたもの**であり、そもそも批判・論評ではありませんから、本問の判断基準が想定している事例ではありません。

4　**妥当でない**　本肢の事例は、**外交交渉に関する国の機密情報を聞き出したもの**であり、そもそも批判・論評ではありませんから、本問の判断基準が想定している事例ではありません。

5　**妥当である**　本肢の事例は、**批判の対象がA市の公立小学校の教員Xの成績評価の方法**であり、公務員の地位における行動ですから、本問の判断基準が想定している事例です。

正解　**5**

20 学問の自由

Check!

／　／　／　　平21-6

難易度 **普**　重要度 **B**

　次の文章は、ある最高裁判所判決の一節である。この文章の趣旨と適合しない
ものはどれか。

　〔憲法23〕条の学問の自由は、学問的研究の自由とその研究結果の発表の自由
とを含むものであって、同条が学問の自由はこれを保障すると規定したのは、一
面において、広くすべての国民に対してそれらの自由を保障するとともに、他面
において、大学が学術の中心として深く真理を探究することを本質とすることに
かんがみて、特に大学におけるそれらの自由を保障することを趣旨としたもので
ある。教育ないし教授の自由は、学問の自由と密接な関係を有するけれども、必
ずしもこれに含まれるものではない。しかし、大学については、憲法の右の趣旨
と、これに沿って学校教育法52条*が「大学は、学術の中心として、広く知識を
授けるとともに、深く専門の学芸を教授研究」することを目的とするとしている
こととに基づいて、大学において教授その他の研究者がその専門の研究の結果を
教授する自由は、これを保障されると解するのを相当とする。すなわち、教授そ
の他の研究者は、その研究の結果を大学の講義または演習において教授する自由
を保障されるのである。そして、以上の自由は、すべて公共の福祉による制限を
免れるものではないが、大学における自由は、右のような大学の本質に基づい
て、一般の場合よりもある程度で広く認められると解される。

（最大判昭和38年5月22日刑集17巻4号370頁以下）

1　大学における学生の集会は、大学の公認した学内団体であるとか、大学の許
　可した学内集会であるとかいうことのみによって、特別な自由と自治を享有す
　るものではない。
2　大学の自治は、とくに大学の教授その他の研究者の人事に関して認められ、
　大学の自主的判断に基づいて教授その他の研究者が選任される。
3　遺伝子技術や医療技術など最新の科学技術に関わる研究の法的規制は、それ

が大学で行われる研究に関わるものであっても、一定の要件の下で許されうる。

4　学問の自由は、広くすべての国民に対して保障されるものであるため、研究費の配分に当たって大学の研究者を優遇することは許されない。

5　大学の自治は、その施設と学生の管理についてもある程度で保障され、大学に自主的な秩序維持の権能が認められている。

（注）　＊　当時。現在の同法83条。

本問の文章は、ポポロ事件における最高裁判所判決の一節です（最大判昭38.5.22）。 テキスト p.57、58

1 **適合する** ポポロ事件における最高裁判所判決は、本問の文章の後で、大学における学生の集会も、大学の公認した学内団体であるとか、大学の許可した学内集会であるとかいうことのみによって、特別な自由と自治を享有するものではないとしています。

2 **適合する** ポポロ事件における最高裁判所判決は、本問の文章の後で、大学の自治は、とくに大学の教授その他の研究者の人事に関して認められ、大学の学長・教授その他の研究者が大学の自主的判断に基づいて選任されるとしています。

3 **適合する** 本問の文章は、「以上の自由は、すべて公共の福祉による制限を免れるものではない」としていますから、遺伝子技術や医療技術など最新の科学技術に関わる研究の法的規制は、それが大学で行われる研究に関わるものであっても、公共の福祉による制限として、一定の要件の下で許されうることになります。

4 **適合しない** 本問の文章は、「大学における自由は、右のような大学の本質に基づいて、一般の場合よりもある程度で広く認められる」としていますから、研究費の配分に当たって大学の研究者を優遇することも許されることになります。

5 **適合する** ポポロ事件における最高裁判所判決は、本問の文章の後で、大学における学問の自由を保障するために、伝統的に大学の自治が認められており、この自治は、大学の施設と学生の管理についてもある程度で認められ、これらについてある程度で大学に自主的な秩序維持の権能が認められているとしています。

正解 4

MEMO

21 学問の自由

　学問の自由に関する次の記述のうち、妥当でないものはどれか。

1　学問研究を使命とする人や施設による研究は、真理探究のためのものであるとの推定が働くと、学説上考えられてきた。

2　先端科学技術をめぐる研究は、その特性上一定の制約に服する場合もあるが、学問の自由の一環である点に留意して、日本では罰則によって特定の種類の研究活動を規制することまではしていない。

3　判例によれば、大学の学生が学問の自由を享有し、また大学当局の自治的管理による施設を利用できるのは、大学の本質に基づき、大学の教授その他の研究者の有する特別な学問の自由と自治の効果としてである。

4　判例によれば、学生の集会が、実社会の政治的社会的活動に当たる行為をする場合には、大学の有する特別の学問の自由と自治は享有しない。

5　判例によれば、普通教育において児童生徒の教育に当たる教師にも教授の自由が一定の範囲で保障されるとしても、完全な教授の自由を認めることは、到底許されない。

解説

1 　**妥当である**　　学説上は、学問研究を使命とする人や施設による研究は、真理探究のためのものであるとの推定が働くと考えられてきました。
テキスト p.56

2 　**妥当でない**　　先端科学技術をめぐる研究であっても、罰則によって特定の種類の研究活動が規制されることがあります。例えば、ヒトに関するクローン技術等の規制に関する法律は、人クローン胚などを人又は動物の胎内に移植することを禁止し、これに違反した場合の罰則が規定されています。
テキスト p.56

3 　**妥当である**　　判例は、大学の学生が学問の自由を享有し、また大学当局の自治的管理による施設を利用できるのは、大学の本質に基づき、大学の教授その他の研究者の有する特別な学問の自由と自治の効果としてであるとしています（ポポロ事件：最大判昭38.5.22）。テキスト p.57

4 　**妥当である**　　判例は、学生の集会が、実社会の政治的社会的活動に当たる行為をする場合には、大学の有する特別の学問の自由と自治は享有しないとしています（ポポロ事件：最大判昭38.5.22）。テキスト p.58

5 　**妥当である**　　判例は、普通教育において児童生徒の教育に当たる教師にも教授の自由が一定の範囲で保障されるとしても、完全な教授の自由を認めることは、到底許されないとしています（旭川学テ事件：最大判昭51.5.21）。
テキスト p.56

正解　　**2**

22 職業選択の自由

次の手紙の文中に示された疑問をうけて、これまで類似の規制について最高裁判所が示した判断を説明するア〜オの記述のうち、妥当なものの組合せはどれか。

前略　大変ご無沙汰しております。

お取り込み中申し訳ありませんが、私の進路選択について、折り入って貴兄にご相談したいことができました。演劇三昧だった学生生活を切り上げて、行政書士をめざして勉強を始めたのですが、最近、自らの職業選択が抱える不条理に、少々悩んでおります。

行政書士になりたい私が、試験に合格しなければ行政書士になれない、というのは、職業選択の自由という、私のかけがえのない人権の侵害にはあたらないのでしょうか。他方で、もし行政書士になれたとしても、行政書士法1条の2で行政書士の独占業務とされている書類の作成に関する限り、他者の営業の自由を排除しているわけですから、私は、かけがえのない人権であるはずの、他人の職業選択の自由を侵害して生きることになるのでしょうか……。

拝復　お悩みのご様子ですね。行政書士業を一定の資格要件を具備する者に限定する以上、それ以外の者の開業は禁止されるのですから、あなたのご疑問にはあたっているところもあります。問題はそうした制限を正当化できるかどうかで、この点は意見が分かれます。ご参考までに、最高裁判所がこれまでに示した判断についてだけ申しますと、

ア　医薬品の供給を資格制にすることについては、重要な公共の福祉のために必要かつ合理的な措置ではないとして、違憲判決が出ていますよ。

イ　小売市場の開設経営を都道府県知事の許可にかからしめる法律については、中小企業保護を理由として、合憲判決が出ていましたよね。

ウ　司法書士の業務独占については、登記制度が社会生活上の利益に重大な影響を及ぼすものであることなどを指摘して、合憲判決が出ています。

エ　公衆浴場を開業する場合の適正配置規制については、健全で安定した浴場経営による国民の保健福祉の維持を理由として、合憲とされていますね。

オ　酒販免許制については、職業活動の内容や態様を規制する点で、許可制よりも厳しい規制であるため、適用違憲の判決が下された例があります。

1　ア・イ・ウ　　2　ア・イ・エ　　3　イ・ウ・エ　　4　イ・ウ・オ
5　ウ・エ・オ

ア 妥当でない 医薬品の供給を資格制にすることについては、公共の福祉に適合する目的のための必要かつ合理的措置であるとして、合憲判決が出ています（薬局距離制限事件：最大判昭50.4.30）。 テキスト p.60

イ 妥当である 小売市場の開設経営を都道府県知事の許可にかからしめる法律については、中小企業保護を理由として、合憲判決が出ています（小売市場事件：最大判昭47.11.22）。 テキスト p.59

ウ 妥当である 司法書士の業務独占については、登記制度が社会生活上の利益に重大な影響を及ぼすものであることなどを指摘して、合憲判決が出ています（最判平12.2.8）。 テキスト p.59

エ 妥当である 公衆浴場を開業する場合の適正配置規制については、健全で安定した浴場経営による国民の保健福祉の維持を理由として、合憲とされています（公衆浴場距離制限事件：最判平1.1.20）。 テキスト p.61

オ 妥当でない 酒販免許制については、適用違憲の判決が下された例はありません（酒類販売免許制事件：最判平4.12.15）。 テキスト p.62

🖐 **ポイント** **見かけ倒しに注意**

　憲法では、一見難しそうに見えて実はそれほど難しくないという見かけ倒しの問題がよく出題されます。本問も、一見すると長文の手紙を読んで考えなければならない難しい問題のように見えます。しかし、問題文の冒頭に「最高裁判所が示した判断を説明するア〜オの記述のうち、妥当なものの組合せはどれか」とありますから、結局は単なる判例知識問題であることがわかります。

正解　**3（イ・ウ・エ）**

MEMO

23 職業選択の自由

　行政書士をめざすA君は、いくつかの最高裁判所判決を読みながら、その重要な部分を書き取ったカードを作成し、判例の論理をたどろうとしていたところ、うっかりしてカードをばらまいてしまった。その際に、要約ミスのため捨てるはずだった失敗カードが1枚混ざってしまったため、全体としてつじつまがあわなくなった。以下の1〜5のうち、捨てるはずだった失敗カードの上に書かれていた文章はどれか。

1　一般に、国民生活上不可欠な役務の提供の中には、当該役務のもつ高度の公共性にかんがみ、その適正な提供の確保のために、法令によって、提供すべき役務の内容及び対価等を厳格に規制するとともに、更に役務の提供自体を提供者に義務づける等のつよい規制を施す反面、これとの均衡上、役務提供者に対してある種の独占的地位を与え、その経営の安定をはかる措置がとられる場合がある。

2　憲法22条1項は、国民の基本的人権の一つとして、職業選択の自由を保障しており、そこで職業選択の自由を保障するというなかには、広く一般に、いわゆる営業の自由を保障する趣旨を包含しているものと解すべきであり、ひいては、憲法が、個人の自由な経済活動を基調とする経済体制を一応予定しているものということができる。

3　しかし、憲法は、個人の経済活動につき、その絶対かつ無制限の自由を保障する趣旨ではなく、各人は、「公共の福祉に反しない限り」において、その自由を享有することができるにとどまり、公共の福祉の要請に基づき、その自由に制限が加えられることのあることは、右条項自体の明示するところである。

4　のみならず、憲法の他の条項をあわせ考察すると、憲法は、全体として、福祉国家的理想のもとに、社会経済の均衡のとれた調和的発展を企図しており、その見地から、すべての国民にいわゆる生存権を保障し、その一環として、国民の勤労権を保障する等、経済的劣位に立つ者に対する適切な保護政策を要請

していることは明らかである。

5 　おもうに、右条項に基づく個人の経済活動に対する法的規制は、個人の自由
な経済活動からもたらされる諸々の弊害が社会公共の安全と秩序の維持の見地
から看過することができないような場合に、消極的に、かような弊害を除去な
いし緩和するために必要かつ合理的な規制である限りにおいてのみ許されるべ
きである。

1 失敗カードでない 判例は、一般に、国民生活上不可欠な役務の提供の中には、当該役務のもつ高度の公共性にかんがみ、その適正な提供の確保のために、法令によって、提供すべき役務の内容及び対価等を厳格に規制するとともに、更に役務の提供自体を提供者に義務づける等のつよい規制を施す反面、これとの均衡上、役務提供者に対してある種の独占的地位を与え、その経営の安定をはかる措置がとられる場合があるとしています（薬局距離制限事件：最大判昭50.4.30）。 テキスト p.60、61

2 失敗カードでない 判例は、憲法22条1項は、国民の基本的人権の一つとして、職業選択の自由を保障しており、そこで職業選択の自由を保障するというなかには、広く一般に、いわゆる営業の自由を保障する趣旨を包含しているものと解すべきであり、ひいては、憲法が、個人の自由な経済活動を基調とする経済体制を一応予定しているものということができるとしています（小売市場事件：最大判昭47.11.22）。 テキスト p.59

3 失敗カードでない 判例は、肢2の部分に続き、しかし、憲法は、個人の経済活動につき、その絶対かつ無制限の自由を保障する趣旨ではなく、各人は、「公共の福祉に反しない限り」において、その自由を享有することができるにとどまり、公共の福祉の要請に基づき、その自由に制限が加えられることのあることは、憲法22条1項自体の明示するところであるとしています（小売市場事件：最大判昭47.11.22）。 テキスト p.60

4 失敗カードでない 判例は、肢3の部分に続き、のみならず、憲法の他の条項をあわせ考察すると、憲法は、全体として、福祉国家的理想のもとに、社会経済の均衡のとれた調和的発展を企図しており、その見地から、すべての国民にいわゆる生存権を保障し、その一環として、国民の勤労権を保障する等、経済的劣位に立つ者に対する適切な保護政策を要請していることは明らかであるとしています（小売市場事件：最大判昭47.11.22）。 テキスト p.60

5 失敗カードである 判例は、①憲法22条1項に基づく個人の経済活動に対する法的規制は、個人の自由な経済活動からもたらされる諸々の弊害が社会公共の安全と秩序の維持の見地から看過することができないような場合

に、消極的に、かような弊害を除去ないし緩和するために必要かつ合理的な規制である限りにおいて許されるべきことはいうまでもない（消極的規制）とした上で、②国は、積極的に、国民経済の健全な発達と国民生活の安定を期し、もって社会経済全体の均衡のとれた調和的発展を図るために、立法により、個人の経済活動に対し、一定の規制措置を講ずることも、それが目的達成のために必要かつ合理的な範囲にとどまる限り、許されるべきである（積極的規制）としています（小売市場事件：最大判昭47.11.22）。したがって、②積極的規制を認めていない本肢は、要約ミスがあり失敗カードといえます。 テキスト p.60

正解　5

24 財産権

　次の記述は、ため池の堤とう（堤塘）の使用規制を行う条例により「ため池の堤とうを使用する財産上の権利を有する者は、ため池の破損、決かい等に因る災害を未然に防止するため、その財産権の行使を殆んど全面的に禁止される」ことになった事件についての最高裁判所判決に関するものである。判決の論旨として妥当でないものはどれか。

1　社会生活上のやむを得ない必要のゆえに、ため池の堤とうを使用する財産上の権利を有する者は何人も、条例による制約を受忍する責務を負うというべきである。

2　ため池の破損、決かいの原因となるため池の堤とうの使用行為は、憲法でも、民法でも適法な財産権の行使として保障されていない。

3　憲法、民法の保障する財産権の行使の埒外にある行為を条例をもって禁止、処罰しても憲法および法律に抵触またはこれを逸脱するものとはいえない。

4　事柄によっては、国において法律で一律に定めることが困難または不適当なことがあり、その地方公共団体ごとに条例で定めることが容易かつ適切である。

5　憲法29条2項は、財産権の内容を条例で定めることを禁じているが、その行使については条例で規制しても許される。

解説

　本問の題材となった、ため池の堤とう（堤塘）の使用規制を行う条例により「ため池の堤とうを使用する財産上の権利を有する者は、ため池の破損、決かい等に因る災害を未然に防止するため、その財産権の行使を殆んど全面的に禁止される」ことになった事件は、奈良県ため池条例事件です（最大判昭38.6.26）。テキスト p.63、64

1　**妥当である**　奈良県ため池条例事件の最高裁判所判決は、堤とうを使用する権利を有する者の財産権行使がほとんど全面的に禁止されることとなるが、それは災害を未然に防止するという社会生活上のやむを得ない必要から来ることであって、堤とうを使用する財産上の権利を有する者は何人も、公共の福祉のため当然これを受忍しなければならないとしています。

2　**妥当である**　奈良県ため池条例事件の最高裁判所判決は、ため池の破損・決壊の原因となる堤とうの使用行為は、憲法・民法の保障する財産権のらち外にあるとしています。

3　**妥当である**　奈良県ため池条例事件の最高裁判所判決は、憲法・民法の保障する財産権の行使のらち外にある行為を条例で処罰・禁止しても、憲法及び法律に抵触も逸脱もしないとしています。

4　**妥当である**　奈良県ため池条例事件の最高裁判所判決は、事柄によっては、国において法律で一律に定めることが困難又は不適当なことがあり、その地方公共団体ごとに条例で定めることが容易かつ適切であり、ため池の保全の問題は、まさにこの場合に該当するとしています。

5　**妥当でない**　奈良県ため池条例事件の最高裁判所判決は、財産権の内容を条例で規制する場合とその行使を条例で規制する場合とで、区別しているわけではありません。

正解　5

25 法定手続の保障

Check !
／　／　／　令2-7

難易度 **易**　重要度 **A**

　憲法訴訟における違憲性の主張適格が問題となった第三者没収に関する最高裁判所判決*について、次のア～オの記述のうち、法廷意見の見解として、正しいものをすべて挙げた組合せはどれか。

ア　第三者の所有物の没収は、所有物を没収される第三者にも告知、弁解、防禦の機会を与えることが必要であり、これなしに没収することは、適正な法律手続によらないで財産権を侵害することになる。

イ　かかる没収の言渡を受けた被告人は、たとえ第三者の所有物に関する場合であっても、それが被告人に対する附加刑である以上、没収の裁判の違憲を理由として上告をすることができる。

ウ　被告人としても、その物の占有権を剥奪され、これを使用・収益できない状態におかれ、所有権を剥奪された第三者から賠償請求権等を行使される危険に曝される等、利害関係を有することが明らかであるから、上告により救済を求めることができるものと解すべきである。

エ　被告人自身は本件没収によって現実の具体的不利益を蒙ってはいないから、現実の具体的不利益を蒙っていない被告人の申立に基づき没収の違憲性に判断を加えることは、将来を予想した抽象的判断を下すものに外ならず、憲法81条が付与する違憲審査権の範囲を逸脱する。

オ　刑事訴訟法では、被告人に対して言い渡される判決の直接の効力が被告人以外の第三者に及ぶことは認められていない以上、本件の没収の裁判によって第三者の所有権は侵害されていない。

（注）　＊　最大判昭和37年11月28日刑集16巻11号1593頁

1 ア・イ
2 ア・エ
3 イ・オ
4 ア・イ・ウ
5 ア・エ・オ

ア 　**正しい**　第三者所有物没収事件における最高裁判所判決の法廷意見は、第三者の所有物の没収は、所有物を没収される第三者にも告知、弁解、防禦の機会を与えることが必要であり、これなしに没収することは、適正な法律手続によらないで財産権を侵害することになるとしています（最大判昭37.11.28）。　テキスト p.66

イ 　**正しい**　第三者所有物没収事件における最高裁判所判決の法廷意見は、かかる没収の言渡を受けた被告人は、たとえ第三者の所有物に関する場合であっても、それが被告人に対する附加刑である以上、没収の裁判の違憲を理由として上告をすることができるとしています（最大判昭37.11.28）。　テキスト p.66

ウ 　**正しい**　第三者所有物没収事件における最高裁判所判決の法廷意見は、被告人としても、その物の占有権を剥奪され、これを使用・収益できない状態におかれ、所有権を剥奪された第三者から賠償請求権等を行使される危険に曝される等、利害関係を有することが明らかであるから、上告により救済を求めることができるものと解すべきであるとしています（最大判昭37.11.28）。　テキスト p.66

エ 　**誤り**　肢ウで述べたとおり、第三者所有物没収事件における最高裁判所判決の法廷意見は、被告人も利害関係を有することが明らかであるから、上告により救済を求めることができるとしています（最大判昭37.11.28）。本肢のように、被告人自身は本件没収によって現実の具体的不利益を蒙ってはいないから、現実の具体的不利益を蒙っていない被告人の申立に基づき没収の違憲性に判断を加えることは、将来を予想した抽象的判断を下すものに外ならず、憲法81条が付与する違憲審査権の範囲を逸脱するとしたのは、下飯坂潤夫裁判官及び石坂修一裁判官の反対意見です。　テキスト p.66

オ 　**誤り**　肢アで述べたとおり、第三者所有物没収事件における最高裁判所判決の法廷意見は、第三者に告知、弁解、防禦の機会を与えることなく没収することは、財産権を侵害することになるとしています（最大判昭37.11.28）。本肢のように、刑事訴訟法では、被告人に対して言い渡される判決の直接の効力が被告人以外の第三者に及ぶことは認められていない以上、本件の没収

の裁判によって第三者の所有権は侵害されていないとしたのは、山田作之助裁判官の少数意見です。 テキスト p.66

正解 4（ア・イ・ウ）

26 被疑者・被告人の権利

Check !
／　／　／　令4-5

難易度 **普**　重要度 **B**

適正手続に関する次の記述のうち、最高裁判所の判例に照らし、妥当なものはどれか。

1　告知、弁解、防御の機会を与えることなく所有物を没収することは許されないが、貨物の密輸出で有罪となった被告人が、そうした手続的保障がないままに第三者の所有物が没収されたことを理由に、手続の違憲性を主張することはできない。

2　憲法は被疑者に対して弁護人に依頼する権利を保障するが、被疑者が弁護人と接見する機会の保障は捜査権の行使との間で合理的な調整に服さざるを得ないので、憲法は接見交通の機会までも実質的に保障するものとは言えない。

3　審理の著しい遅延の結果、迅速な裁判を受ける被告人の権利が害されたと認められる異常な事態が生じた場合であっても、法令上これに対処すべき具体的規定が存在しなければ、迅速な裁判を受ける権利を根拠に救済手段をとることはできない。

4　不利益供述の強要の禁止に関する憲法の保障は、純然たる刑事手続においてばかりだけでなく、それ以外にも、実質上、刑事責任追及のための資料の取得収集に直接結びつく作用を一般的に有する手続には、等しく及ぶ。

5　不正な方法で課税を免れた行為について、これを犯罪として刑罰を科すだけでなく、追徴税（加算税）を併科することは、刑罰と追徴税の目的の違いを考慮したとしても、実質的な二重処罰にあたり許されない。

解説

1 　| **妥当でない** | 　最高裁判所の判例は、所有物を没収される第三者についても、告知、弁解、防御の機会を与えることが必要であるとしており（第三者所有物没収事件：最大判昭37.11.28）、前半は妥当です。しかし、同判例は、没収の言渡しを受けた被告人は、没収の裁判の違憲を理由として上告をなしうることは当然であるとしており、後半は妥当でないといえます。 `テキスト p.66`

2 　| **妥当でない** | 　最高裁判所の判例は、憲法34条前段は、被疑者に対し、弁護人を選任した上で、弁護人に相談してその助言を受けるなど弁護人から援助を受ける機会（接見交通の機会）を持つことを実質的に保障しているとしています（最大判平11.3.24）。 `テキスト p.68`

3 　| **妥当でない** | 　最高裁判所の判例は、審理の著しい遅延の結果、迅速な裁判を受ける被告人の権利が害されたと認められる異常な事態が生じた場合には、これに対処すべき具体的規定がなくても、もはや当該被告人に対する手続の続行を許さず、その審理を打ち切るという非常救済手段が採られるべきであるとしています（高田事件：最大判昭47.12.20）。 `テキスト p.68`

4 　| **妥当である** | 　最高裁判所の判例は、憲法38条１項（不利益供述の強要の禁止）による保障は、純然たる刑事手続においてばかりだけでなく、それ以外の手続においても、実質上、刑事責任追及のための資料の取得収集に直接結びつく作用を一般的に有する手続には等しく及ぶとしています（川崎民商事件：最大判昭47.11.22）。 `テキスト p.69`

5 　| **妥当でない** | 　最高裁判所の判例は、憲法39条（二重処罰の禁止）の規定は、刑罰たる罰金と追徴税とを併科することを禁止する趣旨を含むものではないとしています（最大判昭33.4.30）。 `テキスト p.70`

| 正解 | **4** |

27 生存権

　生存権に関する次の記述のうち、最高裁判所の判例に照らし、妥当なものはどれか。

1　憲法が保障する「健康で文化的な最低限度の生活」を営む権利のうち、「最低限度の生活」はある程度明確に確定できるが、「健康で文化的な生活」は抽象度の高い概念であり、その具体化に当たっては立法府・行政府の広い裁量が認められる。
2　行政府が、現実の生活条件を無視して著しく低い基準を設定する等、憲法および生活保護法の趣旨・目的に反し、法律によって与えられた裁量権の限界を越えた場合または裁量権を濫用した場合には、違法な行為として司法審査の対象となり得る。
3　憲法25条2項は、社会的立法および社会的施設の創造拡充により個々の国民の生活権を充実すべき国の一般的責務を、同条1項は、国が個々の国民に対しそうした生活権を実現すべき具体的義務を負っていることを、それぞれ定めたものと解される。
4　現になされている生活保護の減額措置を行う場合には、生存権の自由権的側面の侵害が問題となるから、減額措置の妥当性や手続の適正さについて、裁判所は通常の自由権の制約と同様の厳格な審査を行うべきである。
5　生活保護の支給額が、「最低限度の生活」を下回ることが明らかであるような場合には、特別な救済措置として、裁判所に対する直接的な金銭の給付の請求が許容される余地があると解するべきである。

解説

1 妥当でない　最高裁判所の判例は、健康で文化的な最低限度の生活は、抽象的な相対的概念であり、その具体的内容は、文化の発達・国民経済の進展に伴って向上するのはもとより、多数の不確定要素を総合考慮して初めて決定できるとしており（朝日訴訟：最大判昭42.5.24）、「最低限度の生活」と「健康で文化的な生活」を分けて考えているわけではありません。　テキスト p.71

2 妥当である　最高裁判所の判例は、現実の生活条件を無視して著しく低い基準を設定する等、憲法および生活保護法の趣旨・目的に反し、法律によって与えられた裁量権の限界を越えた場合または裁量権を濫用した場合には、違法な行為として司法審査の対象となり得るとしています（朝日訴訟：最大判昭42.5.24）。　テキスト p.71

3 妥当でない　最高裁判所の判例は、憲法25条１項は、国が個々の国民に対して具体的・現実的に生活権を充実すべき義務を負っていることを規定したものではなく、同条２項によって国の責務であるとされている社会的立法および社会的施設の創造拡充により個々の国民の具体的・現実的な生活権が設定充実されてゆくものであるとしています（堀木訴訟：最判昭57.7.7）。　テキスト p.72

4 妥当でない　最高裁判所の判例は、現になされている生活保護の減額措置を行う場合であっても、「減額措置の妥当性や手続の適正さについて、裁判所は通常の自由権の制約と同様の厳格な審査を行うべきである」という判断はしていません（朝日訴訟：最大判昭42.5.24）。　テキスト p.71

5 妥当でない　最高裁判所の判例は、憲法25条の規定は、すべての国民が健康で文化的な最低限度の生活を営み得るように国政を運営すべきことを国の責務として宣言したにとどまり、直接個々の国民に対して具体的権利を賦与したものではないとしています（朝日訴訟：最大判昭42.5.24）。したがって、生活保護の支給額が「最低限度の生活」を下回ることが明らかであるような場合でも、裁判所に対する直接的な金銭の給付の請求が許容される余地はありません。　テキスト p.71

正解　**2**

28 教育を受ける権利

　次の文章は、公教育をめぐる2つの対立する考え方に関する最高裁判所判決の一節（一部を省略）である。空欄 ア ～ エ に当てはまる語句を、枠内の選択肢（1 ～ 20）から選びなさい。

　一の見解は、子どもの教育は、親を含む国民全体の共通関心事であり、公教育制度は、このような国民の期待と要求に応じて形成、実施されるものであつて、そこにおいて支配し、実現されるべきものは国民全体の教育意思であるが、この国民全体の教育意思は、憲法の採用する議会制民主主義の下においては、国民全体の意思の決定の唯一のルートである国会の法律制定を通じて具体化されるべきものであるから、法律は、当然に、公教育における ア についても包括的にこれを定めることができ、また、教育行政機関も、法律の授権に基づく限り、広くこれらの事項について決定権限を有する、と主張する。これに対し、他の見解は、子どもの教育は、憲法二六条の保障する子どもの教育を受ける権利に対する責務として行われるべきもので、このような責務をになう者は、親を中心とする国民全体であり、公教育としての子どもの教育は、いわば親の教育義務の共同化ともいうべき性格をもつのであつて、それ故にまた、教基法*一〇条一項も、教育は、国民全体の信託の下に、これに対して直接に責任を負うように行われなければならないとしている、したがつて、権力主体としての国の子どもの教育に対するかかわり合いは、右のような国民の教育義務の遂行を側面から助成するための イ に限られ、子どもの ア については、国は原則として介入権能をもたず、教育は、その実施にあたる教師が、その ウ としての立場から、国民全体に対して教育的、文化的責任を負うような形で、……決定、遂行すべきものであり、このことはまた、憲法二三条における学問の自由の保障が、学問研究の自由ばかりでなく、 エ をも含み、 エ は、教育の本質上、高等教育のみならず、普通教育におけるそれにも及ぶと解すべきことによつても裏付けられる、と主張するのである。

（最大判昭和51年5月21日刑集30巻5号615頁）

1	初等教育	2	教科書検定	3	諸条件の整備
4	教授の自由	5	教育公務員	6	第三者
7	教科用図書	8	学習指導要領	9	教育専門家
10	教育の内容及び方法			11	研究者
12	管理者	13	中等教育	14	学習権
15	懲戒権	16	私立学校の自治	17	大学の自治
18	公の支配	19	職務命令	20	指揮監督

（注）　＊　教育基本法

解説

本問の文章は、公教育をめぐる2つの対立する考え方（国家教育権説と国民教育権説）に関する最高裁判所判決の一節です（旭川学テ事件：最大判昭51.5.21）。

テキスト p.72

❶ 「これに対し、他の見解は、子どもの教育は、憲法二六条の保障する子どもの教育を受ける権利に対する責務として行われるべきもので、このような責務をになう者は、親を中心とする国民全体であり」とあることから、2つ目の考え方は、子どもの教育を行うのは親を中心とする国民全体であるとする国民教育権説であることがわかります。そして、この後に「権力主体としての国のこどもの教育に対するかかわり合いは、右のような国民の教育義務の遂行を側面から助成するための イ に限られ、子どもの ア については、国は原則として介入権能をもたず」とあるところ、国民教育権説からすれば、 ア には国が介入できない教育の本質的内容を示す語句が、 イ にはこれを側面から助成するためのものを示す語句が、それぞれ入ります。したがって、 ア には「10 教育の内容及び方法」、 イ には「3 諸条件の整備」が入ります。

❷ 「教育は、その実施にあたる教師が、その ウ としての立場から、国民全体に対して教育的、文化的責任を負うような形で、…決定、遂行すべきものであり」とあることから、 ウ には教師が立っている教育的、文化的責任を負うべき立場を示す語句が入ることがわかります。したがって、 ウ には「9 教育専門家」が入ります。

❸ 「憲法二三条における学問の自由の保障が、学問研究の自由ばかりでなく、 エ をも含み」とあるところ、学問の自由の保障には、①学問研究の自由、②研究結果発表の自由、③教授の自由、④大学の自治をも含みますから、 エ には「4 教授の自由」「17 大学の自治」のどちらかが入ります。そして、「 エ は、教育の本質上、高等教育のみならず、普通教育におけるそれにも及ぶ」とあるところ、「17 大学の自治」と普通教育は無関係ですから、 エ には「4 教授の自由」が入ります。

正解 アー10（教育の内容及び方法）、イー3（諸条件の整備）、ウー9（教育専門家）、エー4（教授の自由）

MEMO

29 労働基本権

　次の文章の空欄 　ア 　〜 　エ 　に当てはまる語句を、枠内の選択肢（1〜20）から選びなさい。

　このような労働組合の結成を憲法および労働組合法で保障しているのは、社会的・経済的弱者である個々の労働者をして、その強者である 　ア 　との交渉において、対等の立場に立たせることにより、労働者の地位を向上させることを目的とするものであることは、さきに説示したとおりである。しかし、現実の政治・経済・社会機構のもとにおいて、労働者がその経済的地位の向上を図るにあたつては、単に対 　ア 　との交渉においてのみこれを求めても、十分にはその目的を達成することができず、労働組合が右の目的をより十分に達成するための手段として、その目的達成に必要な 　イ 　や社会活動を行なうことを妨げられるものではない。

　この見地からいつて、本件のような地方議会議員の選挙にあたり、労働組合が、その組合員の居住地域の生活環境の改善その他生活向上を図るうえに役立たしめるため、その 　ウ 　を議会に送り込むための選挙活動をすること、そして、その一方策として、いわゆる統一候補を決定し、組合を挙げてその選挙運動を推進することは、組合の活動として許されないわけではなく、また、統一候補以外の組合員であえて立候補しようとするものに対し、組合の所期の目的を達成するため、立候補を思いとどまるよう勧告または説得することも、それが単に勧告または説得にとどまるかぎり、組合の組合員に対する妥当な範囲の 　エ 　権の行使にほかならず、別段、法の禁ずるところとはいえない。しかし、このことから直ちに、組合の勧告または説得に応じないで個人的に立候補した組合員に対して、組合の 　エ 　をみだしたものとして、何らかの処分をすることができるかどうかは別個の問題である。

（最大判昭和43年12月4日刑集22巻13号1425頁）

1	統制	2	過半数代表	3	争議行為	4	指揮命令
5	政治献金	6	国民	7	地域代表	8	政治活動
9	支配	10	公権力	11	職能代表	12	経済活動
13	管理運営	14	自律	15	公益活動	16	純粋代表
17	利益代表	18	国	19	私的政府	20	使用者

本問の文章は、三井美唄事件における最高裁判所判決の一節です（最大判昭43.12.4）。*テキスト p.74、75*

❶　「社会的・経済的弱者である個々の**労働者をして、その強者である** ア **との交渉**において、対等の立場に立たせる」とあるところ、労働者よりも強い立場にあり、労働者との交渉が予定されているのは、労働者を雇っている使用者ですから、 ア には「**20　使用者**」が入ります。

❷　「目的達成に必要な イ や社会活動を行なうことを妨げられるものではない。この見地からいつて、…労働組合が、その組合員の居住地域の生活環境の改善その他生活向上を図るうえに役立たしめるため、…**選挙活動をすること**…は、組合の活動として許されないわけではなく」とあるところ、選挙活動は政治活動の一種ですから、 イ には「**8　政治活動**」が入ります。

❸　「労働組合が、**その組合員の居住地域の生活環境の改善その他生活向上を図るうえに役立たしめるため**、その ウ **を議会に送り込む**ための選挙活動をすること」とあるところ、組合員の生活向上といった利益を得るために議会に送り込まれるのは利益代表ですから、 ウ には「**17　利益代表**」が入ります。

❹　「統一候補以外の組合員であえて立候補しようとするものに対し、組合の所期の目的を達成するため、**立候補を思いとどまるよう勧告または説得すること**も、それが単に勧告または説得にとどまるかぎり、組合の組合員に対する妥当な範囲の エ 権の行使にほかならず」とあるところ、組合員に対して立候補を思いとどまるよう勧告・説得をすることは、組合員の行動を統制することに他なりませんから、 エ には「**1　統制**」が入ります。

30 選挙権

　デモクラシーの刷新を綱領に掲げる政党Xは、衆議院議員選挙の際の選挙公約として、次のア〜エのような内容を含む公職選挙法改正を提案した。

ア　有権者の投票を容易にするために、自宅からインターネットで投票できる仕組みを導入する。家族や友人とお茶の間で話し合いながら同じ端末から投票することもでき、身近な人々の間での政治的な議論が活性化することが期待される。

イ　有権者の投票率を高めるため、選挙期間中はいつでも投票できるようにするとともに、それでも3回続けて棄権した有権者には罰則を科するようにする。

ウ　過疎に苦しむ地方の利害をより強く国政に代表させるため、参議院が都道府県代表としての性格をもつことを明文で定める。

エ　地方自治と国民主権を有機的に連動させるため、都道府県の知事や議会議長が自動的に参議院議員となり、国会で地方の立場を主張できるようにする。

　この提案はいくつか憲法上論議となり得る点を含んでいる。以下の諸原則のうち、この提案による抵触が問題となり得ないものはどれか。

1　普通選挙
2　直接選挙
3　自由選挙
4　平等選挙
5　秘密選挙

ア 　5　**秘密選挙と抵触する**　秘密選挙とは、選挙人が誰に投票したかを第三者に知られない方法で行う制度のことです。そして、家族や友人とお茶の間で話し合いながら同じ端末から投票することができるとすれば、誰に投票したかを家族や友人に知られてしまうことから、秘密選挙と抵触することになります。テキスト p.78

イ 　3　**自由選挙と抵触する**　自由選挙とは、棄権しても罰金・公民権停止・氏名の公表などの不利益を受けない制度のことです。そして、3回続けて棄権した有権者には罰則を科するとすれば、棄権によって不利益を受けることになるので、自由選挙と抵触することになります。テキスト p.78

ウ 　4　**平等選挙と抵触する**　平等選挙とは、選挙権の価値は平等、すなわち1人1票を原則とする制度のことです。そして、参議院が都道府県代表としての性格をもつことを明文で定めるとすれば、都道府県の人口の格差が1票の重みの格差として生じることになり、平等選挙と抵触することになります。テキスト p.78

エ 　2　**直接選挙と抵触する**　直接選挙とは、選挙人が公務員を直接選挙する制度のことです。そして、都道府県の知事や議会議長が自動的に参議院議員となるとすれば、参議院議員を選挙人が直接選挙したとはいえず、直接選挙と抵触することになります。テキスト p.78

正解　**1**　（普通選挙）

31 国務請求権

国務請求権に関する次の記述のうち、妥当なものはどれか。

1　憲法は何人に対しても平穏に請願する権利を保障しているので、請願を受けた機関はそれを誠実に処理せねばならず、請願の内容を審理および判定する法的義務が課される。

2　立法行為は、法律の適用段階でその違憲性を争い得る以上、国家賠償の対象とならないが、そのような訴訟上の手段がない立法不作為についてのみ、例外的に国家賠償が認められるとするのが判例である。

3　憲法が保障する裁判を受ける権利は、刑事事件においては裁判所の裁判によらなければ刑罰を科せられないことを意味しており、この点では自由権的な側面を有している。

4　憲法は、抑留または拘禁された後に「無罪の裁判」を受けたときは法律の定めるところにより国にその補償を求めることができると規定するが、少年事件における不処分決定もまた、「無罪の裁判」に当たるとするのが判例である。

5　憲法は、裁判は公開の法廷における対審および判決によってなされると定めているが、訴訟の非訟化の趨勢をふまえれば、純然たる訴訟事件であっても公開の法廷における対審および判決によらない柔軟な処理が許されるとするのが判例である。

1 妥当でない 憲法は何人に対しても平穏に請願する権利を保障しています（16条）。しかし、この請願権の保障は、請願を受けた機関にそれを誠実に処理する義務を負わせるにとどまり（請願法5条）、**請願の内容を審理および判定する法的義務が課されるわけではありません。** テキスト p.80

2 妥当でない 判例は、**国会議員の立法行為は、立法の内容が憲法の一義的な文言に違反しているにもかかわらず国会があえて当該立法を行うというごとき、容易に想定し難いような例外的な場合でない限り、国家賠償法1条1項の適用上、違法の評価を受けない**としています（在宅投票制度廃止事件：最判昭60.11.21）。したがって、例外的な場合に限られはしますが、立法行為も国家賠償の対象となります。 テキスト p.107

3 妥当である 憲法が保障する裁判を受ける権利は、刑事事件においては裁判所の裁判によらなければ刑罰を科せられないことを意味しており、**この点では自由権的な側面を有している**とされています。 テキスト p.80

4 妥当でない 憲法は、抑留または拘禁された後に「無罪の裁判」を受けたときは法律の定めるところにより国にその補償を求めることができると規定しています（40条）。しかし、判例は、**少年事件における不処分決定は、「無罪の裁判」に当たらない**としています（最決平3.3.29）。 テキスト p.81

5 妥当でない 憲法は、裁判は公開の法廷における対審および判決によってなされると定めています（82条1項）。そして、判例は、**公開が要求される裁判とは、純然たる訴訟事件の裁判に限られる**としており（最大決昭35.7.6）、公開の法廷における対審および判決によらない柔軟な処理が許されるとはしていません。 テキスト p.109

正解 **3**

32 国民の代表機関

難易度 **易**　重要度 **B**

　憲法43条1項は、「両議院は、全国民を代表する選挙された議員でこれを組織する」、と定める。この「全国民の代表」に関わる次の記述のうち、妥当なものはどれか。

1　これと同様の定式は近代憲法に広く見られ、大日本帝国憲法でも採用されている。

2　この定式は、近代の国民代表会議の成立に伴い、国民とその代表者との政治的意思の一致を法的に確保する目的で、命令委任の制度とともに導入されたものである。

3　政党は国民の中の一党派であり、全国民を代表するものではないため、議員が政党の党議拘束に服することは、憲法上許されないものとされている。

4　議員は議会で自己の信念のみに基づいて発言・表決すべきであり、選挙区など特定の選出母体の訓令に法的に拘束されない、との原則は、自由委任の原則と呼ばれる。

5　選挙は現代では政党間の選択としての意味を持つため、現行法上、議員は所属政党から離脱した時は自動的に議員としての資格を失うものとされている。

解説

1 妥当でない 大日本帝国憲法では、国会は天皇の立法権に協賛する機関にすぎず、国民の意思を反映して行動する機関ではなかったことから、「全国民の代表」とはいえませんでした。 テキスト p.83

2 妥当でない 「全国民を代表」とは、国民は代表者である国会議員を通じて行動し、国会議員が行った行為は、その国会議員を選挙で選んだ国民の意思を反映しているものと考えられるという意味であり（政治的意味の代表）、法的に国民と代表者の政治的意思の一致が要求されているわけではありません。 テキスト p.83

3 妥当でない 国会議員は政党の一員として活動することにより全国民の代表としての任務を果たしうることから、議員が政党の党議拘束に服することも、憲法上許されます。 テキスト p.83

4 妥当である 議員は議会で自己の信念のみに基づいて発言・表決すべきであり、選挙区など特定の選出母体の訓令に法的に拘束されない、との原則は、自由委任の原則と呼ばれています。 テキスト p.83

5 妥当でない 国会議員は、比例代表選出議員を除き、所属政党から離脱したとしても議員としての資格を失うわけではありません（国会法109条の2、公職選挙法99条の2）。 テキスト p.83

🔍 キーワード 党議拘束

　党議拘束とは、議員が自分の所属する政党の指図に従って行動することを強いられることです。

正解 **4**

33 唯一の立法機関

次の文章の空欄 ア ・ イ に当てはまる語句の組合せとして、妥当なものはどれか。

憲法で、国会が国の「唯一の」立法機関であるとされるのは、憲法自身が定める例外を除き、 ア 、かつ、 イ を意味すると解されている。

	ア	イ
1	内閣の法案提出権を否定し （国会中心立法の原則）	議員立法の活性化を求めること （国会単独立法の原則）
2	国権の最高機関は国会であり （国会中心立法の原則）	内閣の独立命令は禁止されること （国会単独立法の原則）
3	法律は国会の議決のみで成立し （国会単独立法の原則）	天皇による公布を要しないこと （国会中心立法の原則）
4	国会が立法権を独占し （国会中心立法の原則）	法律は国会の議決のみで成立すること （国会単独立法の原則）
5	国権の最高機関は国会であり （国会中心立法の原則）	立法権の委任は禁止されること （国会単独立法の原則）

解説

国会が「唯一の」立法機関であるとは、①国会中心立法の原則、②国会単独立法の原則の2つを意味します。 テキスト p.84

1 **妥当でない** 内閣の法案提出権を否定することは、**国会単独立法の原則**に基づくものですから、 ア は妥当でないといえます。なお、議員立法の活性化を求めることも、国会単独立法の原則に基づくものですから、 イ は妥当です。 テキスト p.84

2 **妥当でない** 国権の最高機関が国会であることは、**国会中心立法の原則とは関係ない**ことから、 ア は妥当でないといえます。また、内閣の独立命令が禁止されることは、**国会中心立法の原則**に基づくものですから、 イ も妥当でないといえます。 テキスト p.84

3 **妥当でない** 法律は国会の議決のみで成立することは、**国会単独立法の原則**に基づくものですから、 ア は妥当です。しかし、天皇による公布を要しないことも、**国会単独立法の原則**に基づくものですから、 イ は妥当でないといえます。 テキスト p.84

4 **妥当である** 国会が立法権を独占することは、**国会中心立法の原則**に基づくものですから、 ア は妥当です。また、法律が国会の議決のみで成立することは、**国会単独立法の原則**に基づくものですから、 イ も妥当です。 テキスト p.84

5 **妥当でない** 国権の最高機関が国会であることは、**国会中心立法の原則とは関係ない**ことから、 ア は妥当でないといえます。また、立法の委任は禁止されることは、**国会中心立法の原則**に基づくものですから、 イ も妥当でないといえます。 テキスト p.84

正解 4

34 両院協議会

　衆議院と参議院の議決に一致がみられない状況において、クローズアップされてくるのが両院協議会の存在である。日本国憲法の定めによると、両院協議会を必ずしも開かなくてもよいとされている場合は、次のうちどれか。

1　衆議院が先議した予算について参議院が異なった議決を行った場合
2　内閣総理大臣の指名について衆参両院が異なった議決を行った場合
3　衆議院で可決された法律案を参議院が否決した場合
4　衆議院が承認した条約を参議院が承認しない場合
5　参議院が承認した条約を衆議院が承認しない場合

解説

1 | **開かなければならない** | 衆議院が先議した予算について参議院が異なった議決を行った場合、両院協議会を開かなければなりません（60条2項）。
テキスト p.86

2 | **開かなければならない** | 内閣総理大臣の指名について衆参両院が異なった議決を行った場合、両院協議会を開かなければなりません（67条2項）。
テキスト p.86

3 | **必ずしも開かなくてもよい** | 衆議院で可決された法律案を参議院が否決した場合、両院協議会を必ずしも開かなくてもよいとされています（59条3項）。
テキスト p.85

4 | **開かなければならない** | 衆議院が承認した条約を参議院が承認しない場合、両院協議会を開かなければなりません（61条、60条2項）。 テキスト p.86

5 | **開かなければならない** | 参議院が承認した条約を衆議院が承認しない場合、両院協議会を開かなければなりません（61条、60条2項）。 テキスト p.86

🔍 **キーワード** 両院協議会

　両院協議会とは、衆議院と参議院の意見が一致しない場合に、その意見調整のために設けられる機関のことです。

正解 3

35 議院の権能

Check!

／　／　／　平25-6

難易度 普　重要度 A

次のア〜オのうち、議院の権能として正しいものはいくつあるか。

ア　会期の決定
イ　議員の資格争訟
ウ　裁判官の弾劾
エ　議院規則の制定
オ　国政に関する調査

　　1　一つ
　　2　二つ
　　3　三つ
　　4　四つ
　　5　五つ

解説

ア 　誤り　　常会の会期は、150日間と法定されています（国会法10条本文）。また、臨時会及び特別会の会期は、両議院一致の議決で、これを定めることとされています（国会法11条）。したがって、会期の決定は、議院の権能ではありません。　テキスト p.87

イ 　正しい　　両議院は、各々その議員の資格に関する争訟を裁判することとされています（55条本文）。したがって、議員の資格争訟は、議院の権能です。　テキスト p.90

ウ 　誤り　　国会は、罷免の訴追を受けた裁判官を裁判するため、両議院の議員で組織する弾劾裁判所を設けることとされています（64条1項）。したがって、裁判官の弾劾は、国会（弾劾裁判所）の権能です。　テキスト p.90

エ 　正しい　　両議院は、各々その会議その他の手続及び内部の規律に関する規則を定めることができます（58条2項本文）。したがって、議院規則の制定は、議院の権能です。　テキスト p.91

オ 　正しい　　両議院は、各々国政に関する調査を行い、これに関して、証人の出頭及び証言並びに記録の提出を要求することができます（62条）。したがって、国政に関する調査は、議院の権能です。　テキスト p.91

✋ ポイント　条文の主語に着目

条文が「国会は」で始まるものは国会の権能、「両議院は」で始まるものは議院の権能です。

正解　**3（イ・エ・オの三つ）**

36 国　会

立法に関する次の記述のうち、必ずしも憲法上明文では規定されていないものはどれか。

1　出席議員の5分の1以上の要求があれば、各議員の表決は、これを会議録に記載しなければならない。
2　内閣は、法律案を作成し、国会に提出して、その審議を受け議決を経なければならない。
3　両議院の議員は、議院で行った演説、討論または表決について、院外で責任を問われない。
4　両議院は、各々その総議員の3分の1以上の出席がなければ、議事を開き議決することができない。
5　衆議院で可決し、参議院でこれと異なった議決をした法律案は、衆議院で出席議員の3分の2以上の多数で再び可決したときは、法律となる。

1 　規定されている　憲法57条３項は、「出席議員の５分の１以上の要求があれば、各議員の表決は、これを会議録に記載しなければならない。」と規定しています。 テキスト p.88

2 　規定されていない　法律案の提出については、憲法上、明文の規定はありません。なお、法律上、国会議員及び内閣に法律案の提出権が認められています。 テキスト p.85

3 　規定されている　憲法51条は、「両議院の議員は、議院で行った演説、討論又は表決について、院外で責任を問はれない。」と規定しています。 テキスト p.89

4 　規定されている　憲法56条１項は、「両議院は、各々その総議員の３分の１以上の出席がなければ、議事を開き議決することができない。」と規定しています。 テキスト p.88

5 　規定されている　憲法59条２項は、「衆議院で可決し、参議院でこれと異なつた議決をした法律案は、衆議院で出席議員の３分の２以上の多数で再び可決したときは、法律となる。」と規定しています。 テキスト p.85

🔖 ポイント　憲法は明文規定の有無に注意

　憲法では、本問のように、明文規定があるか否かを問う問題がよく出題されます。憲法の条文数は少ないので、満遍なく読んでおき、明文規定の有無をすぐに判断できるようにしておきましょう。

正解　**2**

37　内 閣

内閣に関する憲法の規定の説明として正しいものはどれか。

1　内閣総理大臣は、衆議院議員の中から、国会の議決で指名する。

2　国務大臣は、内閣総理大臣の指名に基づき、天皇が任命する。

3　内閣は、衆議院で不信任の決議案が可決されたとき、直ちに総辞職しなければならない。

4　内閣は、総選挙の結果が確定すると同時に、直ちに総辞職しなければならない。

5　内閣は、総辞職の後、新たに内閣総理大臣が任命されるまで引き続き職務を行う。

解説

1 　**誤り**　内閣総理大臣は、**国会議員**の中から国会の議決で、これを指名するとされており（67条1項前段）、必ずしも衆議院議員の中から指名しなければならないというわけではありません。　テキスト p.93

2 　**誤り**　内閣総理大臣は、国務大臣を**任命**するのであり（68条1項本文）、指名するわけではありません。また、天皇は、国務大臣を**認証**するのであり（7条5号）、任命するわけではありません。　テキスト p.12、93

3 　**誤り**　内閣は、衆議院で不信任の決議案を可決し、又は信任の決議案を否決したときは、**10日以内に衆議院が解散されない限り**、総辞職をしなければならないとされており（69条）、直ちに総辞職をしなければならないというわけではありません。　テキスト p.93

4 　**誤り**　内閣総理大臣が欠けたとき、又は**衆議院議員総選挙の後に初めて国会の召集があったとき**は、内閣は、総辞職をしなければならないとされており（70条）、総選挙の結果が確定すると同時に、直ちに総辞職をしなければならないというわけではありません。　テキスト p.93

5 　**正しい**　総辞職をした場合、内閣は、**新たに内閣総理大臣が任命されるまで**引き続きその職務を行います（71条）。　テキスト p.94

🔍 **キーワード**　**総辞職**

　総辞職とは、内閣総理大臣及び国務大臣の全員が同時に辞職することです。内閣は、自らの意思でいつでも総辞職をすることができます。

正解　**5**

38 内 閣

内閣に関する次の記述のうち、憲法の規定に照らし、妥当なものはどれか。

1　内閣総理大臣は、国会の同意を得て国務大臣を任命するが、その過半数は国会議員でなければならない。

2　憲法は明文で、閣議により内閣が職務を行うべきことを定めているが、閣議の意思決定方法については規定しておらず、慣例により全員一致で閣議決定が行われてきた。

3　内閣の円滑な職務遂行を保障するために、憲法は明文で、国務大臣はその在任中逮捕されず、また在任中は内閣総理大臣の同意がなければ訴追されない、と規定した。

4　法律および政令には、その執行責任を明確にするため、全て主任の国務大臣が署名し、内閣総理大臣が連署することを必要とする。

5　内閣の存立は衆議院の信任に依存するので、内閣は行政権の行使について、参議院に対しては連帯責任を負わない。

解説

1 **妥当でない** 内閣総理大臣は、国務大臣を任命しますが（68条1項本文）、この任命について**国会の同意は不要**です。なお、国務大臣の過半数は国会議員でなければならないという点は妥当です（68条1項但書）。 テキスト p.93

2 **妥当でない** 閣議により内閣が職務を行うべきことを定めているのは、憲法ではなく**内閣法**です。なお、閣議の意思決定方法については憲法の規定がなく、慣例により全員一致で閣議決定が行われてきたという点は妥当です。 テキスト p.95

3 **妥当でない** 国務大臣は、その在任中、内閣総理大臣の同意がなければ訴追されません（75条本文）。しかし、憲法は、国務大臣が**逮捕されないことまでは規定していません**。 テキスト p.97

4 **妥当である** 法律および政令には、すべて**主任の国務大臣が署名**し、**内閣総理大臣が連署**することが必要とされています（74条）。これは、執行責任を明らかにするためです。 テキスト p.97

5 **妥当でない** 内閣は、行政権の行使について、**国会**に対し連帯して責任を負います（66条3項）。したがって、衆議院のみならず、参議院に対しても責任を負います。 テキスト p.94

正解 4

39　内　閣

　内閣の権限に関する次の記述のうち、憲法の規定に照らし、妥当なものはどれか。

1　内閣は、事前に、時宜によっては事後に、国会の承認を経て条約を締結するが、やむを得ない事情があれば、事前または事後の国会の承認なく条約を締結できる。

2　内閣は、国会が閉会中で法律の制定が困難な場合には、事後に国会の承認を得ることを条件に、法律にかわる政令を制定することができる。

3　参議院の緊急集会は、衆議院の解散により国会が閉会している期間に、参議院の総議員の4分の1以上の要求があった場合、内閣によりその召集が決定される。

4　内閣総理大臣が欠けたとき、内閣は総辞職をしなければならないが、この場合の内閣は、あらたに内閣総理大臣が任命されるまで引き続きその職務を行う。

5　新年度開始までに予算が成立せず、しかも暫定予算も成立しない場合、内閣は、新年度予算成立までの間、自らの判断で予備費を設け予算を執行することができる。

1　**妥当でない**　内閣は、事前に、時宜によっては事後に、国会の承認を経て条約を締結することとされており（73条3号）、やむを得ない事情があれば事前または事後の国会の承認なく条約を締結できる、というような例外は存在しません。テキスト p.95

2　**妥当でない**　内閣は、憲法及び法律の規定を実施するために、政令を制定することとされており（73条6号）、国会が閉会中で法律の制定が困難な場合に、事後に国会の承認を得たとしても、法律にかわる政令を制定することはできません。テキスト p.96

3　**妥当でない**　衆議院が解散されたときは、参議院は、同時に閉会となり、内閣は、国に緊急の必要があるときは、参議院の緊急集会を求めることができます（54条2項）。したがって、参議院の総議員の4分の1以上の要求が必要なわけではありません。テキスト p.87

4　**妥当である**　内閣総理大臣が欠けたときは、内閣は、総辞職をしなければなりませんが（70条）、この場合の内閣は、あらたに内閣総理大臣が任命されるまで引き続きその職務を行います（71条）。テキスト p.93、94

5　**妥当でない**　予見し難い予算の不足に充てるため、国会の議決に基づいて予備費を設け、内閣の責任でこれを支出することができます（87条1項）。したがって、新年度開始までに予算が成立せず、暫定予算も成立しない場合であっても、内閣は、自らの判断で予備費を設けることはできません。テキスト p.114

正解　4

40 内閣総理大臣の権能

　次の文章は、ある最高裁判所判決の一節である。空欄 ア ～ エ に当てはまる語句を、枠内の選択肢（1～20）から選びなさい。

　 ア は、憲法上、―（中略）―国務大臣の任免権（六八条）、 イ を代表して ウ を指揮監督する職務権限（七二条）を有するなど、 イ を統率し、 ウ を統轄調整する地位にあるものである。そして、 イ 法は、 エ は ア が主宰するものと定め（四条）、 ア は、 エ にかけて決定した方針に基づいて ウ を指揮監督し（六条）、 ウ の処分又は命令を中止させることができるものとしている（八条）。このように、 ア が ウ に対し指揮監督権を行使するためには、 エ にかけて決定した方針が存在することを要するが、 エ にかけて決定した方針が存在しない場合においても、 ア の右のような地位及び権限に照らすと、流動的で多様な行政需要に遅滞なく対応するため、 ア は、少なくとも、 イ の明示の意思に反しない限り、 ウ に対し、随時、その所掌事務について一定の方向で処理するよう指導、助言等の指示を与える権限を有するものと解するのが相当である。

（最大判平成7年2月22日刑集49巻2号1頁以下）

1	衆議院	2	閣議	3	政府	4	内閣官房長官	5	省庁
6	国民	7	内閣	8	特別会	9	事務次官会議	10	執政
11	国政	12	官僚	13	国会	14	内閣総理大臣	15	参議院
16	日本国	17	行政各部	18	天皇	19	事務	20	常会

解説

　本問の文章は、ロッキード事件における最高裁判所判決の一節です（最大判平7.2.22）。　テキスト p.96、97

❶　本問の文章の冒頭に「　ア　は、憲法上、―（中略）―国務大臣の任免権（六八条）…を有する」とあるところ、憲法68条によれば、内閣総理大臣は国務大臣の任免権を有していますから、　ア　には「14　内閣総理大臣」が入ります。

❷　本問の文章の冒頭に「　ア　は、憲法上、…　イ　を代表して　ウ　を指揮監督する職務権限（七二条）を有する」とあるところ、憲法72条によれば、内閣総理大臣は内閣を代表して行政各部を指揮監督する職務権限を有していますから、　イ　には「7　内閣」が入り、　ウ　には「17　行政各部」が入ります。

❸　本問の文章に「　エ　は　ア　が主宰する」とあるところ、内閣総理大臣が主宰するのは閣議ですから、　エ　には「2　閣議」が入ります。

🔍 **キーワード**　閣議

　閣議とは、内閣が自己の職務を行うに際しその意思を決定するために開く会議のことです。

正解　ア―14（内閣総理大臣）、イ―7（内閣）、ウ―17（行政各部）、エ―2（閣議）

41 司法権の限界

　司法権の限界に関する次の記述のうち、最高裁判所の判例の趣旨に照らして妥当でないものはどれか。

1　大学は、国公立であると私立であるとを問わず、自律的な法規範を有する特殊な部分社会を形成しているから、大学における法律上の紛争は、一般市民法秩序と直接の関係を有しない内部的な問題にとどまる限り、その自主的・自律的な解決にゆだねられる。

2　法律が、国会の両議院によって議決を経たものとされ、適法な手続によって公布されている場合、裁判所は両院の自主性を尊重して、法律制定の際の議事手続の瑕疵について審理しその有効無効を判断するべきではない。

3　政党の結社としての自主性にかんがみれば、政党の内部的自律権に属する行為は、法律に特別の定めのない限り尊重すべきであり、政党が党員に対してした処分は、一般市民法秩序と直接の関係を有しない内部的な問題にとどまる限り、裁判所の審判は及ばない。

4　衆議院の解散がいかなる場合に許されるかは、裁判所の判断すべき法的問題であるのに対して、これを行うために憲法上必要とされる助言と承認の手続に瑕疵があったか否かは、国家統治の基本に関する政治的な問題であるため、裁判所の審査権は及ばない。

5　具体的な権利義務ないし法律関係に関する紛争であっても、宗教上の教義に関する判断などが必要で、事柄の性質上法令の適用により解決するのに適しないものは、裁判所の審判の対象となりえない。

解説

1 **妥当である**　最高裁判所の判例は、大学は、国公立であると私立であるとを問わず、自律的な法規範を有する特殊な部分社会を形成しているから、大学における法律上の紛争は、一般市民法秩序と直接の関係を有しない内部的な問題にとどまる限り、その自主的・自律的な解決にゆだねられるとしています（富山大学事件：最判昭52.3.15）。テキスト p.100、101

2 **妥当である**　最高裁判所の判例は、裁判所は、両院の自主性を尊重すべく、警察法制定の議事手続に関する事実を審理してその有効無効を判断すべきでないとしています（警察法改正無効事件：最大判昭37.3.7）。テキスト p.99

3 **妥当である**　最高裁判所の判例は、政党については、高度の自主性と自律性を与えて自主的に組織運営をなしうる自由を保障しなければならず、政党が党員に対してした処分が一般市民法秩序と直接の関係を有しない内部的な問題にとどまる限り、裁判所の審判権は及ばないとしています（共産党袴田事件：最判昭63.12.20）。テキスト p.101

4 **妥当でない**　最高裁判所の判例は、衆議院の解散は、極めて政治性の高い国家統治の基本に関する行為であって、このような行為について、その法律上の有効無効を審査することは、司法裁判所の権限の外にあるとしています（苫米地事件：最大判昭35.6.8）。したがって、衆議院の解散がいかなる場合に許されるか（前段）についても、これを行うために憲法上必要とされる助言と承認の手続に瑕疵があったか否か（後段）についても、ともに裁判所の審査権は及びません。テキスト p.100

5 **妥当である**　最高裁判所の判例は、訴訟が具体的な権利義務ないし法律関係に関する紛争の形式をとっている場合でも、信仰の対象の価値又は宗教上の教義に関する判断が訴訟の帰趨を左右する必要不可欠なものと認められ、訴訟の争点及び当事者の主張立証の核心となっているときには、その訴訟は実質において法令の適用によっては終局的な解決の不可能なものであって、法律上の争訟に当たらないとしています（「板まんだら」事件：最判昭56.4.7）。テキスト p.98、99

正解　**4**

42 司法権の限界

Check！

／　／　／　平27-6改

難易度 易　重要度 A

　司法権の限界に関する次の記述のうち、最高裁判所の判例の趣旨に照らし、妥当でないものはどれか。

1　具体的な権利義務ないしは法律関係に関する紛争であっても、信仰対象の価値または教義に関する判断が前提問題となる場合には、法令の適用による解決には適さず、裁判所の審査は及ばない。

2　大学による単位授与行為（認定）は、純然たる大学内部の問題として大学の自律的判断にゆだねられるべきものであり、一般市民法秩序と直接の関係を有すると認めるにたる特段の事情がない限り、裁判所の審査は及ばない。

3　衆議院の解散は高度の政治性を伴う国家行為であって、その有効無効の判断は法的に不可能であるから、そもそも法律上の争訟の解決という司法権の埒外にあり、裁判所の審査は及ばない。

4　政党の結社としての自律性からすると、政党の党員に対する処分は原則として自律的運営にゆだねるべきであり、一般市民法秩序と直接の関係を有しない内部的問題にとどまる限りは、裁判所の審査は及ばない。

5　地方議会議員の出席停止処分は、議員の権利行使の一時的制約にすぎず、議会の自主的、自律的な解決にゆだねるべきであるということはできないから、裁判所の審査が及ぶ。

解説

1 　妥当である　最高裁判所の判例は、訴訟が具体的な権利義務ないし法律関係に関する紛争の形式をとっている場合でも、信仰の対象の価値又は宗教上の教義に関する判断が訴訟の帰趨を左右する必要不可欠なものと認められ、訴訟の争点及び当事者の主張立証の核心となっているときには、その訴訟は実質において法令の適用によっては終局的な解決の不可能なものであって、法律上の争訟に当たらないとしています（「板まんだら」事件：最判昭56.4.7）。テキスト p.98、99

2 　妥当である　最高裁判所の判例は、単位授与（認定）行為は、他にそれが一般市民法秩序と直接の関係を有するものであることを肯認するに足りる特段の事情のない限り、純然たる内部の問題として大学の自主的・自律的な判断に委ねられるべきものであって、裁判所の司法審査の対象にはならないとしています（富山大学事件：最判昭52.3.15）。テキスト p.100、101

3 　妥当でない　最高裁判所の判例は、衆議院の解散は、極めて政治性の高い国家統治の基本に関する行為であって、このような行為について、その法律上の有効無効を審査することは、司法裁判所の権限の外にあるとし（苫米地事件：最大判昭35.6.8）、法律上の争訟に当たることを前提として、統治行為論を理由に裁判所の審査が及ばないものとしています。テキスト p.100

4 　妥当である　最高裁判所の判例は、政党が党員に対してした処分が一般市民法秩序と直接の関係を有しない内部的な問題にとどまる限り、裁判所の審判権は及ばないとしています（共産党袴田事件：最判昭63.12.20）。テキスト p.101

5 　妥当である　最高裁判所の判例は、地方議会議員の出席停止処分は、議員の権利行使の一時的制約にすぎず、議会の自主的、自律的な解決にゆだねるべきであるということはできないから、裁判所の審査が及ぶとしています（最大判令2.11.25）。テキスト p.101、102

正解　3

43 違憲審査権

Check!
／　／　／　平18-41

難易度 **易**　重要度 **A**

憲法81条の定める違憲審査制の性格に関する次の文章の空欄 ア ～ エ に当てはまる言葉を、枠内の選択肢（1～20）から選びなさい。

違憲審査制の性格に関する最高裁判所のリーディングケースとされるのは、1952年のいわゆる ア 違憲訴訟判決である。ここで最高裁は次のように判示し、 ア の憲法違反を主張する原告の訴えを却下した。「わが裁判所が現行の制度上与えられているのは司法権を行う権限であり、そして司法権が発動するためには イ な訴訟事件が提起されていることを必要とする。我が裁判所は イ な訴訟事件が提起されないのに将来を予想して憲法及びその他の法律命令等の解釈に対し存在する疑義論争に関し ウ な判断を下すごとき権限を行い得るものではない。けだし最高裁判所は法律命令等に関し違憲審査権を有するが、この権限は司法権の範囲内において行使されるものであり、この点においては最高裁判所と下級裁判所との間に異るところはないのである（憲法七六条一項参照）。……要するにわが現行の制度の下においては、特定の者の イ な法律関係につき紛争の存する場合においてのみ裁判所にその判断を求めることができるのであり、裁判所がかような イ 事件を離れて ウ に法律命令等の合憲性を判断する権限を有するとの見解には、憲法上及び法令上何等の根拠も存しない」。かような性格の違憲審査制を通例は付随的違憲審査制と呼び、これを採用している最も代表的な国としては エ を挙げることができる。

1	治安維持法	2	独立的	3	直接的	4	ドイツ
5	抽象的	6	一時的	7	客観的	8	フランス
9	付随的	10	オーストリア	11	間接的	12	アメリカ
13	政治的	14	不敬罪	15	警察予備隊	16	具体的
17	終局的	18	主観的	19	農地改革	20	イギリス

解説

❶ 　違憲審査制の性格に関する最高裁判所のリーディングケースとされるのは、1952年のいわゆる警察予備隊違憲訴訟判決ですから、　ア　には「15　警察予備隊」が入ります。 テキスト p.106

❷ 　本問の文章の最後に「かような性格の違憲審査制を通例は付随的違憲審査制と呼び」とあることから、最高裁の判示部分は、付随的違憲審査制について述べていることがわかります。そして、この判示部分には「司法権が発動するためには　イ　な訴訟事件が提起されていることを必要とする」とあるところ、付随的違憲審査制とは、通常の裁判所が、**具体的な争訟を裁判する際に、その前提として事件の解決に必要な限度で違憲審査を行う方法**のことです。したがって、　イ　には「16　具体的」が入ります。 テキスト p.106

❸ 　最高裁の判示部分にある「我が裁判所は　イ　な訴訟事件が提起されないのに将来を予想して憲法及びその他の法律命令等の解釈に対し存在する疑義論争に関し　ウ　な判断を下すごとき権限を行い得るものではない。」という流れから、　イ　と　ウ　には**対になる語句が入る**ことがわかります。したがって、　ウ　には「15　具体的」と対になる「5　抽象的」が入ります。 テキスト p.106

❹ 　付随的違憲審査制を採用している最も代表的な国はアメリカですから、　エ　には「12　アメリカ」が入ります。 テキスト p.105

🔑 **キーワード　付随的違憲審査制・抽象的違憲審査制**

　付随的違憲審査制とは、通常の裁判所が、具体的な争訟を裁判する際に、その争訟において問題となった点についてのみ違憲審査を行う方法のことです。これに対して、抽象的違憲審査制とは、特別に設けられた憲法裁判所が、具体的な争訟と関係なく、抽象的に違憲審査を行う方法のことです。

正解 アー15（警察予備隊）、イー16（具体的）、ウー5（抽象的）、エー12（アメリカ）

44 違憲審査権

　次の文章は、ある最高裁判所判決の一節である。空欄 ア ～ エ に当てはまる語句を、枠内の選択肢（1～20）から選びなさい。

　右安全保障条約*は、その内容において、主権国としてのわが国の平和と安全、ひいてはわが国の ア に極めて重大な関係を有するものというべきであるが、また、その成立に当っては、時の イ は憲法の条章に基き、米国と数次に亘る交渉の末、わが国の重大政策として適式に締結し、その後、それが憲法に適合するか否かの討議をも含めて衆参両院において慎重に審議せられた上、適法妥当なものとして国会の承認を経たものであることも公知の事実である。

　ところで、本件安全保障条約は、前述のごとく、主権国としてのわが国の ア に極めて重大な関係をもつ ウ 性を有するものというべきであって、その内容が違憲なりや否やの法的判断は、その条約を締結した イ およびこれを承認した国会の ウ 的ないし エ 的判断と表裏をなす点がすくなくない。

（昭和34年12月16日刑集13巻13号3225頁）

（注）　*　日本国とアメリカ合衆国との間の安全保障条約

1	存立の基礎	2	国権	3	建国の理念	4	幸福追求
5	自由裁量	6	憲法体制	7	衆議院	8	天皇
9	内閣総理大臣	10	内閣	11	国家	12	権力分立
13	合目的	14	合法	15	高度の政治	16	要件裁量
17	民主	18	自由主義	19	大所高所	20	明白な違憲

解説

　本問の文章は、砂川事件における最高裁判所判決の一節です（最大判昭34.12.16）。テキスト p.106

❶　「主権国としてのわが国の平和と安全、ひいてはわが国の　ア　」とあることから、　ア　は「主権国としてのわが国の平和と安全」を言い換えたものであることがわかります。そして、平和と安全は国の存立の基礎といえますから、　ア　には「1　存立の基礎」が入ります。

❷　「条約を締結した　イ　」とあるところ、条約を締結する権限を有しているのは内閣ですから（73条3号本文）、　イ　には「10　内閣」が入ります。

❸　「本件安全保障条約は、…　ウ　性を有する」とあることから、　ウ　には本件安全保障条約の性質を表す語句が入ります。そして、本件安全保障条約は、日本国とアメリカ合衆国との安全保障条約という高度の政治性を有するものですから、　ウ　には「15　高度の政治」が入ります。

❹　「国会の　ウ　的ないし　エ　的判断と表裏をなす点がすくなくない」とあるところ、高度の政治性を有する事項については、国会の広い裁量が認められますから、　エ　には「5　自由裁量」が入ります。

🔥 ポイント　**事件名のある判例は要注意**

　本問の砂川事件のように、事件名のある判例は、多肢選択式で出題されやすくなっています。例えば、三井美唄事件（令和2年度）、税関検査事件（平成28年度）、旭川学テ事件（平成24年度）、ロッキード事件（平成21年度）、オウム真理教解散命令事件（平成20年度）、警察予備隊違憲訴訟（平成18年度）などです。

正解　アー1（存立の基礎）、イー10（内閣）、ウー15（高度の政治）、エー5（自由裁量）

45　裁判の公開

難易度 **易**　重要度 **A**

　裁判の公開に関する次の記述のうち、最高裁判所の判例に照らし、妥当なものはどれか。

1　裁判は、公開法廷における対審および判決によらなければならないので、カメラ取材を裁判所の許可の下に置き、開廷中のカメラ取材を制限することは、原則として許されない。

2　裁判所が過料を科する場合は、それが純然たる訴訟事件である刑事制裁を科す作用と同質であることに鑑み、公開法廷における対審および判決によらなければならない。

3　証人尋問の際に、傍聴人と証人との間で遮へい措置が採られても、審理が公開されていることに変わりはないから、裁判の公開に関する憲法の規定には違反しない。

4　傍聴人は法廷で裁判を見聞できるので、傍聴人が法廷でメモを取る行為は、権利として保障されている。

5　裁判官の懲戒の裁判は行政処分の性質を有するが、裁判官の身分に関わる手続であるから、裁判の公開の原則が適用され、審問は公開されなければならない。

解説

1 妥当でない 最高裁判所の判例は、たとえ公判廷の状況を一般に報道するための取材活動であっても、その活動が公判廷における審判の秩序を乱し被告人その他訴訟関係人の正当な利益を不当に害するときは許されないとしているにすぎません（北海タイムス事件：最大決昭33.2.17）。したがって、カメラ取材を裁判所の許可の下に置き、開廷中のカメラ取材を制限することも、許されないわけではありません。 テキスト p.48

2 妥当でない 最高裁判所の判例は、裁判所が過料を科する場合、公開法廷における対審および判決による必要はないとしています（最大決昭41.12.27）。 テキスト p.110

3 妥当である 最高裁判所の判例は、証人尋問の際に、傍聴人と証人との間で遮へい措置が採られても、審理が公開されていることに変わりはないから、裁判の公開に関する憲法の規定には違反しないとしています（最判平17.4.14）。 テキスト p.109

4 妥当でない 最高裁判所の判例は、憲法82条1項は、各人が裁判所に対して傍聴することを権利として認めたものではないし、また、傍聴人に対してメモを取ることを権利として保障しているものでもないとしています（レペタ事件：最大判平1.3.8）。 テキスト p.49、50

5 妥当でない 最高裁判所の判例は、裁判官の懲戒の裁判は行政処分の性質を有するから、裁判の公開の原則が適用されず、審問は公開する必要はないとしています（寺西裁判官事件：最大決平10.12.1）。 テキスト p.110

正解 3

46 租税法律主義

難易度 普　重要度 B

　次のア〜エの記述のうち、租税法律主義を定める憲法84条についての最高裁判所の判例の考え方を示すものとして、正しいものの組合せはどれか。

ア　国または地方公共団体が、特別の給付に対する反対給付として徴収する金銭は、その形式を問わず、憲法84条に規定する租税に当たる。

イ　市町村が行う国民健康保険の保険料は、被保険者において保険給付を受け得ることに対する反対給付として徴収されるから、憲法84条は直接適用される。

ウ　国民健康保険税は、目的税であって、反対給付として徴収されるものではあるが形式が税である以上は、憲法84条の規定が適用される。

エ　市町村が行う国民健康保険の保険料は、租税以外の公課ではあるが、賦課徴収の強制の度合いにおいては租税に類似する性質を有するので、憲法84条の趣旨が及ぶ。

　　1　ア・イ
　　2　ア・ウ
　　3　イ・ウ
　　4　イ・エ
　　5　ウ・エ

解説

ア 誤り 最高裁判所の判例は、国又は地方公共団体が、課税権に基づき、その経費に充てるための資金を調達する目的をもって、**特別の給付に対する反対給付としてではなく**、一定の要件に該当するすべての者に対して課する金銭給付は、その形式のいかんにかかわらず、憲法84条に規定する租税に当たるとしています（旭川市国民健康保険条例事件：最大判平18.3.1）。したがって、特別の給付に対する反対給付として徴収する金銭は、憲法84条に規定する租税に当たりません。 テキスト p.112、113

イ 誤り 最高裁判所の判例は、市町村が行う国民健康保険の保険料は、被保険者において保険給付を受け得ることに対する反対給付として徴収されるものであるから、**上記保険料に憲法84条の規定が直接に適用されることはない**としています（旭川市国民健康保険条例事件：最大判平18.3.1）。 テキスト p.113

ウ 正しい 最高裁判所の判例は、国民健康保険税は、目的税であって反対給付として徴収されるものですが、形式が税である以上は**憲法84条の規定が適用される**としています（旭川市国民健康保険条例事件：最大判平18.3.1）。 テキスト p.113

エ 正しい 最高裁判所の判例は、市町村が行う国民健康保険は、保険料を徴収する方式のものであっても、強制加入とされ、保険料が強制徴収され、賦課徴収の強制の度合いにおいては租税に類似する性質を有するものであるから、**これについても憲法84条の趣旨が及ぶ**としています（旭川市国民健康保険条例事件：最大判平18.3.1）。 テキスト p.113

🔍 キーワード 租税法律主義

　租税法律主義とは、租税を課し、又は現行の租税を変更するには、法律又は法律の定める条件によることを必要とする原則のことです（84条）。

正解 5（ウ・エ）

47 財 政

　日本国憲法第7章の財政に関する次の記述のうち、誤っているものはどれか。

1　内閣は、災害救助等緊急の必要があるときは、当該年度の予算や国会が議決した予備費によることなく、閣議の決定によって財政上必要な支出をすることができる。

2　内閣は、毎会計年度の予算を作成し、国会に提出して、その審議を受け議決を経なければならない。

3　国の収入支出の決算は、すべて毎年会計検査院がこれを検査し、内閣は、次の年度に、その検査報告とともに、これを国会に提出しなければならない。

4　予見し難い予算の不足に充てるため、国会の議決に基づいて予備費を設け、内閣の責任でこれを支出することができる。

5　すべて皇室の費用は、予算に計上することを要し、かつ、国会の議決を経なければならない。

解説

1 **誤り** 国費を支出し、又は国が債務を負担するには、**国会の議決**に基づくことが必要です（85条）。したがって、内閣は、国会が議決した予算や予備費によることなく、閣議の決定によって財政上必要な支出をすることはできません。なお、災害救助等緊急の必要があるときは、内閣は、予備費によって支出をすることになります。 テキスト p.113

2 **正しい** **内閣**は、毎会計年度の予算を作成し、**国会**に提出して、その審議を受け議決を経なければならないとされています（86条）。予算について国会による審議・議決を経ることが必要とされているのは、国家財政に対する国会の監督を及ぼすためです。 テキスト p.114

3 **正しい** 国の収入支出の決算は、すべて毎年**会計検査院**がこれを検査し、**内閣**は、次の年度に、その検査報告とともに、これを国会に提出しなければならないとされています（90条1項）。このように、決算については、会計検査院による検査→内閣による提出→国会の審査という過程を経ることとされています。 テキスト p.114、115

4 **正しい** 予見し難い予算の不足に充てるため、**国会の議決**に基づいて予備費を設け、**内閣の責任**でこれを支出することができるとされています（87条1項）。このように、予備費の設置は任意であり、義務ではありません。 テキスト p.114

5 **正しい** すべて皇室の費用は、**予算に計上**することを要し、かつ、**国会の議決**を経なければならないとされています（88条後段）。これは、皇室財政に対して国会のコントロールを及ぼすためです。 テキスト p.114

正解 **1**

48 財政

財政に関する次の記述のうち、妥当なものはどれか。

1　国費の支出は国会の議決に基づくことを要するが、国による債務の負担は直ちに支出を伴うものではないので、必ずしも国会の議決に基づく必要はない。

2　予算の提出権は内閣にのみ認められているので、国会は予算を修正することができず、一括して承認するか不承認とするかについて議決を行う。

3　予見し難い予算の不足に充てるため、内閣は国会の議決に基づき予備費を設けることができるが、すべての予備費の支出について事後に国会の承認が必要である。

4　予算の公布は、憲法改正・法律・政令・条約の公布と同様に、憲法上、天皇の国事行為とされている。

5　国の歳出の決算は毎年会計検査院の検査を受けなければならないが、収入の見積もりにすぎない歳入の決算については、会計検査院の検査を受ける必要はない。

解説

1 **妥当でない** 国費を支出し、又は国が債務を負担するには、国会の議決に基づくことを必要とします（85条）。したがって、国費の支出のみならず、国による債務の負担も、国会の議決に基づく必要があります。 テキスト p.113

2 **妥当でない** 内閣は、毎会計年度の予算を作成し、国会に提出して、その審議を受け議決を経なければなりませんから（86条）、予算の提出権は内閣にのみ認められており、前半は妥当です。しかし、国会は、予算の減額修正をすることができ、また、予算の同一性を損なわない限り増額修正をすることもできますから、後半は妥当でないといえます。 テキスト p.114

3 **妥当である** 予見し難い予算の不足に充てるため、国会の議決に基づいて予備費を設け、内閣の責任でこれを支出することができますから（87条1項）、前半は妥当です。また、すべての予備費の支出については、内閣は、事後に国会の承諾を得なければなりませんから（87条2項）、後半も妥当です。 テキスト p.114

4 **妥当でない** 憲法改正・法律・政令・条約を公布することは、天皇の国事行為とされています（7条1号）。しかし、予算を公布することは、天皇の国事行為とはされていません。 テキスト p.12

5 **妥当でない** 国の収入支出の決算は、すべて毎年会計検査院がこれを検査し、内閣は、次の年度に、その検査報告とともに、これを国会に提出しなければなりません（90条1項）。したがって、国の歳出の決算のみならず、歳入の決算についても、会計検査院の検査を受ける必要があります。
テキスト p.114、115

正解 **3**

49 地方自治

　日本国憲法が定める地方自治に関する次の記述のうち、誤っているものはどれか。

1　地方公共団体の組織及び運営に関する事項は、地方自治の本旨に基づいて、法律でこれを定める。
2　一の地方公共団体のみに適用される特別法は、法律の定めるところにより、その地方公共団体の住民の投票においてその3分の2以上の同意を得なければ、国会は、これを制定することができない。
3　地方公共団体は、その財産を管理し、事務を処理し、及び行政を執行する権能を有し、法律の範囲内で条例を制定することができる。
4　地方公共団体には、法律の定めるところにより、その議事機関として議会を設置する。
5　地方公共団体の長、その議会の議員及び法律の定めるその他の吏員は、その地方公共団体の住民が、直接これを選挙する。

解説

1 **正しい** 地方公共団体の組織及び運営に関する事項は、**地方自治の本旨に基づいて、法律でこれを定める**こととされています（92条）。 テキスト p.116

2 **誤り** 一の地方公共団体のみに適用される特別法は、法律の定めるところにより、その地方公共団体の住民の投票においてその**過半数の同意**を得なければ、国会は、これを制定することができません（95条）。したがって、3分の2以上の同意までは必要ありません。 テキスト p.117

3 **正しい** 地方公共団体は、その財産を管理し、事務を処理し、及び行政を執行する権能を有し、**法律の範囲内で条例を制定することができます**（94条）。 テキスト p.117

4 **正しい** 地方公共団体には、法律の定めるところにより、**その議事機関として議会を設置する**こととされています（93条1項）。 テキスト p.116

5 **正しい** 地方公共団体の長、その議会の議員及び法律の定めるその他の吏員は、その地方公共団体の住民が、**直接これを選挙する**こととされています（93条2項）。 テキスト p.116

　地方自治の本旨とは、①住民自治（地方における政治が住民の意思に基づいて行われること）、②団体自治（地方における政治が国から独立した団体に委ねられ、団体自らの意思と責任の下で行われること）の2つを意味しています。

正解　**2**

第3章 — 統 治 **133**

50 憲法改正

　日本国憲法が定める憲法改正手続に関する次の記述のうち、正しいものはどれか。

1　憲法改正案は、さきに衆議院に提出しなければならない。

2　憲法の改正は、各議院の総議員の過半数の賛成で、国会がこれを発議し、国民に提案してその承認を経なければならない。

3　憲法の改正について、両議院の意見が一致しない場合には、衆議院の議決が国会の発議となる。

4　憲法の改正の承認には、特別の国民投票又は国会の定める選挙の際行われる投票において、その3分の2以上の賛成を必要とする。

5　憲法改正について承認を経たときは、天皇は、国民の名で、この憲法と一体を成すものとして、直ちにこれを公布する。

解説

1 **誤り** 憲法改正については、衆議院の優越が認められていませんので、憲法改正案をさきに衆議院に提出しなければならないとする規定は存在しません。なお、予算は、さきに衆議院に提出しなければなりません（60条1項）。
テキスト p.86

2 **誤り** 憲法の改正は、各議院の総議員の3分の2以上の賛成で、国会がこれを発議し、国民に提案してその承認を経なければなりません（96条1項前段）。 テキスト p.117

3 **誤り** 憲法改正については、衆議院の優越が認められていませんので、両議院の意見が一致しない場合でも、衆議院の議決が国会の発議となるわけではありません。 テキスト p.86

4 **誤り** 憲法改正の承認には、特別の国民投票又は国会の定める選挙の際行われる投票において、その過半数の賛成を必要とします（96条1項後段）。したがって、3分の2以上の賛成は必要ありません。 テキスト p.117、118

5 **正しい** 憲法改正について承認を経たときは、天皇は、国民の名で、この憲法と一体を成すものとして、直ちにこれを公布します（96条2項）。 テキスト p.118

正解　5

行政法

科目別ガイダンス

1 出題傾向表

　直近10年間（平成26年度〜令和５年度）の本試験の出題傾向を表にまとめました（○：そのテーマから出題、△：肢の１つとして出題、多：多肢選択式で出題、記：記述式で出題）。

(1) 行政法の一般的な法理論

		26	27	28	29	30	元	2	3	4	5
行政法総論	行政法の一般原則					多		○	○		
	行政上の法律関係		○	○		○				○	○多
行政組織法	行政主体と行政機関										
	行政機関の権限										
	国の行政組織	多	○				○				
	公務員	○	○								
	公物					△	○				
行政作用の類型	行政作用とは何か										
	行政行為	○		○	○	多	△	○			○
	行政立法	○	○		多			○			
	行政計画										
	行政契約			△			△			○	
	行政指導						△				
	行政調査	○								○	
行政上の強制措置	行政上の強制措置の全体像										
	行政上の強制執行		○		○記		○	△		多	△
	即時強制						△				
	行政罰	△		記			△			多	

(2) 行政手続法

		26	27	28	29	30	元	2	3	4	5
行政手続法総則	行政手続法とは何か										
	行政手続法の目的				○						
	行政手続法の対象										
	適用除外	○									△
申請に対する処分	申請に対する処分とは何か		△				△				
	審査基準		△			△					△
	標準処理期間		△	△		△	△			△	△
	申請に対する審査・応答		△	△						△	
	理由の提示		△	△						△	
	その他の規定			△						△	△

		26	27	28	29	30	元	2	3	4	5
不利益処分	不利益処分とは何か		△	△				○		△	△
	処分基準	△		△		△	△	△			△
	理由の提示	△			△	△				○多	
	意見陳述手続	△		△	○		○			△	○
行政指導	行政指導とは何か		△					多			△
	行政指導の手続		多	△		○	○記	多	○記		△
届　出	届出とは何か							○		△	
	届出の効力発生時期			△						△	
命令等制定手続	命令等を定める場合の一般原則										
	意見公募手続	○	△		○	△			○		

（3）行政不服審査法

		26	27	28	29	30	元	2	3	4	5
行政不服審査法総則	行政救済法の全体像										
	行政不服審査法の目的				△						
	不服申立ての類型			○	△	△		○		△	△
審査請求の要件	審査請求の流れ					△					
	審査請求の要件		△		○	△	△				△
審査請求の審理手続	審理手続の流れ			△		△	△	△		△	
	審理手続の併合・分離									△	
	審理手続の承継					△					
	審理手続の終結			△						△	
審査請求の終了	取下げ										△
	裁　決		○	○		△	○				○
執行停止	執行不停止の原則										
	執行停止				○	△			○		
教　示	教示とは何か										
	教示の内容	○			△					○	

(4) 行政事件訴訟法

		26	27	28	29	30	元	2	3	4	5
行政事件訴訟の類型	行政事件訴訟										
	抗告訴訟						△			△	
	争点訴訟						△				
取消訴訟	取消訴訟の種類		記		○	多					
	取消訴訟の訴訟要件	○		○	△	△	△多	○	○	○	○
	取消訴訟の審理	△多	△			多	△				
	取消訴訟の判決		○		△	○	△				△
取消訴訟以外の抗告訴訟	無効等確認訴訟		△	△多	○			記	△	○	△多
	不作為の違法確認訴訟	○	△	△						△	△
	義務付け訴訟	△			△	記	△	○	△	記	△
	差止め訴訟		△			○					記
当事者訴訟	当事者訴訟とは何か										
	形式的当事者訴訟									△	
	実質的当事者訴訟										
民衆訴訟・機関訴訟	民衆訴訟			△		△					
	機関訴訟					△					
仮の救済	執行停止		○		△		○		△		
	仮の義務付け・仮の差止め					○					記
教 示	教示とは何か										
	教示の内容		△		△						

(5) 国家賠償法・損失補償

		26	27	28	29	30	元	2	3	4	5
国家賠償法	国家賠償法の全体像										
	国家賠償法1条	△	○	△	○	○		○多	○	○	○
	国家賠償法2条			△		△	○			○	○
	国家賠償法3条～6条	△	△	△	○				○		
	取消訴訟と国家賠償請求訴訟の関係			△	多						
損失補償	損失補償とは何か										
	補償の根拠										
	補償の内容・程度	○		○		○	○				
	補償の方法										

（6）地方自治法

		26	27	28	29	30	元	2	3	4	5
地方公共団体の種類	地方自治法とは何か	多									
	地方公共団体の種類		○	△		○					
地方公共団体の事務	地方公共団体の事務の種類			△	△	○		△		△	
	事務処理の基本原則										
地方公共団体の機関	議会			△	△		○				
	執行機関	○					○		△		
	議会と長の関係				△	△			○		
	地域自治区										
地方公共団体の立法	地方公共団体の自主立法										
	条例	△	△	△		△				△	○
	規則			△			△			△	
地方公共団体の財務	地方公共団体の財務の流れ										
	地方公共団体の財務に関する規定			○				○			
住民の権利	住民										
	選挙					△				△	
	直接請求	△							△	△	○
	住民監査請求・住民訴訟		○		○			○		○	
	公の施設	記		△	○	△	○		△		
関与	関与とは何か										
	関与の基本原則					△					
	関与の基本類型			△					△		
	係争処理								△		

2 分析と対策

（1）学習指針

行政書士試験の行政法は、全体から満遍なく出題され、配点も300点満点中112点と3分の1以上を占めるため、「行政法を制する者は行政書士試験を制する」といえます。出題範囲は広いですが、穴を作らずじっくり時間をかけて学習していきましょう。

また、行政法は、いずれの出題形式においても、過去問で問われた知識がくり返し問われる傾向にあります。過去問はどの科目においても重要ですが、行政法は特に過去問の重要性が高いと覚えておきましょう。

（2）学習内容

① 行政法の一般的な法理論

まず、行政法全部に共通するルールである「行政法の一般的な法理論」を学習します。ここでは、後の学習に備えて行政法の専門用語の意味と具体例を押さえ

ていきます（具体例とセットで押さえることで、イメージがわいて学習しやすくなります）。また、最高裁判所の判例からの出題も多いので、最高裁判所の判例も読み込んでおく必要があります。これらは、5肢択一式のみならず、多肢選択式でもよく出題されますので、重点的に学習しておく必要があります。

テーマとしては、「行政作用の類型」（特に行政行為）と「行政上の強制措置」がほぼ毎年出題されていますので、この2つのテーマに重点を置くとよいでしょう。

② **個別の法律**

次に、行政手続法、行政不服審査法、行政事件訴訟法、国家賠償法、地方自治法といった個別の法律の条文を押さえていきます。行政法は、条文をどれだけ知っているかで勝敗が決するといっても過言ではありません。また、行政事件訴訟法・国家賠償法（損失補償を含む）では、条文に加えて最高裁判所の判例もよく出題されますので、最高裁判所の判例も読み込んでおく必要があります。

テーマとしては、行政手続法の「申請に対する処分」「不利益処分」、行政不服審査法の「裁決」、行政事件訴訟法の「取消訴訟」（特に訴訟要件）、国家賠償法の「1条」の出題が多いので、これらを重点的に学習しておきましょう。

なお、地方自治法は、条文数が他の法律よりも格段に多い割に、出題数は他の法律と変わらず、得点効率の悪い分野といえます。そこで、学習時間をあまり取れない人は、地方自治法については、毎年のように出題されている「住民の権利」に絞って学習するとよいでしょう。

(3) 近時の出題傾向

近時の行政書士試験の行政法では、条文や最高裁判所の判例に照らして、正しいのか誤っているのかをストレートに問う問題が多く、条文や最高裁判所の判例の知識量に比例して点数が伸びる科目であるといえます。そこで、行政法では、数多くの問題をくり返し解くことで、条文や最高裁判所の判例の知識を定着させていくという姿勢が重要となります。

なお、近時の行政書士試験の行政法では、平成20年以降の比較的新しい最高裁判所の判例が出題されていますので、このような判例が出てきた際には、注意して押さえておきましょう。

(4) 得点目標

行政法では、8割正解を目指す必要があるでしょう（ただし、地方自治法は3問中1問正解でかまいません）。

【行政法の得点目標】

出題形式	出題数	得点目標
5肢択一式	19問（76点）	15問（60点）
多肢選択式	2問（16点満点）	12点
記述式	1問（20点満点）	16点

1 行政法の一般原則

　行政法における信頼保護に関する次の記述のうち、最高裁判所の判例に照らし、正しいものはどれか。

1　地方公共団体が、将来にわたって継続すべき一定内容の施策を決定した後に、社会情勢の変動等が生じたとしても、決定された施策に応じた特定の者の信頼を保護すべき特段の事情がある場合には、当該地方公共団体は、信義衡平の原則により一度なされた当該決定を変更できない。

2　公務員として採用された者が有罪判決を受け、その時点で失職していたはずのところ、有罪判決の事実を秘匿して相当長期にわたり勤務し給与を受けていた場合には、そのような長期にわたり事実上勤務してきたことを理由に、信義誠実の原則に基づき、新たな任用関係ないし雇用関係が形成される。

3　課税処分において信義則の法理の適用により当該課税処分が違法なものとして取り消されるのは、租税法規の適用における納税者間の平等、公平という要請を犠牲にしてもなお、当該課税処分に係る課税を免れしめて納税者の信頼を保護しなければ正義に反するといえるような特別の事情が存する場合に限られる。

4　課税庁が課税上の取扱いを変更した場合において、それを通達の発出などにより納税者に周知する措置をとらなかったとしても、そのような事情は、過少申告加算税が課されない場合の要件として国税通則法に規定されている「正当な理由があると認められる」場合についての判断において考慮の対象とならない。

5　従来課税の対象となっていなかった一定の物品について、課税の根拠となる法律所定の課税品目に当たるとする通達の発出により新たに課税の対象とすることは、仮に通達の内容が根拠法律の解釈として正しいものであったとしても、租税法律主義及び信義誠実の原則に照らし、違法である。

解説

1 **誤り**　最高裁判所の判例は、地方公共団体のような行政主体が一定内容の将来にわたって継続すべき施策を決定した場合でも、その施策が社会情勢の変動等に伴って変更されることがあることは当然であって、**地方公共団体は原則として当該決定に拘束されるものではない**としています（宜野座村工場誘致事件：最判昭56.1.27）。 テキスト p.128

2 **誤り**　最高裁判所の判例は、公務員として採用された者が有罪判決を受け、その時点で失職していたはずのところ、有罪判決の事実を秘匿して相当長期にわたり勤務し給与を受けていた場合、**国が当該公務員の失職を主張したとしても、信義誠実の原則に反し又は権利の濫用に当たるとはいえない**としています（最判平19.12.13）。 テキスト p.128

3 **正しい**　最高裁判所の判例は、課税処分において信義則の法理の適用により当該課税処分が違法なものとして取り消されるのは、**租税法規の適用における納税者間の平等、公平という要請を犠牲にしてもなお、当該課税処分に係る課税を免れしめて納税者の信頼を保護しなければ正義に反するといえるような特別の事情が存する場合に限られる**としています（最判昭62.10.30）。 テキスト p.129

4 **誤り**　最高裁判所の判例は、課税庁が課税上の取扱いを変更した場合において、それを通達の発出などにより納税者に周知する措置をとらなかったという事情は、**過少申告加算税が課されない場合の要件として国税通則法に規定されている「正当な理由があると認められる」場合についての判断において考慮の対象となる**としています（最判平18.10.24）。 テキスト p.128

5 **誤り**　最高裁判所の判例は、課税処分がたまたま通達をきっかけとして行われたものであっても、**通達の内容が法の正しい解釈に合致するものである場合には、当該課税処分は適法である**としています（最判昭33.3.28）。 テキスト p.112

正解　**3**

2 公法と私法

　行政上の法律関係に関する次の記述のうち、最高裁判所の判例に照らし、妥当なものはどれか。

1　公営住宅の使用関係については、一般法である民法および借家法（当時）が、特別法である公営住宅法およびこれに基づく条例に優先して適用されることから、その契約関係を規律するについては、信頼関係の法理の適用があるものと解すべきである。

2　食品衛生法に基づく食肉販売の営業許可は、当該営業に関する一般的禁止を個別に解除する処分であり、同許可を受けない者は、売買契約の締結も含め、当該営業を行うことが禁止された状態にあるから、その者が行った食肉の買入契約は当然に無効である。

3　租税滞納処分は、国家が公権力を発動して財産所有者の意思いかんにかかわらず一方的に処分の効果を発生させる行為であるという点で、自作農創設特別措置法（当時）所定の農地買収処分に類似するものであるから、物権変動の対抗要件に関する民法の規定の適用はない。

4　建築基準法において、防火地域または準防火地域内にある建築物で外壁が耐火構造のものについては、その外壁を隣地境界線に接して設けることができるとされているところ、この規定が適用される場合、建物を築造するには、境界線から一定以上の距離を保たなければならないとする民法の規定は適用されない。

5　公営住宅を使用する権利は、入居者本人にのみ認められた一身専属の権利であるが、住宅に困窮する低額所得者に対して低廉な家賃で住宅を賃貸することにより、国民生活の安定と社会福祉の増進に寄与するという公営住宅法の目的にかんがみ、入居者が死亡した場合、その同居の相続人がその使用権を当然に承継することが認められる。

1 妥当でない 最高裁判所の判例は、公営住宅の使用関係については、公営住宅法およびこれに基づく条例が優先して適用されるものの、公営住宅法およびこれに基づく条例に特別の定めがない限り、民法および借家法（現借地借家法）の適用があり、その契約関係を規律するについては、信頼関係の法理の適用があるとしています（最判昭59.12.13）。 テキスト p.131

2 妥当でない 最高裁判所の判例は、食品衛生法は単なる取締法規にすぎないから、食品衛生法に基づく食肉販売の営業許可を受けない者が行った食肉の買入契約も、当然に無効であるとはいえないとしています（最判昭35.3.18）。 テキスト p.132

3 妥当でない 最高裁判所の判例は、租税滞納処分において、滞納者の財産を差し押さえた国の地位は、民事訴訟法上の強制執行における差押債権者の地位に類するものであるから、滞納処分による差押えの関係においても、物権変動の対抗要件に関する民法の規定（177条）の適用があるとしています（最判昭31.4.24）。 テキスト p.130

4 妥当である 最高裁判所の判例は、建築基準法において、防火地域または準防火地域内にある建築物で外壁が耐火構造のものについては、その外壁を隣地境界線に接して設けることができるとされているところ、この規定が適用される場合、建物を築造するには、境界線から一定以上の距離を保たなければならないとする民法の規定は適用されないとしています（最判平1.9.19）。 テキスト p.131

5 妥当でない 最高裁判所の判例は、公営住宅法は、住宅に困窮する低額所得者に対して低廉な家賃で住宅を賃貸することにより、国民生活の安定と社会福祉の増進に寄与することを目的とし、そのために公営住宅の入居者を一定の条件を具備する者に限定していることなどにかんがみれば、入居者が死亡した場合、その同居の相続人がその使用権を当然に承継すると解する余地はないとしています（最判平2.10.18）。 テキスト p.132

正解 **4**

3 行政上の権利

　公法上の権利の一身専属性に関する次の文章の空欄　A　〜　C　に当てはまる文章の組合せとして、妥当なものはどれか。

　最高裁判所昭和42年5月24日判決（いわゆる朝日訴訟判決）においては、生活保護を受給する地位は、一身専属のものであって相続の対象とはなりえず、その結果、原告の死亡と同時に当該訴訟は終了して、同人の相続人らが当該訴訟を承継し得る余地はないとされた。そして、この判決は、その前提として、　A　。
　その後も公法上の権利の一身専属性が問題となる事例が散見されたが、労働者等のじん肺に係る労災保険給付を請求する権利については最高裁判所平成29年4月6日判決が、原子爆弾被爆者に対する援護に関する法律に基づく認定の申請がされた健康管理手当の受給権については最高裁判所平成29年12月18日判決が、それぞれ判断をしており、　B　。
　なお、この健康管理手当の受給権の一身専属性について、最高裁判所平成29年12月18日判決では、受給権の性質が　C　。

空欄　A
　ア　生活保護法の規定に基づき、要保護者等が国から生活保護を受けるのは、法的利益であって、保護受給権とも称すべきものであるとしている
　イ　生活保護法の規定に基づき、要保護者等が国から生活保護を受けるのは、国の恩恵ないし社会政策の実施に伴う反射的利益であるとしている
空欄　B
　ウ　両判決ともに、権利の一身専属性を認めて、相続人による訴訟承継を認めなかった
　エ　両判決ともに、権利の一身専属性を認めず、相続人による訴訟承継を認めた

空欄 C

オ 社会保障的性質を有することが、一身専属性が認められない根拠の一つになるとの考え方が示されている

カ 国家補償的性質を有することが、一身専属性が認められない根拠の一つになるとの考え方が示されている

	A	B	C
1	ア	ウ	オ
2	ア	エ	カ
3	イ	ウ	オ
4	イ	ウ	カ
5	イ	エ	カ

空欄A アが入る　最高裁判所の判例は、生活保護法の規定に基づき、要保護者等が国から生活保護を受けるのは、法的利益であって、保護受給権とも称すべきものであるとしています（朝日訴訟：最大判昭42.5.24）。したがって、 A にはアが入ります。テキスト p.132

空欄B エが入る　最高裁判所の判例は、労働者等のじん肺に係る労災保険給付を請求する権利（最判平29.4.6）及び原子爆弾被爆者に対する援護に関する法律に基づく認定の申請がされた健康管理手当の受給権（最判平29.12.18）について、いずれも権利の一身専属性を認めず、相続人による訴訟承継を認めました。したがって、 B にはエが入ります。テキスト p.132

空欄C カが入る　最高裁判所の判例は、原子爆弾被爆者に対する援護に関する法律に基づく認定の申請がされた健康管理手当の受給権について一身専属性が認められない根拠として、当該権利が国家補償的性質を有することを挙げています（最判平29.12.18）。したがって、 C にはカが入ります。テキスト p.132

正解　2

4　行政主体

次の記述のうち、独立行政法人の説明として、正しいものはどれか。

1　民間の関係者が発起人となって自主的に設立する法人で、業務の公共性などの理由によって、設立については特別の法律に基づき主務大臣の認可が要件となっている法人。

2　法律により直接設立される法人または特別の法律により特別の設立行為をもって設立すべきものとされる法人であって、その新設・廃止等に関する審査が総務省によって行われるもの。

3　公共上の見地から確実に実施されることが必要な事務等であって、国が直接に実施する必要のないもののうち、民間に委ねた場合には必ずしも実施されないおそれがあるものを効率的かつ効果的に行わせることを目的として設立される法人。

4　特別の法律に基づき特定の行政事務を遂行するものとして行政庁により指定された民法上の法人であって、行政処分権限を付与されたもの。

5　構成員が強制的に法人への加入及び経費の支払いを義務付けられ、その設立及び解散に国の意思が介在し、かつ、国の監督の下で公権力の行使が認められた法人。

解説

1 **誤り** 民間の関係者が発起人となって自主的に設立する法人で、業務の公共性などの理由によって、設立については特別の法律に基づき主務大臣の認可が要件となっている法人は、認可法人です。 `テキスト p.184`

2 **誤り** 法律により直接設立される法人または特別の法律により特別の設立行為をもって設立すべきものとされる法人であって、その新設・廃止等に関する審査が総務省によって行われるものは、特殊法人です。 `テキスト p.134`

3 **正しい** 公共上の見地から確実に実施されることが必要な事務等であって、国が直接に実施する必要のないもののうち、民間に委ねた場合には必ずしも実施されないおそれがあるものを効率的かつ効果的に行わせることを目的として設立される法人は、独立行政法人です。 `テキスト p.134`

4 **誤り** 特別の法律に基づき特定の行政事務を遂行するものとして行政庁により指定された民法上の法人であって、行政処分権限を付与されたものは、指定法人です。 `テキスト p.184`

5 **誤り** 構成員が強制的に法人への加入及び経費の支払いを義務付けられ、その設立及び解散に国の意思が介在し、かつ、国の監督の下で公権力の行使が認められた法人は、公共組合です。 `テキスト p.134`

🔑 **キーワード** **行政主体**

　行政主体とは、行政活動を行う権利と義務をもち、自己の名と責任において行政活動を行う法人のことです。本問で出てくる特殊法人・独立行政法人・公共組合は、いずれも行政主体の一種です。

正解 3

5 行政機関

　行政機関に関する次の記述のうち、正しいものはいくつあるか。

ア　行政庁とは、行政主体の意思を決定し、これを外部に表示する権限を有する行政機関をいう。

イ　国家行政組織法には行政庁は独任制でなければならないとの規定があり、わが国には合議制の行政庁は存在しない。

ウ　上級行政庁は下級行政庁に対して監視権や取消権などの指揮監督権を有するが、訓令権については認められていない。

エ　行政庁がその権限の一部を他の行政機関に委任した場合であっても、権限の所在自体は、委任した行政庁から受任機関には移らない。

オ　法定の事実の発生に基づいて、法律上当然に行政機関の間に代理関係の生ずる場合を、授権代理という。

1　一つ
2　二つ
3　三つ
4　四つ
5　五つ

ア | **正しい** | 行政庁とは、行政主体の意思を決定し、これを外部に表示する権限を有する行政機関をいいます。 テキスト p.135

イ | **誤り** | 中立な行政が要求される場合や、慎重な判断をする必要がある場合は、複数の人間で構成される合議制の行政庁が置かれることもあります。例えば、公正取引委員会や教育委員会などです。 テキスト p.135

ウ | **誤り** | 上級行政機関は、指揮監督権に基づき、監視権（下級行政機関の事務の執行を調査すること）や取消権（下級行政機関の行った違法な行政活動の取消しを要求すること）のみならず、訓令権（下級行政機関の活動内容を指示すること）を行使することもできます。 テキスト p.137

エ | **誤り** | 行政庁がその権限の一部を他の行政機関に委任した場合、権限の所在が委任した行政庁から受任機関に移ります。 テキスト p.137

オ | **誤り** | 法定の事実の発生に基づいて、法律上当然に行政機関の間に代理関係の生ずる場合を、法定代理といいます。なお、授権代理とは、本来の権限を有する行政機関が他の行政機関に対して代理権を授与することによって代理関係が生じる場合のことです。 テキスト p.138

🔑 **キーワード** **行政機関**

　行政機関とは、行政主体に代わって実際に活動する人間のことです。行政機関は、①行政庁、②諮問機関、③参与機関、④監査機関、⑤執行機関、⑥補助機関の6種類に分類されます。

正解　**1（アの一つ）**

6 国の行政組織

　内閣法および国家行政組織法の規定に関する次の記述のうち、正しいものはどれか。

1　各省大臣は、国務大臣のうちから内閣総理大臣が命ずるが、内閣総理大臣が自ら各省大臣に当たることはできない。

2　各省大臣は、その機関の事務を統括し、職員の服務について、これを統督するが、その機関の所掌事務について、命令または示達をするため、所管の諸機関および職員に対し、告示を発することができる。

3　各省大臣は、主任の行政事務について、法律または政令の制定、改正または廃止を必要と認めるときは、案をそなえて、内閣総理大臣に提出して、閣議を求めなければならない。

4　各省大臣は、主任の行政事務について、法律もしくは政令を施行するため、または法律もしくは政令の特別の委任に基づいて、それぞれその機関の命令として規則その他の特別の命令を発することができる。

5　各省大臣は、主任の大臣として、それぞれ行政事務を分担管理するものとされ、内閣総理大臣が行政各部を指揮監督することはできない。

解説

1 **誤り** 各省大臣は、国務大臣のうちから内閣総理大臣が命じますから（国家行政組織法5条3項本文）、前半は正しいです。しかし、**内閣総理大臣が自ら各省大臣に当たることを妨げない**とされていますから（国家行政組織法5条3項ただし書）、後半は誤りです。 `テキスト p.141`

2 **誤り** 各省大臣は、その機関の事務を統括し、職員の服務について、これを統督しますから（国家行政組織法10条）、前半は正しいです。しかし、各省大臣は、その機関の所掌事務について、命令または示達をするため、所管の諸機関および職員に対し、**訓令または通達**を発することができるとされていますから（国家行政組織法14条2項）、後半は誤りです。なお、**告示**は、公示を必要とする場合に発せられるものです（国家行政組織法14条1項）。 `テキスト p.141`

3 **正しい** 各省大臣は、主任の行政事務について、法律または政令の制定、改正または廃止を必要と認めるときは、**案をそなえて、内閣総理大臣に提出して、閣議を求めなければなりません**（国家行政組織法11条）。 `テキスト p.141`

4 **誤り** 各省大臣は、主任の行政事務について、法律もしくは政令を施行するため、または法律もしくは政令の特別の委任に基づいて、それぞれその機関の命令として**省令**を発することができます（国家行政組織法12条1項）。なお、**規則その他の特別の命令**を発することができるのは、各委員会および各庁の長官です（国家行政組織法13条1項）。 `テキスト p.163`

5 **誤り** 各省大臣は、主任の大臣として、それぞれ行政事務を分担管理するものとされていますから（内閣法3条1項）、前半は正しいです。しかし、**内閣総理大臣は、閣議にかけて決定した方針に基づいて、行政各部を指揮監督する**とされていますから（内閣法6条）、後半は誤りです。 `テキスト p.140`

正解 **3**

　国家公務員についての次の記述のうち、妥当なものはどれか。

1　国家公務員には、一般職と特別職があるが、国家公務員法は、両者に等しく適用される。

2　独立行政法人は、国とは独立した法人であるから、その職員が国家公務員法上の公務員としての地位を有することはない。

3　その不法行為について国が国家賠償法1条1項により賠償責任を負うのは、国家公務員法上の公務員に限られる。

4　国家公務員の懲戒免職は、行政処分であると解されており、審査請求の対象となる。

5　国家公務員の人事行政に関する各種の事務をつかさどるため、総務省の外局として人事院が設置されている。

解説

1 **妥当でない** 国家公務員には、一般職と特別職があります（国家公務員法2条1項）。もっとも、国家公務員法が適用されるのは、一般職の公務員のみであり（国家公務員法2条4項前段）、**特別職の公務員については、国家公務員法が適用されません**（国家公務員法2条5項）。 テキスト p.142、143

2 **妥当でない** 独立行政法人の職員は、一般的には公務員に当たりませんが、独立行政法人のうち**行政執行法人の職員は、国家公務員の身分が与えられています**（独立行政法人通則法51条）。 テキスト p.142

3 **妥当でない** 国家賠償法1条1項の「公務員」には、国家公務員・地方公務員のみならず、**公権力の行使を委任されている民間人も含まれます**。したがって、その不法行為について国が国家賠償法1条1項により賠償責任を負うのは、国家公務員法上の公務員に限られません。 テキスト p.276

4 **妥当である** 国家公務員の懲戒免職は、行政処分であると解されており、**審査請求の対象となります**（国家公務員法90条1項）。 テキスト p.143

5 **妥当でない** 人事院は、**内閣**の所轄の下に設置されています（国家公務員法3条1項）。 テキスト p.144

🔍 **キーワード** **行政執行法人**

行政執行法人は、平成26年の独立行政法人通則法改正により、独立行政法人の分類の1つとされたものであり、国の行政事務と密接に関連した国の相当な関与の下に確実に執行することが求められる事務・事業を、単年度ごとの目標・計画に基づいて行うことにより、正確・確実に執行することを目的とする法人のことです。

正解 **4**

8 公　物

公物に関する次の記述のうち、誤っているものはどれか。

1　自然公物については、自然のままにおいて公共の用に供されていると解されるので、公用開始という観念は成り立ちえない。

2　公物の公用開始行為は、特定の私人を名あて人とするものではないが、行政法学でいう行政行為の一種である。

3　公物の公用廃止については、明示的な廃止処分によることなく、黙示で廃止されたものとみなされることもある。

4　私人所有の財産が公物として公用開始の対象に含まれていた場合、公用開始の効力は当該財産に関する部分について当然に無効となる。

5　公用開始後の公物の供用行為が利用者との関係で適正であっても、第三者に対して損害を及ぼせば、当該公物の管理者は損害賠償責任を負う。

解説

1 **正しい**　自然公物については、自然のままにおいて公共の用に供されていると解されるので、**公用開始という観念は成り立ちえません。** `テキスト p.145`

2 **正しい**　公物の公用開始行為は、特定の私人を名あて人とするものではありませんが、行政法学でいう**行政行為の一種である**とされています。 `テキスト p.145`

3 **正しい**　公共用財産が、長年の間事実上公の目的に供用されることなく放置され、公共用財産としての形態・機能を全く喪失し、その物の上に他人の平穏かつ公然の占有が継続したが、そのため実際上公の目的が害されるようなこともなく、もはやその物を公共用財産として維持すべき理由がなくなった場合には、その公共用財産については、**黙示的に公用が廃止されたものとして、これについて取得時効の成立を妨げない**とされています（最判昭51.12.24）。したがって、公物の公用廃止については、明示的な廃止処分によることなく、黙示で廃止されたものとみなされることもあります。 `テキスト p.146`

4 **誤り**　公物には、私人が所有権を有する**私有公物**もあります。したがって、私人所有の財産が公物として公用開始の対象に含まれていた場合でも、公用開始の効力は当該財産に関する部分について当然に無効となるわけではありません。 `テキスト p.145`

5 **正しい**　国家賠償法2条1項の「公の営造物」とは、公物と同じ意味です。そして、国家賠償法2条1項の営造物の設置又は管理の瑕疵とは、営造物が有すべき安全性を欠いている状態をいい、そこにいう安全性の欠如、すなわち、他人に危害を及ぼす危険性のある状態とは、**その営造物が供用目的に沿って利用されることとの関連において危害を生じさせる危険性がある場合をも含み**、また、**その危害は、営造物の利用者に対してのみならず、利用者以外の第三者に対するそれをも含みます**（大阪空港公害訴訟：最大判昭56.12.16）。したがって、公用開始後の公物の供用行為が利用者との関係で適正であっても、第三者に対して損害を及ぼせば、当該公物の管理者は損害賠償責任を負います。 `テキスト p.283`

正解　**4**

9 行政行為の種類

　次のア～オに挙げる行政行為のうち、私人の法律行為の法的効果を完成させる効果を有するもので、行政行為の分類上、「認可」とされるものはいくつあるか。

ア　電気事業法に基づいて経済産業大臣が行う電気事業の「許可」

イ　ガス事業法に基づいて経済産業大臣が一般ガス事業者に対して行う供給約款の「認可」

ウ　銀行法に基づいて内閣総理大臣が行う銀行どうしの合併の「認可」

エ　建築基準法に基づいて建築主事が行う建築「確認」

オ　農地法に基づいて農業委員会が行う農地の所有権移転の「許可」

　1　一つ

　2　二つ

　3　三つ

　4　四つ

　5　五つ

解説

「認可」とは、私人の間でなされた法律行為を補充してその法律上の効果を完成させる行為のことです。 テキスト p.151

ア 「特許」とされる 電気事業法に基づいて経済産業大臣が行う電気事業の「許可」は、行政行為の分類上、「特許」とされます。 テキスト p.151

イ 「認可」とされる ガス事業法に基づいて経済産業大臣が一般ガス事業者に対して行う供給約款の「認可」は、行政行為の分類上、「認可」とされます。
テキスト p.151

ウ 「認可」とされる 銀行法に基づいて内閣総理大臣が行う銀行どうしの合併の「認可」は、行政行為の分類上、「認可」とされます。 テキスト p.151

エ 「確認」とされる 建築基準法に基づいて建築主事が行う建築「確認」は、行政行為の分類上、「確認」とされます。 テキスト p.151

オ 「認可」とされる 農地法に基づいて農業委員会が行う農地の所有権移転の「許可」は、行政行為の分類上、「認可」とされます。 テキスト p.151

👆 **ポイント** 法律上の名称と行政行為の分類上の名称

　肢ア・肢オの「許可」のように、法律上の名称（条文の文言）と行政行為の分類上の名称が異なるものが多数ありますので、注意しましょう。

正解 **3（イ・ウ・オの三つ）**

10 行政行為の効力・瑕疵

　行政行為（処分）に関する次の記述のうち、最高裁判所の判例に照らし、妥当なものはどれか。

1　処分に重大かつ明白な瑕疵があり、それが当然に無効とされる場合において、当該瑕疵が明白であるかどうかは、当該処分の外形上、客観的に誤認が一見看取し得るものであるかどうかにより決すべきである。

2　行政庁の処分の効力の発生時期については、特別の規定のない限り、その意思表示が相手方に到達した時ではなく、それが行政庁から相手方に向けて発信された時と解するのが相当である。

3　課税処分における内容の過誤が課税要件の根幹にかかわる重大なものである場合であっても、当該瑕疵に明白性が認められなければ、当該課税処分が当然に無効となることはない。

4　相手方に利益を付与する処分の撤回は、撤回の対象となる当該処分について法令上の根拠規定が定められていたとしても、撤回それ自体について別途、法令上の根拠規定が定められていなければ、適法にすることはできない。

5　旧自作農創設特別措置法に基づく農地買収計画の決定に対してなされた訴願を認容する裁決は、これを実質的に見れば、その本質は法律上の争訟を裁判するものであるが、それが処分である以上、他の一般的な処分と同様、裁決庁自らの判断で取り消すことを妨げない。

1　**妥当である**　最高裁判所の判例は、処分に重大かつ明白な瑕疵があり、それが当然に無効とされる場合において、当該瑕疵が明白であるかどうかは、当該処分の外形上、客観的に誤認が一見看取し得るものであるかどうかにより決すべきであるとしています（最判昭36.3.7）。テキスト p.153

2　**妥当でない**　最高裁判所の判例は、行政行為の効力は、法令が特段の定めをしている場合を除き、相手方がこれを現実に了知し、又は相手方の了知すべき状態に置かれた時に発生するとしています（最判昭29.8.24）。したがって、行政庁の処分の効力の発生時期については、その意思表示が相手方に到達した時であり、それが行政庁から相手方に向けて発信された時ではありません。テキスト p.152

3　**妥当でない**　最高裁判所の判例は、課税処分における内容の過誤が課税要件の根幹にかかわる重大なものである場合には、当該瑕疵に明白性が認められなくても、当該課税処分は当然に無効となるとしています（最判昭48.4.26）。テキスト p.153

4　**妥当でない**　最高裁判所の判例は、相手方に利益を付与する処分（人工妊娠中絶を行い得る医師としての指定）の撤回は、法令上その撤回について直接明文の規定がなくても、することができるとしています（最判昭63.6.17）。テキスト p.156

5　**妥当でない**　最高裁判所の判例は、旧自作農創設特別措置法に基づく農地買収計画の決定に対してなされた訴願を認容する裁決は、他の一般的な処分とは異なり、裁決庁自らの判断で取り消すことはできないとしています（最判昭29.1.21）。テキスト p.152

正解　**1**

11　行政行為の瑕疵

　次の文章は、ある最高裁判所判決の一節である。空欄　ア　〜　エ　に当てはまる語句を、枠内の選択肢（1〜20）から選びなさい。

　…課税処分につき　ア　の場合を認めるとしても、このような処分については、…　イ　の制限を受けることなく、何時まででも争うことができることとなるわけであるから、更正についての期間の制限等を考慮すれば、かかる例外の場合を肯定するについて慎重でなければならないことは当然であるが、一般に、課税処分が課税庁と被課税者との間にのみ存するもので、処分の存在を信頼する　ウ　の保護を考慮する必要のないこと等を勘案すれば、当該処分における内容上の過誤が課税要件の根幹についてのそれであつて、徴税行政の安定とその円滑な運営の要請を斟酌してもなお、不服申立期間の徒過による　エ　的効果の発生を理由として被課税者に右処分による不利益を甘受させることが、著しく不当と認められるような例外的な事情のある場合には、前記の過誤による瑕疵は、当該処分を　ア　ならしめるものと解するのが相当である。

（最一小判昭和48年4月26日民集27巻3号629頁以下）

1	審査庁	2	違法	3	除斥期間	4	確定	5	当然無効
6	裁量	7	納税者	8	執行	9	第三者	10	遡及
11	裁定	12	出訴期間	13	消滅	14	失権	15	時効
16	不可争	17	取消し	18	公益	19	公権	20	不法

解説

　本問の文章は、行政行為の瑕疵に関する最高裁判所判決の一節です（最判昭48.4.26）。 テキスト p.153

❶　2つ目の ア の前に「前記の過誤による瑕疵は」とあることから、 ア には行政行為の瑕疵の態様に関する語句が入ることがわかります。また、1つ目の ア の後に「このような処分については、…何時まででも争うことができる」とあることから、 ア にはいつまででも争うことのできる瑕疵の態様が入ることがわかります。したがって、 ア には「5　当然無効」が入ります。

❷　 イ の後に「制限を受けることなく、何時まででも争うことができることとなる」とあることから、 イ には行政行為の効力を争う期間制限に関する語句が入ることがわかります。そして、このような語句は「3　除斥期間」「12　出訴期間」のどちらかですが、「3　除斥期間」は私法上の権利に関する期間制限のことですから、 イ には「12　出訴期間」が入ります。

❸　「課税処分が課税庁と被課税者との間にのみ存するもので、処分の存在を信頼する ウ の保護を考慮する必要のない」とありますから、課税処分は当事者間にのみ存するもので、当事者以外の者の保護を考慮する必要がないことがわかります。したがって、 ウ には当事者以外の者という意味の「9　第三者」が入ります。

❹　「不服申立期間の徒過による エ 的効果の発生」とあることから、 エ には不服申立期間が徒過したことにより発生する行政行為の効果（効力）に関する語句が入ることがわかります。そして、不服申立期間を経過すると、私人の側から行政行為の効力を争うことができなくなる不可争力が発生しますから、 エ には「16　不可争」が入ります。

正解 アー5（当然無効）、イー12（出訴期間）、ウー9（第三者）、エー16（不可争）

12 行政行為の取消しと撤回

難易度　普　　重要度　A

　次の1から5の文章は、現行法令の規定を基にしたものであるが、これらのうち、行政法学上、行政行為の「取消し」にあたるものはどれか。

1　市町村長等は、消防法上の危険物の製造所の所有者、管理者または占有者が、同法に基づき当該製造所について発せられた移転等の命令に違反したときは、当該製造所の設置許可を取り消すことができる。

2　国土交通大臣は、浄化槽を工場において製造しようとする者に対して行う認定の基準となる浄化槽の構造基準が変更され、既に認定を受けた浄化槽が当該変更後の浄化槽の構造基準に適合しないと認めるときは、当該認定を取り消さなければならない。

3　国家公務員（職員）に対する懲戒処分について不服申立てがなされた場合、事案の調査の結果、その職員に処分を受けるべき事由のないことが判明したときは、人事院は、その処分を取り消さなければならない。

4　一級建築士がその業務に関して不誠実な行為をしたとき、免許を与えた国土交通大臣は、免許を取り消すことができる。

5　国土交通大臣または都道府県知事は、建設業の許可を受けた建設業者が許可を受けてから一年以内に営業を開始しない場合、当該許可を取り消さなければならない。

ヒント

　瑕疵ある行政行為であったことを理由になされるのが「取消し」、行政行為後の事情の変化を理由になされるのが「撤回」である。肢1〜肢5が「取消し」と「撤回」のどちらに当たるかを判断していこう。

　行政行為の取消しとは、行政庁が、瑕疵ある行政行為の効力をその行為がなされた時点にさかのぼって失わせることです。これに対して、行政行為の撤回とは、行政庁が、適法に成立した行政行為について、その後の事情の変化によりその行為を維持することが適当でなくなった場合に、その行為の効力を将来に向かって失わせることです。 テキスト p.155

1　「撤回」にあたる　本肢における製造所の設置許可の取消しは、当該製造所について発せられた移転等の命令に違反したという行政行為後の事情の変化を理由になされていますから、行政法学上、行政行為の「撤回」にあたります。

2　「撤回」にあたる　本肢における浄化槽を工場において製造しようとする者に対して行う認定の取消しは、基準となる浄化槽の構造基準が変更され既に認定を受けた浄化槽が当該変更後の浄化槽の構造基準に適合しなくなったという行政行為後の事情の変化を理由になされていますから、行政法学上、行政行為の「撤回」にあたります。

3　「取消し」にあたる　本肢における国家公務員（職員）に対する懲戒処分の取消しは、その職員に処分を受けるべき事由のないことが判明し当該懲戒処分は瑕疵ある行政行為であったことを理由になされていますから、行政法学上、行政行為の「取消し」にあたります。

4　「撤回」にあたる　本肢における一級建築士免許の取消しは、その業務に関して不誠実な行為をしたという行政行為後の事情の変化を理由になされていますから、行政法学上、行政行為の「撤回」にあたります。

5　「撤回」にあたる　本肢における建設業の許可の取消しは、建設業の許可を受けた建設業者が許可を受けてから一年以内に営業を開始しないという行政行為後の事情の変化を理由になされていますから、行政法学上、行政行為の「撤回」にあたります。

正解　3

13　行政行為の附款

Check！
／　／　／　　平24-10

難易度　**易**　　重要度　**A**

　次の文章の空欄　ア　〜　オ　に当てはまる語句の組合せとして、正しいものはどれか。

　許認可の法効果について法律で規定された事項以外の内容が付加されることがある。行政法学上、これを、附款という。附款とは、行政行為の効果を制限するため、行政庁の意思表示の主たる内容に付加された従たる意思表示であると説明されている。

　附款のうち、条件とは、行政行為の効力の発生・消滅を発生　ア　事実にかからしめる附款である。条件成就により効果が発生する　イ　条件と、効果が消滅する　ウ　条件とに区別される。

　許認可等を行うに際し、法令により課される義務とは別に作為義務又は不作為義務を課すことがあるが、これは、負担と呼ばれ、附款の一種であるとされている。条件と負担の相違は、各々の附款に違反した場合の行政処分の効力への影響にあるとされている。すなわち、ある行政行為に付された附款を条件とみると、これが満たされない場合、本体たる行政行為の効力に影響が　エ　ことになる。一方、負担とみると、これが満たされない場合、本体たる行政行為の効力に影響が　オ　ことになる。しかし、条件と負担との区別は実際には困難であるという意見もある。

	ア	イ	ウ	エ	オ
1	不確実な	停止	解除	及ばない	及ぶ
2	確実な	停止	解除	及ばない	及ぶ
3	確実な	解除	停止	及ぶ	及ばない
4	不確実な	解除	停止	及ばない	及ぶ
5	不確実な	停止	解除	及ぶ	及ばない

解説

❶ 条件とは、行政行為の効力の発生・消滅を発生不確実な事実にかからしめる附款ですから、｜ ア ｜には「**不確実な**」が入ります。 テキスト p.157

❷ 条件は、条件成就により効果が発生する**停止条件**と、効果が消滅する**解除条件**とに区別されますから、｜ イ ｜には「**停止**」、｜ ウ ｜には「**解除**」が入ります。 テキスト p.157

❸ 条件とは、行政行為の効力の発生・消滅を発生不確実な事実にかからしめる附款ですから、ある行政行為に条件が付され、これが満たされない場合、本体たる行政行為の効力に影響が及ぶことになります。したがって、｜ エ ｜には「**及ぶ**」が入ります。 テキスト p.157

❹ ある行政行為に負担が付され、これが満たされない場合でも、本体たる行政行為の効力に影響が及びませんから、｜ オ ｜には「**及ばない**」が入ります。 テキスト p.157

🔍 **キーワード**　**行政行為の附款**

　行政行為の附款とは、行政行為の効果を制限するため、その行政行為の主たる内容に付加された従たる意思表示のことです。

正解　**5**

14 行政裁量

　次の文章は、ある最高裁判所判決の一節である。空欄 ア ～ エ に当てはまる語句を、枠内の選択肢（1 ～ 20）から選びなさい。

　原子炉施設の安全性に関する判断の適否が争われる原子炉設置許可処分の取消訴訟における裁判所の審理、判断は、原子力委員会若しくは原子炉安全専門審査会の専門技術的な ア 及び判断を基にしてされた被告行政庁の判断に イ があるか否かという観点から行われるべきであって、現在の科学技術水準に照らし、右 ア において用いられた具体的 ウ に イ があり、あるいは当該原子炉施設が右の具体的 ウ に適合するとした原子力委員会若しくは原子炉安全専門審査会の ア 及び エ に看過し難い過誤、欠落があり、被告行政庁の判断がこれに依拠してされたと認められる場合には、被告行政庁の右判断に イ があるものとして、右判断に基づく原子炉設置許可処分は違法と解すべきである。

　原子炉設置許可処分についての右取消訴訟においては、右処分が前記のような性質を有することにかんがみると、被告行政庁がした右判断に イ があることの主張、立証責任は、本来、原告が負うべきものと解されるが、当該原子炉施設の安全審査に関する資料をすべて被告行政庁の側が保持していることなどの点を考慮すると、被告行政庁の側において、まず、その依拠した前記の具体的 ウ 並びに ア 及び エ 等、被告行政庁の判断に イ のないことを相当の根拠、資料に基づき主張、立証する必要があり、被告行政庁が右主張、立証を尽くさない場合には、被告行政庁がした右判断に イ があることが事実上推認されるものというべきである。

（最一小判平成4年10月29日民集46巻7号1174頁以下）

1　妥当性	2　要綱	3　重大な事実の誤認	4　予見可能性
5　合理性	6　審査基準	7　答申	8　不合理な点
9　重大かつ明白な瑕疵	10　判断枠組み　11　省令		12　事業計画
13　勧告	14　判断の過程　15　政令		16　根拠事実
17　調査審議	18　裁量の余地　19　法令違背		20　知見

解説

本問の文章は、伊方原発訴訟における最高裁判所判決の一節です（最判平4.10.29）。 テキスト p.162

❶ 「原子力委員会若しくは原子炉安全専門審査会の専門技術的な ア 及び判断を基にしてされた被告行政庁の判断」とありますので、被告行政庁が何を基に判断するのかを考えますと、「17　調査審議」か「20　知見」が考えられます。もっとも、この後に「右 ア において用いられた」とあるところ、「知見において用いられた」では意味が通りませんから、 ア には「17　調査審議」が入ります。

❷ 第1段落最後に「被告行政庁の右判断に イ があるものとして、右判断に基づく原子炉設置許可処分は違法と解すべきである」とあるので、行政庁の判断にどのような点があるとそれに基づく処分が違法となるかを考えますと、 イ には「8　不合理な点」が入ります。

❸ 「現在の科学技術水準に照らし、右 ア－調査審議 において用いられた具体的 ウ 」とあるところ、調査審議において用いられるのは具体的な審査基準ですから、 ウ には「6　審査基準」が入ります。

❹ 本判決は、審査基準に適合するとした原子力委員会・原子炉安全専門審査会の調査審議及び判断の過程に看過し難い過誤、欠落があり、被告行政庁の判断がこれに依拠してされたと認められる場合には、被告行政庁の判断に不合理な点があるものとして、行政裁量の判断過程審査を行ったものですから、 エ には、「14　判断の過程」が入ります。

正解　ア－17（調査審議）、イ－8（不合理な点）、ウ－6（審査基準）、エ－14（判断の過程）

15 行政裁量

Check!

/ / / 平24-26

難易度 普　重要度 A

　行政裁量に関する次の記述のうち、最高裁判所の判例に照らし、誤っているものはどれか。

1　建築主事は、一定の建築物に関する建築確認の申請について、周辺の土地利用や交通等の現状および将来の見通しを総合的に考慮した上で、建築主事に委ねられた都市計画上の合理的な裁量に基づいて、確認済証を交付するか否かを判断する。

2　法務大臣は、本邦に在留する外国人から再入国の許可申請があったときは、わが国の国益を保持し出入国の公正な管理を図る観点から、申請者の在留状況、渡航目的、渡航の必要性、渡航先国とわが国との関係、内外の諸情勢等を総合的に勘案した上で、法務大臣に委ねられた出入国管理上の合理的な裁量に基づいて、その許否を判断する。

3　公務員に対して懲戒処分を行う権限を有する者は、懲戒事由に該当すると認められる行為の原因、動機、性質、態様、結果、影響等のほか、当該公務員の行為の前後における態度、懲戒処分等の処分歴、選択する処分が他の公務員及び社会に与える影響等、諸般の事情を考慮した上で、懲戒権者に委ねられた合理的な裁量に基づいて、処分を行うかどうか、そして処分を行う場合にいかなる種類・程度を選ぶかを判断する。

4　行政財産の管理者は、当該財産の目的外使用許可について、許可申請に係る使用の日時・場所・目的・態様、使用者の範囲、使用の必要性の程度、許可をするに当たっての支障または許可をした場合の弊害もしくは影響の内容および程度、代替施設確保の困難性など、許可をしないことによる申請者側の不都合または影響の内容及び程度等の諸般の事情を総合考慮した上で、行政財産管理者に委ねられた合理的な裁量に基づいて、許可を行うかどうかを判断する。

5　公立高等専門学校の校長は、学習態度や試験成績に関する評価などを総合的に考慮し、校長に委ねられた教育上の合理的な裁量に基づいて、必修科目を履修しない学生に対し原級留置処分または退学処分を行うかどうかを判断する。

解説

1 　**誤り**　最高裁判所の判例は、建築主事が建築確認申請について行う確認処分自体は、基本的に裁量の余地のない確認的行為の性質を有すると解するのが相当であるとしています（品川マンション事件：最判昭60.7.16）。 テキスト p.200

2 　**正しい**　最高裁判所の判例は、法務大臣は、本邦に在留する外国人から再入国の許可申請があったときは、わが国の国益を保持し出入国の公正な管理を図る観点から、申請者の在留状況、渡航目的、渡航の必要性、渡航先国とわが国との関係、内外の諸情勢等を総合的に勘案した上で、法務大臣に委ねられた出入国管理上の合理的な裁量に基づいて、その許否を判断すべきであるとしています（最判平10.4.10）。 テキスト p.160

3 　**正しい**　最高裁判所の判例は、懲戒権者は、懲戒事由に該当すると認められる行為の原因・動機・性質・態様・結果・影響等のほか、当該公務員の行為の前後における態度、懲戒処分等の処分歴、選択する処分が他の公務員及び社会に与える影響等、諸般の事情を考慮した上で、懲戒権者に委ねられた合理的な裁量に基づいて、処分を行うかどうか、そして処分を行う場合にいかなる種類・程度を選ぶかを判断することができるとしています（神戸税関事件：最判昭52.12.20）。 テキスト p.160

4 　**正しい**　最高裁判所の判例は、学校施設のような行政財産の目的外使用許可は、原則として、管理者の合理的な裁量判断に委ねられており、この裁量判断は、許可申請に係る使用の日時・場所・目的・態様、使用者の範囲、使用の必要性の程度、許可をするに当たっての支障または許可をした場合の弊害もしくは影響の内容および程度、代替施設確保の困難性など、許可をしないことによる申請者側の不都合または影響の内容及び程度等の諸般の事情を総合考慮してされるものであるとしています（最判平18.2.7）。 テキスト p.147

5 　**正しい**　最高裁判所の判例は、必修科目を履修しない学生に対し原級留置処分又は退学処分を行うかどうかの判断は、校長の合理的な教育的裁量に委ねられるべきものであるとしています（剣道実技拒否事件：最判平8.3.8）。 テキスト p.162

正解　　1

　行政立法についての次の記述のうち、妥当なものはどれか。

1　省令は、各省大臣が発することとされているが、政令は、内閣総理大臣が閣議を経て発することとされている。
2　各省の外局として置かれる各庁の長や各委員会は、規則その他の特別の命令を発することができるが、これについては、それぞれの設置法などの法律に別の定めを要する。
3　内閣に置かれる内閣府の長である内閣官房長官は、内閣府の命令である内閣府令を発することができる。
4　各省大臣などは、その所掌事務について公示を必要とするときは、告示を発することができるが、これが法規としての性格を有することはない。
5　政令及び省令には、法律の委任があれば、罰則を設けることができるが、各庁の長や各委員会が発する規則などには、罰則を設けることは認められていない。

解説

1 | 妥当でない | 省令は、**各省大臣**が発することとされていますから（国家行政組織法12条1項）、前半は妥当であるといえます。しかし、政令は、**内閣**が発することとされていますから（憲法73条6号）、後半は妥当でないといえます。 テキスト p.163

2 | 妥当である | 各省の外局として置かれる各庁の長や各委員会は、**別に法律の定めるところにより**、規則その他の特別の命令を発することができます（国家行政組織法13条1項）。 テキスト p.163

3 | 妥当でない | 内閣府の長は、**内閣総理大臣**です（内閣府設置法6条1項）。また、内閣府令を発することができるのも、**内閣総理大臣**です（内閣府設置法7条3項）。 テキスト p.163

4 | 妥当でない | 各省大臣などは、その所掌事務について公示を必要とするときは、告示を発することができますから（国家行政組織法14条1項）、前半は妥当であるといえます。しかし、告示は、**法規命令としての性格を有すること**もありますから、後半は妥当でないといえます。 テキスト p.164

5 | 妥当でない | 法律の委任があれば、行政立法で罰則を設けることもできます。これは、政令（憲法73条6号但書）、省令（国家行政組織法12条3項）のみならず、**規則**（国家行政組織法13条2項、12条3項）**であっても同様です。** テキスト p.164

第2部

行政法

正解　2

17 行政立法

難易度 **易**　重要度 **A**

次の文章の空欄 　ア 　～ 　エ 　に当てはまる語句を、枠内の選択肢（1～20）から選びなさい。

行政機関は、多くの場合、自らその活動のための基準を設定する。この種の設定行為および設定された基準は、通例、　ア 　と呼ばれる。この 　ア 　には、行政法学上で 　イ 　と 　ウ 　と呼ばれる2種類の規範が含まれる。前者が法的拘束力を持つのに対し後者はこれを持たないものとして区別されている。　エ 　は、行政機関が意思決定や事実を公に知らせる形式であるが、　ア 　の一種として用いられることがある。この場合、それが 　イ 　に当たるのかそれとも 　ウ 　に当たるのかがしばしば問題とされてきた。例えば、文部科学大臣の 　エ 　である学習指導要領を 　イ 　だと解する見解によれば、学習指導要領には法的拘束力が認められるのに対し、学習指導要領は単なる指導助言文書だと解する見解によれば、そのような法的拘束力は認められないことになる。また、　エ 　のうち、政策的な目標や指針と解される定めは、　ウ 　と位置付けられることになろう。以上のように、　エ 　の法的性質については一律に確定することができず、個別に判断する必要がある。

1	行政指導指針	2	行政処分	3	行政規則	4	施行規則
5	定款	6	行政立法	7	処分基準	8	解釈基準
9	法規命令	10	職務命令	11	政令	12	省令
13	告示	14	訓令	15	通達	16	審査基準
17	委任命令	18	附款	19	裁量基準	20	執行命令

解説

❶ 行政機関が自らその活動のための基準を設定した場合における、その設定行為および設定された基準は、行政立法と呼ばれます。したがって、 ア には「6 行政立法」が入ります。 テキスト p.163

❷ 行政立法は、国民の権利義務にかかわる（法的拘束力を有する）法規命令と、行政内部で用いられるのみで国民の権利義務にかかわらない（法的拘束力を有しない）行政規則に分類されます。したがって、 イ には「9 法規命令」が、 ウ には「3 行政規則」が入ります。 テキスト p.163

❸ 行政機関が意思決定や事実などの必要な事項を公に伝えることを告示といい、文部科学大臣が告示する学習指導要領などがその例です。したがって、 エ には「13 告示」が入ります。 テキスト p.164

正解 アー6（行政立法）、イー9（法規命令）、ウー3（行政規則）、エー13（告示）

18　行政計画

行政計画に関する次の記述のうち、妥当なものはどれか。

1　土地利用を制限する用途地域などの都市計画の決定についても、侵害留保説によれば法律の根拠が必要である。

2　広範な計画裁量については裁判所による十分な統制を期待することができないため、計画の策定は、行政手続法に基づく意見公募手続の対象となっている。

3　計画策定権者に広範な裁量が認められるのが行政計画の特徴であるので、裁判所による計画裁量の統制は、重大な事実誤認の有無の審査に限られる。

4　都市計画法上の土地利用制限は、当然に受忍すべきとはいえない特別の犠牲であるから、損失補償が一般的に認められている。

5　多数の利害関係者に不利益をもたらしうる拘束的な計画については、行政事件訴訟法において、それを争うための特別の訴訟類型が法定されている。

解説

1 妥当である　侵害留保説とは、国民に義務を課したり国民の権利を制限したりする侵害的な行政作用については法律の根拠が必要であるが、そうでないものには法律の根拠を要しないとする説のことです。この説によれば、土地利用を制限する用途地域などの都市計画の決定は、国民の財産権を制限するものですから、法律の根拠が必要となります。 テキスト p.166

2 妥当でない　行政手続法には、計画策定手続についての規定は置かれておらず、計画策定手続に関する一般的な手続法上のルールは、日本では未確立です。したがって、行政計画の策定は、行政手続法に基づく意見公募手続の対象となっていません。 テキスト p.166

3 妥当でない　広い行政裁量が認められる行政計画であっても、裁量審査は、重大な事実誤認の有無の審査に限られるわけではありません。 テキスト p.161

4 妥当でない　都市計画道路の区域内の土地所有者が長期にわたり建築制限を受けたことによる損失は、一般的に当然に受忍すべきものとされる制限の範囲を超えて特別の犠牲を課せられたものということが未だ困難であるから、直接憲法29条３項を根拠としてこの損失につき補償請求をすることはできません（最判平17.11.1）。したがって、都市計画法上の土地利用制限は、損失補償が一般的に認められているわけではありません。 テキスト p.287

5 妥当でない　多数の利害関係者に不利益をもたらしうる拘束的な計画についても、行政事件訴訟法において、それを争うための特別の訴訟類型が法定されているわけではありません。 テキスト p.166

正解　1

19 行政契約

　行政契約に関する次のア～オの記述のうち、法令または最高裁判所の判例に照らし、妥当なものの組合せはどれか。

ア　行政手続法は、行政契約につき定義規定を置いており、国は、それに該当する行政契約の締結及び履行にあたっては、行政契約に関して同法の定める手続に従わなければならない。

イ　地方公共団体が必要な物品を売買契約により調達する場合、当該契約は民法上の契約であり、専ら民法が適用されるため、地方自治法には契約の締結に関して特別な手続は規定されていない。

ウ　水道事業者たる地方公共団体は、給水契約の申込みが、適正かつ合理的な供給計画によっては対応することができないものである場合には、水道法の定める「正当の理由」があるものとして、給水契約を拒むことができる。

エ　公害防止協定など、地方公共団体が締結する規制行政にかかる契約は、法律に根拠のない権利制限として法律による行政の原理に抵触するため、法的拘束力を有しない。

オ　法令上、随意契約によることができない契約を地方公共団体が随意契約で行った場合であっても、当該契約の効力を無効としなければ法令の規定の趣旨を没却する結果となる特別の事情が存在しない限り、当該契約は私法上有効なものとされる。

1　ア・イ
2　ア・エ
3　イ・ウ
4　ウ・オ
5　エ・オ

ア **妥当でない** 行政手続法は、処分、行政指導、届出に関する手続及び命令等を定める手続に関し、共通する事項を定める法律であって（行政手続法1条1項）、行政契約については規定を置いていません。テキスト p.181

イ **妥当でない** 行政契約については、基本的に民法の規定が適用されますので、前半は妥当です。しかし、地方自治法上、売買、貸借、請負その他の契約は、一般競争入札、指名競争入札、随意契約又はせり売りの方法により締結するものと規定されており（地方自治法234条1項）、後半は妥当でないといえます。テキスト p.168、314

ウ **妥当である** 最高裁判所の判例は、水道事業者たる地方公共団体は、給水契約の申込みが、適正かつ合理的な供給計画によっては対応することができないものである場合には、水道法の定める「正当の理由」があるものとして、給水契約を拒むことができるとしています（最判平11.1.21）。テキスト p.168

エ **妥当でない** 最高裁判所の判例は、公害防止協定（公害の発生原因となりうる事業を営む事業者と地方公共団体との間で、地域の生活環境悪化を防止するためにかわされる取決めのこと）の法的拘束力は認められるとしています（最判平21.7.10）。テキスト p.168

オ **妥当である** 最高裁判所の判例は、法令上、随意契約によることができない契約を地方公共団体が随意契約で行った場合であっても、当該契約の効力を無効としなければ法令の規定の趣旨を没却する結果となる特別の事情が存在しない限り、当該契約は私法上有効なものとされるとしています（最判昭62.5.19）。テキスト p.315

正解 **4（ウ・オ）**

第2部 行政法

20　行政指導

　次の文章は、開発指導要綱に基づく金銭負担を要求した市の行為の違法性に関する、最高裁判所判決の一節である。この判決の考え方から導かれる内容として、妥当なものはどれか。

　なお、文章中のXは上告人（住民）、Yは被上告人（市）を指す。

　「指導要綱の文言及び運用の実態からすると、本件当時、Yは、事業主に対し、法が認めておらずしかもそれが実施された場合にはマンション建築の目的の達成が事実上不可能となる水道の給水契約の締結の拒否等の制裁措置を背景として、指導要綱を遵守させようとしていたというべきである。YがXに対し指導要綱に基づいて教育施設負担金の納付を求めた行為も、Yの担当者が教育施設負担金の減免等の懇請に対し前例がないとして拒絶した態度とあいまって、Xに対し、指導要綱所定の教育施設負担金を納付しなければ、水道の給水契約の締結及び下水道の使用を拒絶されると考えさせるに十分なものであって‥（中略）‥Xに教育施設負担金の納付を事実上強制しようとしたものということができる。‥（中略）‥右行為は、本来任意に寄付金の納付を求めるべき行政指導の限度を超えるものであり、違法な公権力の行使であるといわざるを得ない。」

（最一小判平成５年２月18日民集47巻２号574頁以下）

1　事業主に対して教育施設負担金の納付を求める行政指導の内容を指導要綱によって定めることは、行政指導の限度を超える違法な公権力の行使である。
2　Yは、Xが行政指導に従わない場合には、水道の給水契約の締結の拒否等の制裁措置を背景として行政指導に従うことを強制することが許される。
3　事業主に対して教育施設負担金の納付を求めること自体は、事業主による納付の任意性を損なうことがない限り、違法ということはできない。
4　教育施設の充実にあてるために事業主に対して寄付金の納付を求める場合には、行政指導によるのではなく条例を制定して行わなければならない。
5　教育施設負担金の減免の前例がない場合には、Yは他の事例との平等を期すため、Xの懇請を拒絶しなければならない。

解説

　本問の文章は、開発指導要綱に基づく金銭負担を要求した市の行為の違法性に関する、最高裁判所判決の一節です（最判平5.2.18）。 テキスト p.171

1 妥当でない 本問判決は、事業主に対して教育施設負担金の納付を求める行政指導の内容を指導要綱によって定めること自体が違法な公権力の行使であるとしているわけではなく、教育施設負担金の納付を事実上強制しようとしたことが違法な公権力の行使であるとしています。

2 妥当でない 本問判決は、Yは、Xが行政指導に従わない場合であっても、水道の給水契約の締結の拒否等の制裁措置を背景として行政指導に従うことを強制することは許されないとしています。

3 妥当である 本問判決は、教育施設負担金の納付が事実上の強制に当たることを理由に違法としているにすぎないので、事業主に対して教育施設負担金の納付を求めること自体は、事業主による納付の任意性を損なうことがない限り、違法ということはできません。

4 妥当でない 本問判決は、行政指導により教育施設の充実にあてるために事業主に対して寄付金の納付を求めること自体は認めていますから、必ずしも条例を制定して行わなければならないわけではありません。

5 妥当でない 本問判決は、教育施設負担金の減免の前例がない場合にXの懇請を拒絶したことが事実上の強制につながるものと考えていますから、Yは他の事例との平等を期すため、Xの懇請を拒絶しなければならないわけではありません。

正解　3

21 行政調査

Check!
／　／　／　令4-10

難易度 **易**　重要度 **B**

行政調査に関する次の記述のうち、法令または最高裁判所の判例に照らし、妥当なものはどれか。

1　警察官職務執行法には、警察官は、職務質問に付随して所持品検査を行うことができると規定されており、この場合には、挙動が異常であることに加えて、所持品を確認する緊急の必要性を要するとされている。

2　交通の取締を目的として、警察官が自動車の検問を行う場合には、任意の手段により、走行の外観上不審な車両に限ってこれを停止させることができる。

3　行政手続法においては、行政調査を行う場合、調査の適正な遂行に支障を及ぼすと認められない限り、調査の日時、場所、目的等の項目を事前に通知しなければならないとされている。

4　国税通則法には、同法による質問検査権が犯罪捜査のために認められたものと解してはならないと定められていることから、当該調査において取得した資料をその後に犯則事件の証拠として利用することは認められない。

5　行政調査の実効性を確保するため、調査に応じなかった者に刑罰を科す場合、調査自体の根拠規定とは別に、刑罰を科すことにつき法律に明文の根拠規定を要する。

1 妥当でない 警察官職務執行法には、職務質問に付随して所持品検査を行うことができる旨の規定はありません。ただし、最高裁判所の判例は、職務質問に付随して行う所持品検査は、捜索に至らない程度の行為であれば、強制にわたらない限り、たとえ所持人の承諾がなくても、所持品検査の必要性・緊急性、これによって侵害される個人の法益と保護されるべき公共の利益との権衡などを考慮し、具体的状況の下で相当と認められる限度において許容されるとしています（最判昭53.9.7）。 テキスト p.172

2 妥当でない 最高裁判所の判例は、交通の取締を目的として、警察官が自動車の検問を行う場合には、それが相手方の任意の協力を求める形で行われ、自動車の利用者の自由を不当に制約することにならない方法・態様で行われる限り適法であるとしており（最判昭55.9.22）、走行の外観上不審な車両に限って停止させることができるわけではありません。 テキスト p.172

3 妥当でない 行政手続法は、行政調査を適用除外としています（行政手続法3条1項14号）。 テキスト p.172

4 妥当でない 最高裁判所の判例は、税法に基づく質問検査権の行使に当たって、取得収集される証拠が後に犯則事件の証拠として利用されることが想定できたとしても、そのことによって直ちに、当該質問検査権が犯則事件の調査あるいは捜査のための手段として行使されたことにはならないとしています（最決平16.1.20）。したがって、行政調査において取得した資料をその後に犯則事件の証拠として利用することも、認められる場合があります。 テキスト p.172

5 妥当である 行政調査の実効性を確保するため、調査に応じなかった者に刑罰を科す場合、調査自体の根拠規定とは別に、刑罰を科すことにつき法律に明文の根拠規定を要します。 テキスト p.171

正解 **5**

22 行政上の強制執行

　A市は、市内へのパチンコ店の出店を規制するため、同市内のほぼ全域を出店禁止区域とする条例を制定した。しかし、事業者Yは、この条例は国の法令に抵触するなどと主張して、禁止区域内でのパチンコ店の建設に着手した。これに対して、A市は、同条例に基づき市長名で建設の中止命令を発したが、これをYが無視して建設を続行しているため、A市は、Yを被告として建設の中止を求める訴訟を提起した。最高裁判所の判例によれば、こうした訴訟は、どのような立場でA市が提起したものであるとされ、また、どのような理由で、どのような判決がなされるべきこととなるか。40字程度で記述しなさい。

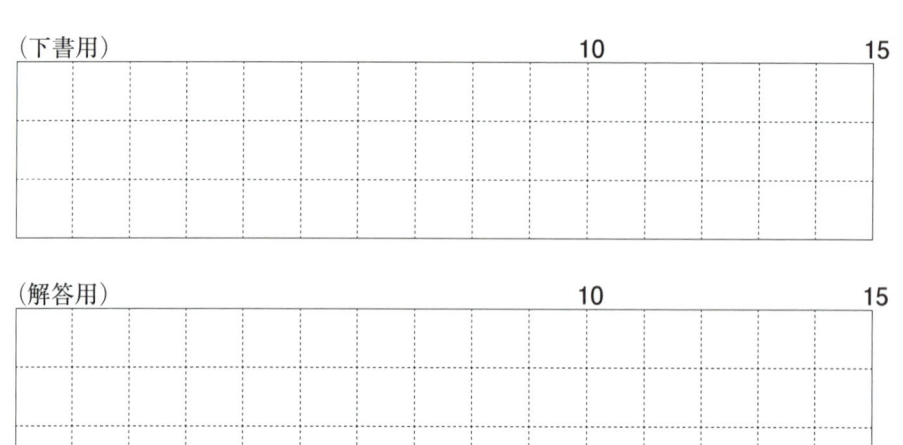

（下書用）　　　　　　　　　　　　　　10　　　　　　　　15

（解答用）　　　　　　　　　　　　　　10　　　　　　　　15

												10					15
も	っ	ぱ	ら	行	政	権	の	主	体	の	立	場	か	ら
な	さ	れ	、	法	律	上	の	争	訟	に	当	た	ら	ず
、	訴	え	却	下	の	判	決	が	な	さ	れ	る	。	

（44字）

❶ 問題文4〜6行目に「A市は、同条例に基づき市長名で建設の中止命令を発したが、これをYが無視して建設を続行しているため、A市は、Yを被告として建設の中止を求める訴訟を提起した」とあり、A市は、この訴訟によりYに対し、**中止命令に基づく建築の中止という行政上の義務の履行を求めている**ことがわかります。したがって、本問の訴訟は、**もっぱら行政権の主体の立場から**A市が提起したものであるとされます。

❷ そして、国又は地方公共団体が行政権の主体として国民に対して行政上の義務の履行を求める訴訟は、法規の適用の適正ないし一般公益の保護を目的とするものであり、自己の権利利益の保護救済を目的とするものということはできませんから、**法律上の争訟に当たりません**（宝塚市パチンコ店規制条例事件：最判平14.7.9）。 テキスト p.175

❸ したがって、本問の訴訟は法律上の争訟に当たらず、本問の訴訟を認める特別の規定もありませんから、本問の訴訟は不適法となり、**訴え却下の判決**がなされるべきこととなります。

◖ 予想採点基準 ━━━━━━━━━━━

① 「もっぱら行政権の主体の立場からなされ」‥‥‥‥‥‥‥‥‥‥‥‥‥8点
② 「法律上の争訟に当たらず」‥‥‥‥‥‥‥‥‥‥‥‥‥‥‥‥‥‥‥‥‥8点
③ 「訴え却下の判決がなされる」‥‥‥‥‥‥‥‥‥‥‥‥‥‥‥‥‥‥‥4点

　行政代執行法（以下「同法」という。）に関する次のア〜オの記述のうち、正しいものの組合せはどれか。

ア　代執行に要した費用については、義務者に対して納付命令を発出したのち、これが納付されないときは、国税滞納処分の例によりこれを徴収することができる。

イ　代執行を行うに当たっては、原則として、同法所定の戒告および通知を行わなければならないが、これらの行為について、義務者が審査請求を行うことができる旨の規定は、同法には特に置かれていない。

ウ　行政上の義務の履行確保に関しては、同法の定めるところによるとした上で、代執行の対象とならない義務の履行確保については、執行罰、直接強制、その他民事執行の例により相当な手段をとることができる旨の規定が置かれている。

エ　代執行の実施に先立って行われる戒告および通知のうち、戒告においては、当該義務が不履行であることが、次いで通知においては、相当の履行期限を定め、その期限までに履行がなされないときは代執行をなすべき旨が、それぞれ義務者に示される。

オ　代執行の実施に当たっては、その対象となる義務の履行を督促する督促状を発した日から起算して法定の期間を経過してもなお、義務者において当該義務の履行がなされないときは、行政庁は、戒告等、同法の定める代執行の手続を開始しなければならない。

1　ア・イ
2　ア・エ
3　イ・ウ
4　ウ・オ
5　エ・オ

ア **正しい**　代執行に要した費用の徴収については、実際に要した費用の額及び
その納期日を定め、義務者に対し、**文書をもってその納付を命じなければな
りません**（納付命令：5条）。そして、代執行に要した費用については、**国税
滞納処分の例により、これを徴収することができます**（6条1項）。テキスト p.176

イ **正しい**　代執行を行うに当たっては、原則として、行政代執行法所定の戒告
および通知を行わなければなりません（3条1項・2項）。そして、これら
の行為について、**義務者が審査請求を行うことができる旨の規定は、行政代
執行法には特に置かれていません。**テキスト p.176

ウ **誤り**　行政上の義務の履行確保に関しては、別に法律で定めるものを除い
ては、行政代執行法の定めるところによるとされています（1条）。しかし、
**代執行の対象とならない義務の履行確保については、執行罰、直接強制、そ
の他民事執行の例により相当な手段をとることができる旨の規定は置かれて
いません。**テキスト p.176

エ **誤り**　代執行をなすには、**相当の履行期限を定め、その期限までに履行が
なされないときは、代執行をなすべき旨を、予め文書で戒告しなければなら
ない**とされており（3条1項）、通知において示されるわけではありません。
テキスト p.176

オ **誤り**　肢エの解説で述べたとおり、**戒告において、相当の履行期限を定め
ることとされており**（3条1項）、対象となる義務の履行を督促する督促状
を発した日から起算して法定の期間を経過してもなお、義務者において当該
義務の履行がなされないときに、戒告の手続がなされるわけではありませ
ん。テキスト p.176

正解　**1（ア・イ）**

24 執行罰

執行罰に関する次の記述のうち、妥当なものはどれか。

1　執行罰とは、行政上の義務の不履行について、罰金を科すことにより、義務の履行を促す制度であり、行政上の強制執行の一類型とされる。

2　執行罰は、行政上の義務の履行確保のために科されるものであるが、行政機関の申立てにより、非訟事件手続法の定める手続に従って、裁判所の決定によって科される。

3　執行罰は、刑罰ではないため、二重処罰の禁止の原則の適用はなく、同一の義務の不履行について、これを複数回にわたり科すことも認められる。

4　執行罰については、それを認める一般法は存在せず、これを認める個別の法令の定めが必要であるが、行政代執行法は、執行罰の規定を条例で定めることも明文で許容している。

5　執行罰は、多くの法令において、各種の届出義務などの軽微な手続上の義務への違反に科されることとされている。

1 　**妥当でない**　執行罰とは、行政上の義務の不履行について、過料を科すことにより、義務の履行を促す制度であり、行政上の強制執行の一類型です。なお、罰金は、行政罰の中の行政刑罰の一種です。 テキスト p.176、177

2 　**妥当でない**　執行罰は、行政上の義務の履行確保のために科されるものであり、行政機関によって直接科されるものです。なお、非訟事件手続法の定める手続に従って、裁判所の決定によって科されるのは、行政罰の中の秩序罰（法律違反の場合）です。 テキスト p.178

3 　**妥当である**　執行罰は、刑罰ではないため、二重処罰の禁止の原則（憲法39条）の適用はなく、同一の義務の不履行について、これを複数回にわたり科すことも認められます。 テキスト p.177

4 　**妥当でない**　執行罰などの行政上の義務の履行確保については、行政代執行法が一般法とされており、行政代執行法１条は、行政上の義務の履行確保について、法律で定めることを要求しており、条例で定めることは認めていません。 テキスト p.176

5 　**妥当でない**　各種の届出義務などの軽微な手続上の義務への違反に科されることとされているのは、行政罰の中の秩序罰です。 テキスト p.178

🔑 **キーワード**　執行罰

　執行罰とは、義務者に自ら義務を履行させるため、あらかじめ義務を履行しない場合には過料を科すことを予告し、それでも義務を履行しない場合にはそのつど過料を徴収することです。

正解　**3**

25 即時強制

　以下に引用する消防法29条1項による消防吏員・消防団員の活動（「破壊消防」と呼ばれることがある）は、行政法学上のある行為型式（行為類型）に属するものと解されている。その行為形式は、どのような名称で呼ばれ、どのような内容のものと説明されているか。40字程度で記述しなさい。

消防法29条1項

　消防吏員又は消防団員は、消火若しくは延焼の防止又は人命の救助のために必要があるときは、火災が発生せんとし、又は発生した消防対象物及びこれらのものの在る土地を使用し、処分し又はその使用を制限することができる。

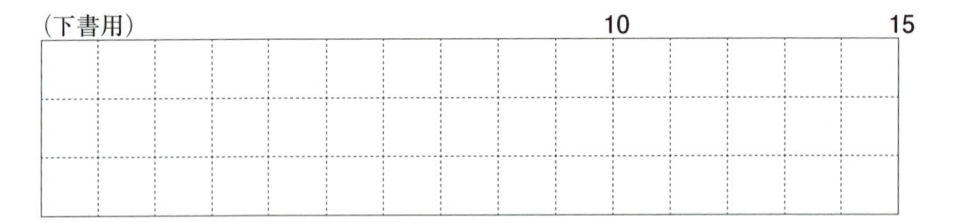

（下書用）　　　　　　　　　　10　　　　　　15

（解答用）　　　　　　　　　　10　　　　　　15

 ヒント

　本問では、①どのような名称で呼ばれ、②どのような内容のものと説明されているか、という2つの問いがあることに注意しよう。

						10						15
即	時	強	制	と	呼	ば	れ	、	義	務	を	命	じ	る
余	裕	が	な	い	場	合	に	、	直	接	身	体	若	し
く	は	財	産	に	有	形	力	を	行	使	す	る	。	

（44字）

❶ 消防法29条１項による破壊消防は、消防吏員・消防団員が、建物などの消防対象物及びこれらのものの在る土地を使用し、処分し又はその使用を制限することができるとするものですから、**直接財産に有形力を行使する作用**であるといえます。そして、直接財産に有形力を行使する作用には、行政法学上、**直接強制**と**即時強制**の２つがあります。

❷ 直接強制は、義務者が義務を履行しない場合になされるものであるのに対し、即時強制は、義務を命じる余裕がない場合になされるものです。そして、消防法29条１項による破壊消防は、消火・延焼の防止又は人命の救助のために必要があるときになされるものですから、**義務を命じる余裕がない場合になされるもの**です。したがって、消防法29条１項による破壊消防は、**即時強制**に属するといえます。 テキスト p.177

❸ 即時強制は、**義務を命じる余裕がない場合に、直接身体若しくは財産に有形力を行使するもの**と説明されています。 テキスト p.177

● **予想採点基準**

① 「即時強制と呼ばれ」……………………………………………………… 8点
② 「義務を命じる余裕がない場合に」……………………………………… 6点
③ 「直接身体若しくは財産に有形力を行使するもの」…………………… 6点

解答の テクニック　**名称は正確に、内容は大まかに**

　本問では、「即時強制」という名称は、正確に書けるようにしておく必要があります。他方、その内容（定義）については、テキストによって若干表現が異なりますので、大まかな内容が合っていれば十分です。すべての法律用語についてその内容（定義）を一字一句覚えるというのは、とても効率が悪いので、大まかな内容が合っていれば十分と割り切る姿勢が重要です。

26 行政罰

　　行政上の義務違反に関する次の文章の空欄　ア　～　エ　に当てはまる語句を、枠内の選択肢（1～20）から選びなさい。

　　行政上の義務違反に対し、一般統治権に基づいて、制裁として科せられる罰を　ア　という。

　　ア　には、行政上の義務違反に対し刑法典に刑名のある罰を科すものと、行政上の義務違反ではあるが、軽微な形式的違反行為に対し科す行政上の　イ　とがある。

　　イ　としては、届出義務違反などに科される　ウ　がある。普通地方公共団体も、法律に特別の定めがあるものを除くほか、その条例中に　ウ　を科す旨の規定を設けることができる。　ウ　を科す手続については、法律に基づくものと、条例に基づくものとで相違がある。条例上の義務違反に対して普通地方公共団体の長が科す　ウ　は、　エ　に定める手続により科される。

1	秩序罰	2	行政代執行法	3	科料
4	公表	5	懲役	6	行政罰
7	代執行	8	強制執行	9	罰金
10	刑事訴訟法	11	間接強制	12	過料
13	課徴金	14	非訟事件手続法	15	行政刑罰
16	直接強制	17	禁錮	18	懲戒罰
19	行政事件訴訟法	20	地方自治法		

解説

❶ 　行政上の義務違反に対し、一般統治権に基づいて、制裁として科せられる罰を行政罰といいますから、　ア　には「6　行政罰」が入ります。 テキスト p.178

❷ 　行政罰には、行政上の義務違反に対し刑法典に刑名のある罰を科す行政刑罰と、行政上の義務違反ではあるが、軽微な形式的違反行為に対し科す行政上の秩序罰がありますから、　イ　には「1　秩序罰」が入ります。 テキスト p.178

❸ 　行政上の秩序罰としては、届出義務違反などに科される過料がありますから、　ウ　には「12　過料」が入ります。 テキスト p.178

❹ 　条例上の義務違反に対して普通地方公共団体の長が科す過料は、地方自治法に定める手続により科されますから、　エ　には「20　地方自治法」が入ります。 テキスト p.178

👆 **ポイント**　　**過去問の重要性**

　平成25年度問題42と平成21年度問題42は、　ア　～　エ　の4つとも同じ語句が入ります。つまり、過去問をしっかり学習していれば、いとも簡単に8点を取ることができたのです。これは、過去問の重要性を痛感させるよい例といえるでしょう。

正解　アー6（行政罰）、イー1（秩序罰）、ウー12（過料）、エー20（地方自治法）

27 行政罰

　A市は、A市路上喫煙禁止条例を制定し、同市の指定した路上喫煙禁止区域内の路上で喫煙した者について、2万円以下の過料を科す旨を定めている。Xは、路上喫煙禁止区域内の路上で喫煙し、同市が採用した路上喫煙指導員により発見された。この場合、Xに対する過料を科すための手続は、いかなる法律に定められており、また、同法によれば、この過料は、いかなる機関により科されるか。さらに、行政法学において、このような過料による制裁を何と呼んでいるか。40字程度で記述しなさい。

（下書用）　　　　　　　　　　　　　　10　　　　　　　　15

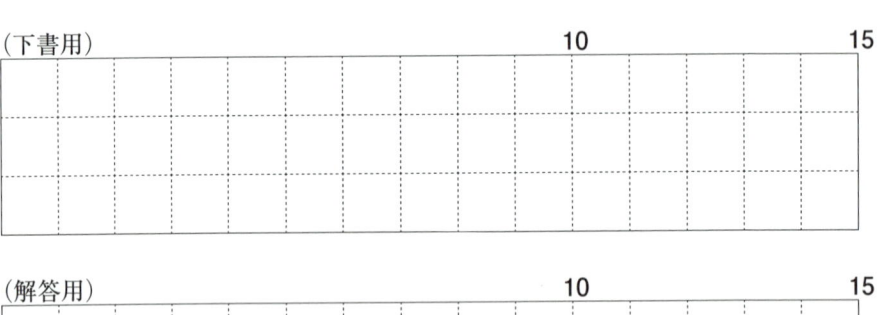

（解答用）　　　　　　　　　　　　　　10　　　　　　　　15

								10					15		
A	市	長	に	よ	り	、	地	方	自	治	法	の	定	め
る	手	続	に	よ	っ	て	科	さ	れ	、	こ	れ	を	秩
序	罰	と	呼	ぶ	。									

（36字）

❶ 問題文1〜2行目に「A市は、A市路上喫煙禁止条例を制定し、同市の指定した路上喫煙禁止区域内の路上で喫煙した者について、2万円以下の過料を科す旨を定めている」とあることから、本問では、**条例違反に対する過料**が問題となっていることがわかります。

❷ 問題文2〜4行目に「Xは、路上喫煙禁止区域内の路上で喫煙し、同市が採用した路上喫煙指導員により発見された。この場合、Xに対する過料を科すための手続」とあるところ、路上喫煙のように、直接的には国民の生活に悪影響を及ぼさない軽微な形式的違反行為に対し、制裁として過料を科すことを、行政法学において**秩序罰**と呼んでいます。 `テキスト p.178`

❸ そして、条例違反に対する秩序罰は、**地方自治法**の定めるところにより、**地方公共団体の長の処分**によって科されます。 `テキスト p.178`

❹ 以上より、Xに対する過料は、A市長により、地方自治法の定める手続によって科され、このような過料による制裁を秩序罰と呼んでいます。

◖ 予想採点基準

① 「A市長により」……………………………………………… 8点
② 「地方自治法の定める手続によって科され」………………… 8点
③ 「これを秩序罰と呼ぶ」…………………………………………… 4点

第2部

行政法

28　目　的

　　次の文章は、行政手続法1条1項の条文である。空欄 ア ～ オ に当てはまる語句の組合せとして、正しいものはどれか。

第1条　この法律は、 ア 、行政指導及び イ に関する手続並びに ウ 等
　　を定める手続に関し、共通する事項を定めることによって、行政運営における
　　 エ の確保と透明性（略）の向上を図り、もって オ に資することを目的
　　とする。

	ア	イ	ウ	エ	オ
1	行政行為	届出	行政計画	迅速性	国民の権利利益の保護
2	処分	公証	行政契約	効率性	行政の適正な運営
3	行政行為	公証	命令	公正	国民の権利利益の保護
4	行政行為	通知	行政計画	効率性	行政の適正な運営
5	処分	届出	命令	公正	国民の権利利益の保護

❶　行政手続法の対象は、①処分（行政行為）、②行政指導、③届出、④命令等の制定（行政立法）ですから、　ア　～　ウ　にはこのいずれかが入らなければなりません。したがって、　イ　に「公証」が入っている「2」と「3」、「通知」が入っている「4」は正解とはなりません。 テキスト p.180、181

❷　また、　ウ　に「行政計画」が入っている「1」も正解とはなりませんから（同じく「4」も正解となりませんし、「行政契約」が入っている「2」も正解となりません）、この時点で正解は「5」と確定できます。

❸　なお、行政手続法の目的は、行政運営における公正の確保と透明性の向上を図り、もって国民の権利利益の保護に資することですから（1条1項）、この点からも「5」が正解であるのが確認できます。 テキスト p.180、181

👆　ポイント　　**目的規定の重要性**

　各種法律の目的規定（1条）は、よく出題されます。それぞれの法律の目的を混同しないよう、整理して覚えておきましょう。

正解　**5**

29 用語の定義

行政手続法の用語に関する次の記述のうち、同法の定義に照らし、正しいものはどれか。

1 「不利益処分」とは、申請により求められた許認可等を拒否する処分など、申請に基づき当該申請をした者を名あて人としてされる処分のほか、行政庁が、法令に基づき、特定の者を名あて人として、直接に、これに義務を課し、またはその権利を制限する処分をいう。

2 「行政機関」には、国の一定の機関およびその職員が含まれるが、地方公共団体の機関はこれに含まれない。

3 「処分基準」とは、不利益処分をするかどうか、またはどのような不利益処分とするかについてその法令の定めに従って判断するために必要とされる基準をいう。

4 「申請」とは、法令に基づき、申請者本人または申請者以外の第三者に対し何らかの利益を付与する処分を求める行為であって、当該行為に対して行政庁が諾否の応答をすべきこととされているものをいう。

5 「届出」とは、行政庁に対し一定の事項の通知をする行為であって、当該行政庁にそれに対する諾否の応答が義務づけられているものをいう。

1 **誤り** 「不利益処分」とは、行政庁が、法令に基づき、特定の者を名あて人として、直接に、これに義務を課し、またはその権利を制限する処分をいいます（2条4号）。ただし、申請により求められた許認可等を拒否する処分は、「不利益処分」に当たらないとされています（同号ロ）。 テキスト p.191

2 **誤り** 「行政機関」には、国の一定の機関およびその職員のみならず、地方公共団体の機関（議会を除く）も含まれます（2条5号）。 テキスト p.181

3 **正しい** 「処分基準」とは、不利益処分をするかどうか、またはどのような不利益処分とするかについてその法令の定めに従って判断するために必要とされる基準をいいます（2条8号ハ）。 テキスト p.192

4 **誤り** 「申請」とは、法令に基づき、自己（申請者本人）に対し何らかの利益を付与する処分を求める行為であって、当該行為に対して行政庁が諾否の応答をすべきこととされているものをいいます（2条3号）。したがって、申請者以外の第三者に対して何らかの利益を付与する処分を求める行為は「申請」に当たりません。 テキスト p.185

5 **誤り** 「届出」とは、行政庁に対し一定の事項の通知をする行為であって、法令により直接に当該通知が義務付けられているもののことです（2条7号）。届出は、行政庁に事実を通知する一方的行為であり、諾否の応答が義務づけられている「申請」とは異なります。 テキスト p.203

正解 **3**

30 適用除外

難易度　**易**　重要度　**A**

　地方公共団体の活動への行政手続法の適用に関する次の記述のうち、妥当なものはどれか。

1　地方公共団体の職員がする行政指導であっても、法律に基づくものについては、行政手続法の行政指導に関する規定が適用される。

2　地方公共団体の制定する命令等であっても、法律の委任によって制定されるものについては、行政手続法の意見公募手続に関する規定が適用される。

3　地方公共団体の機関がする不利益処分については、それが自治事務に該当する場合には、行政手続法の不利益処分に関する規定は適用されない。

4　地方公共団体の条例にその根拠となる規定が置かれている届出の処理については、行政手続法の届出に関する規定は適用されない。

5　地方公共団体の機関がする「申請に対する処分」については、それが国の法定受託事務に該当する場合に限り、行政手続法の「申請に対する処分」の規定が適用される。

1 **妥当でない**　地方公共団体の職員がする行政指導については、**一律に行政手続法の行政指導に関する規定が適用されません**（3条3項）。 テキスト p.183

2 **妥当でない**　地方公共団体の制定する命令等については、**一律に行政手続法の意見公募手続に関する規定が適用されません**（3条3項）。 テキスト p.183

3 **妥当でない**　地方公共団体の機関がする不利益処分については、**それが条例・規則に基づくものであれば、行政手続法の不利益処分に関する規定は適用されません**（3条3項）。このように、地方公共団体の機関がする不利益処分については、条例・規則に基づくものであるかどうかによって行政手続法の適用の有無が決定されるのであり、自治事務に該当するかどうかによって決定されるわけではありません。 テキスト p.183

4 **妥当である**　地方公共団体の**条例**にその根拠となる規定が置かれている届出の処理については、行政手続法の届出に関する規定は適用されません（3条3項）。 テキスト p.183

5 **妥当でない**　地方公共団体の機関がする申請に対する処分については、**それが条例・規則に基づくものであれば、行政手続法の申請に対する処分に関する規定は適用されません**（3条3項）。このように、地方公共団体の機関がする申請に対する処分については、条例・規則に基づくものであるかどうかによって行政手続法の適用の有無が決定されるのであり、法定受託事務に該当するかどうかによって決定されるわけではありません。 テキスト p.183

正解　**4**

31 申請に対する処分

難易度 **易**　重要度 **A**

　Xは、A県内においてパチンコ屋の営業を計画し、A県公安委員会に風俗営業適正化法に基づく許可を申請した。しかし、この申請書には、内閣府令に定める必要な記載事項の一部が記載されていなかった。この場合、行政手続法7条によれば、A県公安委員会には、その申請への対応として、どのような選択が認められているか。40字程度で記述しなさい。

（下書用）　　　　　　　　　　　　　　　　10　　　　　　　　　　15

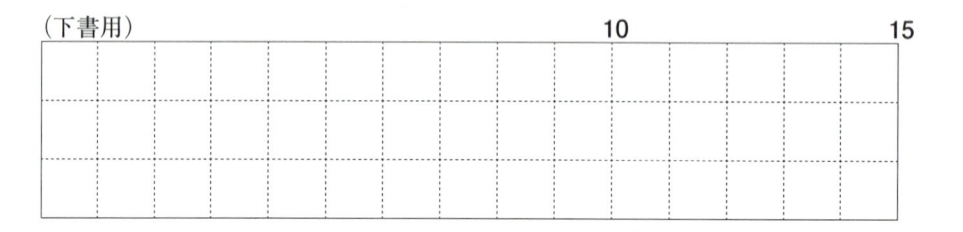

（解答用）　　　　　　　　　　　　　　　　10　　　　　　　　　　15

> 💡 **ヒント**
>
> 　本問は「どのような選択が認められているか」という問いなので、「○○または△△」という形で解答しよう。

									10					15
速	や	か	に	、	相	当	の	期	間	を	定	め	て	補
正	を	求	め	、	ま	た	は	申	請	さ	れ	た	許	可
を	拒	否	し	な	け	れ	ば	な	ら	な	い	。		

(43字)

第2部 行政法

❶　問題文2～3行目に「申請書には、内閣府令に定める必要な記載事項の一部が記載されていなかった」とありますから、申請書の記載事項に不備があるものといえます。

❷　行政庁は、申請書の記載事項に不備がないこと、申請書に必要な書類が添付されていること、申請をすることができる期間内にされたものであることその他の法令に定められた申請の形式上の要件に適合しない申請については、速やかに、申請をした者に対し相当の期間を定めて当該申請の補正を求め、又は当該申請により求められた許認可等を拒否しなければなりません（7条）。

テキスト p.187、188

❸　したがって、A県公安委員会には、Xの申請への対応として、速やかに、相当の期間を定めて補正を求め、または申請された許可を拒否するという選択が認められています。

◖予想採点基準

①「速やかに」 ……………………………………………………… 4点
②「相当の期間を定めて補正を求め」 …………………………… 8点
③「申請された許可を拒否しなければならない」 ……………… 8点

解答の テクニック	条文番号って覚えないとダメ？

　問題文3～4行目に「行政手続法7条によれば」とあることから、条文番号まで覚えなければいけないのかと思った人もいるかもしれませんが、その必要はまったくありません。本問は、問題文2～3行目の「申請書には、内閣府令に定める必要な記載事項の一部が記載されていなかった」という部分から、申請に対する応答の問題であると気付くべきです。

32　申請に対する処分

　行政手続法が規定する申請に対する処分に関する次の記述のうち、誤っているものはどれか。

1　行政庁は、申請がその事務所に到達したときは、遅滞なく当該申請の審査を開始しなければならない。
2　行政庁は、申請者以外の者の利害を考慮すべきことが要件とされている処分を行う場合には、それらの者の意見を聴く機会を設けるよう努めなければならない。
3　行政庁は、申請者の求めに応じ、当該申請に係る審査の進行状況および当該申請に対する処分の時期の見通しを示すよう努めなければならない。
4　行政庁は、申請をしようとする者の求めに応じ、申請書の記載および添付書類に関する事項その他の申請に必要な情報の提供に努めなければならない。
5　行政庁は、申請者の求めに応じ、申請の処理が標準処理期間を徒過した理由を通知しなければならない。

解説

1　**正しい**　行政庁は、申請がその事務所に到達したときは、遅滞なく当該申請の審査を開始しなければなりません（7条）。 テキスト p.188

2　**正しい**　行政庁は、申請に対する処分であって、申請者以外の者の利害を考慮すべきことが当該法令において許認可等の要件とされているものを行う場合には、必要に応じ、公聴会の開催その他の適当な方法により当該申請者以外の者の意見を聴く機会を設けるよう努めなければなりません（10条）。 テキスト p.189

3　**正しい**　行政庁は、申請者の求めに応じ、当該申請に係る審査の進行状況及び当該申請に対する処分の時期の見通しを示すよう努めなければなりません（9条1項）。 テキスト p.188

4　**正しい**　行政庁は、申請をしようとする者の求めに応じ、申請書の記載および添付書類に関する事項その他の申請に必要な情報の提供に努めなければなりません（9条2項）。 テキスト p.188、189

5　**誤り**　申請の処理が標準処理期間を徒過した場合に、徒過した理由を通知しなければならないとする規定は存在しません。 テキスト p.187

正解　5

33 申請に対する処分

　X省では、ホームページに、「行政手続法、よくある質問と回答」の内容を掲載しようと検討している。以下はその原稿案である。これらのうち、誤りを含むものはどれか。

1　Q「ある営業の許可のための申請をしようと思っています。役所でどのような点を審査することになるのか、事前に知ることはできますか？」

　→A「役所は、申請を認めるべきかどうか役所側が判断するときの基準をできる限り具体的に定め、誰でも見ることができるようにしておかなければなりません。この基準は、原則として公にされています。」

2　Q「私がしようとしている許可申請については、A県知事が許可・不許可処分をすることになっています。処分の根拠は法律に定められているようです。行政手続法が適用されるのでしょうか？」

　→A「地方公共団体の役所がするそのような処分については、行政手続法の規定は適用されません。当該地方公共団体が行政手続条例を定めていれば、行政手続条例が適用されることになります。」

3　Q「許可の申請をした結果はいつ頃わかるのか、目安を知りたいのですが？」

　→A「役所は、申請が届いてから結論を出すまでに通常の場合必要とする標準的な期間をあらかじめ定めるように努め、定めたときは公にしておかなければならないことになっています。ここで定められた期間が、申請の処理にかかる時間の目安となります。」

4　Q「許可申請をしたのに、いつまでたっても返答がないのですが？」

　→A「申請書が役所に届いたら、役所は遅滞なく審査を開始することになっています。役所が申請を受け取らなかったり、審査をせずに放置しておくなどの取扱いは行政手続法上許されていません。申請先の役所に状況を問い合わせてみましょう。」

5　Q「申請が不許可になった場合、その理由は教えてもらえるのでしょうか？」

　→A「役所は、申請を許可できない、不許可にする、という場合には、処分と同時に（書面でするときは書面で）その理由を示すことになっています。」

1 **正しい**　行政庁は、審査基準を定めるものとされ（5条1項）、審査基準を定めるに当たっては、許認可等の性質に照らしてできる限り具体的なものとしなければなりません（5条2項）。そして、行政庁は、行政上特別の支障がある場合を除き、法令により申請の提出先とされている機関の事務所における備付けその他の適当な方法により審査基準を公にしておかなければなりません（5条3項）。したがって、役所は、申請を認めるべきかどうか役所側が判断するときの基準をできる限り具体的に定め、この基準は、原則として公にされています。 テキスト p.186

2 **誤り**　地方公共団体の機関がする処分については、それが条例・規則に基づくものであれば、行政手続法の処分に関する規定は適用されません（3条3項）。したがって、地方公共団体の役所がする処分であっても、処分の根拠が法律に定められている場合は、行政手続法が適用されます。 テキスト p.183

3 **正しい**　行政庁は、申請がその事務所に到達してから当該申請に対する処分をするまでに通常要すべき標準的な期間を定めるよう努めるとともに、これを定めたときは、これらの当該申請の提出先とされている機関の事務所における備付けその他の適当な方法により公にしておかなければなりません（6条）。したがって、役所は、申請が届いてから結論を出すまでに通常の場合必要とする標準的な期間をあらかじめ定めるように努め、定めたときは公にしておかなければなりません。 テキスト p.187

4 **正しい**　行政庁は、申請がその事務所に到達したときは、遅滞なく当該申請の審査を開始しなければなりません（7条）。したがって、申請書が役所に届いたら、役所は遅滞なく審査を開始することになっています。 テキスト p.188

5 **正しい**　行政庁は、申請により求められた許認可等を拒否する処分をする場合は、申請者に対し、同時に、当該処分の理由を示さなければなりません（8条1項本文）。そして、この処分を書面でするときは、当該処分の理由も書面で示さなければなりません（8条2項）。したがって、役所は、申請を許可できない、不許可にする、という場合には処分と同時に（書面でするときは書面で）その理由を示すことになっています。 テキスト p.188

正解　**2**

34 申請に対する処分

難易度 **易**　重要度 **A**

　申請に対する処分について定める行政手続法の規定に関する次の記述のうち、妥当なものはどれか。

1　行政庁は、申請がその事務所に到達してから当該申請に対する処分をするまでに通常要すべき標準的な期間を定めるよう努め、これを定めたときは、行政手続法所定の方法により公にしておかなければならない。

2　行政庁は、法令に定められた申請の形式上の要件に適合しない申請について、それを理由として申請を拒否することはできず、申請者に対し速やかにその補正を求めなければならない。

3　行政庁は、申請により求められた許認可等の処分をする場合は、申請者に対し、同時に、当該処分の理由を示すよう努めなければならない。

4　行政庁は、定められた標準処理期間を経過してもなお申請に対し諾否の応答ができないときは、申請者に対し、当該申請に係る審査の進行状況および処分の時期の見込みを書面で通知しなければならない。

5　行政庁は、申請に対する処分であって、申請者以外の者の利益を考慮すべきことが当該法令において許認可等の要件とされているものを行う場合には、当該申請者以外の者および申請者本人の意見を聴く機会を設けなければならない。

解説

1　妥当である　　行政庁は、申請がその事務所に到達してから当該申請に対する処分をするまでに通常要すべき標準的な期間（標準処理期間）を定めるよう努めるとともに、これを定めたときは、行政手続法所定の方法により公にしておかなければならないとされています（6条）。テキスト p.187

2　妥当でない　　行政庁は、法令に定められた申請の形式上の要件に適合しない申請について、速やかに、申請者に対し相当の期間を定めてその補正を求めるか、または、当該申請により求められた許認可等を拒否しなければならないとされており（7条）、補正を求めずに許認可等を拒否することもできます。テキスト p.188

3　妥当でない　　行政庁は、申請により求められた許認可等を拒否する処分（申請拒否処分）をする場合は、申請者に対し、同時に、当該処分の理由を示さなければならないとされています（8条1項本文）。このように、理由の提示は努力義務ではなく法的義務であり、また、理由の提示が義務付けられるのは申請拒否処分の場合のみです。テキスト p.188

4　妥当でない　　行政庁は、申請者の求めに応じ、当該申請に係る審査の進行状況および処分の時期の見通しを示すよう努めなければならないとされています（9条1項）。このように、審査の進行状況および処分の時期の見通しについては、必ずしも書面で通知する必要はなく、また、標準処理期間を経過してもなお申請に対し諾否の応答ができないときに限られていません。テキスト p.188

5　妥当でない　　行政庁は、申請に対する処分であって、申請者以外の者の利益を考慮すべきことが当該法令において許認可等の要件とされているものを行う場合には、当該申請者以外の者の意見を聴く機会を設けるよう努めなければならないとされています（10条）。このように、意見を聴く必要があるのは申請者本人ではなく申請者以外の者であり、また、意見を聴くのは法的義務ではなく努力義務です。テキスト p.189

正解　　1

35 理由の提示

難易度 易　重要度 A

　理由の提示に関する次の記述のうち、行政手続法の規定または最高裁判所の判例に照らし、妥当なものはどれか。

1　行政庁は、申請により求められた許認可等の処分をする場合、当該申請をした者以外の当該処分につき利害関係を有するものと認められる者から請求があったときは、当該処分の理由を示さなければならない。

2　行政庁は、申請により求められた許認可等を拒否する処分をする場合でも、当該申請が法令に定められた形式上の要件に適合しないことを理由とするときは、申請者に対して当該処分の理由を示す必要はない。

3　行政庁は、理由を示さないで不利益処分をすべき差し迫った必要がある場合であれば、処分と同時にその理由を示す必要はなく、それが困難である場合を除き、当該処分後の相当の期間内にこれを示せば足りる。

4　公文書の非開示決定に付記すべき理由については、当該公文書の内容を秘匿する必要があるため、非開示の根拠規定を示すだけで足りる。

5　旅券法に基づく一般旅券の発給拒否通知書に付記すべき理由については、いかなる事実関係に基づきいかなる法規を適用して拒否されたかに関し、その申請者が事前に了知しうる事情の下であれば、単に発給拒否の根拠規定を示すだけで足りる。

解説

1 | 妥当でない | 　行政庁は、申請により求められた許認可等を拒否する処分をする場合は、申請者に対し、同時に、当該処分の理由を示さなければなりません（8条1項本文）。しかし、許認可等の処分をする場合には理由の提示は必要なく、また、利害関係人に対する理由の提示も必要ありません。 テキスト p.188

2 | 妥当でない | 　行政庁は、申請により求められた許認可等を拒否する処分をする場合でも、法令に定められた許認可等の要件又は公にされた審査基準が数量的指標その他の客観的指標により明確に定められている場合であって、当該申請がこれらに適合しないことが申請書の記載又は添付書類その他の申請の内容から明らかであるときは、申請者の求めがあったときに理由を示せば足りるとされています（8条1項ただし書）。したがって、申請が法令に定められた形式上の要件に適合しないことを理由とするときは、申請者に当該処分の理由を示す必要はないというわけではありません。 テキスト p.188

3 | 妥当である | 　行政庁は、不利益処分をする場合は、その名あて人に対し、同時に、当該処分の理由を示さなければなりません（14条1項本文）。ただし、理由を示さないで不利益処分をすべき差し迫った必要がある場合は、処分後において理由を示すことが困難な事情があるときを除き、処分後の相当の期間内に理由を示せば足ります（14条1項ただし書・2項）。 テキスト p.193

4 | 妥当でない | 　公文書の非開示決定に付記すべき理由としては、開示請求者において、非開示事由のどれに該当するのかをその根拠とともに了知し得るものでなければならず、単に非開示の根拠規定を示すだけでは、理由付記としては十分でないとされています（最判平4.12.10）。 テキスト p.189

5 | 妥当でない | 　旅券法に基づく一般旅券の発給拒否通知書に付記すべき理由としては、いかなる事実関係に基づきいかなる法規を適用して旅券の発給が拒否されたのかを、申請者においてその記載自体から了知しうるものでなければならず、単に発給拒否の根拠規定を示すだけでは十分でないとされています（最判昭60.1.22）。 テキスト p.188

| 正解 | 3 |

36 聴　聞

　行政手続法の定める聴聞に関する次の記述のうち、誤っているものはどれか。なお、調書は、聴聞の審理の経過を記載した書面であり、報告書は、不利益処分の原因となる事実に対する当事者等の主張に理由があるかどうかについての意見を記載した書面である。

1　聴聞の主宰者は、調書を作成し、当該調書において、不利益処分の原因となる事実に対する当事者および参加人の陳述の要旨を明らかにしておかなければならない。
2　聴聞の主宰者は、聴聞の終結後、速やかに報告書を作成し、調書とともに行政庁に提出しなければならない。
3　聴聞の当事者または参加人は、聴聞の主宰者によって作成された調書および報告書の閲覧を求めることができる。
4　聴聞の終結後、聴聞の主宰者から調書および報告書が提出されたときは、行政庁は、聴聞の再開を命ずることはできない。
5　行政庁は、不利益処分の決定をするときは、調書の内容および報告書に記載された聴聞の主宰者の意見を十分に参酌してこれをしなければならない。

解説

1　正しい　主宰者は、聴聞の審理の経過を記載した調書を作成し、当該調書において、**不利益処分の原因となる事実に対する当事者及び参加人の陳述の要旨**を明らかにしておかなければなりません（24条1項）。テキスト p.196、197

2　正しい　主宰者は、聴聞の終結後速やかに、不利益処分の原因となる事実に対する当事者等の主張に理由があるかどうかについての意見を記載した**報告書を作成し、調書とともに行政庁に提出**しなければなりません（24条3項）。
テキスト p.196、197

3　正しい　当事者又は参加人は、聴聞の主宰者によって作成された調書及び報告書の**閲覧を求めることができます**（24条4項）。テキスト p.197

4　誤り　行政庁は、聴聞の終結後に生じた事情にかんがみ必要があると認めるときは、主宰者に対し、**提出された報告書を返戻して聴聞の再開を命ずることができます**（25条前段）。したがって、主宰者から報告書が提出されたときでも、聴聞の再開を命ずることは可能です。テキスト p.197

5　正しい　行政庁は、不利益処分の決定をするときは、**調書の内容及び報告書に記載された聴聞の主宰者の意見を十分に参酌**してこれをしなければなりません（26条）。テキスト p.197

正解　**4**

37　聴　聞

難易度　易　　重要度　A

　行政手続法の定める聴聞に関する次の記述のうち、誤っているものはどれか。

1　聴聞の当事者または参加人は、聴聞の終結後であっても、聴聞の審理の経過を記載した調書の閲覧を求めることができる。

2　聴聞の当事者および参加人は、聴聞が終結するまでは、行政庁に対し、当該事案についてした調査の結果に係る調書その他の当該不利益処分の原因となる事実を証する資料の閲覧を求めることができる。

3　当事者または参加人は、聴聞の期日に出頭して、意見を述べ、証拠書類等を提出し、主宰者の許可を得て行政庁の職員に対し質問を発することができる。

4　当事者または参加人は、聴聞の期日への出頭に代えて、主宰者に対し、聴聞の期日までに陳述書および証拠書類等を提出することができる。

5　当事者または参加人が正当な理由なく聴聞の期日に出頭せず、陳述書等を提出しない場合、主宰者は、当事者に対し改めて意見を述べ、証拠書類等を提出する機会を与えなければならない。

解説

1 **正しい**　聴聞の当事者または参加人は、聴聞の審理の経過を記載した調書の閲覧を求めることができます（24条4項）。そして、この調書閲覧請求につき時期の指定はありませんので、聴聞の終結後であっても、聴聞の審理の経過を記載した調書の閲覧を求めることができます。 テキスト p.197

2 **正しい**　聴聞の当事者および参加人は、聴聞の通知があった時から聴聞が終結する時までの間、行政庁に対し、当該事案についてした調査の結果に係る調書その他の当該不利益処分の原因となる事実を証する資料の閲覧を求めることができます（18条1項前段）。 テキスト p.196

3 **正しい**　当事者または参加人は、聴聞の期日に出頭して、意見を述べ、証拠書類等を提出し、主宰者の許可を得て行政庁の職員に対し質問を発することができます（20条2項）。 テキスト p.196

4 **正しい**　当事者または参加人は、聴聞の期日への出頭に代えて、主宰者に対し、聴聞の期日までに陳述書および証拠書類等を提出することができます（21条1項）。 テキスト p.196

5 **誤り**　当事者または参加人が正当な理由なく聴聞の期日に出頭せず、陳述書等を提出しない場合、主宰者は、これらの者に対し改めて意見を述べ、証拠書類等を提出する機会を与えることなく、聴聞を終結することができます（23条1項）。 テキスト p.196

正解　5

38 聴聞と弁明の機会の付与

　行政手続法の規定する聴聞と弁明の機会の付与に関する次の記述のうち、正しいものはどれか。

1　聴聞、弁明の機会の付与のいずれの場合についても、当事者は代理人を選任することができる。

2　聴聞は許認可等の取消しの場合に行われる手続であり、弁明の機会の付与は許認可等の拒否処分の場合に行われる手続である。

3　聴聞が口頭で行われるのに対し、弁明の機会の付与の手続は、書面で行われるのが原則であるが、当事者から求めがあったときは、口頭により弁明する機会を与えなければならない。

4　聴聞、弁明の機会の付与のいずれの場合についても、当該処分について利害関係を有する者がこれに参加することは、認められていない。

5　聴聞、弁明の機会の付与のいずれの場合についても、当事者は処分の原因に関するすべての文書を閲覧する権利を有する。

解説

1　正しい　聴聞、弁明の機会の付与のいずれの場合についても、当事者は代理人を選任することができます（16条、31条）。 テキスト p.195、198

2　誤り　聴聞は、許認可等の取消しの場合に行われる手続ですから（13条1項1号イ）、前半は正しいです。しかし、弁明の機会の付与は不利益処分をなす場合に実施されるものであるところ（13条1項）、許認可等の拒否処分は不利益処分に当たらず（2条4号ロ）、弁明の機会の付与は行われませんから、後半は誤りです。 テキスト p.191、194

3　誤り　聴聞は口頭で行われ、弁明の機会の付与の手続は書面で行われるのが原則ですから（29条1項）、前半は正しいです。しかし、口頭で弁明する機会が与えられるのは、行政庁が口頭ですることを認めたときですから（29条1項）、当事者から求めがあったときは、口頭により弁明する機会を与えなければならないというわけではなく、後半は誤りです。 テキスト p.196〜198

4　誤り　聴聞の場合については、当該処分について利害関係を有する者がこれに参加することが認められています（17条1項）。なお、弁明の機会の付与の場合については、当該処分について利害関係を有する者がこれに参加することが認められていません。 テキスト p.195、198

5　誤り　聴聞の場合については、当事者は処分の原因となる事実を証する資料を閲覧する権利を有するにすぎず（18条1項前段）、処分に関するすべての文書の閲覧が認められるわけではありません。また、弁明の機会の付与の場合については、そもそも処分の原因となる事実を証する資料の閲覧すら認められていません。 テキスト p.198

正解　1

39 行政指導

　行政手続法に定める行政指導に関する次の記述のうち、誤っているものはどれか。

1　行政指導に携わる者は、その相手方に対し、当該行政指導の趣旨、内容並びに責任者を明確に示さなければならない。

2　同一の行政目的を実現するために複数の者に対し行政指導をするときには、行政機関はあらかじめ行政指導の共通する内容を定め、それを公表しなければならない。

3　不利益処分に先立つ行政指導をする場合においては、行政機関は相手方に対し、書面で行政指導をしなければならない。

4　すでに書面で相手方に通知されている事項と同一内容の行政指導をする場合においては、行政機関は書面を求められても、これを交付する必要はない。

5　行政指導の相手方以外の利害関係人に対しては、請求があっても書面で行政指導をする必要はない。

1 | 正しい | 行政指導に携わる者は、その相手方に対して、当該行政指導の趣旨及び内容並びに責任者を明確に示さなければなりません（35条1項）。

テキスト p.201

2 | 正しい | 同一の行政目的を実現するため一定の条件に該当する複数の者に対し行政指導をしようとするときは、行政機関は、あらかじめ、事案に応じ、行政指導の共通する内容（行政指導指針）を定め、かつ、行政上特別の支障のない限り、これを公表しなければならないとされています（36条）。

テキスト p.201

3 | 誤り | 行政指導は、書面でも口頭でも行うことができます。したがって、不利益処分に先立つ行政指導をする場合でも、行政機関は相手方に対し、書面で行政指導をする義務を負うわけではありません。 *テキスト p.201*

4 | 正しい | 行政指導が口頭でされた場合において、その相手方から当該行政指導の趣旨・内容・責任者を記載した書面の交付を求められたときは、当該行政指導に携わる者は、行政上特別の支障がない限り、これを交付しなければならないのが原則です（35条3項）。しかし、すでに文書又は電磁的記録によりその相手方に通知されている事項と同一の内容を求める行政指導については、書面交付義務は生じません（35条4項2号）。したがって、すでに書面で相手方に通知されている事項と同一内容の行政指導をする場合においては、行政機関は書面を求められても、これを交付する必要はありません。

テキスト p.201

5 | 正しい | 行政指導が口頭でされた場合において、その相手方から当該行政指導の趣旨・内容・責任者を記載した書面の交付を求められたときは、当該行政指導に携わる者は、行政上特別の支障がない限り、これを交付しなければならないのが原則です（35条3項）。したがって、行政指導の相手方以外の利害関係人に対しては、請求があっても書面で行政指導をする必要はありません。 *テキスト p.201*

| 正解 | **3** |

40 行政指導

Check !
／　／　／　平22-13

難易度 **易**　重要度 **A**

行政指導に関する次の記述のうち、法令に照らし、正しいものはどれか。

1　地方公共団体の機関として行政指導に携わる者は、法令に根拠を有する処分に関する行政指導の場合と条例に根拠を有する処分に関する行政指導の場合のいずれについても、行政手続法の行政指導に関する規定の適用を受けない。

2　行政指導に携わる者は、とくに必要がある場合には、当該行政機関の任務または所掌事務の範囲に属さない事項についても行政指導を行うことができる。

3　行政指導に携わる者は、行政主体への負担金の納付を求める行政指導に相手方が同意したにもかかわらず、納期限までに当該納付がなされないときは、その実効性を確保するために、国税または地方税の滞納処分と同様の徴収手続を執ることができる。

4　申請に関する行政指導に携わる者は、申請の内容が明白に法令の要件を満たしていない場合であって、申請内容の変更を求める行政指導について申請者が従う意思のない旨を表明したときは、申請の取り下げがあったものとみなすことができる。

5　行政指導に携わる者は、複数の者に対して同一の目的で行政指導をしようとする場合には、指導の指針を定めるにあたり公聴会を開催しなければならない。

解説

1 **正しい** 地方公共団体の機関がする行政指導については、**一律に行政手続法の行政指導に関する規定が適用されません**（3条3項）。したがって、地方公共団体の機関として行政指導に携わる者は、法令に根拠を有する処分に関する行政指導の場合と条例に根拠を有する処分に関する行政指導の場合のいずれについても、行政手続法の行政指導に関する規定の適用を受けません。 テキスト p.183

2 **誤り** 行政指導にあっては、行政指導に携わる者は、**当該行政機関の任務又は所掌事務の範囲を逸脱してはならないことに留意しなければなりません**（32条1項）。したがって、行政指導に携わる者は、当該行政機関の任務又は所掌事務の範囲に属さない事項について行政指導を行うことはできません。 テキスト p.199

3 **誤り** 行政指導にあっては、行政指導に携わる者は、行政指導の内容があくまでも**相手方の任意の協力によってのみ実現されるものであることに留意しなければなりません**（32条1項）。したがって、行政指導に携わる者は、国税又は地方税の滞納処分と同様の強制徴収手続を執ることはできません。 テキスト p.199

4 **誤り** 申請の取下げ又は内容の変更を求める行政指導にあっては、行政指導に携わる者は、申請者が当該行政指導に従う意思がない旨を表明したにもかかわらず当該行政指導を継続すること等により**当該申請者の権利の行使を妨げるようなことをしてはならない**とされているにすぎず（33条）、申請の取り下げがあったものとみなすことはできません。 テキスト p.200

5 **誤り** 同一の行政目的を実現するため一定の条件に該当する複数の者に対し行政指導をしようとするときは、行政機関は、あらかじめ、事案に応じ、行政指導指針を定めなければなりませんが（36条）、その際に**公聴会を開催する必要はありません。** テキスト p.201

正解 1

41 行政指導

難易度 **易**　重要度 **A**

次の文章の空欄 ア ～ エ に当てはまる語句を、枠内の選択肢（1 ～ 20）から選びなさい。

行政指導とは、相手方の任意ないし合意を前提として行政目的を達成しようとする行政活動の一形式である。

行政手続法は、行政指導につき、「行政機関がその任務又は ア の範囲内において一定の行政目的を実現するために特定の者に一定の作為又は不作為を求める指導、 イ 、助言その他の行為であって処分に該当しないもの」と定義し、行政指導に関する幾つかの条文を規定している。例えば、行政手続法は、行政指導 ウ につき、「同一の行政目的を実現するため一定の条件に該当する複数の者に対し行政指導をしようとするときにこれらの行政指導に共通してその内容となるべき事項」と定義し、これが、 エ 手続の対象となることを定める規定がある。

行政指導は、一般的には、法的効果をもたないものとして処分性は認められず抗告訴訟の対象とすることはできないと解されているが、行政指導と位置づけられている行政活動に、処分性を認める最高裁判決も出現しており、医療法にもとづく イ について処分性を認めた最高裁判決（最二判平成17年7月15日民集59巻6号1661頁）が注目されている。

1	通知	2	通達	3	聴聞	4	所掌事務	5	告示
6	意見公募	7	担当事務	8	基準	9	勧告	10	命令
11	弁明	12	審理	13	担任事務	14	告知	15	自治事務
16	指針	17	要綱	18	規則	19	所管事務	20	指示

解説

❶　行政手続法は、行政指導につき、「行政機関がその任務又は所掌事務の範囲内において一定の行政目的を実現するために特定の者に一定の作為又は不作為を求める指導、勧告、助言その他の行為であって処分に該当しないもの」と定義しています（2条6号）。また、医療法にもとづく病院開設中止勧告について処分性を認めた最高裁判決があります（最判平17.7.15）。したがって、　ア　には「4　所掌事務」、　イ　には「9　勧告」が入ります。

テキスト p.170

❷　行政手続法は、行政指導指針につき、「同一の行政目的を実現するため一定の条件に該当する複数の者に対し行政指導をしようとするときにこれらの行政指導に共通してその内容となるべき事項」と定義しています（2条8号ニ）。したがって、　ウ　には「16　指針」が入ります。　テキスト p.201

❸　命令等制定機関は、命令等を定めようとする場合には、意見公募手続を執らなければならないのが原則であるとしています（39条1項）。そして、行政指導指針は「命令等」の一つですから（2条8号ニ）、行政指導指針は意見公募手続の対象となるものといえます。したがって、　エ　には「6　意見公募」が入ります。　テキスト p.206

正解　アー4（所掌事務）、イー9（勧告）、ウー16（指針）、エー6（意見公募）

42 行政指導

　私立の大学であるA大学は、その設備、授業その他の事項について、法令の規定に違反しているとして、学校教育法15条1項に基づき、文部科学大臣から必要な措置をとるべき旨の書面による勧告を受けた。しかしA大学は、指摘のような法令違反はないとの立場で、勧告に不服をもっている。この文部科学大臣の勧告は、行政手続法の定義に照らして何に該当するか。また、それを前提に同法に基づき、誰に対して、どのような手段をとることができるか。40字程度で記述しなさい。なお、当該勧告に関しては、A大学について弁明その他意見陳述のための手続は規定されておらず、運用上もなされなかったものとする。

（参照条文）

学校教育法

　第15条第1項　文部科学大臣は、公立又は私立の大学及び高等専門学校が、設備、授業その他の事項について、法令の規定に違反していると認めるときは、当該学校に対し、必要な措置をとるべきことを勧告することができる。（以下略）

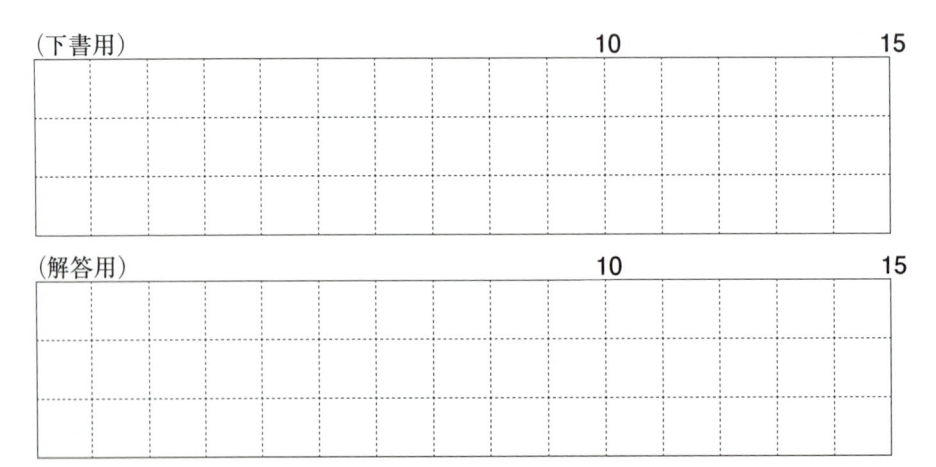

（下書用）　　　　　　　　　　　　　　10　　　　　　　　15

（解答用）　　　　　　　　　　　　　　10　　　　　　　　15

									10				15	
行	政	指	導	に	該	当	し	、	文	部	科	学	大	臣
に	対	し	、	当	該	勧	告	の	中	止	そ	の	他	必
要	な	措	置	を	求	め	る	こ	と	が	で	き	る	。

（45字）

❶　**行政指導**とは、行政機関がその任務又は所掌事務の範囲内において一定の行政目的を実現するため特定の者に一定の作為又は不作為を求める指導・勧告・助言その他の行為であって処分に該当しないもののことです（2条6号）。
テキスト p.199

❷　したがって、文部科学大臣の勧告は、行政手続法の定義に照らして行政指導に該当します。

❸　次に、法令に違反する行為の是正を求める行政指導（その根拠となる規定が法律に置かれているものに限る）の相手方は、当該行政指導が当該法律に規定する要件に適合しないと思料するときは、当該行政指導をした行政機関に対し、その旨を申し出て、当該行政指導の中止その他必要な措置をとることを求めることができます（36条の2第1項本文）。テキスト p.201、202

❹　問題文1～3行目に「私立の大学であるA大学は、その設備、授業その他の事項について、法令の規定に違反しているとして、学校教育法15条1項に基づき、文部科学大臣から必要な措置をとるべき旨の書面による勧告を受けた」とありますから、A大学は、「法令に違反する行為の是正を求める行政指導（その根拠となる規定が法律に置かれているものに限る）の相手方」といえます。

❺　したがって、A大学は、当該勧告をした文部科学大臣に対し、当該勧告の中止その他の措置をとることを求めることができます。

◉ 予想採点基準

①「行政指導に該当し」………………………………………………… 8点
②「文部科学大臣に対し」……………………………………………… 4点
③「当該勧告の中止その他必要な措置を求めることができる」……… 8点

第2部
行政法

43 処分等の求め

Check !　／　／　／　令元-44

難易度 **普**　重要度 **A**

　A所有の雑居ビルは、消防法上の防火対象物であるが、非常口が設けられていないなど、消防法等の法令で定められた防火施設に不備があり、危険な状態にある。しかし、その地域を管轄する消防署の署長Yは、Aに対して改善するよう行政指導を繰り返すのみで、消防法5条1項所定の必要な措置をなすべき旨の命令（「命令」という。）をすることなく、放置している。こうした場合、行政手続法によれば、Yに対して、どのような者が、どのような行動をとることができるか。また、これに対して、Yは、どのような対応をとるべきこととされているか。40字程度で記述しなさい。

（参照条文）

　消防法

　第5条第1項　消防長又は消防署長は、防火対象物の位置、構造、設備又は管理の状況について、火災の予防に危険であると認める場合、消火、避難その他の消防の活動に支障になると認める場合、火災が発生したならば人命に危険であると認める場合その他火災の予防上必要があると認める場合には、権限を有する関係者（略）に対し、当該防火対象物の改修、移転、除去、工事の停止又は中止その他の必要な措置をなすべきことを命ずることができる。（以下略）

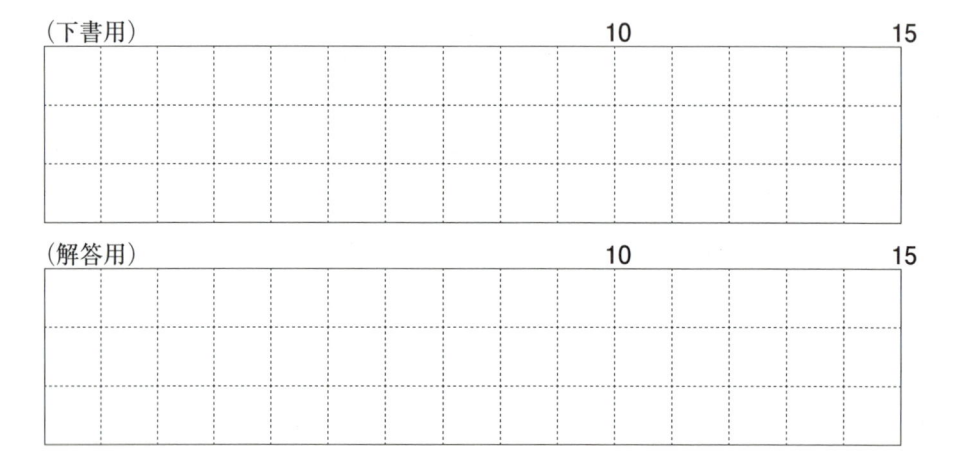

（下書用）　　　　　　　　　　　　　　　　10　　　　　　　　15

（解答用）　　　　　　　　　　　　　　　　10　　　　　　　　15

								10						15
何	人	も	命	令	を	求	め	る	こ	と	が	で	き	、
Y	は	必	要	な	調	査	を	行	い	必	要	と	認	め
た	と	き	は	命	令	を	す	べ	き	で	あ	る	。	

(44字)

❶ 問題文1～2行目に「A所有の雑居ビルは、消防法上の防火対象物であるが、…消防法等の法令で定められた防火施設に不備があり」とあり、法令に違反する事実があることがわかります。

❷ 次に、問題文3～5行目に「その地域を管轄する消防署の署長Yは、…消防法5条1項所定の必要な措置をなすべき旨の命令（「命令」という。）をすることなく、放置している」とあり、法令違反の是正のためにされるべき処分がされていないことがわかります。

❸ そして、**何人も**、法令に違反する事実がある場合において、その是正のためにされるべき処分（その根拠となる規定が法律に置かれているものに限る。）がされていないと思料するときは、当該処分をする権限を有する行政庁に対し、その旨を申し出て、**当該処分をすることを求めることができます**（36条の3第1項）。 テキスト p.202

❹ 当該行政庁は、③の申出があったときは、**必要な調査を行い**、その結果に基づき必要があると認めるときは、**当該処分をしなければなりません**（36条の3第3項）。 テキスト p.202

❺ したがって、Yに対して、何人も命令を求めることができ、Yは必要な調査を行い必要と認めたときは命令をすべきこととされています。

🌙 **予想採点基準**

① 「何人も」……………………………………………… 6点
② 「命令を求めることができ」……………………………… 4点
③ 「必要な調査を行い必要と認めたときは」…………… 6点
④ 「命令をすべきである」………………………………… 4点

44　届　出

　行政手続法（以下、本問において「法」という。）が定める届出に関する次の記述のうち、妥当なものはどれか。

1　届出は、法の定めによれば、「行政庁に対し一定の事項の通知をする行為」であるが、「申請に該当するものを除く」という限定が付されている。
2　届出は、法の定めによれば、「行政庁に対し一定の事項の通知をする行為」であるが、「事前になされるものに限る」という限定が付されている。
3　届出は、法の定めによれば、「法令により直接に当該通知が義務付けられているもの」であるが、「自己の期待する一定の法律上の効果を発生させるためには当該通知をすべきこととされているものを除く」という限定が付されている。
4　法令に定められた届出書の記載事項に不備があるか否かにかかわらず、届出が法令によりその提出先とされている機関の事務所に到達したときに、当該届出をすべき手続上の義務が履行されたものとされる。
5　届出書に法令上必要とされる書類が添付されていない場合、事後に補正が求められることにはなるものの、当該届出が法令によりその提出先とされている機関の事務所に到達したときに、当該届出をすべき手続上の義務自体は履行されたものとされる。

1 **妥当である** 届出とは、行政庁に対し一定の事項の通知をする行為（申請に該当するものを除く。）であって、法令により直接に当該通知が義務付けられているもの（自己の期待する一定の法律上の効果を発生させるためには当該通知をすべきこととされているものを含む。）をいいます（2条7号）。
テキスト p.203

2 **妥当でない** 届出の定義は肢1のとおりであり、「事前になされるものに限る」という限定は付されていません。 テキスト p.203

3 **妥当でない** 届出の定義は肢1のとおりであり、「法令により直接に当該通知が義務付けられているもの」であるという点は妥当です。しかし、「自己の期待する一定の法律上の効果を発生させるためには当該通知をすべきこととされているものを含む」とされているのであり、除くという限定が付されているわけではないことから、後半は妥当でないといえます。 テキスト p.203

4 **妥当でない** 届出が届出書の記載事項に不備がないこと、届出書に必要な書類が添付されていることその他の法令に定められた届出の形式上の要件に適合している場合は、届出が法令によりその提出先とされている機関の事務所に到達したときに、当該届出をすべき手続上の義務が履行されたものとされます（37条）。 テキスト p.203

5 **妥当でない** 肢4の解説で述べたとおり、届出書に必要な書類が添付されていることその他の法令に定められた届出の形式上の要件に適合している場合は、届出が法令によりその提出先とされている機関の事務所に到達したときに、当該届出をすべき手続上の義務が履行されたものとされます（37条）。
テキスト p.203

正解 **1**

45　意見公募手続

　行政手続法が定める意見公募手続に関する次の記述のうち、正しいものはどれか。

1　命令等制定機関は、命令等を定めようとする場合には、当該命令等の案およびこれに関連する資料をあらかじめ公示して、広く一般の意見を求めなければならない。

2　命令等制定機関は、定めようとする命令等が、他の行政機関が意見公募手続を実施して定めた命令等と実質的に同一の命令等であったとしても、自らが意見公募手続を実施しなければならない。

3　命令等制定機関は、命令等を定める根拠となる法令の規定の削除に伴い当然必要とされる当該命令等の廃止をしようとするときでも、意見公募手続を実施しなければならない。

4　命令等制定機関は、意見公募手続の実施後に命令等を定めるときには所定の事項を公示する必要があるが、意見公募手続の実施後に命令等を定めないこととした場合には、その旨につき特段の公示を行う必要はない。

5　命令等制定機関は、所定の事由に該当することを理由として意見公募手続を実施しないで命令等を定めた場合には、当該命令等の公布と同時期に、命令等の題名及び趣旨について公示しなければならないが、意見公募手続を実施しなかった理由については公示する必要はない。

解説

1　**正しい**　命令等制定機関は、命令等を定めようとする場合には、当該命令等の案およびこれに関連する資料をあらかじめ公示して、広く一般の意見を求めなければなりません（39条1項）。 テキスト p.206

2　**誤り**　命令等制定機関は、他の行政機関が意見公募手続を実施して定めた命令等と実質的に同一の命令等を定めようとする場合、意見公募手続を省略することができます（39条4項5号）。 テキスト p.206

3　**誤り**　命令等制定機関は、命令等を定める根拠となる法令の規定の削除に伴い当然必要とされる当該命令等の廃止をしようとする場合、意見公募手続を省略することができます（39条4項7号）。 テキスト p.206

4　**誤り**　命令等制定機関は、意見公募手続の実施後に命令等を定めるとき（43条1項）だけでなく、意見公募手続の実施後に命令等を定めないこととした場合（43条4項）にも、公示を行わなければなりません。 テキスト p.207

5　**誤り**　命令等制定機関は、意見公募手続を実施しないで命令等を定めた場合には、当該命令等の公布と同時期に、命令等の題名及び趣旨のみならず、意見公募手続を実施しなかった旨及びその理由についても公示しなければなりません（43条5項）。 テキスト p.207

正解　1

46 意見公募手続

行政手続法による意見公募手続につき、妥当な記述はどれか。

1 意見公募手続に関する規定は、地方公共団体による命令等の制定については適用されないこととされているが、地方公共団体は、命令等の制定について、公正の確保と透明性の向上を確保するために必要な措置を講ずるように努めなければならない。

2 意見公募手続を実施して命令等を定めた場合には、当該命令等の公布と同時期に、結果を公示しなければならないが、意見の提出がなかったときは、その旨の公示は必要とされない。

3 意見公募手続においては、広く一般の意見が求められ、何人でも意見を提出することができるが、当該命令等について、特別の利害関係を有する者に対しては、意見の提出を個別に求めなければならない。

4 意見公募手続において提出された意見は、当該命令等を定めるに際して十分に考慮されなければならず、考慮されなかった意見については、その理由が意見の提出者に個別に通知される。

5 意見公募手続の対象である命令等には、法律に基づく命令又は規則のほか、審査基準や処分基準など、処分をするかどうかを判断する基準は含まれるが、行政指導に関する指針は含まれない。

解説

1 |妥当である| 地方公共団体の制定する命令等については、一律に行政手続法の意見公募手続の規定が適用されません（3条3項）。しかし、地方公共団体は、適用除外とされた命令等の制定に関する手続について、行政手続法の趣旨にのっとり、行政運営における公正の確保と透明性の向上を図るため必要な措置を講ずるよう努めなければなりません（46条）。テキスト p.183

2 |妥当でない| 意見公募手続を実施して命令等を定めた場合において、提出意見があったときは、提出意見やそれを考慮した結果などを公示しなければならず、提出意見がなかったときは、その旨を公示しなければなりません（43条1項）。テキスト p.207

3 |妥当でない| 命令等制定機関は、命令等を定めようとする場合には、当該命令等の案及びこれに関連する資料をあらかじめ公示し、意見の提出先及び意見提出期間を定めて広く一般の意見を求めなければならないとされており（39条1項）、何人でも意見を提出することができますから、前半は妥当です。しかし、特別の利害関係を有する者に対して、意見の提出を個別に求めなければならないとする規定は存在しないことから、後半は妥当でないといえます。テキスト p.206

4 |妥当でない| 命令等制定機関は、意見公募手続を実施して命令等を定める場合には、提出意見を十分に考慮しなければならないとされており（42条）、前半は妥当です。しかし、考慮されなかった意見について、その理由を意見の提出者に個別に通知しなければならないとする規定は存在しないことから、後半は妥当でないといえます。テキスト p.206

5 |妥当でない| 意見公募手続の対象となる命令等に含まれるのは、①法律に基づく命令・規則、②審査基準、③処分基準、④行政指導指針です（2条8号）。したがって、行政指導に関する指針も含まれます。テキスト p.206

正解	1

47 審査請求の対象

　行政不服審査法の定める審査請求の対象に関する次の記述のうち、正しいものはどれか。

1　全ての行政庁の処分は、行政不服審査法または個別の法律に特別の定めがない限り、行政不服審査法に基づく審査請求の対象となる。
2　地方公共団体の機関がする処分（その根拠となる規定が条例または規則に置かれているものに限る。）についての審査請求には、当該地方公共団体の定める行政不服審査条例が適用され、行政不服審査法は適用されない。
3　地方公共団体は、自己に対する処分でその固有の資格において処分の相手方となるものに不服がある場合、行政不服審査法に基づく審査請求をした後でなければ当該処分の取消訴訟を提起することができない。
4　行政指導の相手方は、当該行政指導が違法だと思料するときは、行政不服審査法に基づく審査請求によって当該行政指導の中止を求めることができる。
5　個別の法律により再調査の請求の対象とされている処分は、行政不服審査法に基づく審査請求の対象とはならない。

解説

1 **正しい**　全ての行政庁の処分は、行政不服審査法または個別の法律に特別の定めがない限り、行政不服審査法に基づく審査請求の対象となります。これを一般概括主義といいます。 `テキスト p.211`

2 **誤り**　行政不服審査法の場合、行政手続法の場合（3条3項）と異なり、地方公共団体の機関が条例・規則に基づいてする処分も、適用除外とはされていません。 `テキスト p.211`

3 **誤り**　国又は地方公共団体その他の公共団体若しくはその機関に対する処分で、これらの機関又は団体がその固有の資格において当該処分の相手方となるもの及びその不作為については、行政不服審査法の規定は適用されません（7条2項）。したがって、地方公共団体は、自己に対する処分でその固有の資格において処分の相手方となるものに不服がある場合、行政不服審査法に基づく審査請求をすることはできません。 `テキスト p.211`

4 **誤り**　法令に違反する行為の是正を求める行政指導（その根拠となる規定が法律に置かれているものに限る。）の相手方は、当該行政指導が当該法律に規定する要件に適合しないと思料するときは、当該行政機関に対し、その旨を申し出て、当該行政指導の中止その他必要な措置をとることを求めることができます（行政手続法36条の2第1項本文）。したがって、審査請求によって行政指導の中止を求めるわけではありません。 `テキスト p.201、202`

5 **誤り**　個別の法律により再調査の請求の対象とされている処分であっても、行政不服審査法に基づく審査請求の対象となり、再調査の請求をするかどうかは自由に選択することができます。 `テキスト p.213`

正解　**1**

48 再調査の請求

　再調査の請求について定める行政不服審査法の規定に関する次の記述のうち、正しいものはどれか。

1　行政庁の処分につき処分庁以外の行政庁に対して審査請求をすることができる場合に審査請求を行ったときは、法律に再調査の請求ができる旨の規定がある場合でも、審査請求人は、当該処分について再調査の請求を行うことができない。

2　行政庁の処分につき処分庁に対して再調査の請求を行ったときでも、法律に審査請求ができる旨の規定がある場合には、再調査の請求人は、当該再調査の請求と並行して、審査請求もすることができる。

3　法令に基づく処分についての申請に対して、当該申請から相当の期間が経過したにもかかわらず、行政庁が何らの処分をもしない場合、申請者は当該不作為につき再調査の請求を行うことができる。

4　再調査の請求については、審理員による審理または行政不服審査会等への諮問は必要ないが、処分庁は決定を行った後に、行政不服審査会等への報告を行う必要がある。

5　再調査の請求においては、請求人または参加人が口頭で意見を述べる機会を与えられるのは、処分庁がこれを必要と認めた場合に限られる。

解説

1 　**正しい**　行政庁の処分につき処分庁以外の行政庁に対して審査請求をすることができる場合において、法律に再調査の請求ができる旨の定めがあるときは、当該処分に不服がある者は、処分庁に対して再調査の請求をすることができます（5条1項本文）。ただし、当該処分について審査請求をしたときは、再調査の請求をすることができません（5条1項ただし書）。　テキスト p.213

2 　**誤り**　再調査の請求をしたときは、原則として、当該再調査の請求についての決定を経た後でなければ、審査請求をすることができません（5条2項本文）。したがって、再調査の請求人は、当該再調査の請求と並行して、審査請求もすることができるわけではありません。　テキスト p.213

3 　**誤り**　再調査の請求は、「行政庁の処分につき処分庁以外の行政庁に対して審査請求をすることができる場合」に認められるものですから（5条1項本文）、不作為につき再調査の請求を行うことはできません。　テキスト p.213

4 　**誤り**　審理員による審理（9条1項）または行政不服審査会等への諮問（43条1項）は、再調査の請求については準用されていませんから（61条）、再調査の請求については、審理員による審理または行政不服審査会等への諮問は必要ありません。また、処分庁は、決定を行った後に、行政不服審査会等への報告を行う必要もありません。　テキスト p.213

5 　**誤り**　審査請求人または参加人の申立てがあったときは、審理員は、申立人に口頭で審査請求に係る事件に関する意見を述べる機会を与えなければならず（31条1項）、この規定は再調査の請求にも準用されています（61条）。したがって、再調査の請求においても、口頭で意見を述べる機会を与えられるのは、処分庁がこれを必要と認めた場合に限られるわけではありません。　テキスト p.222

正解　　1

49 審査請求の要件

　行政不服審査法に基づく審査請求に関する次の記述のうち、正しいものはどれか。

1　審査請求は、他の法律や条例において書面でしなければならない旨の定めがある場合を除き、口頭ですることができる。

2　審査請求は、代理人によってもすることができるが、その場合は、審査請求人が民法上の制限行為能力者である場合に限られる。

3　代理人は、審査請求人のために、当該審査請求に関する一切の行為をすることができるが、審査請求の取下げについては特別の委任を要する。

4　処分について不服申立適格を有するのは、処分の相手方に限られ、それ以外の第三者は、法律に特別の定めがない限り、不服申立適格を有しない。

5　行政不服審査法に基づく審査請求は、行政庁の処分の他、同法が列挙する行政指導についても行うことができる。

解説

1 **誤り**　審査請求は、他の法律（条例に基づく処分については、条例）に口頭ですることができる旨の定めがある場合を除き、政令で定めるところにより、審査請求書を提出してしなければなりません（19条1項）。したがって、本肢は、書面と口頭が反対です。　`テキスト p.219`

2 **誤り**　審査請求は、代理人によってすることができます（12条1項）。そして、代理人による審査請求は、審査請求人が民法上の制限行為能力者である場合に限られません。　`テキスト p.218`

3 **正しい**　代理人は、各自、審査請求人のために、当該審査請求に関する一切の行為をすることができます（12条2項本文）。ただし、審査請求の取下げは、特別の委任を受けた場合に限り、することができます（12条2項ただし書）。　`テキスト p.218`

4 **誤り**　処分について不服申立適格を有するのは、当該処分について不服申立てをする法律上の利益がある者です（主婦連ジュース事件：最判昭53.3.14）。したがって、処分の相手方以外の第三者も、法律上の利益があれば、不服申立適格を有することになります。　`テキスト p.217`

5 **誤り**　行政不服審査法に基づく審査請求の要件として、処分又は不作為が存在することが挙げられます。したがって、行政指導については、行政不服審査法に基づく審査請求をすることができません。　`テキスト p.217`

正解　**3**

50 審査請求の審理手続

行政不服審査法における審理員について、妥当な記述はどれか。

1　審理員による審理手続は、処分についての審査請求においてのみなされ、不作為についての審査請求においてはなされない。

2　審理員は、審査庁に所属する職員のうちから指名され、審査庁となるべき行政庁は、審理員となるべき者の名簿を作成するよう努めなければならない。

3　審理員は、処分についての審査請求において、必要があると認める場合には、処分庁に対して、処分の執行停止をすべき旨を命ずることができる。

4　審理員は、審理手続を終結したときは、審理手続の結果に関する調書を作成し、審査庁に提出するが、その中では、審査庁のなすべき裁決に関する意見の記載はなされない。

5　審理員は、行政不服審査法が定める例外に該当する場合を除いて、審理手続を終結するに先立ち、行政不服審査会等に諮問しなければならない。

解説

1　妥当でない　　審査請求の審理は、審理員が主宰します（9条）。これは、処分についての審査請求であっても、不作為についての審査請求であっても、同様です。テキスト p.221

2　妥当である　　審理員は、審査庁に所属する職員のうちから指名されます（9条1項）。また、審査庁となるべき行政庁は、審理員となるべき者の名簿を作成するよう努めなければなりません（17条）。テキスト p.221

3　妥当でない　　審理員は、必要があると認める場合には、審査庁に対し、執行停止をすべき旨の意見書を提出することができます（40条）。しかし、執行停止をすべき旨を命ずることまではできません。テキスト p.230、231

4　妥当でない　　審理員は、審理手続を終結したときは、遅滞なく、審査庁がすべき裁決に関する意見書（審理員意見書）を作成しなければなりません（42条1項）。したがって、審理員が作成する調書の中には、審査庁のなすべき裁決に関する意見の記載がなされます。テキスト p.223

5　妥当でない　　審査庁は、審理員意見書の提出を受けたときは、原則として、行政不服審査会等に諮問しなければなりません（43条1項）。このように、行政不服審査会等への諮問を行うのは、審査庁であって、審理員ではありません。テキスト p.223

正解　2

51 審査請求の審理手続

難易度 **易**　重要度 **A**

　審理員に関する行政不服審査法の規定に関する次の記述のうち、妥当なものはどれか。

1　審理員は、審査請求がされた行政庁が、審査請求の対象とされた処分の処分庁または不作為庁に所属する職員から指名する。
2　審理員は、職権により、物件の所持人に対し物件の提出を求めた上で、提出された当該物件を留め置くことができる。
3　審理員は、審査請求人または参加人の申立てがなければ、必要な場所についての検証をすることはできない。
4　審理員は、審査請求人または参加人の申立てがなければ、審査請求に係る事件に関し、審理関係人に質問することはできない。
5　審理員は、数個の審査請求に係る審理手続を併合することはできるが、ひとたび併合された審査請求に係る審理手続を分離することはできない。

解説

1　**妥当でない**　審査請求がされた行政庁（審査庁）は、原則として、その審理のために、その職員のうちから審理員を指名しなければならないとされており（9条1項）、審査請求の対象とされた処分の処分庁または不作為庁に所属する職員から指名するわけではありません。 テキスト p.221

2　**妥当である**　審理員は、審査請求人若しくは参加人の申立てにより又は職権で、物件の所持人に対し物件の提出を求めた上で、提出された当該物件を留め置くことができます（33条）。 テキスト p.222

3　**妥当でない**　審理員は、審査請求人若しくは参加人の申立てにより又は職権で、必要な場所についての検証をすることができます（35条1項）。 テキスト p.222

4　**妥当でない**　審理員は、審査請求人若しくは参加人の申立てにより又は職権で、審査請求に係る事件に関し、審理関係人に質問することができます（36条）。 テキスト p.222

5　**妥当でない**　審理員は、必要があると認める場合には、数個の審査請求に係る審理手続を併合し、又は併合された数個の審査請求に係る審理手続を分離することができます（39条）。 テキスト p.223

正解　2

52 不作為についての審査請求

　行政不服審査法の定める不作為についての審査請求に関する次の記述のうち、妥当なものはどれか。

1　不作為についての審査請求は、当該処分についての申請をした者だけではなく、当該処分がなされることにつき法律上の利益を有する者がなすことができる。

2　不作為についての審査請求は、法令に違反する事実がある場合において、その是正のためにされるべき処分がなされていないときにも、なすことができる。

3　不作為についての審査請求の審査請求期間は、申請がなされてから「相当の期間」が経過した時点から起算される。

4　不作為についての審査請求の審理中に申請拒否処分がなされた場合については、当該審査請求は、拒否処分に対する審査請求とみなされる。

5　不作為についての審査請求がなされた場合においても、審査庁は、原則として、その審理のために、その職員のうちから審理員を指名しなければならない。

1 | 妥当でない | 不作為についての審査請求をなすことができるのは、法令に基づき行政庁に対して処分についての申請をした者です（3条）。したがって、当該処分がなされることにつき法律上の利益を有する者は、なすことができません。 テキスト p.212

2 | 妥当でない | 「不作為」とは、法令に基づく申請に対して何らの処分をもしないことです（3条かっこ書）。したがって、法令に違反する事実がある場合において、その是正のためにされるべき処分がなされていないときには、不作為についての審査請求をなすことができません。 テキスト p.212

3 | 妥当でない | 不作為についての審査請求には、処分についての審査請求と異なり、そもそも審査請求期間の規定がありません。 テキスト p.219

4 | 妥当でない | 不作為についての審査請求の審理中に申請拒否処分がなされた場合については、当該審査請求は、拒否処分に対する審査請求とみなされる旨の規定は存在しません。 テキスト p.212

5 | 妥当である | 不作為についての審査請求がなされた場合においても、審査庁は、原則として、その審理のために、その職員のうちから審理員を指名しなければなりません（9条1項本文）。 テキスト p.221

正解 5

53 審査請求の終了

難易度 易 重要度 A

　行政不服審査法における手続の終了に関する次の記述のうち、正しいものはどれか。

1　行政不服審査制度には権利保護機能の他に行政統制機能があるため、審査庁の同意がなければ、審査請求人は審査請求を取り下げることができない。
2　事実上の行為に関する審査請求を認容する場合、処分庁以外の審査庁は違法又は不当な当該事実上の行為を自ら撤廃することができる。
3　上級行政庁としての審査庁は、処分庁の処分を変更する旨の裁決をすることができず、処分庁の処分を取り消した上で、処分庁に当該処分の変更を命じなければならない。
4　不作為に関する審査請求に理由がある場合において、審査庁が不作為庁の上級行政庁であるときは、審査庁は、不作為が違法又は不当である旨を宣言するとともに、不作為庁に対し、申請に対して処分をすべき旨を命ずる。
5　行政不服審査法には、それに基づく裁決について、行政事件訴訟法が定める取消判決の拘束力に相当する規定は設けられていない。

解説

1 誤り 審査請求人は、裁決があるまでは、いつでも審査請求を取り下げることができます（27条1項）。 テキスト p.225

2 誤り 事実上の行為に関する審査請求を認容する場合、処分庁以外の審査庁は、処分庁に対して事実上の行為の全部又は一部を撤廃すべき旨を命ずることになります（47条本文1号）。したがって、処分庁以外の審査庁は、違法又は不当な当該事実上の行為を自ら撤廃することができるわけではありません。 テキスト p.226

3 誤り 審査庁が処分庁の上級行政庁である場合において、処分についての審査請求に理由があるときは、処分庁の処分を変更する旨の裁決をすることができます（46条1項本文）。 テキスト p.226

4 正しい 不作為に関する審査請求に理由がある場合において、審査庁が不作為庁の上級行政庁であるときは、審査庁は、不作為が違法又は不当である旨を宣言するとともに、不作為庁に対し、申請に対して処分をすべき旨を命じます（49条3項1号）。 テキスト p.226

5 誤り 裁決は、関係行政庁を拘束するものとされており（52条1項）、行政事件訴訟法が定める取消判決の拘束力と同様、行政不服審査法にも、裁決の拘束力が規定されています。 テキスト p.227

正解　4

54 審査請求の終了

　行政不服審査法の定める審査請求に対する裁決に関する次の記述のうち、正しいものはどれか。

1　処分についての審査請求が不適法である場合や、審査請求が理由がない場合には、審査庁は、裁決で当該審査請求を却下するが、このような裁決には理由を記載しなければならない。

2　処分についての審査請求に対する認容裁決で、当該処分を変更することができるのは、審査庁が処分庁の上級行政庁または処分庁の場合に限られるが、審査庁が処分庁の場合は、審査請求人の不利益に当該処分を変更することもできる。

3　不作為についての審査請求が当該不作為に係る処分についての申請から相当の期間が経過しないでされたものである場合その他不適法である場合には、審査庁は、裁決で、当該審査請求を却下する。

4　法令に基づく申請を却下し、または棄却する処分の全部または一部を取り消す場合において、審査庁が処分庁の上級行政庁である場合、当該審査庁は、当該申請に対して一定の処分をすべきものと認めるときは、自らその処分を行うことができる。

5　不作為についての審査請求が理由がある場合において、審査庁が不作為庁の上級行政庁である場合、審査庁は、裁決で当該不作為が違法または不当である旨を宣言するが、当該不作為庁に対し、一定の処分をすべき旨を命ずることはできない。

1 ｜**誤り**｜ 処分についての審査請求が不適法である場合は、審査庁は、裁決で当該審査請求を**却下**します（却下裁決：45条1項）。これに対して、審査請求が理由がない場合には、審査庁は、裁決で当該審査請求を**棄却**します（棄却裁決：45条2項）。なお、裁決には理由を記載しなければならないという点は正しいです（50条1項4号）。 テキスト p.225、227

2 ｜**誤り**｜ 処分についての審査請求に対する認容裁決で、当該処分を変更することができるのは、審査庁が処分庁の上級行政庁または処分庁の場合に限られますから（46条1項本文）、前半は正しいです。しかし、審査庁が処分庁であるかどうかにかかわらず、**審査請求人の不利益に当該処分を変更することはできません**から（48条）、後半は誤りです。 テキスト p.226

3 ｜**正しい**｜ 不作為についての審査請求が当該不作為に係る処分についての申請から相当の期間が経過しないでされたものである場合その他不適法である場合には、審査庁は、裁決で、当該審査請求を**却下**します（却下裁決：49条1項）。 テキスト p.225

4 ｜**誤り**｜ 法令に基づく申請を却下し又は棄却する処分を取り消す場合において、当該申請に対して一定の処分をすべきものと認めるときは、**処分庁の上級行政庁である審査庁は、当該処分庁に対して当該処分をすべき旨を命ずることができ**、処分庁である審査庁は、自らその処分を行うことができます（46条2項）。したがって、審査庁が処分庁の上級行政庁である場合、自らその処分を行うことはできません。 テキスト p.226

5 ｜**誤り**｜ 不作為についての審査請求が理由がある場合において、審査庁が不作為庁の上級行政庁である場合、審査庁は、裁決で当該不作為が違法または不当である旨を宣言するとともに、当該不作為庁に対し、**一定の処分をすべき旨を命ずることができます**（49条3項1号）。 テキスト p.226

正解 **3**

55 執行停止

　行政不服審査法の定める執行停止に関する次の記述のうち、正しいものはどれか。

1　処分庁の上級行政庁または処分庁のいずれでもない審査庁は、必要があると認めるときは、審査請求人の申立てによりまたは職権で、処分の効力、処分の執行または手続の続行の全部または一部の停止その他の措置をとることができる。

2　審査庁は、処分、処分の執行または手続の続行により生ずる重大な損害を避けるために緊急の必要があると認めるときは、審査請求人の申立てがなくとも、職権で執行停止をしなければならない。

3　審理員は、必要があると認める場合には、審査庁に対し、執行停止をすべき旨の意見書を提出することができ、意見書の提出があった場合、審査庁は、速やかに執行停止をしなければならない。

4　執行停止をした後において、執行停止が公共の福祉に重大な影響を及ぼすことが明らかとなったとき、その他事情が変更したときには、審査庁は、その執行停止を取り消すことができる。

5　処分庁の上級行政庁または処分庁が審査庁である場合には、処分の執行の停止によって目的を達することができる場合であっても、処分の効力の停止をすることができる。

解説

1 **誤り** 処分庁の上級行政庁または処分庁のいずれでもない審査庁は、審査請求人の申立てにより、処分の効力、処分の執行または手続の続行の全部または一部の停止に限りすることができます（25条3項本文）。したがって、職権により執行停止をすることや、処分の効力・処分の執行・手続の続行の停止以外の措置（その他の措置）をとることはできません（25条3項ただし書）。 テキスト p.230、271

2 **誤り** 審査庁は、審査請求人の申立てがあった場合において、処分、処分の執行または手続の続行により生ずる重大な損害を避けるために緊急の必要があると認めるときは、執行停止をしなければならないとされています（25条4項）。したがって、審査請求人の申立てがない場合には、執行停止義務は生じません。 テキスト p.230

3 **誤り** 審理員は、必要があると認める場合には、審査庁に対し、執行停止をすべき旨の意見書を提出することができます（40条）。しかし、意見書の提出があった場合でも、審査庁は、執行停止をする義務を負うわけではありません。 テキスト p.230、231

4 **正しい** 執行停止をした後において、執行停止が公共の福祉に重大な影響を及ぼすことが明らかとなったとき、その他事情が変更したときには、審査庁は、その執行停止を取り消すことができます（26条）。 テキスト p.231

5 **誤り** 処分の効力の停止は、処分の執行又は手続の続行の停止によって目的を達することができる場合には、することができません（25条6項）。したがって、処分の執行の停止によって目的を達することができる場合には、処分の効力の停止をすることはできず、このことは審査庁が処分庁の上級行政庁又は処分庁であっても同様です。 テキスト p.229

正解　**4**

56 教　示

　行政不服審査法に基づく審査請求の教示義務に関する次のア～エの記述のうち、正しいものの組合せはどれか。

ア　処分庁は、審査請求ができる処分をするときは、処分の相手方に対し、審査請求ができる旨、審査請求すべき行政庁、審査請求期間、審査請求書に記載すべき事項を教示しなければならない。

イ　処分庁が誤って審査請求すべき行政庁でない行政庁を教示し、当該行政庁に審査請求書が提出された場合、当該行政庁は処分庁または本来の審査請求すべき行政庁に審査請求書を送付しなければならない。

ウ　処分庁は、処分の相手方以外の利害関係者から当該処分が審査請求のできる処分であるか否かについて教示を求められたときは、当該事項を教示しなければならない。

エ　処分庁が審査請求書に記載すべき事項を誤って教示し、それに沿った審査請求書が提出されたときは、審査請求を受けた行政庁は、審査請求をした者に期限を定めて補正を求めなければならない。

　　1　ア・イ
　　2　ア・エ
　　3　イ・ウ
　　4　イ・エ
　　5　ウ・エ

解説

ア 　**誤り**　　行政庁は、不服申立てをすることができる処分を書面でする場合には、処分の相手方に対し、①当該処分につき不服申立てをすることができる旨、②不服申立てをすべき行政庁、③不服申立てをすることができる期間を書面で教示しなければなりません（82条1項本文）。他方、審査請求書に記載すべき事項については、教示する必要はありません。 テキスト p.232

イ 　**正しい**　　審査請求をすることができる処分につき、処分庁が誤って審査請求をすべき行政庁でない行政庁を審査庁として教示した場合において、その教示された行政庁に書面で審査請求がされたときは、当該行政庁は、速やかに、審査請求書を処分庁又は審査請求をすべき行政庁に送付し、かつ、その旨を審査請求人に通知しなければなりません（22条1項）。したがって、処分庁が誤って審査請求すべきでない行政庁を教示し、当該行政庁に審査請求書が提出された場合、当該行政庁は、処分庁又は本来の審査請求すべき行政庁に審査請求書を送付しなければなりません。 テキスト p.233

ウ 　**正しい**　　行政庁は、利害関係人から、①当該処分が不服申立てをすることができる処分であるかどうか、②当該処分が不服申立てをすることができるものである場合における不服申立てをすべき行政庁、③不服申立てをすることができる期間につき教示を求められたときは、当該事項を教示しなければなりません（82条2項）。 テキスト p.232、233

エ 　**誤り**　　肢アの解説で述べたとおり、そもそも審査請求書に記載すべき事項については、教示義務を負うものではありません。したがって、行政不服審査法上、処分庁が審査請求書に記載すべき事項を誤って教示し、それに沿った審査請求書が提出されたときは、審査請求を受けた行政庁は、審査請求をした者に期限を定めて補正を求めなければならないとする規定は存在しません。 テキスト p.232

正解　　**3（イ・ウ）**

第2部

行政法

57 行政事件訴訟の類型

難易度 易　重要度 A

Check!　／　／　／

令元-43

次の文章の空欄 ア ～ エ に当てはまる語句を、枠内の選択肢（1～20）から選びなさい。

行政事件訴訟法は、行政事件訴訟の類型を、抗告訴訟、 ア 訴訟、民衆訴訟、機関訴訟の4つとしている。

抗告訴訟は、公権力の行使に関する不服の訴訟をいうものとされる。処分や裁決の取消しを求める取消訴訟がその典型である。

ア 訴訟には、 ア 間の法律関係を確認し又は形成する処分・裁決に関する訴訟で法令の規定によりこの訴訟類型とされる形式的 ア 訴訟と、公法上の法律関係に関する訴えを包括する実質的 ア 訴訟の2種類がある。後者の例を請求上の内容に照らして性質に照らして見ると、国籍確認を求める訴えのような確認訴訟のほか、公法上の法律関係に基づく金銭の支払を求める訴えのような イ 訴訟もある。

ア 訴訟は、公法上の法律関係に関する訴えであるが、私法上の法律関係に関する訴えで処分・裁決の効力の有無が ウ となっているのは、 ウ 訴訟と呼ばれる。基礎となっている法律関係の性質から、 ウ 訴訟は行政事件訴訟ではないと位置付けられる。例えば、土地収用法に基づく収用裁決が無効であることを前提として、起業者に対し土地の明け渡しという イ を求める訴えは、 ウ 訴訟である。

民衆訴訟は、国又は公共団体の機関の法規に適合しない行為の是正を求める訴訟で、選挙人たる資格その他自己の法律上の利益にかかわらない資格で提起する ものをいう。例えば、普通地方公共団体の公金の支出が違法だとして エ 監査請求をしたにもかかわらず監査委員が是正の措置をとらない場合に、当該普通地方公共団体の エ としての資格で提起する エ 訴訟は民衆訴訟の一種である。

機関訴訟は、国又は公共団体の機関相互間における権限の存否又はその行

使に関する紛争についての訴訟をいう。法定受託事務の管理や執行について国の大臣が提起する地方自治法所定の代執行訴訟がその例である。

1	規範統制	2	財務	3	義務付け	4	給付
5	代表	6	前提問題	7	客観	8	差止め
9	未確定	10	職員	11	審査対象	12	争点
13	要件事実	14	当事者	15	主観	16	国家賠償
17	保留	18	住民	19	民事	20	基準

第2部　行政法

解説

❶　行政事件訴訟法は、行政事件訴訟の類型を、抗告訴訟、当事者訴訟、民衆訴訟、機関訴訟の４つとしています。したがって、 ア には「14　当事者」が入ります。 テキスト p.235

❷　実質的当事者訴訟の例を請求上の内容に性質に照らしてみると、国籍確認を求める訴えのような確認訴訟のほか、公法上の法律関係に基づく金銭の支払を求める訴え（例：憲法29条３項に基づいてなした損失補償請求の訴え）のような給付訴訟もあります。したがって、 イ には「4　給付」が入ります。 テキスト p.265

❸　私法上の法律関係に関する訴えで処分・裁決の効力の有無が争点となっているものを争点訴訟と呼びます。したがって、 ウ には「12　争点」が入ります。 テキスト p.236

❹　普通地方公共団体の公金の支出が違法だとして住民監査請求をしたにもかかわらず監査委員が是正の措置をとらない場合に、当該普通地方公共団体の住民としての資格で提起する住民訴訟は、民衆訴訟の一種です。したがって、 エ には「18　住民」が入ります。 テキスト p.267

正解　アー14（当事者）、イー4（給付）、ウー12（争点）、エー18（住民）

第2部

行政法

58 処分取消訴訟と裁決取消訴訟の関係

　Xは、Y県内で開発行為を行うことを計画し、Y県知事に都市計画法に基づく開発許可を申請した。しかし、知事は、この開発行為によりがけ崩れの危険があるなど、同法所定の許可要件を充たさないとして、申請を拒否する処分をした。これを不服としたXは、Y県開発審査会に審査請求をしたが、同審査会も拒否処分を妥当として審査請求を棄却する裁決をした。このため、Xは、申請拒否処分と棄却裁決の両方につき取消訴訟を提起した。このうち、裁決取消訴訟の被告はどこか。また、こうした裁決取消訴訟においては、一般に、どのような主張が許され、こうした原則を何と呼ぶか。40字程度で記述しなさい。

（下書用）　　　　　　　　　　　　　　　10　　　　　　　15

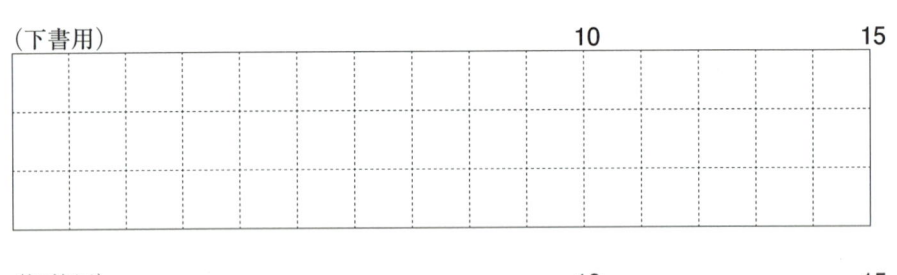

（解答用）　　　　　　　　　　　　　　　10　　　　　　　15

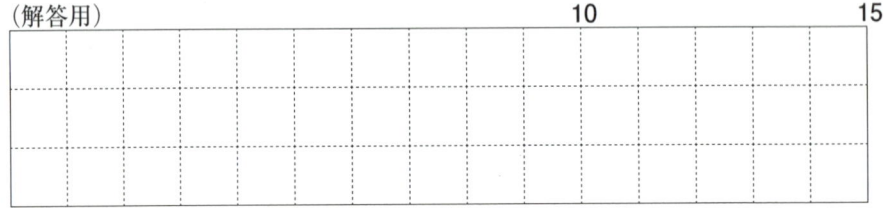

									10				15
被	告	は	Ｙ	県	で	あ	り	、	裁	決	固	有	の	瑕
疵	の	み	が	主	張	で	き	、	こ	の	原	則	を	原
処	分	主	義	と	い	う	。							

(38字)

❶　裁決取消訴訟は、**当該裁決をした行政庁の所属する国又は公共団体**を被告として提起しなければなりません（11条1項2号）。 テキスト p.247

❷　本問では、審査請求を棄却する裁決をしたのはＹ県開発審査会であり、Ｙ県に所属する行政庁ですから、裁決取消訴訟の被告はＹ県です。

❸　処分に不服がある者が審査請求をしたものの、これを認めない裁決がなされた場合、もともとの処分（原処分）がおかしいと主張して処分取消訴訟で争うことも、審査請求を認めない裁決がおかしいと主張して裁決取消訴訟で争うこともできます。この場合、裁決取消訴訟においては、原処分がおかしいと主張することはできず（10条2項）、**裁決固有の瑕疵**（裁決権限のない行政庁が裁決を行ったことや、裁決の手続が違法であることなど）**のみが主張できる**と解されています。 テキスト p.238

❹　③のような原則を、**原処分主義**といいます。③を裏からいえば、原処分の瑕疵は処分取消訴訟において主張しなければならないということになるからです。 テキスト p.238

❺　以上より、裁決取消訴訟の被告はＹ県であり、こうした裁決取消訴訟においては、一般に、裁決固有の瑕疵のみが主張でき、この原則を原処分主義といいます。

◖予想採点基準

①「被告はＹ県であり」……………………………………… 4 点

②「裁決固有の瑕疵のみが主張でき」……………………… 8 点

③「この原則を原処分主義という」………………………… 8 点

59 処分性

　行政事件訴訟法3条2項の「行政庁の処分その他公権力の行使に当たる行為」
（以下「行政処分」という。）に関する次の記述のうち、最高裁判所の判例に照ら
し、妥当なものはどれか。

1　医療法の規定に基づき都道府県知事が行う病院開設中止の勧告は、行政処分
　に該当しない。

2　地方公共団体が営む簡易水道事業につき、水道料金の改定を内容とする条例
　の制定行為は、行政処分に該当する。

3　都市計画法の規定に基づき都道府県知事が行う用途地域の指定は、行政処分
　に該当する。

4　（旧）関税定率法の規定に基づき税関長が行う「輸入禁制品に該当する貨物
　と認めるのに相当の理由がある」旨の通知は、行政処分に該当しない。

5　地方公共団体の設置する保育所について、その廃止を定める条例の制定行為
　は、行政処分に該当する。

解説

1　**妥当でない**　医療法の規定に基づき都道府県知事が行う病院開設中止の勧告は、行政処分に該当します（最判平17.7.15）。 テキスト p.242

2　**妥当でない**　地方公共団体が営む簡易水道事業につき、水道料金の改定を内容とする条例の制定行為は、行政処分に該当しません（最判平18.7.14）。 テキスト p.242

3　**妥当でない**　都市計画法の規定に基づき都道府県知事が行う用途地域の指定は、行政処分に該当しません（最判昭57.4.22）。 テキスト p.242

4　**妥当でない**　（旧）関税定率法に基づき税関長が行う「輸入禁制品に該当する貨物と認めるのに相当の理由がある」旨の通知は、行政処分に該当します（最判昭54.12.25）。 テキスト p.242

5　**妥当である**　地方公共団体の設置する保育所について、その廃止を定める条例の制定行為は、行政処分に該当します（最判平21.11.26）。 テキスト p.242

🅟 **ポイント**　**処分性が認められるほうの判例を覚えておく**

　私法上の行為や内部的行為・中間的行為・事実行為・規範定立行為については、処分性が否定されるのが通常です。しかし、これらの行為についても、例外的に処分性を認めた判例があります。そこで、処分性が認められるほうの判例を覚えておき、残りは通常どおり処分性が否定されると覚えておきましょう。

正解　5

60 処分性

難易度 **普**　重要度 **A**

　抗告訴訟の対象に関する次の記述のうち、最高裁判所の判例に照らし、妥当でないものはどれか。

1　都市計画法に基づいて、公共施設の管理者である行政機関等が行う開発行為への同意は、これが不同意であった場合には、開発行為を行おうとする者は後続の開発許可申請を行うことができなくなるため、開発を行おうとする者の権利ないし法的地位に影響を及ぼすものとして、抗告訴訟の対象となる行政処分に該当する。

2　都市計画区域内において用途地域を指定する決定は、地域内の土地所有者等に建築基準法上新たな制約を課すものではあるが、その効果は、新たにそのような制約を課する法令が制定された場合と同様の当該地域内の不特定多数の者に対する一般的抽象的なものにすぎず、当該地域内の個人の具体的な権利を侵害するものではないから、抗告訴訟の対象となる行政処分に該当しない。

3　市町村の施行に係る土地区画整理事業計画の決定により、事業施行地区内の宅地所有者等は、所有権等に対する規制を伴う土地区画整理事業の手続に従って換地処分を受けるべき地位に立たされるため、当該計画の決定は、その法的地位に直接的な影響を及ぼし、抗告訴訟の対象となる行政処分に該当する。

4　地方公共団体が営む水道事業に係る条例所定の水道料金を改定する条例の制定行為は、同条例が上記水道料金を一般的に改定するものであって、限られた特定の者に対してのみ適用されるものではなく、同条例の制定行為をもって行政庁が法の執行として行う処分と実質的に同視することはできないから、抗告訴訟の対象となる行政処分に該当しない。

5　特定の保育所の廃止のみを内容とする条例は、他に行政庁の処分を待つことなく、その施行により各保育所廃止の効果を発生させ、当該保育所に現に入所中の児童およびその保護者という限られた特定の者らに対して、直接、当該保育所において保育を受けることを期待し得る法的地位を奪う結果を生じさせるものであるから、その制定行為は、行政庁の処分と実質的に同視し得るものということができ、抗告訴訟の対象となる行政処分に該当する。

解説

1 **妥当でない** 最高裁判所の判例は、都市計画法に基づいて、公共施設の管理者である行政機関等が行う開発行為への同意を拒否する行為は、開発を行おうとする者の権利ないし法的地位に影響を及ぼすものではなく、抗告訴訟の対象となる行政処分に該当しないとしています（最判平7.3.23）。
テキスト p.242

2 **妥当である** 最高裁判所の判例は、都市計画区域内において用途地域を指定する決定は、地域内の土地所有者等に建築基準法上新たな制約を課すものではあるが、その効果は、新たにそのような制約を課す法令が制定された場合と同様の当該地域内の不特定多数の者に対する一般的抽象的なものにすぎず、当該地域内の個人の具体的な権利を侵害するものではないから、抗告訴訟の対象となる行政処分に該当しないとしています（最判昭57.4.22）。
テキスト p.242

3 **妥当である** 最高裁判所の判例は、市町村の施行に係る土地区画整理事業計画の決定により、事業施行地区内の宅地所有者等は、所有権等に対する規制を伴う土地区画整理事業の手続に従って換地処分を受けるべき地位に立たされるため、当該計画の決定は、その法的地位に直接的な影響を及ぼし、抗告訴訟の対象となる行政処分に該当するとしています（最大判平20.9.10）。
テキスト p.242

4 **妥当である** 最高裁判所の判例は、地方公共団体が営む水道事業に係る条例所定の水道料金を改定する条例の制定行為は、同条例が上記水道料金を一般的に改定するものであって、限られた特定の者に対してのみ適用されるものではなく、同条例の制定行為をもって行政庁が法の執行として行う処分と実質的に同視することはできないから、抗告訴訟の対象となる行政処分に該当しないとしています（最判平18.7.14）。 テキスト p.242

5 **妥当である** 最高裁判所の判例は、特定の保育所の廃止のみを内容とする条例は、他に行政庁の処分を待つことなく、その施行により各保育所廃止の効果を発生させ、当該保育所に現に入所中の児童およびその保護者という限られた特定の者らに対して、直接、当該保育所において保育を受けることを期待し得る法的地位を奪う結果を生じさせるものであるから、その制定行為は、行政庁の処分と実質的に同視し得るものということができ、抗告訴訟の対象となる行政処分に該当するとしています（最判平21.11.26）。 テキスト p.242

正解 **1**

61 原告適格

難易度 易　重要度 A

　保健所長がした食品衛生法に基づく飲食店の営業許可について、近隣の飲食店営業者が営業上の利益を害されるとして取消訴訟を提起した場合、裁判所は、どのような理由で、どのような判決をすることとなるか。40字程度で記述しなさい。

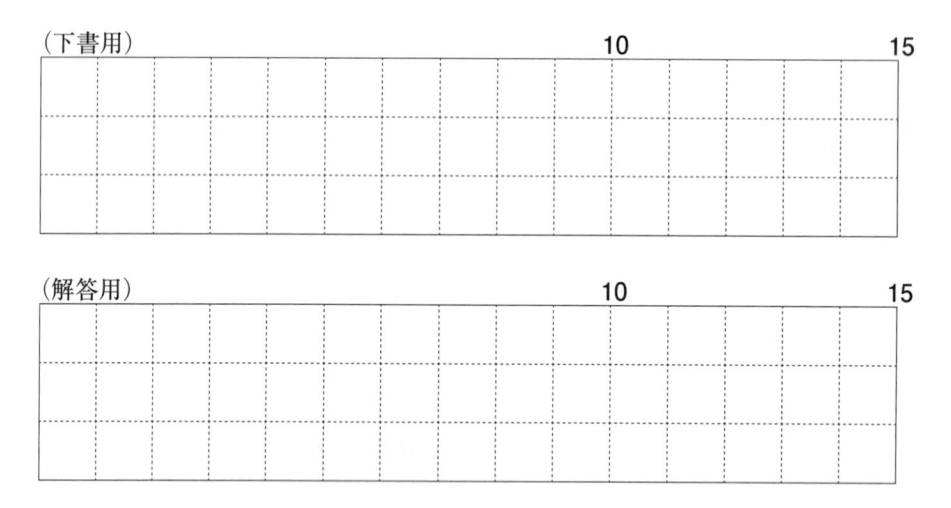

（下書用）　　　　　　　　　　　　　　　　　　　　10　　　　　　　15

（解答用）　　　　　　　　　　　　　　　　　　　　10　　　　　　　15

ヒント

　本問では、①どのような理由で、②どのような判決をすることとなるか、という2つの問いがあることに注意しよう。

解説

原	告	は	、	法	律	上	の	利	益	を	有	せ	ず	、
原	告	適	格	を	欠	く	と	い	う	理	由	で	、	却
下	の	判	決	を	す	る	。							

（38字）

❶　取消訴訟は、当該処分又は裁決の取消しを求めるにつき**法律上の利益を有する者**に限り、提起することができます（9条1項）。このような、個別の事件において訴訟を提起する資格のことを、**原告適格**といいます。 テキスト p.242

❷　処分・裁決の相手方以外の者について法律上の利益を有するか否かを判断する際には、当該処分・裁決の根拠法令の趣旨・目的を考慮しなければなりません（9条2項）。そして、飲食店の営業許可の根拠法令である食品衛生法は、飲食に起因する衛生上の危害の発生を防止し、もって国民の健康の保護を図ることを目的とするものであり（食品衛生法1条）、**近隣の飲食店営業者の営業上の利益の保護を目的とするものではありません**。したがって、近隣の飲食店営業者は、飲食店の営業許可の取消しを求めるにつき**法律上の利益を有する者とはいえず、原告適格を欠いています**。

❸　そして、原告適格のような訴訟要件が欠けている場合、裁判所は、取消訴訟が不適法であるとして、審理を拒絶する判決をすることとなります。これを**却下判決**といいます。 テキスト p.252

◖ 予想採点基準
①「法律上の利益を有せず」‥‥‥‥‥‥‥‥‥‥‥‥‥‥‥‥‥‥ 6点
②「原告適格を欠く」‥‥‥‥‥‥‥‥‥‥‥‥‥‥‥‥‥‥‥‥‥ 6点
③「却下の判決をする」‥‥‥‥‥‥‥‥‥‥‥‥‥‥‥‥‥‥‥‥ 8点

62 原告適格

　取消訴訟の原告適格に関する次の文章の空欄　ア　～　エ　に当てはまる語句を、枠内の選択肢（１～20）から選びなさい。

　平成16年（2004年）の行政事件訴訟法（以下、「行訴法」という。）改正のポイントとして、取消訴訟の原告適格の拡大がある。
　取消訴訟の原告適格につき、行訴法９条（改正後の９条１項）は、「処分の取消しの訴え及び裁決の取消しの訴え（以下「取消訴訟」という。）は、当該処分又は裁決の取消しを求めるにつき　ア　を有する者……に限り、提起することができる。」と定めているが、最高裁判例は、ここでいう「当該処分の取消しを求めるにつき『　ア　を有する者』とは、当該処分により自己の権利若しくは　イ　を侵害され又は必然的に侵害されるおそれのある者をいう」と解してきた。しかしながら、裁判実務上の原告適格の判断が狭いとの批判があり、平成16年改正により新たに行訴法９条に第２項が加えられ、「裁判所は、処分又は裁決の相手方以外の者について前項に規定する　ア　の有無を判断するに当たっては、当該処分又は裁決の根拠となる法令の規定の文言のみによることなく、当該法令の趣旨及び目的並びに当該処分において考慮されるべき　ウ　の内容及び性質を考慮するものとする」ことが規定された。そしてこの９条２項は、　エ　の原告適格についても準用されている。

1	差止め訴訟	2	法律上の利益	3	権限
4	憲法上保護された利益	5	事実上の利益	6	住民訴訟
7	実質的当事者訴訟	8	損害	9	利益
10	法律上保護された利益	11	訴訟上保護された利益	12	立法目的
13	訴訟上の利益	14	公益	15	うべかりし利益
16	不作為の違法確認訴訟	17	法的地位	18	公共の福祉
19	紛争	20	形式的当事者訴訟		

解説

❶ 行訴法9条1項は、「処分の取消しの訴え及び裁決の取消しの訴え（以下「取消訴訟」という。）は、当該処分又は裁決の取消しを求めるにつき**法律上の利益**を有する者……に限り、提起することができる。」と規定しています。したがって、　ア　には「**2　法律上の利益**」が入ります。テキスト p.242

❷ 最高裁判例は、「当該処分の取消しを求めるにつき『法律上の利益を有する者』とは、当該処分により自己の権利若しくは**法律上保護された利益**を侵害され又は必然的に侵害されるおそれのある者をいう」と解しています（最判平元.2.17）。したがって、　イ　には「**10　法律上保護された利益**」が入ります。テキスト p.242

❸ 9条2項前段は、「裁判所は、処分又は裁決の相手方以外の者について前項に規定する法律上の利益の有無を判断するに当たつては、当該処分又は裁決の根拠となる法令の規定の文言のみによることなく、当該法令の趣旨及び目的並びに当該処分において考慮されるべき**利益**の内容及び性質を考慮するものとする。」と規定しています。したがって、　ウ　には「**9　利益**」が入ります。テキスト p.243

❹ 9条2項は、**非申請型義務付け訴訟の原告適格**（37条の2第4項）**と、差止め訴訟の原告適格**（37条の4第4項）**について準用されています。**もっとも、本問の選択肢の中には「義務付け訴訟」がありませんから、　エ　には「**1　差止め訴訟**」が入ります。テキスト p.259

🔍 **キーワード**　原告適格

　原告適格とは、個別の事件において訴訟を提起する資格のことです。この原告適格は、「法律上の利益を有する者」に限り認められます（9条1項）。

正解　アー2（法律上の利益）、イー10（法律上保護された利益）、ウー9（利益）、エー1（差止め訴訟）

63 原告適格

　取消訴訟の原告適格に関する次の記述のうち、最高裁判所の判例に照らし、妥当なものはどれか。

1　地方鉄道法（当時）による鉄道料金の認可に基づく鉄道料金の改定は、当該鉄道の利用者に直接の影響を及ぼすものであるから、路線の周辺に居住し、特別急行を利用している者には、地方鉄道業者の特別急行料金の改定についての認可処分の取消しを求める原告適格が認められる。

2　文化財保護法は、文化財の研究者が史跡の保存・活用から受ける利益について、同法の目的とする一般的、抽象的公益のなかに吸収・解消させずに、特に文化財の学術研究者の学問研究上の利益の保護について特段の配慮をしている規定を置いているため、史跡を研究の対象とする学術研究者には、史跡の指定解除処分の取消しを求める原告適格が認められる。

3　不当景品類及び不当表示防止法は、公益保護を目的とし、個々の消費者の利益の保護を同時に目的とするものであるから、消費者が誤認をする可能性のある商品表示の認定によって不利益を受ける消費者には、当該商品表示の認定の取消しを求める原告適格が認められる。

4　航空機の騒音の防止は、航空機騒音防止法*の目的であるとともに、航空法の目的でもあるところ、定期航空運送事業免許の審査にあたっては、申請事業計画を騒音障害の有無および程度の点からも評価する必要があるから、航空機の騒音によって社会通念上著しい障害を受ける空港周辺の住民には、免許の取消しを求める原告適格が認められる。

5　都市計画事業の認可に関する都市計画法の規定は、事業地の周辺に居住する住民の具体的利益を保護するものではないため、これらの住民であって騒音、振動等による健康または生活環境に係る著しい被害を直接的に受けるおそれのあるものであっても、都市計画事業認可の取消しを求める原告適格は認められない。

（注）　＊　公共用飛行場周辺における航空機騒音による障害の防止等に関する法律

解説

1 妥当でない　最高裁判所の判例は、地方鉄道法（当時）による鉄道料金の認可に基づく鉄道料金の改定は、当該鉄道の利用者に直接の影響を及ぼすものではないから、路線の周辺に居住し、特別急行を利用している者には、地方鉄道業者の特別急行料金の改定についての認可処分の取消しを求める原告適格が認められないとしています（最判平1.4.13）。 `テキスト p.244`

2 妥当でない　最高裁判所の判例は、文化財保護法は、文化財の研究者が史跡の保存・活用から受ける利益について、同法の目的とする一般的、抽象的公益のなかに吸収・解消させており、史跡を研究の対象とする学術研究者には、史跡の指定解除処分の取消しを求める原告適格が認められないとしています（最判平1.6.20）。 `テキスト p.244`

3 妥当でない　最高裁判所の判例は、不当景品類及び不当表示防止法は、公益保護を目的とし、個々の消費者の利益の保護を目的とするものではないから、消費者が誤認をする可能性のある商品表示の認定によって不利益を受ける消費者には、当該商品表示の認定の取消しを求める原告適格が認められないとしています（主婦連ジュース事件：最判昭53.3.14）。 `テキスト p.217`

4 妥当である　最高裁判所の判例は、航空機の騒音の防止は、航空機騒音防止法（公共用飛行場周辺における航空機騒音による障害の防止等に関する法律）の目的であるとともに、航空法の目的でもあるところ、定期航空運送事業免許の審査にあたっては、申請事業計画を騒音障害の有無および程度の点からも評価する必要があるから、航空機の騒音によって社会通念上著しい障害を受ける空港周辺の住民には、免許の取消しを求める原告適格が認められるとしています（最判平1.2.17）。 `テキスト p.245`

5 妥当でない　最高裁判所の判例は、都市計画事業の認可に関する都市計画法の規定は、事業地の周辺に居住する住民の具体的利益を保護するものであり、これらの住民であって騒音、振動等による健康または生活環境に係る著しい被害を直接的に受けるおそれのあるものは、都市計画事業認可の取消しを求める原告適格が認められるとしています（最大判平17.12.7）。 `テキスト p.243`

正解　**4**

64 訴えの利益

Check!

／　／　／　　平20-17

難易度 **普**　重要度 **A**

　訴えの利益に関する次の記述のうち、最高裁判所の判例に照らし、妥当なものはどれか。

1　建築確認処分の取消しを求める利益は、建築物の建築工事の完了によっては失われない。

2　保安林指定解除処分の取消しを求める利益は、洪水の危険を解消するために代替施設が設置されたとしても失われない。

3　生活保護法に基づく保護変更決定の取消しを求める利益は、原告の死亡によって失われず、原告の相続人が当該訴訟を承継できる。

4　再入国の許可申請に対する不許可処分について取消訴訟を提起した外国人は、本邦を出国した場合、当該処分の取消しを求める利益を失う。

5　公文書の非公開決定の取消訴訟において当該公文書が書証として提出された場合、当該公文書の非公開決定の取消しを求める利益は失われる。

1 　**妥当でない**　最高裁判所の判例は、建築確認処分の取消しを求める利益は、建築物の建築工事の完了によって失われるとしています（最判昭59.10.26）。 テキスト p.246

2 　**妥当でない**　最高裁判所の判例は、保安林指定解除処分の取消しを求める利益は、洪水の危険を解消するために代替施設が設置されたことによって失われるとしています（最判昭57.9.9）。 テキスト p.247

3 　**妥当でない**　最高裁判所の判例は、生活保護法に基づく保護変更決定の取消しを求める利益は、原告の死亡によって失われ、原告の相続人が当該訴訟を承継することはできないとしています（最大判昭42.5.24）。 テキスト p.247

4 　**妥当である**　最高裁判所の判例は、再入国の許可申請に対する不許可処分について取消訴訟を提起した外国人は、本邦を出国した場合、当該処分の取消しを求める利益を失うとしています（最判平10.4.10）。 テキスト p.247

5 　**妥当でない**　最高裁判所の判例は、公文書の非公開決定の取消訴訟において当該公文書が書証として提出された場合でも、当該公文書の非公開決定の取消しを求める利益は失われないとしています（最判平14.2.28）。 テキスト p.247

🔍 **キーワード**　**訴えの利益**

　訴えの利益とは、訴訟を提起する実益のことです。つまり、原告の請求が認容された場合に、原告の具体的な権利が回復可能でなければならないとされています。

正解　**4**

65 訴えの利益

　Aが建築基準法に基づく建築確認を得て自己の所有地に建物を建設し始めたところ、隣接地に居住するBは、当該建築確認の取消しを求めて取消訴訟を提起すると共に、執行停止を申し立てた。執行停止の申立てが却下されたことからAが建設を続けた結果、訴訟係属中に建物が完成し、検査済証が交付された。最高裁判所の判例によると、この場合、①建築確認の法的効果がどのようなものであるため、②工事完了がBの訴えの訴訟要件にどのような影響を与え、③どのような判決が下されることになるか。40字程度で記述しなさい。

（下書用）　　　　　　　　　　　　　　　　　　10　　　　　　　　　15

（解答用）　　　　　　　　　　　　　　　　　　10　　　　　　　　　15

											10				15
適	法	に	工	事	が	で	き	る	と	い	う	法	的	効
果	で	あ	る	た	め	、	訴	え	の	利	益	が	失	わ
れ	、	却	下	の	判	決	が	な	さ	れ	る	。		

（43字）

❶ 問題文1～2行目に「Aが建築基準法に基づく建築確認を得て自己の所有地に建物を建設し始めたところ、隣接地に居住するBは、当該建築確認の取消しを求めて取消訴訟を提起」とありますから、本問では、建築確認の取消訴訟が提起されていることがわかります。

❷ 次に、問題文3～4行目に「Aが建設を続けた結果、訴訟係属中に建物が完成し、検査済証が交付された」とありますから、本問では、建築工事が完了していることがわかります。

❸ 最高裁判所の判例によると、建築確認は、適法に工事ができるという法的効果を付与されているにすぎないものというべきであるから、当該工事が完了した場合においては、建築確認の取消しを求める訴えの利益は失われるとされています（最判昭59.10.26）。なお、訴えの利益とは、訴訟を提起する実益のことです。 `テキスト p.246`

❹ そして、訴えの利益のような訴訟要件が欠けている場合、裁判所は、取消訴訟が不適法であるとして、審理を拒絶する判決がなされます。これを却下判決といいます。 `テキスト p.245`

◖ 予想採点基準

① 「適法に工事ができるという法的効果であるため」……………………… 8点

② 「訴えの利益が失われ」……………………………………………………… 8点

③ 「却下の判決がなされる」…………………………………………………… 4点

66 被告適格

　行政事件訴訟法に関する次のア〜オの記述のうち、正しいものはいくつあるか。

ア　国の行政庁がした処分に関する取消訴訟の被告は、国である。

イ　国の行政庁が行うべき処分に関する不作為の違法確認訴訟の被告は、当該行政庁である。

ウ　国の行政庁が行うべき処分に関する義務付け訴訟の被告は、当該行政庁である。

エ　国の行政庁が行おうとしている処分に関する差止め訴訟の被告は、当該行政庁である。

オ　国又は地方公共団体に所属しない行政庁がした処分に関する取消訴訟の被告は、当該行政庁である。

1　一つ
2　二つ
3　三つ
4　四つ
5　五つ

解説

ア **正しい** 処分・裁決をした行政庁が国又は公共団体に所属する場合には、取消訴訟は、当該処分・裁決をした行政庁の所属する国又は公共団体を被告として提起しなければなりません（11条1項）。したがって、国の行政庁がした処分に関する取消訴訟の被告は、国です。 `テキスト p.247`

イ **誤り** 11条1項は、取消訴訟以外の抗告訴訟（不作為の違法確認訴訟）についても準用されています（38条1項）。したがって、国の行政庁が行うべき処分に関する不作為の違法確認訴訟の被告は、国です。 `テキスト p.256`

ウ **誤り** 11条1項は、取消訴訟以外の抗告訴訟（義務付け訴訟）についても準用されています（38条1項）。したがって、国の行政庁が行うべき処分に関する義務付け訴訟の被告は、国です。 `テキスト p.258`

エ **誤り** 11条1項は、取消訴訟以外の抗告訴訟（差止め訴訟）についても準用されています（38条1項）。したがって、国の行政庁が行おうとしている処分に関する差止め訴訟の被告は、国です。 `テキスト p.259`

オ **正しい** 処分・裁決をした行政庁が国又は公共団体に所属しない場合には、取消訴訟は、当該行政庁を被告として提起しなければなりません（11条2項）。したがって、国又は地方公共団体に所属しない行政庁がした処分に関する取消訴訟の被告は、当該行政庁です。 `テキスト p.247`

**解答の
テクニック** 　準用条文の問題の解き方

　行政事件訴訟法は、取消訴訟について詳細に規定し、これを他の訴訟類型に準用するという構造になっています。この準用条文まで全部覚えるのは大変ですので、準用されない条文についてのみ覚えておいて、覚えていない条文が出てきたら、取消訴訟の条文に従って処理するという方法をとると、覚えることが少なくて効率的です。

正解 **2（ア・オの二つ）**

67 裁判管轄

難易度 **難**　重要度 **C**

　取消訴訟の裁判管轄に関する次のア〜オの記述のうち、正しいものはいくつあるか。

ア　取消訴訟は、原告の普通裁判籍の所在地を管轄する地方裁判所にも提起することができる。

イ　取消訴訟は、処分をした行政庁の所在地を管轄する地方裁判所にも提起することができる。

ウ　土地の収用など特定の不動産または場所に係る処分の取消訴訟は、その不動産または場所の所在地を管轄する地方裁判所にも提起することができる。

エ　取消訴訟は、処分に関し事案の処理に当たった下級行政機関の所在地を管轄する地方裁判所にも提起することができる。

オ　国を被告とする取消訴訟は、原告の普通裁判籍の所在地を管轄する高等裁判所の所在地を管轄する地方裁判所にも提起することができる。

1　一つ
2　二つ
3　三つ
4　四つ
5　五つ

解説

ア 　**誤り**　取消訴訟は、被告の普通裁判籍の所在地を管轄する裁判所又は処分若しくは裁決をした行政庁の所在地を管轄する裁判所の管轄に属します（12条1項）。したがって、取消訴訟は、原告の普通裁判籍の所在地を管轄する地方裁判所に提起することはできません。 テキスト p.247

イ 　**正しい**　取消訴訟は、被告の普通裁判籍の所在地を管轄する裁判所又は処分若しくは裁決をした行政庁の所在地を管轄する裁判所の管轄に属します（12条1項）。したがって、取消訴訟は、処分をした行政庁の所在地を管轄する地方裁判所にも提起することができます。 テキスト p.247

ウ 　**正しい**　土地の収用、鉱業権の設定その他不動産又は特定の場所に係る処分又は裁決についての取消訴訟は、その不動産又は場所の所在地を管轄する地方裁判所にも、提起することができます（12条2項）。 テキスト p.248

エ 　**正しい**　取消訴訟は、当該処分又は裁決に関し事案の処理に当たった下級行政機関の所在地を管轄する地方裁判所にも、提起することができます（12条3項）。 テキスト p.248

オ 　**正しい**　国を被告とする取消訴訟は、原告の普通裁判籍の所在地を管轄する高等裁判所の所在地を管轄する地方裁判所（特定管轄裁判所）にも、提起することができます（12条4項）。 テキスト p.248

正解 　**4（イ・ウ・エ・オの四つ）**

68 出訴期間

難易度　**易**　　重要度　**A**

　行政事件訴訟法が定める出訴期間に関する次の記述のうち、正しいものはどれか。

1　処分または裁決の取消しの訴えは、処分または裁決の日から6か月を経過したときは提起することができないが、正当な理由があるときはこの限りでない。

2　処分につき審査請求をすることができる場合において審査請求があったときは、処分に係る取消訴訟は、その審査請求をした者については、これに対する裁決があったことを知った日から6か月を経過したときは提起することができないが、正当な理由があるときはこの限りではない。

3　不作為の違法確認の訴えは、当該不作為に係る処分または裁決の申請をした日から6か月を経過したときは提起することができないが、正当な理由があるときはこの限りではない。

4　義務付けの訴えは、処分または裁決がされるべきことを知った日から6か月を経過したときは提起することができないが、正当な理由があるときはこの限りではない。

5　差止めの訴えは、処分または裁決がされようとしていることを知った日から6か月を経過したときは提起することができないが、正当な理由があるときはこの限りではない。

解説

1 **誤り** 処分または裁決の取消しの訴えは、処分または裁決の日から**1年**を経過したときは提起することができませんが、正当な理由があるときはこの限りでありません（14条2項）。なお、処分または裁決が**あったことを知った日**から6か月を経過したときも、提起することができなくなります（14条1項本文）。 テキスト p.248

2 **正しい** 処分につき審査請求をすることができる場合において審査請求があったときは、処分に係る取消訴訟は、その審査請求をした者については、**これに対する裁決があったことを知った日から6か月**を経過したときは提起することができませんが、正当な理由があるときはこの限りではありません（14条3項）。 テキスト p.248

3 **誤り** 不作為の違法確認の訴えについては、**取消訴訟の出訴期間の規定（14条）が準用されていません**ので、不作為状態が継続している間は、いつでも不作為の違法確認訴訟を提起することができます。したがって、当該不作為に係る処分または裁決の申請をした日から6か月を経過したときは提起することができない、といった出訴期間の制限はありません。
テキスト p.256、257

4 **誤り** 義務付けの訴えについては、**取消訴訟の出訴期間の規定（14条）が準用されていません**ので、処分または裁決がされるべきことを知った日から6か月を経過したときは提起することができない、といった出訴期間の制限はありません。 テキスト p.258

5 **誤り** 差止めの訴えについては、**取消訴訟の出訴期間の規定（14条）が準用されていません**ので、処分または裁決がされようとしていることを知った日から6か月を経過したときは提起することができない、といった出訴期間の制限はありません。 テキスト p.259

正解 **2**

69 取消訴訟と審査請求の関係

　取消訴訟と審査請求の関係についての次の記述のうち、妥当なものはどれか。

1　個別法が裁決主義を採用している場合においては、元の処分に対する取消訴訟は提起できず、裁決取消訴訟のみが提起でき、元の処分の違法についても、そこで主張すべきこととなる。

2　行政事件訴訟法は原処分主義を採用しているため、審査請求に対する棄却裁決を受けた場合には、元の処分に対して取消訴訟を提起して争うべきこととなり、裁決に対して取消訴訟を提起することは許されない。

3　審査請求ができる処分については、それについての裁決を経ることなく取消訴訟を提起することはできないとするのが行政事件訴訟法上の原則であるが、審査請求から3か月を経過しても裁決がなされないときは、裁決を経ることなく取消訴訟を提起できる。

4　審査請求の前置が処分取消訴訟の要件とされている場合には、その審査請求は適法なものでなければならないが、審査庁が誤って不適法として却下したときは、却下裁決に対する取消訴訟を提起すべきこととなる。

5　審査請求の前置が処分取消訴訟の要件とされている場合には、その出訴期間も審査請求の裁決の時点を基準として判断されることとなるが、それ以外の場合に審査請求をしても、処分取消訴訟の出訴期間は処分の時点を基準として判断されることとなる。

解説

1 **妥当である** 個別法が裁決主義（処分についての審査請求に対する裁決に対してのみ取消訴訟を提起することができる旨）を採用している場合においては、元の処分に対する取消訴訟は提起できず、裁決取消訴訟のみが提起でき、元の処分の違法についても、そこで主張すべきこととなります。 テキスト p.239

2 **妥当でない** 審査請求に対する棄却裁決を受けた場合、元の処分に対して取消訴訟を提起して争うことも、裁決に対して取消訴訟を提起することもできます。なお、裁決取消訴訟を提起しておきながら、元の処分の違法を争うことはできず（10条2項）、元の処分の違法を争うためには、元の処分に対する取消訴訟を提起しなければなりません（原処分主義）。 テキスト p.238

3 **妥当でない** 行政処分に対し行政不服審査法その他の法令により行政庁に対し審査請求をすることができる場合、国民は、審査請求をすることも、直ちに取消訴訟を提起することもできるのが行政事件訴訟法上の原則です（8条1項本文）。なお、法律によって審査請求に対する裁決を経た後でなければ取消訴訟を提起することができないとされている場合（審査請求前置）は、これを経なければなりませんが（8条1項ただし書）、審査請求から3か月を経過しても裁決がなされないときは、裁決を経ることなく取消訴訟を提起できます（8条2項）。 テキスト p.248

4 **妥当でない** 審査請求が不適法として却下された場合には、審査請求前置の要件を満たしません。もっとも、審査庁が誤って適法な審査請求を不適法として却下した場合には、審査請求前置の要件を満たします（最判昭36.7.21）。 テキスト p.248

5 **妥当でない** 処分・裁決につき審査請求できる場合又は行政庁が誤って審査請求できる旨を教示した場合において、審査請求されたときは、これに対する裁決があったことを知った日（主観的）又は裁決の日（客観的）が、出訴期間の起算点となります（14条3項）。 テキスト p.248

正解 **1**

70 取消訴訟の審理

取消訴訟に関する次の記述のうち、正しいものはどれか。

1　取消訴訟の原告は、処分行政庁に訴状を提出することにより、処分行政庁を経由しても訴訟を提起することができる。

2　裁判所は、必要があると認めるときは、職権で証拠調べをすることができるが、その結果について当事者の意見をきかなければならない。

3　取消訴訟の訴訟代理人については、代理人として選任する旨の書面による証明があれば誰でも訴訟代理人になることができ、弁護士等の資格は必要とされない。

4　裁判所は、処分の執行停止の必要があると認めるときは、職権で、処分の効力、処分の執行又は手続の続行の全部又は一部の停止をすることができる。

5　取消訴訟の審理は、書面によることが原則であり、当事者から口頭弁論の求めがあったときに限り、その機会を与えるものとされている。

解説

1 **誤り** 取消訴訟の提起は、訴状を裁判所に提出してしなければなりません（7条、民事訴訟法134条1項）。したがって、処分行政庁に訴状を提出することにより、処分行政庁を経由して訴訟を提起することはできません。テキスト p.249

2 **正しい** 裁判所は、必要があると認めるときは、職権で、証拠調べをすることができます（24条本文）。ただし、その証拠調べの結果について、当事者の意見をきかなければなりません（24条ただし書）。テキスト p.250

3 **誤り** 取消訴訟においては、法令により裁判上の行為をすることができる代理人のほか、弁護士でなければ訴訟代理人となることができません（7条、民事訴訟法54条1項本文）。したがって、代理人として選任する旨の書面による証明があれば誰でも訴訟代理人になることができるわけではありません。テキスト p.249

4 **誤り** 取消訴訟の提起があった場合において、処分、処分の執行又は手続の続行により生ずる重大な損害を避けるため緊急の必要があるときは、裁判所は、申立てにより、決定をもって、処分の効力、処分の執行又は手続の続行の全部又は一部の停止（執行停止）をすることができます（25条2項）。したがって、裁判所は、必要があると認めるときに職権で執行停止をすることはできません。テキスト p.270

5 **誤り** 取消訴訟の当事者は、訴訟について、裁判所において口頭弁論をしなければならないのが原則です（7条、民事訴訟法87条1項本文）。したがって、取消訴訟の審理は、書面ではなく口頭弁論によることが原則です。テキスト p.250

正解 **2**

71 判決の種類

　Ｙ組合の施行する土地区画整理事業の事業地内に土地を所有していたＸは、Ｙの換地処分によって、従前の土地に換えて新たな土地を指定された。しかし、Ｘは、新たに指定された土地が従前の土地に比べて狭すぎるため、換地処分は土地区画整理法に違反すると主張して、Ｙを被告として、換地処分の取消訴訟を提起した。審理の結果、裁判所は、Ｘの主張のとおり、換地処分は違法であるとの結論に達した。しかし、審理中に、問題の土地区画整理事業による造成工事は既に完了し、新たな土地所有者らによる建物の建設も終了するなど、Ｘに従前の土地を返還するのは極めて困難な状況となっている。この場合、裁判所による判決は、どのような内容の主文となり、また、このような判決は何と呼ばれるか。40字程度で記述しなさい。

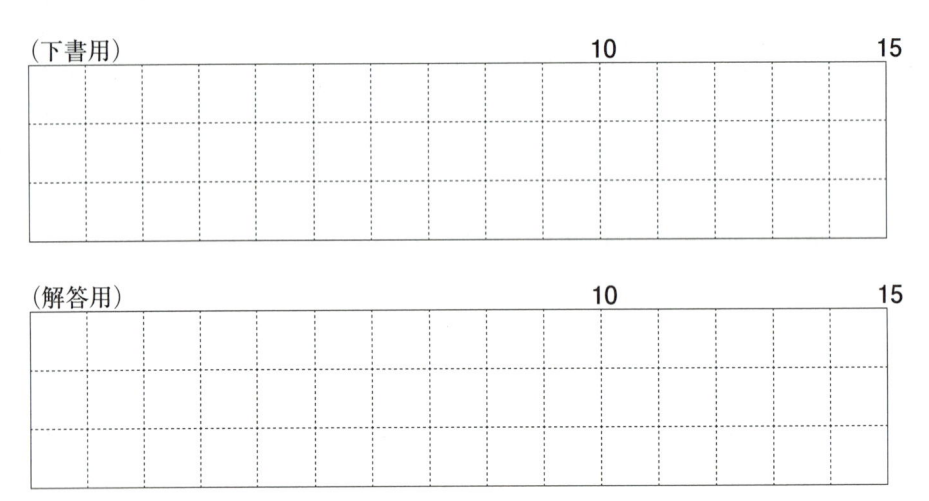

（下書用）　　　　　　　　　　　　　　　　　10　　　　　　　15

（解答用）　　　　　　　　　　　　　　　　　10　　　　　　　15

						10						15	
請	求	を	棄	却	す	る	と	と	も	に	、	処	分	の
違	法	を	宣	言	す	る	こ	と	を	主	文	と	す	る
判	決	で	、	事	情	判	決	と	呼	ば	れ	る	。	

(44字)

❶ 「主文」とは、判決における結論のことです。そして、本問では、問題文5〜6行目に「裁判所は、Xの主張のとおり、**換地処分は違法である**との結論に達した」とありますので、Xの請求を認容する内容の主文となるのが通常です。

❷ しかし、本問では、問題文6〜8行目に「審理中に、問題の土地区画整理事業による造成工事は既に完了し、新たな土地所有者らによる建物の建設も終了するなど、Xに従前の土地を返還するのは極めて困難な状況となっている」とありますので、**Xの請求を認容して換地処分を取り消すことは避けるべき**であるといえます。

❸ そして、取消訴訟については、処分・裁決が違法ではあるが、これを取り消すことにより公の利益に著しい障害を生ずる場合において、原告の受ける損害の程度、その損害の賠償又は防止の程度・方法その他一切の事情を考慮したうえ、処分・裁決を取り消すことが公共の福祉に適合しないと認めるときは、裁判所は、請求を棄却することができるとされていますので（31条1項前段）、本問でも、これに基づいて**Xの請求を棄却**することができます。 テキスト p.252

❹ もっとも、この場合、当該判決の主文において、**処分・裁決が違法であることを宣言**しなければならないとされています（31条1項後段）。 テキスト p.253

❺ したがって、裁判所による判決は、**Xの請求を棄却し、換地処分が違法であることを宣言する内容の主文**となります。

❻ このように処分が違法であるにもかかわらず特別の事情により請求を棄却する判決は、**事情判決**と呼ばれます。

◖ 予想採点基準

①「請求を棄却」………………………………………………… 6点

②「処分の違法を宣言」………………………………………… 6点

③「事情判決」…………………………………………………… 8点

72 判決の効力

難易度 **普**　重要度 **A**

　Xは、外務大臣に対して旅券の発給を申請したが拒否処分をうけたため、取消訴訟を提起した。これについて、裁判所は、旅券法により義務づけられた理由の提示が不充分であるとして、請求を認容する判決をなし、これが確定した。この場合、行政事件訴訟法によれば、外務大臣は、判決のどのような効力により、どのような対応を義務づけられるか。40字程度で記述しなさい。

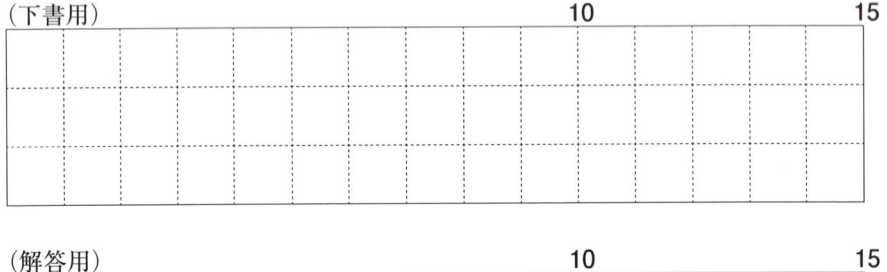

（下書用）　　　　　　　　　　　　　　10　　　　　　　15

（解答用）　　　　　　　　　　　　　　10　　　　　　　15

 ヒント

　本問では、①判決のどのような効力により、②どのような対応を義務づけられるか、という2つの問いがあることに注意しよう。

								10					**15**	
拘	束	力	に	よ	り	、	十	分	な	理	由	を	付	し
て	、	何	ら	か	の	処	分	を	や	り	な	お	さ	な
け	れ	ば	な	ら	な	い	。							

（38字）

❶　問題文3行目に「請求を認容する判決をなし、これが確定した」とありますので、この判決には、**既判力**（訴訟において判決が確定した場合に、当事者及び裁判所が、その訴訟の対象となった事項について、異なる主張・判断をすることができなくなるという効力）、**形成力**（処分・裁決の効力を処分・裁決がなされた当時にさかのぼって消滅させる効力）、**拘束力**（行政庁に対し、処分・裁決を違法とした判断を尊重し、取消判決の趣旨に従って行動することを義務付ける効力）の3つの効力が生じます。 テキスト p.253

❷　問題文4～5行目に「外務大臣は、…どのような対応を義務づけられるか」とありますので、本問は**拘束力**の問題であることがわかります。

❸　この拘束力により、申請拒否処分の取消判決が確定した場合、その処分・裁決をした行政庁は、**判決の趣旨に従って、改めて申請に対する処分をしなければなりません**（33条2項）。 テキスト p.254

❹　問題文2～3行目に「旅券法により義務づけられた理由の提示が不充分であるとして、請求を認容する判決をなし」とありますから、この判決の趣旨に従うと、十分な理由を付す必要があります。したがって、外務大臣は、**十分な理由を付して、何らかの処分をやり直さなければならない**ことになります。

◖ 予想採点基準

73 無効等確認訴訟

　A県内の一定区域において、土地区画整理事業（これを「本件事業」という。）が計画された。それを施行するため、土地区画整理法に基づくA県知事の認可（これを「本件認可処分」という。）を受けて、土地区画整理組合（これを「本件組合」という。）が設立され、あわせて本件事業にかかる事業計画も確定された。これを受けて本件事業が施行され、工事の完了などを経て、最終的に、本件組合は、換地処分（これを「本件換地処分」という。）を行った。

　Xは、本件事業の区域内の宅地につき所有権を有し、本件組合の組合員であるところ、本件換地処分は換地の配分につき違法なものであるとして、その取消しの訴えを提起しようと考えたが、同訴訟の出訴期間がすでに経過していることが判明した。

　この時点において、本件換地処分の効力を争い、換地のやり直しを求めるため、Xは、誰を被告として、どのような行為を対象とする、どのような訴訟（行政事件訴訟法に定められている抗告訴訟に限る。）を提起すべきか。40字程度で記述しなさい。

（下書用）　　　　　　　　　　　　　　　　　　　　10　　　　　　　　　　15

（解答用）　　　　　　　　　　　　　　　　　　　　10　　　　　　　　　　15

									10				**15**
本	件	組	合	を	被	告	と	し	て	、	本	件	換	地
処	分	を	対	象	と	す	る	無	効	の	確	認	を	求
め	る	訴	え	を	提	起	す	る	。					

(40字)

❶　まず、どのような行為を対象とする、どのような訴訟を提起すべきかですが、本問では、問題文11～12行目に「**本件換地処分の効力を争い**、換地のやり直しを求めるため」とありますから、**本件換地処分**を対象とする、**処分取消訴訟**（３条２項）**又は無効確認訴訟**（３条４項）を提起すべきであることがわかります。 テキスト p.255

❷　しかし、問題文８～10行目に「**本件換地処分は換地の配分につき違法なものであるとして、その取消しの訴えを提起しようと考えたが、同訴訟の出訴期間がすでに経過していることが判明した**」とあることから、**処分取消訴訟は提起できない**ことがわかります。

❸　したがって、本問では、**本件換地処分を対象とする、無効確認訴訟**を提起すべきことになります。

❹　次に、誰を被告とすべきかですが、処分をした行政庁が国又は公共団体に所属しない場合、**当該行政庁**を被告として提起しなければならず（11条２項）、この規定は**無効確認訴訟にも準用されています**（38条１項）。 テキスト p.247、255

❺　本問では、本件換地処分を行った本件組合（土地区画整理組合）は、**国又は公共団体とは独立の行政主体（公共組合）**であり、国又は公共団体には所属しません。 テキスト p.134

❻　したがって、**本件組合**を被告とすべきことになります。

◖ 予想採点基準

①「本件組合を被告として」‥‥‥‥‥‥‥‥‥‥‥‥‥‥‥‥ 6点
②「本件換地処分を対象とする」‥‥‥‥‥‥‥‥‥‥‥‥‥‥ 6点
③「無効の確認を求める訴えを提起する」‥‥‥‥‥‥‥‥‥‥ 8点

第2部　行政法

74　無効等確認訴訟

　行政事件訴訟法が定める処分無効確認訴訟（以下「無効確認訴訟」という。）に関する次の記述のうち、妥当なものはどれか。

1　無効確認訴訟は、処分が無効であることを主張して提起する訴訟であるから、当該処分に無効原因となる瑕疵が存在しない場合、当該訴えは不適法なものとして却下される。

2　無効確認訴訟には、取消訴訟の原告適格を定める規定が準用されておらず、原告適格に関する制約はない。

3　無効確認訴訟は、処分の取消訴訟につき審査請求の前置が要件とされている場合においても、審査請求に対する裁決を経ずにこれを提起することができる。

4　無効確認訴訟においては、訴訟の対象となる処分は当初から無効であるのが前提であるから、当該処分の執行停止を申し立てることはできない。

5　無効確認訴訟は、処分が無効であることを前提とする現在の法律関係に関する訴えによって目的を達することができる場合にも、提起することができる。

解説

1　妥当でない　無効等確認訴訟の対象である処分に無効原因となる瑕疵がない場合、棄却判決が下されることになります。なお、却下判決が下されるのは、訴訟要件を欠くなど不適法な場合です。　テキスト p.256

2　妥当でない　無効等確認訴訟の原告適格は、①処分・裁決の無効等の確認を求めるにつき法律上の利益を有する者で、②その処分・裁決の存否又はその効力の有無を前提とする現在の法律関係に関する訴えによって目的を達することができないものについて認められます（36条）。このように、無効等確認訴訟の原告適格には制約があります。　テキスト p.255

3　妥当である　無効確認訴訟には、審査請求前置に関する取消訴訟の規定（8条）が準用されていませんので、処分の取消訴訟につき審査請求の前置が要件とされている場合においても、審査請求に対する裁決を経ずにこれを提起することができます。　テキスト p.256

4　妥当でない　執行停止に関する規定（25条）は、無効等確認訴訟にも準用されていますから、無効確認訴訟において、訴訟の対象となる処分の執行停止を申し立てることもできます。　テキスト p.269

5　妥当でない　肢2の解説で述べたとおり、無効等確認訴訟の原告適格は、①処分・裁決の無効等の確認を求めるにつき法律上の利益を有する者で、②その処分・裁決の存否又はその効力の有無を前提とする現在の法律関係に関する訴えによって目的を達することができないものについて認められます（36条）。　テキスト p.255

正解　3

75 不作為の違法確認訴訟

Check !

／　／　／　　平20-16

難易度 **普**　重要度 **B**

不作為の違法確認訴訟に関する次の記述のうち、正しいものはどれか。

1　不作為の違法確認訴訟は、処分の相手方以外の者でも、不作為の違法の確認を求めるにつき法律上の利益を有する者であれば、提起することができる。

2　不作為の違法確認訴訟を提起するときは、対象となる処分の義務付け訴訟も併合して提起しなければならない。

3　不作為の違法確認訴訟は、行政庁において一定の処分を行わないことが行政庁の義務に違反することの確認を求める公法上の当事者訴訟である。

4　平成16年の行政事件訴訟法の改正によって義務付け訴訟が法定されたのと同時に、不作為の違法確認訴訟の対象も、申請を前提としない規制権限の不行使にまで拡大された。

5　不作為の違法確認訴訟自体には出訴期間の定めはないが、その訴訟係属中に、行政庁が何らかの処分を行った場合、当該訴訟は訴えの利益がなくなり却下される。

1 **誤り**　不作為の違法確認訴訟は、処分又は裁決についての申請をした者に限り、提起することができます（37条）。したがって、不作為の違法の確認を求めるにつき法律上の利益を有する者であっても、不作為の違法確認訴訟を提起することができるわけではありません。 テキスト p.256

2 **誤り**　不作為の違法確認訴訟は、単独で提起することができ、対象となる処分の義務付け訴訟を併合して提起する必要はありません。 テキスト p.256

3 **誤り**　不作為の違法確認訴訟とは、行政庁が法令に基づく申請に対し、相当の期間内に何らかの処分又は裁決をすべきであるにかかわらず、これをしないことについての違法の確認を求める訴訟をいいます（3条5項）。また、不作為の違法確認訴訟は、公法上の当事者訴訟ではなく、抗告訴訟の一種です。 テキスト p.256、236

4 **誤り**　平成16年の行政事件訴訟法の改正によって義務付け訴訟が法定されましたが（3条6項）、それと同時に、不作為の違法確認訴訟の対象が、申請を前提としない規制権限の不行使にまで拡大されたわけではありません。 テキスト p.256

5 **正しい**　不作為の違法確認訴訟については、取消訴訟の出訴期間の規定（14条）が準用されていません。もっとも、不作為の違法確認訴訟の違法判断の基準時は口頭弁論終結時ですから、当該訴訟の係属中に行政庁が何らかの行為をすると、訴えの利益が消滅し、却下判決がなされます。 テキスト p.256

正解　5

76 義務付け訴訟

Check!　／　／　／　平20-44

難易度 **普**　重要度 **A**

　Ｘは、Ｙ県内に産業廃棄物処理施設の設置を計画し、「廃棄物の処理及び清掃に関する法律」に基づき、Ｙ県知事に対して設置許可を申請した。しかし、Ｙ県知事は、同法所定の要件を満たさないとして、申請に対し拒否処分をした。これを不服としたＸは、施設の設置を可能とするため、これに対する訴訟の提起を検討している。Ｘは、誰を被告として、いかなる種類の訴訟を提起すべきか。40字程度で記述しなさい。

（下書用）　　　　　　　　　　　　　10　　　　　　　　15

（解答用）　　　　　　　　　　　　　10　　　　　　　　15

💡 **ヒント**

　本問では、①誰を被告として、②いかなる種類の訴訟を提起すべきか、という2つの問いがあることに注意しよう。

							10					15		
Y	県	を	被	告	と	し	て	、	拒	否	処	分	の	取
消	訴	訟	と	設	置	許	可	の	義	務	付	け	訴	訟
と	を	併	合	し	て	提	起	す	る	。				

(41字)

❶　まず、いかなる種類の訴訟を提起すべきかですが、問題文4～5行目に「Xは、施設の設置を可能とするため、これに対する訴訟の提起を検討している」とあるところ、施設の設置を可能とするためには設置許可がなされることが必要なので、Xは、**設置許可の義務付け訴訟**を提起すべきことになります。そして、問題文1～2行目に「Xは、Y県内に産業廃棄物処理施設の設置を計画し、『廃棄物の処理及び清掃に関する法律』に基づき、Y県知事に対して設置許可を申請した」とあるので、**申請型義務付け訴訟**（3条6項2号）に当たります。

❷　問題文2～3行目に「Y県知事は、同法所定の要件を満たさないとして、申請に対し拒否処分をした」とあるので、申請型義務付け訴訟の中でも**拒否処分型**（37条の3第1項2号）に当たります。したがって、Xは、設置許可の義務付け訴訟のみならず、**拒否処分の取消訴訟を併合して提起すべき**ことになります（37条の3第3項2号）。 テキスト p.258

❸　次に、誰を被告とすべきかですが、処分・裁決をした行政庁が国又は公共団体に所属する場合、取消訴訟は、**当該処分・裁決をした行政庁の所属する国又は公共団体**を被告として提起しなければならず（11条1項）、この規定は**義務付け訴訟にも準用されています**（38条1項）。本問では、拒否処分をした行政庁であるY県知事はY県という公共団体に属しますから、Xは、**Y県を被告**として訴訟を提起すべきことになります。 テキスト p.258

◖ 予想採点基準
①「Y県を被告として」……………………………………… 4点
②「拒否処分の取消訴訟」…………………………………… 6点
③「設置許可の義務付け訴訟」……………………………… 6点
④「併合して提起」…………………………………………… 4点

77 義務付け訴訟

　いわゆる申請型と非申請型（直接型）の義務付け訴訟について、行政事件訴訟法の規定に照らし、妥当な記述はどれか。

1　申請型と非申請型の義務付け訴訟いずれにおいても、一定の処分がされないことにより「重大な損害を生ずるおそれ」がある場合に限り提起できることとされている。

2　申請型と非申請型の義務付け訴訟いずれにおいても、一定の処分をすべき旨を行政庁に命ずることを求めるにつき「法律上の利益を有する者」であれば、当該処分の相手方以外でも提起することができることとされている。

3　申請型と非申請型の義務付け訴訟いずれにおいても、一定の処分がされないことによる損害を避けるため「他に適当な方法がないとき」に限り提起できることとされている。

4　申請型と非申請型の義務付け訴訟いずれにおいても、「償うことのできない損害を避けるため緊急の必要がある」ことなどの要件を満たせば、裁判所は、申立てにより、仮の義務付けを命ずることができることとされている。

5　申請型と非申請型の義務付け訴訟いずれにおいても、それと併合して提起すべきこととされている処分取消訴訟などに係る請求に「理由がある」と認められたときにのみ、義務付けの請求も認容されることとされている。

1 妥当でない 非申請型の義務付け訴訟においては、一定の処分がされないことにより「重大な損害を生ずるおそれ」がある場合に限り提起できることとされています（37条の2第1項）。他方、申請型の義務付け訴訟においては、このような要件は課されていません。 テキスト p.257

2 妥当でない 非申請型の義務付け訴訟においては、一定の処分をすべき旨を行政庁に命ずることを求めるにつき「法律上の利益を有する者」であれば、当該処分の相手方以外でも提起することができることとされています（37条の2第3項）。他方、申請型の義務付け訴訟においては、法令に基づく申請又は審査請求をした者に限り、提起することができることとされています（37条の3第2項）。 テキスト p.258

3 妥当でない 非申請型の義務付け訴訟においては、一定の処分がされないことによる損害を避けるため「他に適当な方法がないとき」に限り提起できることとされています（37条の2第1項）。他方、申請型の義務付け訴訟においては、このような要件は課されていません。 テキスト p.257

4 妥当である 申請型と非申請型の義務付け訴訟いずれにおいても、「償うことのできない損害を避けるため緊急の必要がある」ことなどの要件を満たせば、裁判所は、申立てにより、仮の義務付けを命ずることができることとされています（37条の5第1項）。 テキスト p.271、272

5 妥当でない 申請型の義務付け訴訟においては、それと併合して提起すべきこととされている処分取消訴訟などに係る請求に「理由がある」と認められたときにのみ、義務付けの請求も認容されることとされています（37条の3第5項）。他方、非申請型の義務付け訴訟においては、そもそも処分取消訴訟などを併合して提起する必要はありません。 テキスト p.258

正解 4

78 義務付け訴訟

　開発事業者であるＡは、建築基準法に基づき、Ｂ市建築主事から建築確認を受けて、マンションの建築工事を行い、工事完成後、Ａは当該マンションの建物につき、検査の上、検査済証の交付を受けた。これに対して、当該マンションの隣地に居住するＸらは、当該マンションの建築計画は建築基準法令に適合せず、建築確認は違法であり、当該マンションも、そのような建築計画に沿って建てられたものであるから違法であって、当該マンションの建物に火災その他の災害が発生した場合、建物が倒壊、炎上することにより、Ｘらの身体の安全や家屋に甚大な被害が生ずるおそれがあるとして、建築基準法に基づき違反建築物の是正命令を発出するよう、特定行政庁であるＢ市長に申し入れた。しかしながら、Ｂ市長は、当該建築確認および当該マンションの建物に違法な点はないとして、これを拒否することとし、その旨を通知した。

　このようなＢ市長の対応を受け、Ｘらは、行政事件訴訟法の定める抗告訴訟を提起することにした。この場合において、①誰を被告として、②前記のような被害を受けるおそれがあることにつき、同法の定める訴訟要件として、当該是正命令がなされないことにより、どのような影響を生ずるおそれがあるものと主張し（同法の条文の表現を踏まえて記すこと。）、③どのような訴訟を起こすことが適切か。40字程度で記述しなさい。

（参照条文）

建築基準法

　（違反建築物に対する措置）

第９条　特定行政庁は、建築基準法令の規定又はこの法律の規定に基づく許可に付した条件に違反した建築物又は建築物の敷地については、当該建築物の建築主、当該建築物に関する工事の請負人（請負工事の下請人を含む。）若しくは現場管理者又は当該建築物若しくは建築物の敷地の所有者、管理者若しくは占有者に対して、当該工事の施工の停止を命じ、又は、相当の猶予期

限を付けて、当該建築物の除却、移転、改築、増築、修繕、模様替、使用禁止、使用制限その他これらの規定又は条件に対する違反を是正するために必要な措置をとることを命ずることができる。

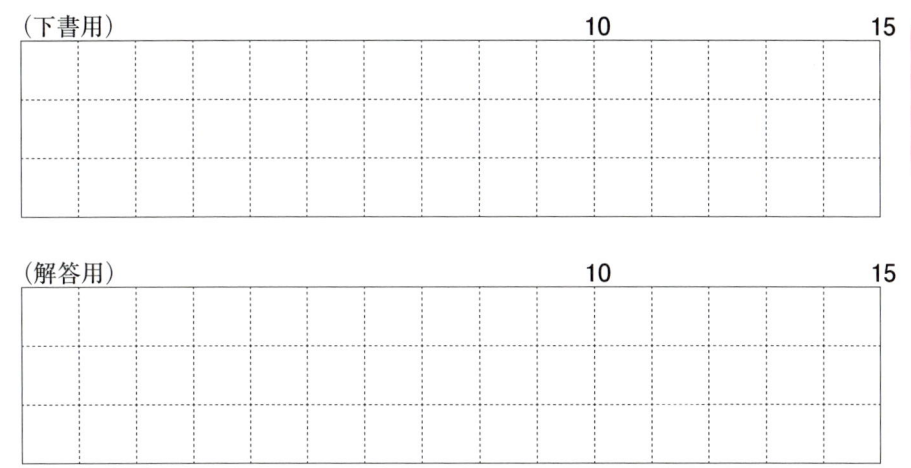

							10						**15**
B	市	を	被	告	と	し	て	重	大	な	損	害	が	生
じ	る	お	そ	れ	が	あ	る	と	主	張	し	、	是	正
命	令	の	義	務	付	け	訴	訟	を	提	起	す	る	。

(45字)

❶ まず、どのような訴訟を起こすかですが、問題文8～9行目に「建築基準法に基づき違反建築物の是正命令を発出するよう、特定行政庁であるB市長に申し入れた」とありますので、Xらは、是正命令の発出を目的としていることがわかります。そこで、Xらは、**是正命令の義務付け訴訟**を起こすことが適切です。

❷ そして、問題文を見ても、Xらが法令に基づく申請をしたという事実は見当たりませんので、本問は**非申請型義務付け訴訟**（3条6項1号）に当たります。

❸ 次に、是正命令がなされないことによりどのような影響を生ずるおそれがあるものと主張すべきかですが、非申請型義務付け訴訟は、一定の処分がなされないことにより**重大な損害を生ずるおそれ**があり、かつ、その損害を避けるため他に適当な方法がないときに限り、提起することができます（37条の2第1項）。そこで、Xらは、重大な損害を生ずるおそれがあると主張することが適切です。 テキスト p.257

❹ 最後に、誰を被告とすべきかですが、処分・裁決をした行政庁が国又は公共団体に所属する場合、取消訴訟は、**当該処分・裁決をした行政庁の属する国又は公共団体**を被告として提起しなければならず（11条1項）、この規定は**義務付け訴訟にも準用されています**（38条1項）。本問では、是正命令を発出する権限のあるB市長はB市という公共団体に所属していますから、Xらは、**B市を被告**とすべきことになります。 テキスト p.258

☾ 予想採点基準

① 「B市を被告として」……………………………………………… 4点
② 「重大な損害が生じるおそれがあると主張し」………………… 8点
③ 「是正命令の義務付け訴訟を提起する」………………………… 8点

第2部

行政法

79 差止め訴訟

難易度　**易**　　重要度　**A**

　次の文章は、行政事件訴訟法の定める差止訴訟に関する最高裁判所判決の一節である。空欄　A　～　D　に当てはまる語句の組合せとして、妥当なものはどれか。

　行政事件訴訟法37条の4第1項の差止めの訴えの訴訟要件である、処分がされることにより『　A　を生ずるおそれ』があると認められるためには、処分がされることにより生ずるおそれのある損害が、処分がされた後に　B　等を提起して　C　の決定を受けることなどにより容易に救済を受けることができるものではなく、処分がされる前に差止めを命ずる方法によるのでなければ救済を受けることが困難なものであることを要すると解するのが相当である。・・・（中略）・・・。

　・・・第1審原告らは、本件飛行場に係る第一種区域内に居住しており、本件飛行場に離着陸する航空機の発する騒音により、睡眠妨害、聴取妨害及び精神的作業の妨害や、不快感、健康被害への不安等を始めとする精神的苦痛を　D　受けており、その程度は軽視し難いものというべきであるところ、このような被害の発生に自衛隊機の運航が一定程度寄与していることは否定し難い。また、上記騒音は、本件飛行場において内外の情勢等に応じて配備され運航される航空機の離着陸が行われる度に発生するものであり、上記被害もそれに応じてその都度発生し、これを　D　受けることにより蓄積していくおそれのあるものであるから、このような被害は、事後的にその違法性を争う　B　等による救済になじまない性質のものということができる。

（最一小判平成28年12月8日民集70巻8号1833頁）

A　ア　重大な損害　　　　イ　回復の困難な損害
B　ア　民事訴訟　　　　　イ　取消訴訟
C　ア　仮処分　　　　　　イ　執行停止
D　ア　一時的にせよ　　　イ　反復継続的に

	A	B	C	D
1	ア	ア	ア	ア
2	ア	ア	イ	ア
3	ア	イ	イ	イ
4	イ	ア	ア	イ
5	イ	イ	イ	イ

A **ア「重大な損害」が入る**　差止め訴訟は、一定の処分又は裁決がされることにより重大な損害を生ずるおそれがある場合に限り、提起することができます（37条の4第1項本文）。したがって、　A　には「重大な損害」が入ります。テキスト p.261

B **イ「取消訴訟」が入る**　第1段落に「処分がされた後に　B　等を提起して　C　の決定を受けることなどにより容易に救済を受けることができるものではなく、処分がされる前に差止めを命ずる方法によるのでなければ救済を受けることが困難なものであることを要する」とあるところ、処分がされた後に損害を避けるためには、取消訴訟を提起して処分の効力を消滅させる必要がありますから、　B　には「取消訴訟」が入ります。テキスト p.261

C **イ「執行停止」が入る**　取消訴訟を提起したのみでは、処分の効力、処分の執行又は手続の続行は妨げられませんから（25条1項）、処分がされた後に損害を避けるためには、執行停止の決定（25条2項）を受ける必要があります。したがって、　C　には「執行停止」が入ります。なお、行政庁の処分その他公権力の行使に当たる行為については、民事保全法に規定する仮処分をすることができません（44条）。テキスト p.261

D **イ「反復継続的に」が入る**　第2段落に「上記被害もそれに応じてその都度発生し、これを　D　受けることにより蓄積していくおそれのあるもの」とあるところ、一時的に被害を受けるだけでは蓄積はしませんから、　D　には「反復継続的に」が入ります。テキスト p.261

正解　**3（ア・イ・イ・イ）**

80 当事者訴訟

難易度 **普**　重要度 **A**

　次のア〜オの記述のうち、行政事件訴訟法4条の当事者訴訟に当たるものの組合せとして、正しいものはどれか。

ア　土地収用法に基づいて、土地所有者が起業者を被告として提起する損失補償に関する訴え

イ　公職選挙法に基づいて、選挙人または候補者が中央選挙管理会を被告として提起する衆議院議員選挙の効力に関する訴え

ウ　食品衛生法に基づいて、都道府県知事に対して行った飲食店営業許可の申請に対して、相当の期間内に何らの処分も行われない場合に、その不作為の違法確認を求める訴え

エ　地方自治法に基づいて、市町村の境界に係る都道府県知事の裁定に対して関係市町村が提起する訴え

オ　日本国籍を有することの確認の訴え

1　ア・エ
2　ア・オ
3　イ・ウ
4　イ・エ
5　ウ・オ

解説

　当事者訴訟には、①当事者間の法律関係を確認し又は形成する処分又は裁決に関する訴訟で法令の規定によりその法律関係の当事者の一方を被告とするもの（**形式的当事者訴訟**）、②公法上の法律関係に関する確認の訴えその他の公法上の法律関係に関する訴訟（**実質的当事者訴訟**）があります（4条）。 テキスト p.264、265

ア 当たる 　土地収用法に基づいて、土地所有者が起業者を被告として提起する損失補償に関する訴えは、**形式的当事者訴訟**（4条前段）に当たります。 テキスト p.264、265

イ 当たらない 　公職選挙法に基づいて、選挙人または候補者が中央選挙管理会を被告として提起する衆議院議員選挙の効力に関する訴えは、**民衆訴訟**（5条）に当たります。 テキスト p.267

ウ 当たらない 　食品衛生法に基づいて、都道府県知事に対して行った飲食店営業許可の申請に対して、相当の期間内に何らの処分も行われない場合に、その不作為の違法確認を求める訴えは、**不作為の違法確認訴訟**（3条5項）に当たります。 テキスト p.256

エ 当たらない 　地方自治法に基づいて、市町村の境界に係る都道府県知事の裁定に対して関係市町村が提起する訴えは、**機関訴訟**（6条）に当たります。 テキスト p.267

オ 当たる 　日本国籍を有することの確認の訴えは、**実質的当事者訴訟**（4条後段）に当たります（最大判平20.6.4）。 テキスト p.265

正解 　**2（ア・オ）**

81 当事者訴訟

難易度 **普**　重要度 **A**

　Xは、A県B市内に土地を所有していたが、B市による市道の拡張工事のために、当該土地の買収の打診を受けた。Xは、土地を手放すこと自体には異議がなかったものの、B市から提示された買収価格に不満があったため、買収に応じなかった。ところが、B市の申請を受けたA県収用委員会は、当該土地について土地収用法48条に基づく収用裁決（権利取得裁決）をした。しかし、Xは、この裁決において決定された損失補償の額についても、低額にすぎるとして、不服である。より高額な補償を求めるためには、Xは、だれを被告として、どのような訴訟を提起すべきか。また、このような訴訟を行政法学において何と呼ぶか。40字程度で記述しなさい。

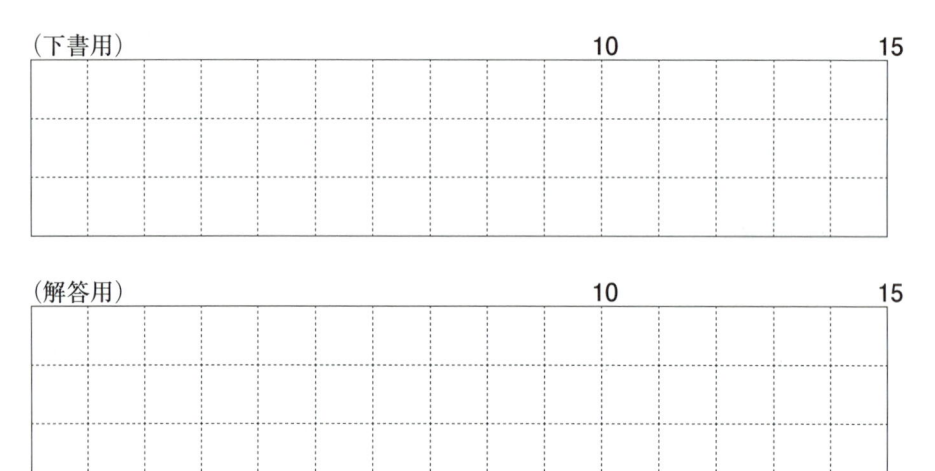

（下書用）　　　　　　　　　　　　　　10　　　　　　　　15

（解答用）　　　　　　　　　　　　　　10　　　　　　　　15

							10				15	
B	市	を	被	告	と	し	て	、	補	償	の	増	額	を
求	め	る	訴	訟	を	提	起	す	べ	き	で	あ	り	、
形	式	的	当	事	者	訴	訟	と	呼	ぶ	。		

（42字）

❶ 本問では、問題文4～5行目に「B市の申請を受けたA県収用委員会は、当該土地について土地収用法48条に基づく収用裁決（権利取得裁決）をした」とありますので、B市が起業者として、Xの土地の収用をA県収用委員会に対して申請し、これを認容する裁決がなされたことがわかります。

❷ 問題文5～8行目に「Xは、この裁決において決定された損失補償の額についても、低額にすぎるとして、不服である。より高額な補償を求めるためには、Xは、…どのような訴訟を提起すべきか」とありますので、Xは、補償の増額を求める訴訟を提起すべきといえます。

❸ 収用委員会の裁決のうち損失の補償に関する訴えは、これを提起した者が起業者であるときは土地所有者又は関係人を、土地所有者又は関係人であるときは起業者を、それぞれ被告としなければならないとされています（土地収用法133条3項）。したがって、Xは、起業者であるB市を被告とすべきといえます。 テキスト p.264

❹ この土地収用法133条に基づく収用委員会の裁決のうち損失の補償に関する訴えを、行政法学において形式的当事者訴訟と呼びます。 テキスト p.264、265

◗ 予想採点基準
①「B市を被告として」……………………………………………………… 6点
②「補償の増額を求める訴訟を提起すべき」……………………………… 6点
③「形式的当事者訴訟」……………………………………………………… 8点

82 民衆訴訟・機関訴訟

難易度 普　重要度 B

　行政事件訴訟法の定める民衆訴訟と機関訴訟に関する次の記述のうち、法令または最高裁判所の判例に照らし、妥当なものはどれか。

1　Ａ県知事に対してＡ県住民が県職員への条例上の根拠を欠く手当の支給の差止めを求める訴訟は、民衆訴訟である。

2　Ａ県県営空港の騒音被害について、被害を受けたと主張する周辺住民がＡ県に対して集団で損害の賠償を求める訴訟は、民衆訴訟である。

3　Ａ県が保管する国の文書について、Ａ県知事が県情報公開条例に基づき公開の決定をした場合において、国が当該決定の取消しを求める訴訟は、機関訴訟である。

4　Ａ県議会議員の選挙において、その当選の効力に関し不服がある候補者がＡ県選挙管理委員会を被告として提起する訴訟は、機関訴訟である。

5　Ａ県がＢ市立中学校で発生した学校事故にかかわる賠償金の全額を被害者に対して支払った後、Ｂ市が負担すべき分についてＡ県がＢ市に求償する訴訟は、機関訴訟である。

解説

1 **妥当である**　A県知事に対してA県住民が県職員への条例上の根拠を欠く手当の支給の差止めを求める訴訟は、住民訴訟のうちの差止め請求であり（地方自治法242条の2第1項1号）、住民訴訟は民衆訴訟です。 テキスト p.267、320

2 **妥当でない**　民衆訴訟とは、国又は公共団体の機関の法規に適合しない行為の是正を求める訴訟で、選挙人たる資格その他自己の法律上の利益にかかわらない資格で提起するものです（5条）。そして、A県県営空港の騒音被害について、被害を受けたと主張する周辺住民がA県に対して集団で損害の賠償を求める訴訟は、周辺住民の法律上の利益にかかわるものですから、民衆訴訟ではなく、民事訴訟です。 テキスト p.267

3 **妥当でない**　機関訴訟とは、国又は公共団体の機関相互間における権限の存否又はその行使に関する紛争についての訴訟です（6条）。そして、A県が保管する国の文書について、A県知事が県情報公開条例に基づき公開の決定をした場合において、国が当該決定の取消しを求める訴訟は、機関相互間における権限の存否・行使に関する紛争ではありませんから、機関訴訟ではなく、取消訴訟です。 テキスト p.267

4 **妥当でない**　A県議会議員の選挙において、その当選の効力に関し不服がある候補者がA県選挙管理委員会を被告として提起する訴訟は、民衆訴訟です。 テキスト p.267

5 **妥当でない**　A県がB市立中学校で発生した学校事故にかかわる賠償金の全額を被害者に対して支払った後、B市が負担すべき分についてA県がB市に求償する訴訟は、機関相互間における権限の存否・行使に関する紛争ではありませんから、機関訴訟ではなく、民事訴訟です。 テキスト p.267

🔥 ポイント　訴訟類型は具体例を押さえよう

「抗告訴訟」「当事者訴訟」「民衆訴訟」などの訴訟類型については、その具体例が問われることが多いです。訴訟類型は、具体例もセットで押さえておきましょう。

正解　**1**

83 執行停止

　行政事件訴訟法の定める執行停止に関する次の記述のうち、妥当な記述はどれか。

1　処分の執行停止の申立ては、当該処分に対して取消訴訟を提起した者だけではなく、それに対して差止訴訟を提起した者もなすことができる。

2　処分の執行停止の申立ては、本案訴訟の提起と同時になさなければならず、それ以前あるいはそれ以後になすことは認められない。

3　本案訴訟を審理する裁判所は、原告が申し立てた場合のほか、必要があると認めた場合には、職権で処分の執行停止をすることができる。

4　処分の執行の停止は、処分の効力の停止や手続の続行の停止によって目的を達することができる場合には、することができない。

5　処分の執行停止に関する決定をなすにあたり、裁判所は、あらかじめ、当事者の意見をきかなければならないが、口頭弁論を経る必要はない。

解説

1　妾当でない　処分の取消しの訴えがあった場合において、処分、処分の執行又は手続の続行により生ずる重大な損害を避けるため緊急の必要があるときは、裁判所は、申立てにより、決定をもって、執行停止をすることができます（25条2項本文）。しかし、この規定は差止め訴訟には準用されていませんので、差止め訴訟を提起した者は、執行停止の申立てをすることができません。テキスト p.270

2　妾当でない　処分の取消しの訴えがあった場合において、処分、処分の執行又は手続の続行により生ずる重大な損害を避けるため緊急の必要があるときは、裁判所は、申立てにより、決定をもって、執行停止をすることができます（25条2項本文）。このように、本案訴訟の提起が執行停止の要件とされていますので、それ以前に執行停止の申立てをすることはできませんが、必ずしも本案訴訟の提起と同時にする必要はなく、それ以後にしても差し支えありません。テキスト p.270

3　妾当でない　処分の取消しの訴えがあった場合において、処分、処分の執行又は手続の続行により生ずる重大な損害を避けるため緊急の必要があるときは、裁判所は、申立てにより、決定をもって、執行停止をすることができます（25条2項本文）。したがって、裁判所は、職権で執行停止をすることはできません。テキスト p.270

4　妾当でない　処分の効力の停止は、処分の執行の停止又は手続の続行の停止によって目的を達することができる場合には、することができません（25条2項ただし書）。本肢は、「処分の効力の停止」と「処分の執行の停止」が反対です。テキスト p.269

5　妾当である　執行停止の決定は、口頭弁論を経ないですることができますが、あらかじめ、当事者の意見をきかなければなりません（25条6項）。テキスト p.270

正解　5

84 仮の差止め

難易度 **易**　重要度 **A**

　Y市議会の議員であるXは、2023年7月に開催されたY市議会の委員会において発言（以下「当該発言」という。）を行った。これに対して、当該発言は議会の品位を汚すものであり、Y市議会会議規則α条に違反するとして、Y市議会の懲罰委員会は、20日間の出席停止の懲罰を科すことが相当であるとの決定を行った。Y市議会の議員に対する懲罰は、本会議で議決することによって正式に決定されるところ、本会議の議決は、9月に招集される次の会期の冒頭で行うこととし、会期は終了した。これに対し、Xは、①問題となった当該発言は市政に関係する正当なものであり、議会の品位を汚すものではなく、会議規則には違反しない、②予定されている出席停止の懲罰は20日と期間が長く、これが科されると議員としての職責を果たすことができない、と考えている。

　9月招集予定の次の会期までの間において、Xは、出席停止の懲罰を回避するための手段（仮の救済手段も含め、行政事件訴訟法に定められているものに限る。）を検討している。次の会期の議会が招集されるまで1か月程度の短い期間しかないことを考慮に入れたとき、誰に対してどのような手段をとることが有効適切か、40字程度で記述しなさい。

（参照条文）

地方自治法

134条　①普通地方公共団体の議会は、この法律並びに会議規則及び委員会に関する条例に違反した議員に対し、議決により懲罰を科することができる。

②　懲罰に関し必要な事項は、会議規則中にこれを定めなければならない。

135条　①懲罰は、左の通りとする。

一　公開の議場における戒告

二　公開の議場における陳謝

三　一定期間の出席停止

四　除名

② 以下略

Y市議会会議規則

α条　議員は、議会の品位を重んじなければならない。

（下書用）　　　　　　　　　　　　　　　10　　　　　　　15

（解答用）　　　　　　　　　　　　　　　10　　　　　　　15

						10				15	
Y	市	に	対	し	て	、	出	席	停	止	の	懲	罰	の
差	止	め	訴	訟	を	提	起	し	、	仮	の	差	止	め
の	申	立	て	と	い	う	手	段	を	と	る	。			

(43字)

❶ 問題文11 ～ 13行目に「Xは、出席停止の懲罰を回避するための手段…を検討している」とありますので、Xは、出席停止の懲罰がされようとしており、これを回避することを目的としていることがわかります。そこで、Xらは、出席停止の懲罰の差止め訴訟（3条7項）という手段をとることになります。

テキスト p.258、259

❷ ただし、問題文13 ～ 14行目に「次の会期の議会が招集されるまで1か月程度の短い期間しかないことを考慮に入れたとき」とあるところ、差止め訴訟が1か月程度の短い期間で終わるとは考え難く、判決を待っていては間に合わないものといえます。

❸ そこで、Xは、仮の差止めの申立て（37条の5第2項）という手段をとることになります。 テキスト p.271

❹ 最後に、誰に対して行うべきかですが、処分・裁決をした行政庁が国又は公共団体に所属する場合、取消訴訟は、当該処分・裁決をした行政庁の属する国又は公共団体を被告として提起しなければならず（11条1項）、この規定は差止め訴訟にも準用されています（38条1項）。本問では、出席停止の懲罰をする権限のあるY市議会はY市という公共団体に所属していますから、Xは、Y市に対して行うべきことになります。 テキスト p.247、259

◖ 予想採点基準
①「Y市に対して」‥‥‥‥‥‥‥‥‥‥‥‥‥‥‥‥‥‥‥ 4点
②「出席停止の懲罰の差止め訴訟を提起し」‥‥‥‥‥‥‥‥‥ 8点
③「仮の差止めの申立てという手段をとる」‥‥‥‥‥‥‥‥‥ 8点

■ MEMO ■

85 教　示

　平成16年改正により、行政事件訴訟法に設けられた教示制度の規定に関する次の記述のうち、妥当なものはどれか。

1　行政事件訴訟法に教示の規定が設けられたことを契機として、行政不服審査法においても教示の規定が創設されることとなった。

2　取消訴訟を提起することができる処分が口頭でされた場合に、相手方から書面による教示を求められたときは、書面で教示しなければならない。

3　原処分ではなく裁決に対してのみ取消訴訟を認める旨の定めがある場合に、当該原処分を行う際には、その定めがある旨を教示しなければならない。

4　当該処分または裁決の相手方以外の利害関係人であっても、教示を求められた場合には、当該行政庁は教示をなすべき義務がある。

5　誤った教示をした場合、または教示をしなかった場合についての救済措置の規定がおかれている。

1 妥当でない もともと行政不服審査法に教示の規定が置かれていたところ、これと一部を揃える形で、**教示制度が創設されました。** テキスト p.273

2 妥当でない 行政庁は、取消訴訟を提起することができる処分を書面でする場合、所定の事項を書面で教示しなければなりません（46条1項本文）。もっとも、**処分が口頭でされる場合には、行政庁は、教示義務を負いません**（46条1項ただし書）。 テキスト p.273

3 妥当である 行政庁は、原処分ではなく裁決に対してのみ取消訴訟を認める旨の定め（**裁決主義**）がある場合はその旨を、**書面で教示**しなければなりません（46条2項本文）。 テキスト p.273

4 妥当でない 行政事件訴訟法においては、処分・裁決の相手方以外の利害関係人から教示を求められた場合でも、当該行政庁は、**教示をなすべき義務を負いません。** なお、行政不服審査法においては、教示をなすべき義務を負います（82条2項）。 テキスト p.274

5 妥当でない 行政事件訴訟法においては、誤った教示をした場合又は教示をしなかった場合についての**救済措置の規定がおかれていません。** なお、行政不服審査法においては、誤った教示をした場合（22条）又は教示をしなかった場合（83条）についての救済措置の規定がおかれています。 テキスト p.275

👆 **ポイント**　**行政不服審査法と行政事件訴訟法**

　教示については、行政不服審査法と行政事件訴訟法の規定を比較しつつ整理しておくことが重要です。なお、執行停止についても同様です。

正解　**3**

86 国家賠償法1条

国家賠償法1条1項の要件をみたす場合の責任の主体に関する次のア〜エの記述のうち、最高裁判所の判例に照らし、妥当なものの組合せはどれか。

ア　指定確認検査機関の建築確認処分に起因する私人の損害について、当該事務の帰属する地方公共団体は、国家賠償責任を負うことはない。

イ　都道府県の警察官の犯罪捜査が、検察官の犯罪の捜査の補助に係るものであっても、当該警察官の捜査に起因する私人の損害について、国が国家賠償責任を負うことはない。

ウ　児童福祉法に基づいて、都道府県が要保護児童を社会福祉法人の設置運営する児童養護施設に入所させている場合、当該施設の職員の養育監護行為に起因する児童の損害について、当該事務の帰属する都道府県が国家賠償責任を負うことがある。

エ　都道府県の警察官が制服制帽を着用して職務行為を装い強盗した場合、被害者に対し当該都道府県が国家賠償責任を負うことがある。

1　ア・ウ
2　ア・エ
3　イ・ウ
4　イ・エ
5　ウ・エ

ア **妥当でない** 　最高裁判所の判例は、指定確認検査機関による確認に関する事務は、建築主事による確認に関する事務の場合と同様に、地方公共団体の事務であるとしています（最決平17.6.24）。したがって、指定確認検査機関の建築確認処分に起因する私人の損害について、当該事務の帰属する地方公共団体が国家賠償責任を負うこともあります。 テキスト p.276

イ **妥当でない** 　最高裁判所の判例は、都道府県警察の警察官が警察の責務の範囲に属する交通犯罪の捜査を行うことは、検察官が自ら行う犯罪の捜査の補助に係るものであるときのような例外的な場合を除いて、当該都道府県の公権力の行使にほかならないから、都道府県警察の警察官がいわゆる交通犯罪の捜査を行うにつき故意又は過失によって違法に他人に損害を加えた場合に損害賠償責任を負うのは、原則として当該都道府県であるとしています（最判昭54.7.10）。したがって、都道府県の警察官の犯罪捜査が、検察官の犯罪の捜査の補助に係るものであれば、当該警察官の捜査に起因する私人の損害について、国が国家賠償責任を負います。 テキスト p.276

ウ **妥当である** 　最高裁判所の判例は、都道府県の措置に基づき社会福祉法人の設置・運営する児童養護施設に入所した児童に対する当該施設の職員等による養育監護行為は、都道府県の公権力の行使に当たる公務員の職務行為と解するのが相当であるとしています（最判平19.1.25）。したがって、当該施設の職員の養育監護行為に起因する児童の損害について、当該事務の帰属する都道府県が国家賠償責任を負うこともあります。 テキスト p.277

エ **妥当である** 　最高裁判所の判例は、公務員が客観的に職務執行の外形を備える行為をし、これによって他人に損害を加えた場合、自己の利益を図る意図をもってその行為をしたにすぎないときであっても、国又は公共団体は、損害賠償責任を負うとしています（最判昭31.11.30）。したがって、都道府県の警察官が制服制帽を着用して職務行為を装い強盗した場合、被害者に対し当該都道府県が国家賠償責任を負うことがあります。 テキスト p.277

正解　　**5（ウ・エ）**

87 国家賠償法1条

　国家賠償制度に関する次の記述のうち、最高裁判所の判例に照らし、正しいものはどれか。

1　国家賠償法4条に定める「民法の規定」には失火責任法*も含まれるが、消防署職員の消火活動上の失火による国家賠償責任については、消防署職員が消火活動の専門家であることから、失火責任法の適用はない。

2　国家賠償法1条1項にいう「公権力の行使」には、公立学校における教師の教育活動が含まれるが、課外クラブ活動中に教師が生徒に対して行う監視・指導は「公権力の行使」には当たらない。

3　税務署長のした所得税の更正処分が、税務署長が所得金額を過大に認定したとして判決によって取り消された場合、当該更正処分は直ちに国家賠償法1条1項にいう違法があったとの評価を受ける。

4　警察官のパトカーによる追跡を受けて車両で逃走する者が事故を起こして第三者に損害を与えた場合、損害の直接の原因が逃走車両の運転手にあるとしても、当該追跡行為は国家賠償法1条1項の適用上違法となり得る。

5　同一行政主体に属する数人の公務員による一連の職務上の行為の過程で他人に損害が生じた場合、被害者が国家賠償を請求するためには、損害の直接の原因となった公務員の違法行為を特定する必要がある。

（注）　＊　失火ノ責任ニ関スル法律

解説

1 誤り　最高裁判所の判例は、公権力の行使に当たる消防署職員の失火による国又は公共団体の損害賠償責任については、**国家賠償法４条により失火責任法が適用される**としています（最判昭53.7.17）。 テキスト p.285

2 誤り　最高裁判所の判例は、国家賠償法１条１項にいう「公権力の行使」には、公立学校における教師の教育活動（最判昭62.2.6）のみならず、**課外クラブ活動中に教師が生徒に対して行う監視・指導**（最判昭58.2.18）**も含まれる**としています。 テキスト p.276

3 誤り　最高裁判所の判例は、税務署長のする所得税の更正処分は、所得金額を過大に認定していたとしても、そのことから直ちに国家賠償法１条１項にいう違法があったとの評価を受けるものではなく、**これに基づき課税要件事実を認定・判断する上で、職務上通常尽くすべき注意義務を尽くすことなく漫然と更正処分をしたと認め得るような事情がある場合に限り、このような評価を受ける**としています（最判平5.3.11）。 テキスト p.278

4 正しい　最高裁判所の判例は、警察官が車両で逃走する者をパトカーで追跡する職務の執行中に、逃走車両の走行により第三者が損害を被った場合において、当該追跡行為が違法というためには、**当該追跡が当該職務目的を遂行する上で不必要であるか、又は逃走車両の逃走の態様及び道路交通状況等から予測される被害発生の具体的危険性の有無及び内容に照らし、追跡の開始・継続若しくは追跡の方法が不相当であることを要する**としています（最判昭61.2.27）。したがって、損害の直接の原因が逃走車両の運転手にある場合でも、前記の要件を満たす場合には、当該追跡行為は、国家賠償法１条１項の適用上違法となり得ます。 テキスト p.278

5 誤り　最高裁判所の判例は、公権力の行使を行った公務員が誰であるかを特定できなかったとしても、**一連の行為のうちいずれかに故意又は過失による違法行為があったのでなければ被害が生ずることはなかったであろうと認められ、かつ、これによる被害につき専ら国又は公共団体が損害賠償責任を負うべき関係が存在するときは、国又は公共団体は、損害賠償責任を負う**としています（最判昭57.4.1）。したがって、被害者が国家賠償を請求するためには、損害の直接の原因となった公務員の違法行為を特定する必要はありません。 テキスト p.276、277

正解　**4**

88 国家賠償法1条

Check !

／　／　／　　平25-20

難易度 **普**　重要度 **A**

　国家賠償法に関する次のア〜オの記述のうち、最高裁判所の判例に照らし、正しいものの組合せはどれか。

ア　経済政策の決定の当否は裁判所の司法的判断には本質的に適しないから、経済政策ないし経済見通しの過誤を理由とする国家賠償法1条に基づく請求は、そもそも法律上の争訟に当たらず、不適法な訴えとして却下される。

イ　税務署長が行った所得税の更正が、所得金額を過大に認定したものであるとして取消訴訟で取り消されたとしても、当該税務署長が資料を収集し、これに基づき課税要件事実を認定、判断する上において、職務上通常尽くすべき注意義務を尽くしていた場合は、国家賠償法1条1項の適用上違法とはされない。

ウ　刑事事件において無罪の判決が確定した以上、当該公訴の提起・追行は国家賠償法1条の適用上も直ちに違法と評価されるが、国家賠償請求が認容されるためには、担当検察官に過失があったか否かが別途問題となる。

エ　自作農創設特別措置法に基づく買収計画が違法であることを理由として国家賠償の請求をするについては、あらかじめ当該買収計画につき取消し又は無効確認の判決を得る必要はない。

オ　違法な課税処分によって本来払うべきでない税金を支払った場合において、過納金相当額を損害とする国家賠償請求訴訟を提起したとしても、かかる訴えは課税処分の公定力や不可争力を実質的に否定することになるので棄却される。

1　ア・ウ
2　ア・オ
3　イ・エ
4　イ・オ
5　ウ・エ

ア 誤り　最高裁判所の判例は、政府が物価の安定等の政策目標を実現するために具体的にいかなる措置をとるべきかは、事の性質上専ら政府の裁量的な政策判断に委ねられている事柄とみるべきものであって、具体的な措置についての判断を誤ったためその目標を達成できなかったとしても、法律上の義務違反ないし違法行為として国家賠償法上の損害賠償責任の問題を生ずるものではないとして、国家賠償法1条に基づく請求を棄却しています（最判昭57.7.15）。テキスト p.277

イ 正しい　最高裁判所の判例は、税務署長のする所得税の更正処分は、所得金額を過大に認定していたとしても、これに基づき課税要件事実を認定・判断する上で、職務上通常尽くすべき注意義務を尽くすことなく漫然と更正処分をしたと認め得るような事情がある場合に限り、国家賠償法1条1項の適用上違法の評価を受けるとしています（最判平5.3.11）。したがって、職務上通常尽くすべき注意義務を尽くしていた場合は、国家賠償法1条1項の適用上違法とはされません。テキスト p.278

ウ 誤り　最高裁判所の判例は、刑事事件において無罪の判決が確定したというだけで直ちに起訴前の逮捕・勾留、公訴の提起・追行、起訴後の勾留が違法となるということはないとしています（最判昭53.10.20）。テキスト p.277

エ 正しい　最高裁判所の判例は、行政処分が違法であることを理由として国家賠償請求をするためには、あらかじめその行政処分につき取消し又は無効確認の判決を得ておく必要はないとしています（最判昭36.4.21）。
テキスト p.285、286

オ 誤り　最高裁判所の判例は、公務員が納税者に対する職務上の法的義務に違背して固定資産の価格ないし固定資産税等の税額を過大に決定したときは、これによって損害を被った当該納税者は、取消訴訟等の手続を経るまでもなく、国家賠償請求を行い得るとしています（最判平22.6.3）。したがって、違法な課税処分によって本来払うべきでない税金を支払った場合において、過納金相当額を損害とする国家賠償請求訴訟を提起したとしても、請求が棄却されるわけではありません。テキスト p.286

正解　**3（イ・エ）**

89 国家賠償法1条

重要度 A
難易度 易

Check! ／　／　／

令2-20

国家賠償法に関する次のア〜エの記述のうち、最高裁判所の判例に照らし、正しいものの組合せはどれか。

ア 同一の行政主体に属する複数の公務員のみによって一連の職務上の行為が行われ、その一連の過程で他人に損害が生じた場合、損害の直接の原因となった公務員の違法行為が特定できないときには、当該行政主体は国家賠償法1条1項に基づく損害賠償責任を負うことはない。

イ 税務署長が行った所得税の更正処分が、所得金額を過大に認定したものであるとして取消訴訟で取り消されたとしても、当該税務署長が更正処分をするに際して職務上通常尽くすべき注意義務を尽くしていた場合は、当該更正処分に国家賠償法1条1項にいう違法があったとはされない。

ウ 国家賠償法1条1項に基づく賠償責任は、国または公共団体が負うのであって、公務員個人が負うものではないから、公務員個人を被告とする賠償請求の訴えは不適法として却下される。

エ 国家賠償法1条1項が定める「公務員が、その職務を行うについて」という要件については、公務員が主観的に権限行使の意思をもってする場合に限らず、自己の利をはかる意図をもってする場合であっても、客観的に職務執行の外形をそなえる行為をしたときは、この要件に該当する。

1 ア・イ
2 ア・ウ
3 イ・ウ
4 イ・エ
5 ウ・エ

解説

ア **誤り** 最高裁判所の判例は、公権力の行使を行った公務員が誰であるかを特定できなかったとしても、**一連の行為のうちのいずれかに故意又は過失による違法行為があったのでなければ被害が生ずることはなかったであろうと認められ、かつ、これによる被害につき専ら国又は公共団体が損害賠償責任を負うべき関係が存在するときは、国又は公共団体は、損害賠償責任を負う**としています（最判昭57.4.1）。 テキスト p.276、277

イ **正しい** 最高裁判所の判例は、税務署長が行った所得税の更正処分が、所得金額を過大に認定したものであるとして取消訴訟で取り消されたとしても、**当該税務署長が更正処分をするに際して職務上通常尽くすべき注意義務を尽くしていた場合は、当該更正処分に国家賠償法 1 条 1 項にいう違法があったとはされない**としています（最判平5.3.11）。 テキスト p.278

ウ **誤り** 最高裁判所の判例は、国家賠償法 1 条 1 項に基づく賠償責任は、国または公共団体が負うのであって、公務員個人が負うものではないから、公務員個人を被告とする賠償請求の訴えは**理由がないとして棄却される**としています（最判昭30.4.19）。なお、同判例は、公務員が行政機関としての地位において賠償責任を負うわけでもないから、行政機関としての公務員を被告とする賠償請求の訴えは不適法として却下されるとしています。 テキスト p.279

エ **正しい** 最高裁判所の判例は、国家賠償法 1 条 1 項が定める「公務員が、その職務を行うについて」という要件については、公務員が主観的に権限行使の意思をもってする場合に限らず、**自己の利をはかる意図をもってする場合であっても、客観的に職務執行の外形をそなえる行為をしたときは、この要件に該当する**としています（最判昭31.11.30）。 テキスト p.277

正解 **4（イ・エ）**

90 国家賠償法2条

難易度 **易**　重要度 **A**

　国家賠償法2条にいう公の営造物に関する次の記述のうち、妥当なものはどれか。

1　公の営造物とは、国や公共団体が所有するすべての物的施設をいうわけではなく、公の用に供しているものに限られる。

2　公の営造物の設置又は管理の瑕疵とは、公の営造物が通常有すべき安全性を欠いていることをいうが、賠償責任が成立するのは、当該安全性の欠如について過失があった場合に限られる。

3　河川・海浜等の自然公物は公の営造物に当たらないが、これに付随する堤防や防波堤は人工公物であり公の営造物に当たるので、賠償責任が成立するのは、堤防等に起因する損害の場合に限られる。

4　公の営造物の管理者と費用負担者とが異なる場合、被害者に対して損害賠償責任を負うのは、費用負担者に限られる。

5　公の営造物の設置または管理に起因する損害について賠償を請求することができるのは、その利用者に限られる。

解説

1 ┃妥当である┃ 公の営造物とは、国や地方公共団体などの行政主体が、直接に公共目的のために使用させている有体物のことです。したがって、公の営造物とは、国や公共団体が所有するすべての物的施設をいうわけではなく、公の用に供しているものに限られます。 `テキスト p.280`

2 ┃妥当でない┃ 公の営造物の設置又は管理の瑕疵とは、営造物が通常有すべき安全性を欠いていることをいい、これに基づく国又は公共団体の賠償責任については、その過失を必要としません（高知落石事件：最判昭45.8.20）。 `テキスト p.281`

3 ┃妥当でない┃ 堤防や防波堤のような人工公物のみならず、河川・海浜のような自然公物も、公の営造物に含まれます。したがって、賠償責任が成立するのは、堤防等に起因する損害の場合に限られません。 `テキスト p.280`

4 ┃妥当でない┃ 公の営造物の設置・管理に当たる者と公の営造物の費用負担者が異なるときは、費用負担者もまた損害賠償責任を負います（3条1項）。したがって、被害者に対して損害賠償責任を負うのは、費用負担者に限られず、管理者も損害賠償責任を負います。 `テキスト p.284`

5 ┃妥当でない┃ 公の営造物の設置又は管理の瑕疵とは、営造物が有すべき安全性を欠いている状態をいい、そこにいう安全性の欠如、すなわち、他人に危害を及ぼす危険性のある状態とは、その営造物が供用目的に沿って利用されることとの関連において危害を生じさせる危険性がある場合をも含み、また、その危害は、営造物の利用者に対してのみならず、利用者以外の第三者に対するそれをも含みます（大阪空港公害訴訟：最大判昭56.12.16）。 `テキスト p.283`

┃正解┃ 1

91 国家賠償法2条

　道路の設置管理に関する国家賠償についての次の記述のうち、判例に照らし、妥当なものはどれか。

1　国家賠償の対象となるのは、道路の利用者の被害に限られ、沿道住民の騒音被害などについては、道路管理者は、賠償責任を負わない。

2　土砂崩れなどによる被害を防止するために多額の費用を要し、それについての予算措置が困難である場合は、道路管理者は、こうした被害についての賠償責任を免れる。

3　道路上に放置された故障車に追突して損害を被った者がいたとしても、道路自体に瑕疵があったわけではないから、道路管理者が賠償責任を負うことはない。

4　ガードレールの上に腰掛けるなどの通常の用法に即しない行動の結果生じた損害についても、道路管理者は、賠償責任を負う。

5　道路の欠陥を原因とする事故による被害についても、道路管理者は、それを原状に戻すことが時間的に不可能であった場合には、賠償責任を負わない。

解説

1 　妥当でない　　判例は、**一般国道等の道路の周辺住民**がその供用に伴う自動車騒音等により受けた被害が、社会通念上受忍すべき限度を超える場合には、**当該道路の設置・管理に瑕疵がある**としています（国道43号事件：最判平7.7.7）。 テキスト p.283

2 　妥当でない　　判例は、道路における防護柵を設置するとした場合、その費用が相当の多額に上り、その予算措置に困却するであろうことは推察できるが、**それにより直ちに道路の管理の瑕疵によって生じた損害に対する賠償責任を免れうるものと考えることはできない**としています（高知落石事件：最判昭45.8.20）。 テキスト p.281

3 　妥当でない　　判例は、故障車が87時間にわたって放置され、道路の安全性を著しく欠如する状態であったにもかかわらず、道路管理者は、道路を常時巡視して応急の事態に対処しうる看視体制をとっていなかったために、本件事故が発生するまで故障車が道路上に長時間放置されていることを知らず、道路の安全性を保持するために必要とされる措置を全く講じていなかったときは、**道路管理者の道路管理に瑕疵があったというほかない**としています（最判昭50.7.25）。 テキスト p.281、282

4 　妥当でない　　判例は、ガードレールの上に腰掛けるなどの**通常の用法に即しない行動の結果生じた損害については、道路管理者は、賠償責任を負わない**としています（最判昭53.7.4）。 テキスト p.280

5 　妥当である　　判例は、事故発生当時に赤色灯標柱が道路上に倒れたまま放置されていたとしても、**時間的に遅滞なくこれを原状に復し道路を安全良好な状態に保つことは不可能であったという状況のもとにおいては、道路管理に瑕疵がなかった**と認めるのが相当であるとしています（最判昭50.6.26）。 テキスト p.281

正解　**5**

92 国家賠償法2条

難易度 **易**　重要度 **A**

次の文章は、国家賠償法2条1項の責任の成否が問題となった事案に関する最高裁判所判決の一節である。空欄 　ア　 〜 　エ　 に入る語句の組合せとして、正しいものはどれか。

　国家賠償法2条1項の営造物の設置または管理の瑕疵とは、営造物が 　ア　 を欠いていることをいい、これに基づく国および公共団体の賠償責任については、その 　イ　 の存在を必要としないと解するを相当とする。ところで、原審の確定するところによれば、本件道路（は）・・・従来山側から屡々落石があり、さらに崩土さえも何回かあったのであるから、いつなんどき落石や崩土が起こるかも知れず、本件道路を通行する人および車はたえずその危険におびやかされていたにもかかわらず、道路管理者においては、「落石注意」等の標識を立て、あるいは竹竿の先に赤の布切をつけて立て、これによって通行車に対し注意を促す等の処置を講じたにすぎず、本件道路の右のような危険性に対して防護柵または防護覆を設置し、あるいは山側に金網を張るとか、常時山地斜面部分を調査して、落下しそうな岩石があるときは、これを除去し、崩土の起こるおそれのあるときは、事前に通行止めをする等の措置をとったことはない、というのである。・・・かかる事実関係のもとにおいては、本件道路は、その通行の安全性の確保において欠け、その管理に瑕疵があったものというべきである旨、・・・そして、本件道路における防護柵を設置するとした場合、その費用の額が相当の多額にのぼり、上告人県としてその 　ウ　 に困却するであろうことは推察できるが、それにより直ちに道路の管理の瑕疵によって生じた損害に対する賠償責任を免れうるものと考えることはできないのであり、その他、本件事故が不可抗力ないし 　エ　 のない場合であることを認めることができない旨の原審の判断は、いずれも正当として是認することができる。

（最一小判昭和45年8月20日民集24巻9号1268頁）

	ア	イ	ウ	エ
1	過渡的な安全性	重過失	予算措置	回避可能性
2	通常有すべき安全性	故意	予算措置	予見可能性
3	過渡的な安全性	重過失	事務処理	予見可能性
4	通常有すべき安全性	過失	事務処理	予見可能性
5	通常有すべき安全性	過失	予算措置	回避可能性

解説

本問の文章は、国家賠償法2条1項の責任の成否が問題となった高知落石事件の最高裁判所判決の一節です（最判昭45.8.20）。 テキスト p.281

❶ 国家賠償法2条1項にいう「瑕疵」とは、**通常有すべき安全性**を欠いていることをいいます。したがって、 ア には「通常有すべき安全性」が入ります。

❷ 国家賠償法2条1項では、同法1条1項と異なり、**公物を設置・管理する公務員の故意・過失が条件とされていません。**したがって、故意はもちろんのこと、故意よりも軽い過失すらも必要とされていませんから、 イ には「過失」が入ります。

❸ 「本件道路における防護柵を設置するとした場合、その**費用の額が相当の多額にのぼり、**上告人県としてその ウ に困却するであろうことは推察できる」とあり、費用（お金）の話がされていることがわかります。したがって、 ウ には「予算措置」が入ります。

❹ 「本件事故が**不可抗力ないし** エ **のない場合**であることを認めることができない旨の原審の判断」とあるところ、**「不可抗力」とは避けられないという意味の用語ですから、同じ意味となるのは「回避可能性」**のない場合です。したがって、 エ には「回避可能性」が入ります。

正解 5

MEMO

93 国家賠償法4条

　次の文章は、消防署の職員が出火の残り火の点検を怠ったことに起因して再出火した場合において、それにより損害を被ったと主張する者から提起された国家賠償請求訴訟にかかる最高裁判所の判決の一節である。空欄　ア　〜　オ　に当てはまる語句の組合せとして、妥当なものはどれか。

　失火責任法は、失火者の責任条件について民法709条　ア　を規定したものであるから、国家賠償法4条の「民法」に　イ　と解するのが相当である。また、失火責任法の趣旨にかんがみても、公権力の行使にあたる公務員の失火による国又は公共団体の損害賠償責任についてのみ同法の適用を　ウ　合理的理由も存しない。したがって、公権力の行使にあたる公務員の失火による国又は公共団体の損害賠償責任については、国家賠償法4条により失火責任法が　エ　され、当該公務員に重大な過失のあることを　オ　ものといわなければならない。

（最二小判昭和53年7月17日民集32巻5号1000頁）

	ア	イ	ウ	エ	オ
1	の特則	含まれる	排除すべき	適用	必要とする
2	が適用されないこと	含まれない	認めるべき	排除	必要としない
3	が適用されないこと	含まれない	排除すべき	適用	必要としない
4	が適用されないこと	含まれる	認めるべき	排除	必要とする
5	の特則	含まれない	排除すべき	適用	必要としない

解説

本問の文章は、国家賠償法４条と失火責任法が問題となった最高裁判所の判決の一節です（最判昭53.7.17）。 テキスト p.285

❶ 　民法709条は不法行為者の責任条件について「故意又は過失」と規定しているのに対し、失火責任法は失火者の責任条件について「故意又は重大な過失」と規定していることからすれば、**失火責任法は民法709条の特則を規定したものといえます。**したがって、　ア　には「の特則」が入ります。

❷ 　失火責任法は、民法709条の特則を規定したものであり、同条の適用を排除しているわけではありませんから、**国家賠償法４条の「民法」に含まれる**といえます。したがって、　イ　には「含まれる」が入ります。

❸ 　失火責任法は国家賠償法４条の「民法」に含まれますから、**公権力の行使にあたる公務員の失火による国又は公共団体の損害賠償責任についても失火責任法が適用されることとなり、これを排除する合理的理由も存しない**ということになります。したがって、　ウ　には「排除すべき」、　エ　には「適用」が入ります。

❹ 　公権力の行使にあたる公務員の失火による国又は公共団体の損害賠償責任については、国家賠償法４条により失火責任法が適用されますので、**当該公務員に重大な過失のあることが必要とされます。**したがって、　オ　には「必要とする」が入ります。

正解　　1

94 損失補償

　損失補償に関する次の文章の空欄 ア ～ エ に当てはまる語句を、枠内の選択肢（1 ～ 20）から選びなさい。

　損失補償とは、国または公共団体の適法な活動によって私人が受けた ア に対する補償をいう。 ア に該当するか否かは、規制又は侵害の態様・程度・内容・目的などを総合的に考慮して判断される。補償の内容と程度をめぐっては、 イ 説と ウ 説の対立がある。判例は、土地収用法の上の補償について規制・侵害の前後を通じて被侵害者の保持する エ が等しいものとなるような補償を要するという考え方と、必ずしも常に市場価格に合致する補償を要するものではないという考え方とを示している。前者が イ 説に近く、後者が ウ 説に近いということもできるが、両説の差異は本質的なものではなく、補償の対象とすべき損失をどこに見出すかに関する視点の違いによるものとも考えられる。

1	公用収用	2	限界効用	3	生活権補償
4	完全補償	5	公共の福祉	6	通損補償
7	権利補償	8	効用価値	9	収用損失
10	相対価値	11	平均的損失	12	効用補償
13	財産権補償	14	財産価値	15	財産権の内在的制約
16	交換価値	17	対価補償	18	特別の犠牲
19	相当補償	20	通常受ける損失		

解説

❶ 損失補償とは、国又は公共団体の適法な活動によって私人が受けた特別の犠牲に対する補償のことですから、 ア には「18 特別の犠牲」が入ります。 テキスト p.287

❷ 判例は、土地収用法における損失の補償は、特定の公益上必要な事業のために土地が収用される場合、その収用によって当該土地の所有者等が被る特別な犠牲の回復をはかることを目的とするものであるから、完全な補償、すなわち、収用の前後を通じて被収用者の財産価値を等しくならしめるような補償をなすべきであるとし（最判昭48.10.18）、完全補償説に近い考え方を示していますから、 イ には「4 完全補償」、 エ には「14 財産価値」が入ります。 テキスト p.288

❸ 他方で、判例は、憲法29条3項にいうところの財産権を公共の用に供する場合の「正当な補償」とは、その当時の経済状態において成立することを考えられる価格に基づき、合理的に算出された相当な額をいうのであって、必ずしも常にかかる価格と完全に一致することを要するものではないとし（農地改革事件：最大判昭28.12.23）、相当補償説に近い考え方を示していますから、 ウ には「19 相当補償」が入ります。 テキスト p.288

正解 アー18（特別の犠牲）、イー4（完全補償）、ウー19（相当補償）、エー14（財産価値）

／　／　／　　平28-21

難易度　普　　重要度　B

　損失補償に関する次の記述のうち、法令および最高裁判所の判例に照らし、妥当なものはどれか。

1　火災の際の消防活動において、消防長等は、消火もしくは延焼の防止または人命の救助のために緊急の必要があるときは、消防対象物ないし延焼対象物以外の建築物等を破壊することができるが、当該行為は延焼を防ぐために必要な緊急の措置であるため、損害を受けた者は、消防法による損失補償を請求することができない。

2　都市計画法上の用途地域の指定について、土地の利用規制を受けることとなった者は、当該都市計画を定める地方公共団体に対して、通常生ずべき損害の補償を求めることができる旨が同法に規定されているため、利用規制を受けたことによって被った損失の補償を求めることができる。

3　都市計画事業のために土地が収用される場合、被収用地に都市計画決定による建築制限が課されていても、被収用者に対して土地収用法によって補償すべき相当な価格とは、被収用地が、建築制限を受けていないとすれば、裁決時において有するであろうと認められる価格をいう。

4　土地収用による損失補償の額を不服として、土地所有者または関係人が訴えを提起する場合には、補償額を決定した裁決を行った収用委員会の所属する都道府県を被告として、裁決の取消しの訴えを提起する必要がある。

5　道路管理者である地方公共団体が行った地下横断歩道の新たな設置によって自己の所有する地下埋設ガソリンタンクが消防法の規定違反となり、事業者が当該ガソリンタンクを移転した場合には、事業者は、移転に必要な費用につき道路法による損失補償を求めることができる。

1 妥当でない 最高裁判所の判例は、**火災の際の消防活動により損害を受けた者がその損失の補償を請求しうるためには**、当該処分等が、火災が発生しようとし若しくは発生し、又は延焼のおそれがある消防対象物及びこれらの物のある土地以外の消防対象物及び立地に対しなされたものであり、かつ、当該処分等が消火・延焼の防止又は人命の救助のために緊急の必要があるときになされたものであることを要するとし（最判昭47.5.30）、損失補償を請求できることを前提としています。 テキスト p.287

2 妥当でない 都市計画法には、用途地域の指定について、土地の利用規制を受けることとなった者が、**通常生ずべき損害の補償を求めることができる旨の規定はありません。** テキスト p.287

3 妥当である 最高裁判所の判例は、都市計画事業のために土地が収用される場合、被収用地に都市計画決定による建築制限が課されていても、被収用者に対して土地収用法によって補償すべき相当な価格とは、**被収用地が、建築制限を受けていないとすれば、裁決時において有するであろうと認められる価格をいうとしています**（最判昭48.10.18）。 テキスト p.288、289

4 妥当でない 土地収用による損失補償の額を不服として、土地所有者または関係人が訴えを提起する場合には、**起業者を被告**としなければなりません（土地収用法133条3項）。このように、土地収用による損失補償の額を不服とする場合には、収用委員会の裁決の取消訴訟ではなく、形式的当事者訴訟を提起すべきこととされています。 テキスト p.264、265

5 妥当でない 最高裁判所の判例は、道路管理者である地方公共団体が行った地下横断歩道の新たな設置によって自己の所有する地下埋設ガソリンタンクが消防法の規定違反となり、事業者が当該ガソリンタンクを移転した場合、**事業者は、移転に必要な費用につき道路法による損失補償を求めることができない**としています（最判昭58.2.18）。 テキスト p.287

正解 **3**

96 大都市等に関する特例

　地方自治法が定める大都市制度に関する次の記述のうち、正しいものはどれか。

1　中核市は、指定都市と同様、市長の権限に属する事務を分掌させるため、条例でその区域を分けて区を設けることができる。

2　指定都市に置かれる区は、都に置かれる特別区と同様に、法人格が認められている。

3　指定都市の数が増加したことにともない、指定都市の中でも特に規模の大きな都市については、特に特例市として指定し、より大きな権限を認めている。

4　指定都市は、必要と認めるときは、条例で、区の議会を置くことができる。

5　指定都市は、地方自治法において列挙された事務のうち、都道府県が法律またはこれに基づく政令の定めるところにより処理することとされているものの全部または一部で政令で定めるものを処理することができる。

解説

1　**誤り**　指定都市は、市長の権限に属する事務を分掌させるため、条例で、その区域を分けて区を設けることができます（252条の20第1項）。これに対して、中核市は、区を設けることができません。 テキスト p.291

2　**誤り**　都に置かれる特別区は、特別地方公共団体の一種であり（1条の3第3項）、法人格が認められています（2条1項）。これに対して、指定都市に置かれる区は、行政区にすぎず、法人格が認められていません。 テキスト p.291

3　**誤り**　従来、政令で指定する人口20万以上の市のことを特例市と呼んでいましたが、特例市は廃止されました。したがって、指定都市の中でも特に規模の大きな都市を特に特例市として指定し、より大きな権限を認めているわけではありません。 テキスト p.291

4　**誤り**　指定都市は、必要と認めるときは、条例で、区ごとに区地域協議会を置くことができます（252条の20第7項）。しかし、区の議会を置くことはできません。 テキスト p.291

5　**正しい**　指定都市は、地方自治法において列挙された事務のうち、都道府県が法律またはこれに基づく政令の定めるところにより処理することとされているものの全部または一部で政令で定めるものを処理することができます（252条の19第1項）。 テキスト p.291

| 正解 | 5 |

97 地方公共団体の事務

難易度 **普**　重要度 **B**

　以下の記述のうち、地方自治法に規定されている内容として、誤っているものはどれか。

1　地方自治法に定める「自治事務」とは、地方公共団体が処理する事務のうち、法定受託事務以外のものをいう。
2　地方公共団体は、その事務を処理するに当たっては、住民の福祉の増進に努めるとともに、最少の経費で最大の効果を挙げるようにしなければならない。
3　地方公共団体は、常にその組織及び運営の合理化に努めるとともに、他の地方公共団体に協力を求めてその規模の適正化を図らなければならない。
4　市町村が当該都道府県の条例に違反して事務を処理した場合には、その市町村の行為は無効とされる。
5　市町村は、その事務を処理するに当たり、当該都道府県知事の認可を得て、総合的かつ計画的な行政の運営を図るための基本構想を定めなければならない。

解説

1 **正しい** 自治事務とは、地方公共団体が本来果たすべき事務であって、**法定受託事務以外のもの**です（2条8項）。 テキスト p.294

2 **正しい** 地方公共団体は、その事務を処理するに当たっては、住民の福祉の増進に努めるとともに、**最少の経費で最大の効果をあげるようにしなければなりません**（2条14項）。これを効率性の原則といいます。 テキスト p.296

3 **正しい** 地方公共団体は、**常にその組織及び運営の合理化に努めるとともに**、他の地方公共団体に協力を求めて、**その規模の適正化を図らなければなりません**（2条15項）。これを合理化・適正化の原則といいます。 テキスト p.296

4 **正しい** 市町村及び特別区は、**当該都道府県の条例に違反してその事務を処理してはなりません**（2条16項）。これに違反して行った地方公共団体の行為は、**無効**とされます（2条17項）。 テキスト p.296

5 **誤り** 従来、市町村は、その事務を処理するに当たり、**議会の議決を経て**、総合的かつ計画的な行政の運営を図るための基本構想を定めなければならないとされていました（旧2条4項）。しかし、**この規定は削除されました**。 テキスト p.291

🔑 キーワード　法定受託事務

　法定受託事務とは、国や都道府県が本来果たすべき役割に関する事務であって、法令により他の地方公共団体に委ねられたもののことです（2条9項）。法定受託事務には、国が行うべき事務を都道府県・市町村・特別区が処理する第1号法定受託事務と、都道府県が行うべき事務を市町村・特別区が処理する第2号法定受託事務があります。

正解　5

98 議　会

普通地方公共団体の議会に関する次の記述のうち、正しいものはどれか。

1　議会は、長がこれを招集するほか、議長も、議会運営委員会の議決を経て、自ら臨時会を招集することができる。

2　議員は、法定数以上の議員により、長に対して臨時会の招集を請求することができるが、その場合における長の招集に関し、招集の時期などについて、地方自治法は特段の定めを置いていない。

3　議会は、定例会および臨時会からなり、臨時会は、必要がある場合において、付議すべき事件を長があらかじめ告示し、その事件に限り招集される。

4　議員は、予算を除く議会の議決すべき事件につき、議会に議案を提出することができるが、条例の定めがあれば、1人の議員によってもこれを提出することができる。

5　議会の運営に関する事項のうち、議員の請求による会議の開催、会議の公開については、議会の定める会議規則によるものとし、地方自治法は具体的な定めを置いていない。

1 　**誤り**　議会は、長がこれを招集しますから（101条1項）、前半は正しいです。しかし、議長は、議会運営委員会の議決を経て、長に対し、会議に付議すべき事件を示して臨時会の招集を請求することができるにとどまり（101条2項）、自ら臨時会を招集することができるのは長が招集請求に応じないときに限られていますから（101条5項）、後半は誤りです。テキスト p.298

2 　**誤り**　議員の定数の4分の1以上の者は、長に対し、会議に付議すべき事件を示して臨時会の招集を請求することができますから（101条3項）、前半は正しいです。しかし、この招集請求があったときは、長は、請求のあった日から20日以内に臨時会を招集しなければならないとされ（101条4項）、招集の時期について定めがありますから、後半は誤りです。テキスト p.298

3 　**正しい**　議会は、定例会および臨時会からなり（102条1項）、臨時会は、必要がある場合において、その事件に限り招集されます（102条3項）。また、臨時会に付議すべき事件は、長があらかじめこれを告示しなければなりません（102条4項）。テキスト p.299

4 　**誤り**　議員は、予算を除く議会の議決すべき事件につき、議会に議案を提出することができますから（112条1項）、前半は正しいです。しかし、議案を提出するに当たっては、議員の定数の12分の1以上の者の賛成がなければなりませんから（112条2項）、後半は誤りです。テキスト p.298

5 　**誤り**　地方自治法によれば、議会の議員の定数の半数以上の者から請求があるときは、議長は、その日の会議を開かなければなりません（114条1項）。また、議会の会議は、これを公開するものとされています（115条1項本文）。テキスト p.299

正解　**3**

99 執行機関

　地方自治法の規定する普通地方公共団体の執行機関に関する次の記述のうち、正しいものはどれか。

1　地方自治法は、普通地方公共団体にその執行機関として普通地方公共団体の長の外、条例の定めるところにより、委員会又は委員を置くと規定している。

2　地方自治法における執行機関は、行政官庁の命を受け、実力をもって執行することを任務とする機関をいう。

3　執行機関として置かれる委員会は、法律の定めるところにより法令又は当該普通地方公共団体の条例若しくは規則に違反しない限りにおいて、規則その他の規程を定めることができる。

4　普通地方公共団体の長は、当該普通地方公共団体の執行機関相互の間にその権限の帰属につき疑義が生じたときは、自らその権限を行使することができる。

5　執行機関としての長、委員会及び委員は、一定の場合、議会において議決すべき事件について専決処分を行うことができる。

解説

1 **誤り**　地方自治法は、普通地方公共団体にその執行機関として普通地方公共団体の長の外、**法律**の定めるところにより、委員会又は委員を置くと規定しています（138条の4第1項）。`テキスト p.301`

2 **誤り**　地方自治法における執行機関とは、地方公共団体の事務を管理・執行する機関であって、**自ら地方公共団体の意思を決定し外部に表示する権限を有するもの**をいいます。これは、行政組織法における行政庁の概念に類似しています。`テキスト p.301`

3 **正しい**　執行機関として置かれる委員会（行政委員会）は、法律の定めるところにより、法令又は普通地方公共団体の条例若しくは規則に違反しない限りにおいて、その権限に属する事務に関し、**規則その他の規程を定めることができます**（138条の4第2項）。`テキスト p.302`

4 **誤り**　普通地方公共団体の長は、当該普通地方公共団体の執行機関相互の間にその権限の帰属につき疑義が生じたときは、**これを調整するよう努めなければなりません**（138条の3第3項）。したがって、自らその権限を行使することができるわけではありません。`テキスト p.301`

5 **誤り**　専決処分をすることができるのは**長のみ**であり（179条1項）、執行機関としての委員会（行政委員会）は、専決処分をすることができません。`テキスト p.306`

正解　3

100　監査委員

難易度　普　　重要度　A

地方自治法が定める監査委員に関する次の記述のうち、正しいものはどれか。

1　普通地方公共団体の常勤の職員は、監査委員を兼務することができない。

2　普通地方公共団体の議会の議員は、条例に特に定めのない限り、当該普通地方公共団体の監査委員となることができない。

3　監査委員は、普通地方公共団体の長が選任し、それについて議会の同意を得る必要はない。

4　監査委員の定数は、条例により、法律上定められている数以上に増加させることはできない。

5　都道府県とは異なり、政令で定める市においては、常勤の監査委員を置く必要はない。

解説

1 **正しい** 普通地方公共団体の常勤の職員は、監査委員を兼務することができません（196条3項）。 テキスト p.303

2 **誤り** 監査委員は、普通地方公共団体の長が、議会の同意を得て、人格が高潔で、普通地方公共団体の財務管理、事業の経営管理その他行政運営に関し優れた識見を有する者及び議員のうちから、これを選任します（196条1項）。したがって、普通地方公共団体の議会の議員は、条例に特に定めがなくても、当該普通地方公共団体の監査委員となることができます。
テキスト p.303

3 **誤り** 監査委員は、普通地方公共団体の長が、議会の同意を得て、人格が高潔で、普通地方公共団体の財務管理、事業の経営管理その他行政運営に関し優れた識見を有する者及び議員のうちから、これを選任します（196条1項）。 テキスト p.303

4 **誤り** 監査委員の定数は、都道府県及び政令で定める市にあっては4人、その他の市及び町村にあっては2人とされていますが、条例でその定数を増加することができます（195条2項）。 テキスト p.303

5 **誤り** 都道府県及び政令で定める市にあっては、識見を有する者のうちから選任される監査委員のうち少なくとも1人以上は、常勤としなければなりません（196条5項）。 テキスト p.303

第2部

行政法

正解 1

101 長と議会の関係

　地方自治法が定める普通地方公共団体の長と議会の関係に関する次のア～オの記述のうち、正しいものの組合せはどれか。

ア　普通地方公共団体の議会による長の不信任の議決に対して、長が議会を解散した場合において、解散後に招集された議会において再び不信任が議決された場合、長は再度議会を解散することができる。

イ　普通地方公共団体の議会の議決が法令に違反していると認めた場合、長は裁量により、当該議決を再議に付すことができる。

ウ　普通地方公共団体の議会の議長が、議会運営委員会の議決を経て、臨時会の招集を請求した場合において、長が法定の期間内に臨時会を招集しないときは、議長がこれを招集することができる。

エ　普通地方公共団体の議会が成立し、開会している以上、議会において議決すべき事件が議決されないことを理由に、長が当該事件について処分（専決処分）を行うことはできない。

オ　地方自治法には、普通地方公共団体の議会が長の決定によらずに、自ら解散することを可能とする規定はないが、それを認める特例法が存在する。

1　ア・イ
2　ア・オ
3　イ・エ
4　ウ・エ
5　ウ・オ

解説

ア 　**誤り**　　普通地方公共団体の議会による長の不信任の議決に対して、長が議会を解散した場合において、解散後に招集された議会において再び不信任が議決された場合、長は、議長から再び不信任議決をした旨の通知があった日に失職するのであり（178条2項）、再度議会を解散することができるわけではありません。　テキスト p.306

イ 　**誤り**　　普通地方公共団体の議会の議決が法令に違反していると認めた場合、長は、当該議決を再議に付さなければならず（176条4項）、再議に付すことは、長の裁量ではなく義務とされています。　テキスト p.305

ウ 　**正しい**　　普通地方公共団体の議会の議長が、議会運営委員会の議決を経て、臨時会の招集を請求した場合において、長が法定の期間内に臨時会を招集しないときは、議長がこれを招集することができます（101条5項）。　テキスト p.298

エ 　**誤り**　　①議会が成立しないとき、②所定の理由により定足数に達せずなお会議を開くことができないとき、③長において議会の議決すべき事件について特に緊急を要するため議会を招集する時間的余裕がないことが明らかであると認めるとき、④議会において議決すべき事件を議決しないときは、長が当該事件について処分（専決処分）を行うことができます（179条1項本文）。本肢は④に該当するため、専決処分を行うことができます。　テキスト p.306

オ 　**正しい**　　地方自治法には、普通地方公共団体の議会が長の決定によらずに、自ら解散することを可能とする規定はありません。しかし、議員数の4分の3以上の者が出席し、その5分の4以上の者が同意した場合、議会は自ら解散することができます（地方公共団体の議会の解散に関する特例法2条）。　テキスト p.301

正解　**5（ウ・オ）**

102 条例・規則

難易度 **易**　重要度 **A**

条例・規則に関する次の記述のうち、正しいものはどれか。

1　普通地方公共団体は、法令に特別の定めがあるものを除くほか、その条例中に、条例に違反した者に対し、刑罰を科す旨の規定を設けることができるが、法律の委任に基づかない条例を定める場合には、設けることができない。

2　普通地方公共団体は、法令に特別の定めがあるものを除くほか、その条例中に、条例に違反した者に対し、刑罰を科す旨の規定を設けることができるが、行政上の強制執行が許される場合には、設けることができない。

3　普通地方公共団体は、法令に特別の定めがあるものを除くほか、その条例中に、条例に違反した者に対し、刑罰を科す旨の規定を設けることができるが、刑罰の種類は、罰金及び科料に限られ、懲役や禁錮は、設けることができない。

4　普通地方公共団体は、法令に特別の定めがあるものを除くほか、その条例中に、条例に違反した者に対し、刑罰を科す旨の規定を設けることができるが、過料を科す旨の規定は、設けることができない。

5　普通地方公共団体の長は、法令に特別の定めがあるものを除くほか、普通地方公共団体の規則中に、規則に違反した者に対し、過料を科す旨の規定を設けることはできるが、刑罰を科す旨の規定を設けることはできない。

解説

1 **誤り** 普通地方公共団体は、法令に特別の定めがあるものを除くほか、その**条例**中に、条例に違反した者に対し、2年以下の懲役・禁錮、100万円以下の罰金、拘留・科料・没収又は5万円以下の過料を科す旨の規定を設けることができます（14条3項）。したがって、普通地方公共団体は、法律の委任に基づくかどうかにかかわらず（単に「条例」としか規定していません）、条例に違反した者に対し、刑罰を科す旨の規定を設けることができます。
テキスト p.310

2 **誤り** 肢1の解説で述べたように、普通地方公共団体は、条例に違反した者に対し、刑罰を科す旨の規定を設けることができ、これは**行政上の強制執行が許されるかどうかとは関係ありません**。 テキスト p.310

3 **誤り** 普通地方公共団体は、法令に特別の定めがあるものを除くほか、その条例中に、条例に違反した者に対し、**2年以下の懲役・禁錮**、100万円以下の罰金、拘留・科料・没収又は5万円以下の過料を科す旨の規定を設けることができます（14条3項）。したがって、懲役や禁錮といった刑罰を設けることもできます。 テキスト p.310

4 **誤り** 普通地方公共団体は、法令に特別の定めがあるものを除くほか、その条例中に、条例に違反した者に対し、2年以下の懲役・禁錮、100万円以下の罰金、拘留・科料・没収又は**5万円以下の過料**を科す旨の規定を設けることができます（14条3項）。したがって、過料を科す旨の規定を設けることもできます。 テキスト p.310

5 **正しい** 普通地方公共団体の長は、法令に特別の定めがあるものを除くほか、普通地方公共団体の規則中に、規則に違反した者に対し、**5万円以下の過料**を科す旨の規定を設けることができます（15条2項）。しかし、規則によって**刑罰を科す旨の規定を設けることはできません**。 テキスト p.310

正解 **5**

103 地方公共団体の財務

　地方財務に関する次の記述のうち、法令および最高裁判所の判例に照らし、誤っているものはどれか。

1　普通地方公共団体は、予算の定めるところにより、地方債を起こすことができるが、起債前に財務大臣の許可を受けなければならない。

2　普通地方公共団体は、分担金、使用料、加入金および手数料を設ける場合、条例でこれを定めなければならない。

3　選挙権を有する普通地方公共団体の住民は、その属する普通地方公共団体の条例の制定または改廃を請求する権利を有するが、地方税の賦課徴収に関する条例については、その制定または改廃を請求することはできない。

4　市町村が行う国民健康保険は、保険料を徴収する方式のものであっても、強制加入とされ、保険料が強制徴収され、賦課徴収の強制の度合いにおいては租税に類似する性質を有するものであるから、これについても租税法律主義の趣旨が及ぶと解すべきである。

5　地方税法の法定普通税の規定に反する内容の定めを条例に設けることによって当該規定の内容を実質的に変更することは、それが法定外普通税に関する条例であっても、地方税法の規定の趣旨、目的に反し、その効果を阻害する内容のものとして許されない。

解説

1 　**誤り**　　普通地方公共団体は、予算の定めるところにより、地方債を起こすことができますから（230条1項）、前半は正しいです。しかし、**起債前に財務大臣の許可を受けなければならないとする規定は存在しません**から、後半は誤りです。 テキスト p.313

2 　**正しい**　　普通地方公共団体は、分担金、使用料、加入金および手数料を設ける場合、**条例でこれを定めなければなりません**（228条1項前段）。 テキスト p.313

3 　**正しい**　　選挙権を有する普通地方公共団体の住民は、その属する普通地方公共団体の条例の制定または改廃を請求する権利を有します（74条1項）。ただし、**地方税の賦課徴収に関する条例については、その制定または改廃を請求することはできません**（74条1項かっこ書）。 テキスト p.318

4 　**正しい**　　市町村が行う国民健康保険は、保険料を徴収する方式のものであっても、強制加入とされ、保険料が強制徴収され、賦課徴収の強制の度合いにおいては租税に類似する性質を有するものであるから、**これについても租税法律主義の趣旨が及ぶと解すべきである**とされています（旭川市国民健康保険条例事件：最大判平18.3.1）。 テキスト p.113

5 　**正しい**　　地方税法の法定普通税の規定に反する内容の定めを条例に設けることによって当該規定の内容を実質的に変更することは、それが法定外普通税に関する条例であっても、**地方税法の規定の趣旨、目的に反し、その効果を阻害する内容のものとして許されない**とされています（最判平25.3.21）。 テキスト p.310

正解　**1**

第6章　― 地方自治法　**361**

104 直接請求

地方自治法における直接請求に関する次の記述のうち、正しいものはどれか。

1　直接請求として、地方税の賦課徴収、分担金、使用料、手数料の徴収に関する条例の制定改廃を求めることも可能である。

2　知事・市町村長のみならず、選挙管理委員、監査委員などの役員も、直接請求としての解職請求の対象となる。

3　条例の制定改廃を求める直接請求が成立した場合、首長は住民投票を行って過半数の同意が得られれば、議会の同意を経ることなく条例を公布することができる。

4　首長等の解職を求める直接請求は、あくまでも解職請求権の行使を議会に求めるものであり、直接請求が成立した場合においても、首長を解職するか否かの最終判断は議会が行う。

5　一般行政事務の監査請求は、他の直接請求とは異なり、選挙権者の50分の1以上の賛成という要件が不要なので、一人でも監査請求をすることができる。

解説

1　**誤り**　地方税の賦課徴収・分担金・使用料・手数料の徴収に関する条例の制定改廃請求をすることはできません（74条1項かっこ書）。 テキスト p.318

2　**正しい**　知事・市町村長のような首長の解職請求（81条）のみならず、①副知事・副市町村長、②指定都市の総合区長、③選挙管理委員、④監査委員、⑤公安委員会の委員のような主要公務員の解職請求（86条1項）も認められています。 テキスト p.318

3　**誤り**　条例の制定改廃を求める直接請求が成立した場合、首長は、請求を受理した日から20日以内に議会を招集し、意見を付けて議会に付議し、その結果を代表者に通知し、かつ、公表します（74条3項）。したがって、住民投票を行うわけではありません。 テキスト p.318

4　**誤り**　首長の解職を求める直接請求が成立した場合、解職の投票において過半数の同意があったときに、その職を失うことになります（83条）。したがって、首長を解職するか否かの最終判断は、議会が行うわけではありません。 テキスト p.318

5　**誤り**　一般行政事務の監査請求は、選挙権者の50分の1以上の賛成という要件が必要とされています（75条1項）。なお、この要件が不要とされるのは、住民監査請求です（242条1項）。 テキスト p.318

🔍 **キーワード**　**直接請求**

　直接請求とは、住民による監視と参加を可能にするため、地方の政治を直接コントロールすることができる制度のことです。直接請求には、①条例の制定改廃請求、②事務の監査請求、③議会の解散請求、④議員・長・主要公務員の解職請求（リコール）の4種類があります。

正解　**2**

105 住民監査請求

Check!

／　／　／　　平21-24

難易度 **易**　重要度 **A**

　住民監査請求についての次の記述のうち、妥当なものはどれか。

1　住民監査請求をすることができる者は、当該地方公共団体の住民に限られ、それ以外の者が請求することは認められていない。

2　住民監査請求の対象は、公金の支出などの地方公共団体の職員等の作為に限られ、公金の賦課徴収を怠るなどの不作為は、対象とならない。

3　地方公共団体の長の行為についての住民監査請求は、長に対してすべきこととなるが、長は、監査委員の意見を聴いて、監査結果を通知すべきこととされている。

4　住民監査請求によって請求できる内容は、当該行為の差止めなど、法定された4類型に限定されている。

5　監査結果などに不服がある場合は、請求人に限らず、何人もこれに対する住民訴訟を提起することが認められている。

解説

1 妥当である　住民監査請求をすることができる者は、当該地方公共団体の住民に限られ、それ以外の者が請求することは認められていません（242条1項）。テキスト p.319

2 妥当でない　住民監査請求の対象は、違法又は不当な財務会計上の行為又は怠る事実です。したがって、公金の支出などの地方公共団体の職員等の作為のみならず、公金の賦課徴収を怠るなどの不作為も、住民監査請求の対象となります。テキスト p.319

3 妥当でない　住民監査請求は、監査委員に対してすべきこととされています（242条1項）。テキスト p.319

4 妥当でない　住民監査請求によって請求できる内容は、当該行為の防止・是正、当該怠る事実を改めること、当該行為又は怠る事実によって地方公共団体の被った損害を補填するために必要な措置を講ずべきことです（242条1項）。本肢のように、当該行為の差止めなど、法定された4類型に請求できる内容が限定されているのは、住民訴訟です（242条の2第1項）。テキスト p.319

5 妥当でない　住民訴訟を提起することができるのは、住民監査請求をした住民に限られており（242条の2第1項）、これを監査請求前置主義といいます。テキスト p.321

🔍 キーワード　**住民監査請求**

　住民監査請求とは、特に不正が行われやすい財務会計上の行為について、住民1人でも行うことができる監査請求のことです。

正解　1

106 住民訴訟

　地方自治法に定める住民訴訟に関する次のア〜オの記述のうち、正しいものの組合せはどれか。

ア　自ら住民監査請求を行っていない住民であっても、当該普通地方公共団体の他の住民が住民監査請求を行っていれば、住民訴訟を提起することができる。

イ　住民訴訟においては、住民監査請求と同様、公金支出の違法の問題のみならず不当の問題についても争うことができる。

ウ　他の住民による住民訴訟が係属しているときには、当該普通地方公共団体の住民であっても、別訴をもって同一の請求をすることはできない。

エ　住民訴訟は、当該普通地方公共団体の事務所の所在地を管轄する高等裁判所に提起することとされている。

オ　違法な支出行為の相手方に損害賠償の請求をすべきであるのに長がこれをしていない場合、長に対して「当該相手方に損害賠償請求をすることを求める請求」を行うことができる。

1　ア・イ
2　ア・エ
3　イ・エ
4　ウ・オ
5　エ・オ

ア **誤り** 住民訴訟を提起することができるのは、**住民監査請求をした住民**に限られています（監査請求前置主義：242条の２第１項）。したがって、自ら住民監査請求を行っていない住民は、当該普通地方公共団体の他の住民が住民監査請求を行っていたとしても、住民訴訟を提起することができません。
テキスト p.321

イ **誤り** 住民訴訟の対象は、**違法**な財務会計上の行為又は怠る事実であり、住民監査請求と異なり、不当な財務会計上の行為又は怠る事実は対象とされていません。したがって、住民訴訟においては、公金支出の不当の問題について争うことはできません。 テキスト p.320

ウ **正しい** 住民訴訟がすでに係属しているときは、他の住民は、**別訴をもって同一の請求をすることができません**（242条の２第４項）。 テキスト p.321

エ **誤り** 住民訴訟は、当該普通地方公共団体の事務所の所在地を管轄する**地方裁判所**に提起することとされています（242条の２第５項）。 テキスト p.321

オ **正しい** 住民訴訟においては、**執行機関等に対し**、長・職員・当該行為又は怠る事実に係る**相手方への損害賠償請求又は不当利得返還請求をすることを求める請求**をすることができます（242条の２第１項４号）。したがって、違法な支出行為の相手方に損害賠償の請求をすべきであるのに長がこれをしていない場合、長に対して「当該相手方に損害賠償請求をすることを求める請求」を行うことができます。 テキスト p.320

正解 **4（ウ・オ）**

107 住民監査請求・住民訴訟

Check!

／　／　／　平29-24

難易度 **普**　重要度 **A**

　地方自治法による住民監査請求と住民訴訟に関する次の記述のうち、法令および最高裁判所の判例に照らし、妥当なものはどれか。

1　地方公共団体が随意契約の制限に関する法令の規定に違反して契約を締結した場合、当該契約は当然に無効であり、住民は、その債務の履行の差止めを求める住民訴訟を提起することができる。

2　住民訴訟によって、住民は、地方公共団体の契約締結の相手方に対し、不当利得返還等の代位請求をすることができる。

3　住民監査請求をするに当たって、住民は、当該地方公共団体の有権者のうち一定数以上の者とともに、これをしなければならない。

4　地方公共団体の住民が違法な公金の支出の差止めを求める住民訴訟を適法に提起した場合において、公金の支出がなされることによる重大な損害を避けるため、同時に執行停止の申立ても行うことができる。

5　監査委員が適法な住民監査請求を不適法として却下した場合、当該請求をした住民は、適法な住民監査請求を経たものとして、直ちに住民訴訟を提起することができる。

解説

1 妥当でない　地方公共団体が随意契約の制限に関する法令の規定に違反して契約を締結した場合でも、**当該契約は当然に無効となるわけではありません**（最判昭62.5.19）。したがって、住民は、その債務の履行の差止めを求める住民訴訟を提起することはできません。 テキスト p.315

2 妥当でない　住民訴訟によって、住民は、執行機関等に対し、地方公共団体の契約締結の**相手方への損害賠償請求又は不当利得返還請求をすることを求める請求**をすることはできますが（242条の2第1項4号）、地方公共団体の契約締結の相手方に対し、不当利得返還等の代位請求をすることはできません。 テキスト p.320

3 妥当でない　住民監査請求は、**住民1人でもすることができますので**（242条1項）、当該地方公共団体の有権者のうち一定数以上の者とともにこれをしなければならないというわけではありません。 テキスト p.319

4 妥当でない　地方公共団体の住民が違法な公金の支出の差止めを求める住民訴訟を適法に提起した場合（242条の2第1項1号）でも、**執行停止の制度は認められていません**。 テキスト p.320

5 妥当である　監査委員が適法な住民監査請求を不適法として却下した場合、当該請求をした住民は、**適法な住民監査請求を経たものとして、直ちに住民訴訟を提起することができます**（最判平10.12.18）。 テキスト p.321

正解　**5**

108 公の施設

Check!

／　／　／　　平26-44

難易度 普　重要度 B

　A市は、同市内に市民会館を設置しているが、その運営は民間事業者である株式会社Bに委ねられており、利用者の申請に対する利用の許可なども、Bによってなされている。住民の福利を増進するためその利用に供するために設置される市民会館などを地方自治法は何と呼び、また、その設置などに関する事項は、特別の定めがなければ、どの機関によりどのような形式で決定されるか。さらに、同法によれば、その運営に当たるBのような団体は、何と呼ばれるか。40字程度で記述しなさい。

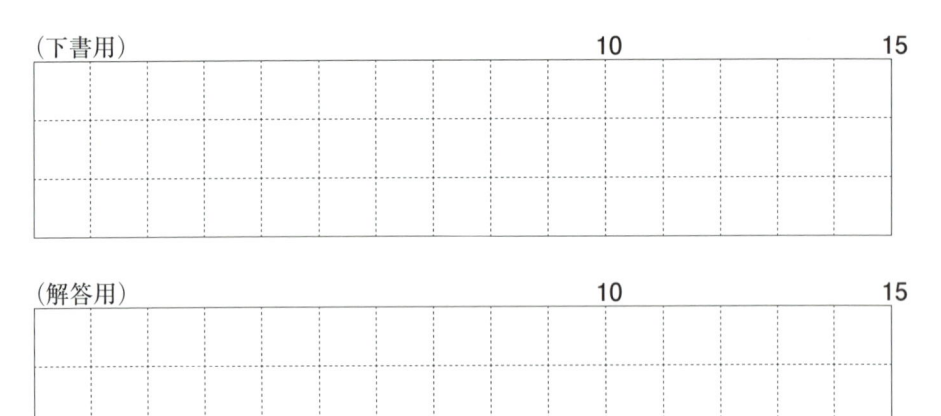

（下書用）　　　　　　　　　　　　　　　　　　　　10　　　　　　　15

（解答用）　　　　　　　　　　　　　　　　　　　　10　　　　　　　15

										10					15
公	の	施	設	と	呼	び	、	設	置	等	は	議	会	が	
条	例	で	決	し	、	管	理	す	る	団	体	を	指	定	
管	理	者	と	呼	ぶ	。									

（37字）

❶　市民会館などの地方公共団体が住民の福祉を増進する目的で住民に利用させるための施設のことを、**公の施設**と呼びます（244条1項）。 テキスト p.321

❷　公の施設の設置・管理に関する事項は、法律又はこれに基づく政令に特別の定めがあるものを除くほか、**条例**で定めなければなりません（244条の2第1項）。そして、条例を制定することは、**議会**の権限です（96条1項1号）。 テキスト p.322、299

❸　普通地方公共団体は、公の施設の設置の目的を効果的に達成するために必要があると認めるときは、条例の定めるところにより、法人その他の団体であって当該普通地方公共団体が指定するもの（**指定管理者**）に、当該公の施設の管理を行わせることができます（244条の2第3項）。したがって、A市の委託を受けて、公の施設である市民会館の運営にあたる株式会社Bのような団体のことを、指定管理者と呼びます。 テキスト p.322

⬤ 予想採点基準

①「公の施設と呼び」‥‥‥‥‥‥‥‥‥‥‥‥‥‥‥‥‥‥‥‥‥‥‥‥ 6点
②「議会が」‥‥‥‥‥‥‥‥‥‥‥‥‥‥‥‥‥‥‥‥‥‥‥‥‥‥‥‥ 4点
③「条例で決し」‥‥‥‥‥‥‥‥‥‥‥‥‥‥‥‥‥‥‥‥‥‥‥‥‥‥ 4点
④「管理する団体を指定管理者と呼ぶ」‥‥‥‥‥‥‥‥‥‥‥‥‥‥‥ 6点

109 公の施設

　公の施設についての地方自治法の規定に関する次の記述のうち、誤っているものはどれか。

1　公の施設とは、地方公共団体が設置する施設のうち、住民の福祉を増進する目的のため、その利用に供する施設をいう。

2　公の施設の設置およびその管理に関する事項は、条例により定めなければならない。

3　普通地方公共団体は、当該普通地方公共団体が指定する法人その他の団体に、公の施設の管理を行わせることができるが、そのためには長の定める規則によらなければならない。

4　普通地方公共団体は、公の施設の管理を行わせる法人その他の団体の指定をしようとするときは、あらかじめ、当該普通地方公共団体の議会の議決を経なければならない。

5　普通地方公共団体は、適当と認めるときは、当該普通地方公共団体が指定する法人その他の団体に、その管理する公の施設の利用に係る料金をその者の収入として収受させることができる。

解説

1 **正しい** 公の施設とは、地方公共団体が設置する施設のうち、**住民の福祉を増進する目的のため、その利用に供する施設**をいいます（244条1項）。
<u>テキスト p.321</u>

2 **正しい** 公の施設の設置およびその管理に関する事項は、**条例**により定めなければなりません（244条の2第1項）。<u>テキスト p.322</u>

3 **誤り** 普通地方公共団体は、**条例**の定めるところにより、当該普通地方公共団体が指定する法人その他の団体（指定管理者）に、公の施設の管理を行わせることができますが（244条の2第3項）、長の定める規則によることはできません。<u>テキスト p.322</u>

4 **正しい** 普通地方公共団体は、公の施設の管理を行わせる法人その他の団体（指定管理者）の指定をしようとするときは、あらかじめ、**当該普通地方公共団体の議会の議決を経なければなりません**（244条の2第6項）。
<u>テキスト p.322</u>

5 **正しい** 普通地方公共団体は、適当と認めるときは、当該普通地方公共団体が指定する法人その他の団体（指定管理者）に、**その管理する公の施設の利用に係る料金をその者の収入として収受させることができます**（244条の2第8項）。<u>テキスト p.322</u>

正解 3

110　関　与

地方自治法の定める関与に関する次の記述のうち、正しいものはどれか。

1　市町村は、その事務の処理に関し、都道府県の条例により、関与を受け、又は要することとされることがある。

2　関与は、その目的を達成するために必要な最小限度のものとするとともに、普通地方公共団体の自主性と自立性に配慮しなければならないが、法定受託事務についてはこの限りでない。

3　相反する利害を有する者の間の利害の調整を目的としてされる裁定のうち、双方を名あて人とするものは、関与として認められない。

4　地方公共団体の長その他の執行機関は、国の関与に不服があるときは、自治紛争処理委員に対して、文書で審査の申出をすることができる。

5　市町村長その他の執行機関は、都道府県の関与に不服があるときは、都道府県知事に対して、自治紛争処理委員の審査に付する旨の申出をすることができる。

解説

1 **誤り**　普通地方公共団体は、その事務の処理に関し、**法律又はこれに基づく政令**によらなければ、関与を受け、又は要することとされることはありません（245条の2）。したがって、都道府県の条例を根拠に関与を受けたりすることはありません。 テキスト p.324

2 **誤り**　関与は、その目的を達成するために必要な最小限度のものとするとともに、普通地方公共団体の自主性と自立性に配慮しなければなりません（245条の3第1項）。そして、この規定は、**自治事務についても法定受託事務についても、同様に適用されます**。 テキスト p.324

3 **正しい**　相反する利害を有する者の間の利害の調整を目的としてされる裁定のうち、**双方を名あて人とするものは、関与として認められない**とされています（245条3号かっこ書）。 テキスト p.325

4 **誤り**　地方公共団体の長その他の執行機関は、国の関与に不服があるときは、**国地方係争処理委員会**に対して、文書で審査の申出をすることができます（250条の13第1項〜3項）。なお、自治紛争処理委員は、地方公共団体間の係争処理を行う機関です。 テキスト p.325

5 **誤り**　市町村長その他の執行機関は、都道府県の関与に不服があるときは、**総務大臣**に対して、自治紛争処理委員の審査に付する旨の申出をすることができます（251条の3第1項〜3項）。このように、地方公共団体間の係争処理の申出先は、都道府県知事ではなく総務大臣です。 テキスト p.326、327

正解　3

民　法

科目別ガイダンス

1 出題傾向表

　直近10年間（平成26年度〜令和5年度）の本試験の出題傾向を表にまとめました（○：そのテーマから出題、△：肢の1つとして出題、記：記述式で出題）。

(1) 総則

		26	27	28	29	30	元	2	3	4	5
権利の主体・客体	権利能力								○		
	意思能力										
	行為能力		○			記		○			
	法 人	○			○						
	物										
意思表示	法律行為						○				
	意思表示	○	○		○	△		記	○	○	
代 理	代理とは何か										
	代理の成立要件										
	復代理						△				
	無権代理			○		△	△			記	
	表見代理						△				
	代理と使者										
無効・取消し	無 効										
	取消し										
条件・期限	条 件						△				
	期 限						△				
時 効	時効とは何か										
	時効の効力				○		○				
	時効の完成猶予・更新										
	取得時効									△	
	消滅時効										○

(2) 物権

		26	27	28	29	30	元	2	3	4	5
物権総論	物権とは何か				△						
	物権的請求権				△	△			△		
	物権変動										
	不動産物権変動①　−177条の「第三者」							記			
	不動産物権変動②　−登記を対抗要件とする物権変動					△			△		○
	動産物権変動①−対抗要件							△		△	
	動産物権変動②−即時取得							△		△	
	混 同										

		26	27	28	29	30	元	2	3	4	5
占有権	占有権とは何か										
	占有権の取得										
	占有権の効力		記		○					△	
	占有の訴え				△					△	
所有権	相隣関係			○			△				
	所有権の取得										
	共　有	△		○			記		△		
	土地・建物管理命令										
用益物権	地上権				△		△				
	永小作権										
	地役権	△			△		△				
担保物権	担保物権とは何か										
	留置権			○	△			△	○		
	先取特権	△		○	△			△			
	質　権							○	△		
	抵当権	△		○	△	○	△	○	△	○	記
	譲渡担保				△		△	△			○

（3）債権

		26	27	28	29	30	元	2	3	4	5
債権の目的	債権とは何か										
	特定物債権と種類債権										
債務不履行	債務不履行とは何か										
	債務不履行の要件			△						△	△
	債務不履行の効果			△						△	△
責任財産の保全	債権者代位権			△					○		
	詐害行為取消権	記		△							
多数当事者の債権・債務	分割債権・債務										
	不可分債権・債務										
	連帯債権										
	連帯債務				○						○
	保証債務	○									
債権譲渡・債務引受	債権譲渡				記				記		
	債務引受	△							○		
	契約上の地位の移転	△									
債権の消滅	弁　済	○	○				○				△
	代物弁済			○							
	相　殺										○

			26	27	28	29	30	元	2	3	4	5
契約総論		契約の分類										
		契約の成立										
		同時履行の抗弁権								○		
		危険負担									△	△
		第三者のためにする契約						記				
		契約の解除									○	△
権利移転型契約		贈与契約		○			記					
		売買契約	記		記					○		記
		交換契約										
貸借型契約		消費貸借契約										
		使用貸借契約					△					△
		賃貸借契約			△	△	○	○			○記	△
役務提供型契約		雇用契約										
		請負契約										△記
		委任契約						△				△
		寄託契約										△
契約以外の 債権発生原因		事務管理				△		△				
		不当利得				△						
		不法行為	○	○	○	○記	○	○	○	○記	○	○

(4) 親族

			26	27	28	29	30	元	2	3	4	5
夫　婦		婚　姻		△								
		離　婚		△	記		○					
親　子		実　子		記								
		養　子			○					○		
		親　権	○									
後見・扶養		後　見					○					
		扶　養										

(5) 相続

			26	27	28	29	30	元	2	3	4	5
相続人		相続人の種類・順位										
		相続資格の喪失										
相続の効力		相続の効力									△	
		遺産分割									△	
相続の承認・ 放棄		熟慮期間										
		種　類										
		承認・放棄の撤回・取消し										
遺言・遺留分		遺言の要件				△						△
		遺言の効力				△						△
		遺留分										

		26	27	28	29	30	元	2	3	4	5
配偶者居住権・特別の寄与	配偶者居住権								△		
	特別の寄与										

② 分析と対策

（1）学習指針

　行政書士試験の民法は、例年、5肢択一式9問（総則2問、物権2問、債権4問、親族・相続1問というパターンが多いです）が出題されます。このように、総則・物権・債権といった財産法からの出題がほとんどとなっています。また、記述式についても、その大半が財産法から出題されています。そこで、**まずは財産法をしっかり学習する**ことです。親族・相続といった家族法は、例年5肢択一式1問だけの出題ですから、財産法の学習を終えた後に『基本テキスト』を一読して過去問を解いておけば十分でしょう。

　また、民法は、行政法と異なり、過去問で問われた知識以外の知識が問われることが多く、**オリジナル問題をある程度こなしておく必要**があります（合格革命シリーズでは、オリジナル問題集として『一問一答式出るとこ千問ノック』『40字記述式・多肢選択式問題集』をご用意しています）。

（2）学習内容

　行政書士試験の民法の問題は「民法の規定および判例に照らし～」といった出題の仕方がほとんどですから、**民法の規定（条文）**と**判例**をとにかく押さえていくことです。

　ただし、民法では、A・Bといった登場人物が出てくる具体的な事例の形で出題がなされますので、単に条文・判例を覚えていくだけでは足りず、**具体的な事例の形で押さえていく**ことが必要です。また、**登場人物の関係図を書くなどして、事例問題の演習をこなす**ことが必要です。

　次に、民法では配点の高い記述式が2問出題されますから、記述式対策が必要となります。記述式では、具体的な事例を素材として、民法の条文や判例の文言、その事例において行使できる権利、なしうる請求の名称などが問われますので、**条文・判例の文言や民法上の法律用語を自分の手で書けるレベルにまで引き上げる**必要があります。そのためにも、民法は学習時間をとってじっくり学習しましょう。

（3）近時の出題傾向

　近時の行政書士試験の民法では、これまで出題されたことのない論点が出題さ

れたり、論点としてはこれまで出題されたことがあっても、その論点の中で出題されたことのない条文・判例が出題される傾向があります。このように、近時の行政書士試験の民法は、出題範囲がとても幅広いので、**学習時間がなかなか取れない人は、思い切ってこれまで出題されたことのない論点は捨てるなどの、戦略的な学習も必要**となるでしょう。

(4) 得点目標

　民法では、**7割正解**を目指す必要があるでしょう。

【民法の得点目標】

出題形式	出題数	得点目標
5肢択一式	9問（36点）	6問（24点）
記述式	2問（40点満点）	28点

第3部

民　法

1 権利能力・意思能力・行為能力

　権利能力、制限行為能力および意思能力に関する次の記述のうち、民法および判例に照らし、妥当なものはどれか。

1　胎児に対する不法行為に基づく当該胎児の損害賠償請求権については、胎児は既に生まれたものとみなされるので、胎児の母は、胎児の出生前に胎児を代理して不法行為の加害者に対し損害賠償請求をすることができる。

2　失踪の宣告を受けた者は、死亡したものとみなされ、権利能力を喪失するため、生存することの証明がなされ失踪の宣告が取り消された場合でも、失踪の宣告後その取消し前になされた行為はすべて効力を生じない。

3　成年後見人は、正当な事由があるときは、成年被後見人の許諾を得て、その任務を辞することができるが、正当な事由がないときでも、家庭裁判所の許可を得て、その任務を辞することができる。

4　成年被後見人の法律行為について、成年後見人は、これを取り消し、または追認することができるが、成年被後見人は、事理弁識能力を欠く常況にあるため、後見開始の審判が取り消されない限り、これを取り消し、または追認することはできない。

5　後見開始の審判を受ける前の法律行為については、制限行為能力を理由として当該法律行為を取り消すことはできないが、その者が当該法律行為の時に意思能力を有しないときは、意思能力の不存在を立証して当該法律行為の無効を主張することができる。

1 　**妥当でない**　　胎児に対する不法行為に基づく当該胎児の損害賠償請求権については、胎児は既に生まれたものとみなされますから（721条）、前半は妥当です。しかし、法定代理人が胎児の出生前に胎児を代理することはできませんから（大判昭7.10.6）、胎児の母は、胎児の出生前に胎児を代理して不法行為の加害者に対し損害賠償請求をすることはできず、後半は妥当でないといえます。 テキスト p.348

2 　**妥当でない**　　失踪の宣告を受けた者は、死亡したものとみなされますが（31条）、現実に死亡したわけではないので、権利能力を喪失するわけではありません。したがって、失踪の宣告後その取消し前になされた行為は、その効力を生じます。 テキスト p.350

3 　**妥当でない**　　後見人は、正当な事由があるときは、家庭裁判所の許可を得て、辞任することができます（844条）。したがって、成年被後見人の許諾を得て辞任することはできませんし、正当な事由がないときは、家庭裁判所の許可を得たとしても、辞任することはできません。 テキスト p.554

4 　**妥当でない**　　成年被後見人の法律行為について、成年後見人は、これを取り消し（9条、120条1項）、または追認すること（122条）ができますから、前半は妥当です。しかし、追認は、取消しの原因となっていた状況が消滅した後にしなければ、その効力を生じませんが（124条1項）、取消しは、その原因となった状況が消滅した後でなくてもすることができますので、成年被後見人は、後見開始の審判が取り消されなくても、法律行為を取り消すことができます。したがって、後半は妥当でないといえます。 テキスト p.380、381

5 　**妥当である**　　成年被後見人といえるためには、家庭裁判所の審判を受けることが必要ですから（7条）、後見開始の審判を受ける前の法律行為については、制限行為能力を理由として当該法律行為を取り消すことはできません。また、意思無能力者の行った行為は無効とされますから（3条の2）、当該法律行為の時に意思能力を有しないときは、意思能力の不存在を立証して当該法律行為の無効を主張することができます。 テキスト p.350、352

正解　　**5**

2 行為能力

　制限行為能力者に関する次の記述のうち、民法の規定に照らし、正しいものの組合せはどれか。

ア　家庭裁判所が後見開始の審判をするときには、成年被後見人に成年後見人を付するとともに、成年後見人の事務を監督する成年後見監督人を選任しなければならない。

イ　被保佐人がその保佐人の同意を得なければならない行為は、法に定められている行為に限られ、家庭裁判所は、本人や保佐人等の請求があったときでも、被保佐人が法に定められている行為以外の行為をする場合にその保佐人の同意を得なければならない旨の審判をすることはできない。

ウ　家庭裁判所は、本人や保佐人等の請求によって、被保佐人のために特定の法律行為について保佐人に代理権を付与する旨の審判をすることができるが、本人以外の者の請求によってその審判をするには、本人の同意がなければならない。

エ　家庭裁判所は、本人や配偶者等の請求により、補助開始の審判をすることができるが、本人以外の者の請求によって補助開始の審判をするには、本人の同意がなければならない。

オ　後見開始の審判をする場合において、本人が被保佐人または被補助人であるときは、家庭裁判所は、その本人に係る保佐開始または補助開始の審判を取り消す必要はないが、保佐開始の審判をする場合において、本人が成年被後見人であるときは、家庭裁判所は、その本人に係る後見開始の審判を取り消さなければならない。

1　ア・イ
2　ア・オ
3　イ・ウ
4　ウ・エ
5　エ・オ

解説

ア 　**誤り**　成年被後見人には、保護者として**成年後見人が付されますから**（8条）、前半は正しいです。しかし、家庭裁判所は、必要があると認めるときは、被後見人、その親族若しくは後見人の請求により又は職権で、**後見監督人を選任することができる**とされ（849条）、成年後見監督人の選任は任意ですから、後半は誤りです。　テキスト p.352

イ 　**誤り**　被保佐人がその保佐人の同意を得なければならない行為は、民法13条1項本文に定められていますが、家庭裁判所は、本人や保佐人等の請求により、**定められている行為以外の行為をする場合にその保佐人の同意を得なければならない旨の審判をすることができます**（13条2項）。　テキスト p.353

ウ 　**正しい**　家庭裁判所は、本人や保佐人等の請求によって、被保佐人のために**特定の法律行為について保佐人に代理権を付与する旨の審判**をすることができます（876条の4第1項）。本人以外の者の請求によってその審判をするには、**本人の同意**がなければなりません（876条の4第2項）。　テキスト p.352、353

エ 　**正しい**　家庭裁判所は、本人や配偶者等の請求により、**補助開始の審判**をすることができます（15条1項）。本人以外の者の請求によって補助開始の審判をするには、**本人の同意**がなければなりません（15条2項）。　テキスト p.353

オ 　**誤り**　後見開始の審判をする場合において、本人が被保佐人・被補助人であるときは、家庭裁判所は、その本人に係る保佐開始・補助開始の審判を**取り消さなければなりません**（19条1項）。また、保佐開始の審判をする場合において、本人が成年被後見人であるときは、家庭裁判所は、その本人に係る後見開始の審判を**取り消さなければなりません**（19条2項）。　テキスト p.354

正解　**4（ウ・エ）**

3 行為能力

　画家Aは、BからAの絵画（以下「本件絵画」といい、評価額は500万円〜600万円であるとする。）を購入したい旨の申込みがあったため、500万円で売却することにした。ところが、A・B間で同売買契約（本問では、「本件契約」とする。）を締結したときに、Bは、成年被後見人であったことが判明したため（成年後見人はCであり、その状況は現在も変わらない。）、Aは、本件契約が維持されるか否かについて懸念していたところ、Dから本件絵画を気に入っているため600万円ですぐにでも購入したい旨の申込みがあった。Aは、本件契約が維持されない場合には、本件絵画をDに売却したいと思っている。Aが本件絵画をDに売却する前提として、Aは、<u>誰に対し</u>、1か月以上の期間を定めて<u>どのような催告をし</u>、その期間内に<u>どのような結果を得る</u>必要があるか。なお、AおよびDは、制限行為能力者ではない。

　「Aは、」に続け、下線部分につき40字程度で記述しなさい。記述に当たっては、「本件契約」を入れることとし、他方、「1か月以上の期間を定めて」および「その期間内に」の記述は省略すること。

（下書用）

									10					15
Aは、														

（解答用）

									10					15
Aは、														

Aは、　　　　　　　　　　　　　　　　　　　10　　　　　　　　15

C	に	対	し	、	本	件	契	約	を	追	認	す	る	か
ど	う	か	を	確	答	す	べ	き	旨	の	催	告	を	し
、	追	認	し	な	い	旨	の	確	答	を	得	る	。	

（44字）

❶ 　本問の１〜３行目に「画家Aは、Bから…本件絵画…を購入したい旨の申込みがあったため、500万円で売却することにした」とあり、４行目に「Bは、成年被後見人であったことが判明した」とあることから、本問では成年被後見人（制限行為能力者）との間の売買契約が問題となっていることがわかります。

❷ 　次に、本問の７〜８行目に「Aは、本件契約が維持されない場合には、本件絵画をDに売却したいと思っている」とあり、Aが本件契約の効力を否定するための措置が問われていることがわかります。

❸ 　制限行為能力者の相手方が、制限行為能力者が行為能力者とならない間に、その**法定代理人**、保佐人又は補助人に対し、その権限内の行為について、１か月以上の期間を定めて、**その期間内にその取り消すことができる行為を追認するかどうかを確答すべき旨の催告**をした場合において、これらの者がその期間内に**確答を発しないときは、その行為を追認したものとみ**なされます（20条２項・１項）。 テキスト p.355

❹ 　したがって、Aは、法定代理人（**成年後見人C**）に対し、本件契約を追認するかどうかを確答すべき旨の催告をし、**追認しない旨の確答を得なければ、本件契約を追認したものとみなされてしまい**、本件契約の効力を否定することができません。

◯ 予想採点基準 ━━━━━

①「Cに対し」 ・・・ 4点

②「本件契約を追認するかどうかを確答すべき旨の催告をし」 ・・・・・・・・ 8点

③「追認しない旨の確答を得る」 ・・・・・・・・・・・・・・・・・・・・・・・・・・・・・・・・・ 8点

第３部

民法

4 行為能力

　制限行為能力者に関する次の記述のうち、民法の規定および判例に照らし、誤っているものはどれか。

1　未成年者について、親権を行う者が管理権を有しないときは、後見が開始する。

2　保佐人は、民法が定める被保佐人の一定の行為について同意権を有するほか、家庭裁判所が保佐人に代理権を付与する旨の審判をしたときには特定の法律行為の代理権も有する。

3　家庭裁判所は、被補助人の特定の法律行為につき補助人の同意を要する旨の審判、および補助人に代理権を付与する旨の審判をすることができる。

4　被保佐人が保佐人の同意を要する行為をその同意を得ずに行った場合において、相手方が被保佐人に対して、一定期間内に保佐人の追認を得るべき旨の催告をしたが、その期間内に回答がなかったときは、当該行為を追認したものと擬制される。

5　制限行為能力者が、相手方に制限行為能力者であることを黙秘して法律行為を行った場合であっても、それが他の言動と相まって相手方を誤信させ、または誤信を強めたものと認められるときは、詐術にあたる。

解説

1 　**正しい**　未成年者について、親権を行う者がないとき、又は**親権を行う者が管理権を有しないとき**は、後見が開始します（838条1号）。テキスト p.554

2 　**正しい**　保佐人は、民法が定める被保佐人の一定の行為について**同意権**を有します（13条1項本文）。また、保佐人は、家庭裁判所が保佐人に代理権を付与する旨の審判をしたときには**特定の法律行為の代理権**も有します（876条の4第1項）。テキスト p.352、353

3 　**正しい**　家庭裁判所は、被補助人の特定の法律行為につき**補助人の同意を要する旨の審判**（17条1項）、および**補助人に代理権を付与する旨の審判**（876条の9第1項）をすることができます。テキスト p.353

4 　**誤り**　被保佐人が保佐人の同意を要する行為をその同意を得ずに行った場合において、相手方が被保佐人に対して、一定期間内に保佐人の追認を得るべき旨の催告をしたが、その期間内に回答がなかったときは、当該行為を**取り消したもの**と擬制されます（20条4項）。テキスト p.355

5 　**正しい**　制限行為能力者が、相手方に制限行為能力者であることを黙秘して法律行為を行った場合であっても、**それが他の言動と相まって相手方を誤信させ、または誤信を強めたものと認められるとき**は、詐術にあたるとされています（最判昭44.2.13）。テキスト p.356

正解　**4**

5 権利能力なき社団・組合契約

　A、B、CおよびDは、共同で事業を営む目的で「X会」という団体を設立した。この場合に関する次の記述のうち、民法の規定および判例に照らし、誤っているものはどれか。

1　X会が権利能力なき社団であり、Aがその代表者である場合、X会の資産として不動産があるときは、その不動産の公示方法として、Aは、A個人の名義で所有権の登記をすることができる。

2　X会が民法上の組合である場合、X会の取引上の債務については、X会の組合財産がその債務のための責任財産になるとともに、組合員であるA、B、CおよびDも、各自が損失分担の割合又は等しい割合に応じて責任を負う。

3　X会が権利能力なき社団である場合、X会の取引上の債務については、その構成員全員に1個の債務として総有的に帰属し、X会の社団財産がその債務のための責任財産になるとともに、構成員であるA、B、CおよびDも各自が連帯して責任を負う。

4　X会が民法上の組合である場合、組合員であるA、B、CおよびDは、X会の組合財産につき持分権を有するが、X会が解散して清算が行われる前に組合財産の分割を求めることはできない。

5　X会が権利能力なき社団である場合、構成員であるA、B、CおよびDは、全員の同意をもって、総有の廃止その他X会の社団財産の処分に関する定めのなされない限り、X会の社団財産につき持分権を有さず、また、社団財産の分割を求めることができない。

解説

1 正しい　権利能力なき社団が取得した不動産については、社団名義の登記や社団の代表者たる肩書を付けた代表者名義の登記をすることはできず、社団の代表者が構成員全員の受託者としての地位において個人名義で登記することとなります（最判昭47.6.2）。したがって、Aは、A個人の名義で所有権の登記をすることができます。テキスト p.357

2 正しい　組合の債務については、組合員が損失分担の割合又は等しい割合に応じて個人的責任を負います（675条2項）。したがって、組合員であるA、B、CおよびDも、各自が損失分担の割合又は等しい割合に応じて責任を負います。テキスト p.357

3 誤り　権利能力なき社団の債務も、構成員に総有的に帰属するものと解されており、構成員は相手方に対して個人的責任を負いません（最判昭48.10.9）。したがって、構成員であるA、B、CおよびDが各自連帯して責任を負うわけではありません。テキスト p.356、357

4 正しい　組合の財産は、総組合員の共有に属するとされており（668条）、組合員は、持分権を有していますが、清算前の分割請求権を有していません（676条3項）。したがって、組合員であるA、B、CおよびDは、X会の組合財産につき持分権を有しますが、X会が解散して清算が行われる前に組合財産の分割を求めることはできません。テキスト p.357

5 正しい　権利能力なき社団の財産は、構成員に総有的に帰属するものと解されており、構成員は持分権や分割請求権を有しません（最判昭32.11.14）。したがって、構成員であるA、B、CおよびDは、全員の同意をもって、総有の廃止その他X会の社団財産の処分に関する定めのなされない限り、X会の社団財産につき持分権を有さず、また、社団財産の分割を求めることができません。テキスト p.356

正解　3

6 心裡留保・虚偽表示

　心裡留保および虚偽表示に関する次の記述のうち、民法の規定および判例に照らし、妥当なものはどれか。

1　養子縁組につき、当事者の一方において真に養親子関係の設定を欲する意思がない場合であっても、相手方がその真意につき善意、無過失であり、縁組の届出手続が行われたときは、その養子縁組は有効である。

2　財団法人（一般財団法人）の設立に際して、設立関係者全員の通謀に基づいて、出捐者が出捐の意思がないにもかかわらず一定の財産の出捐を仮装して虚偽の意思表示を行った場合であっても、法人設立のための当該行為は相手方のない単独行為であるから虚偽表示にあたらず、財団法人の設立の意思表示は有効である。

3　土地の仮装譲渡において、仮装譲受人が同地上に建物を建設してその建物を他に賃貸した場合、建物賃借人において土地譲渡が虚偽表示によるものであることについて善意であるときは、土地の仮装譲渡人はその建物賃借人に対して、土地譲渡の無効を理由として建物からの退去および土地の明渡しを求めることができない。

4　仮装の売買契約に基づく売買代金債権が他に譲渡された場合、債権の譲受人は第三者にあたらないため、譲受人は、譲受債権の発生原因が虚偽表示によるものであることについて善意であっても、買主に対して売買代金の支払を求めることができない。

5　金銭消費貸借契約が仮装され、借主に金銭が交付されていない場合であっても、当該契約に基づく貸金債権を譲り受けた者は、譲受債権の発生原因が虚偽表示によるものであることについて善意であるときは、借主に対して貸金の返済を求めることができる。

解説

1 ┃妥当でない┃ 意思表示は、表意者がその真意ではないことを知ってしたとき（心裡留保）であっても、相手方がその真意について善意、無過失であれば有効です（93条1項）。しかし、真に養親子関係の設定を欲する効果意思がない場合、養子縁組は民法802条1号によって無効であり、この無効は絶対的なものですから、民法93条1項の適用はありません（最判昭23.12.23）。

┃テキスト p.362┃

2 ┃妥当でない┃ 財団法人（一般財団法人）の設立に際して、設立関係者全員の通謀に基づいて、出捐者が出捐の意思がないにもかかわらず一定の財産の出捐を仮装して虚偽の意思表示を行った場合、法人設立のための当該行為は相手方のない単独行為ですが、民法94条の類推適用により財団法人の設立の意思表示は無効となります（最判昭56.4.28）。┃テキスト p.363┃

3 ┃妥当でない┃ 土地の仮装譲受人から当該土地上の建物を賃借した者は、民法94条2項の「第三者」に該当しません（最判昭57.6.8）。したがって、建物賃借人が善意であったとしても、土地の仮装譲渡人はその建物賃借人に対して、土地譲渡の無効を理由として建物からの退去及び土地の明渡しを求めることができます。┃テキスト p.364┃

4 ┃妥当でない┃ 虚偽表示により債権を作出した者から当該債権を譲り受けた者は、民法94条2項の「第三者」に該当します（大判昭13.12.17）。したがって、仮装の売買契約に基づく売買代金債権の譲受人は、善意であれば、買主に対して売買代金の支払を求めることができます。┃テキスト p.364┃

5 ┃妥当である┃ 虚偽表示により債権を作出した者から当該債権を譲り受けた者は、民法94条2項の「第三者」に該当します（大判昭13.12.17）。したがって、金銭消費貸借契約が仮装され、借主に金銭が交付されていない場合であっても、当該契約に基づく貸金債権を譲り受けた者は、善意であるときは、借主に対して貸金の返済を求めることができます。┃テキスト p.364┃

正解　**5**

7 虚偽表示

　虚偽表示の無効を対抗できない善意の第三者に関する次の記述のうち、民法の規定および判例に照らし、妥当でないものはどれか。

1　AはBと通謀してA所有の土地をBに仮装譲渡したところ、Bは当該土地上に建物を建築し、これを善意のCに賃貸した。この場合、Aは、虚偽表示の無効をCに対抗できない。

2　AはBと通謀してA所有の土地をBに仮装譲渡したところ、Bが当該土地を悪意のCに譲渡し、さらにCが善意のDに譲渡した。この場合、Aは、虚偽表示の無効をDに対抗できない。

3　AはBと通謀してA所有の土地をBに仮装譲渡したところ、Bは善意の債権者Cのために当該土地に抵当権を設定した。この場合、Aは、虚偽表示の無効をCに対抗できない。

4　AはBと通謀してA所有の土地をBに仮装譲渡したところ、Bの債権者である善意のCが、当該土地に対して差押えを行った。この場合、Aは、虚偽表示の無効をCに対抗できない。

5　AはBと通謀してAのCに対する指名債権をBに仮装譲渡したところ、Bは当該債権を善意のDに譲渡した。この場合、Aは、虚偽表示の無効をDに対抗できない。

解説

　虚偽表示の無効は、善意の第三者に対抗することができないとされています（94条2項）。テキスト p.363、364

1　**妥当でない**　土地の仮装譲受人から当該土地上の建物を賃借した者は、**94条2項の「第三者」に該当しません**（最判昭57.6.8）。したがって、Aは、土地の仮装譲受人Bから当該土地上の建物を賃借したCに対し、虚偽表示の無効を対抗できます。テキスト p.364

2　**妥当である**　虚偽表示により目的物を譲り受けた者からさらに目的物を譲り受けた転得者は、**94条2項の「第三者」に該当します**（最判昭45.7.24）。したがって、Aは、虚偽表示により土地を譲り受けたBからさらに当該土地を譲り受けたDに対し、虚偽表示の無効を対抗できません。なお、Cも転得者ですが、Cは悪意なので、Aは、Cに対しては虚偽表示の無効を対抗できます。テキスト p.364

3　**妥当である**　虚偽表示により目的物を譲り受けた者からその目的物について抵当権の設定を受けた者は、**94条2項の「第三者」に該当します**（大判昭6.10.24）。したがって、Aは、虚偽表示により土地を譲り受けたBからその土地について抵当権の設定を受けたCに対し、虚偽表示の無効を対抗できません。テキスト p.364

4　**妥当である**　虚偽表示により譲り受けた目的物を差し押さえた仮装譲受人の一般債権者は、**94条2項の「第三者」に該当します**（最判昭48.6.28）。したがって、Aは、虚偽表示により譲り受けた土地を差し押さえたBの一般債権者Cに対し、虚偽表示の無効を対抗できません。テキスト p.364

5　**妥当である**　虚偽表示により債権を作出した者から当該仮装債権を譲り受けた者は、**94条2項の「第三者」に該当します**（大判昭13.12.17）。したがって、Aは、虚偽表示により債権を作出したBから当該仮装債権を譲り受けたDに対し、虚偽表示の無効を対抗できません。テキスト p.364

正解　1

8　錯　誤

／　／　／　平25-27改

難易度 **普**　重要度 **A**

　錯誤による意思表示に関する次のア～オの記述のうち、民法の規定および判例に照らし、妥当なものの組合せはどれか。

ア　錯誤による意思表示の取消しが認められるためには、取引上の社会通念にかかわりなく、当該表意者のみにとって、その錯誤が重要なものであることが認められれば足りる。

イ　法律行為の相手方の誤認（人違い）の錯誤については、売買においては重要な錯誤となるが、賃貸借や委任においては重要な錯誤とはならない。

ウ　動機の錯誤については、その事情が法律行為の基礎とされていることが明示的に表示されていたときは意思表示を取り消すことができるが、黙示的に表示されるにとどまるときは意思表示を取り消すことはできない。

エ　表意者が錯誤による意思表示の取消しを主張しないときは、相手方または第三者は取消しの主張をすることはできないが、第三者が表意者に対する債権を保全する必要があるときは、第三者が取消しの主張をすることもできる。

オ　表意者が錯誤に陥ったことについて重大な過失があったときは、表意者は、自ら意思表示の取消しを主張することができない。この場合には、相手方が、表意者に重大な過失があったことについて主張・立証しなければならない。

1　ア・イ
2　ア・ウ
3　イ・エ
4　ウ・オ
5　エ・オ

解説

ア **妥当でない**　意思表示は、①錯誤に基づくものであって、②その錯誤が法律行為の目的及び取引上の社会通念に照らして重要なものであるときは、取り消すことができます（95条1項）。したがって、表意者にとって錯誤が重要なものであることが認められるだけでは足りません。 `テキスト p.365`

イ **妥当でない**　法律行為の相手方の誤認（人違い）の錯誤については、現実売買（その場で物の引渡しと代金の支払いが行われる売買）のような誰が相手方であっても影響がない場合を除き、重要な錯誤となります。したがって、賃貸借や委任においても、重要な錯誤となり得ます。 `テキスト p.365`

ウ **妥当でない**　動機の錯誤の場合は、その事情が法律行為の基礎とされていることが表示されていたときに限り、取り消すことができ（95条2項）、表示は明示的なものであるか黙示的なものであるかを問いません。したがって、黙示的に表示されるにとどまるときであっても、意思表示を取り消すことができる場合があります。 `テキスト p.365`

エ **妥当である**　錯誤によって取り消すことができる行為の取消権者は、瑕疵ある意思表示をした者（表意者）又はその代理人・承継人に限られています（120条2項）。したがって、相手方または第三者は取消しの主張をすることはできないのが原則です。しかし、第三者が表意者に対する債権を保全する必要があるときは、表意者に属する権利を行使することができますので（債権者代位権：423条1項）、例外的に第三者が取消しの主張をすることができます。 `テキスト p.380`

オ **妥当である**　表意者が錯誤に陥ったことについて重大な過失があったときは、表意者は、自ら意思表示の取消しを主張することができません（95条3項）。この場合には、相手方が、表意者に重大な過失があったことについて主張・立証しなければなりません（大判大7.12.3）。 `テキスト p.366`

正解　**5（エ・オ）**

9 詐 欺

Check!
／　／　／　令2-45

難易度 **易**　　重要度 **A**

　Aは、Bとの間で、A所有の甲土地をBに売却する旨の契約（以下、「本件契約」という。）を締結したが、Aが本件契約を締結するに至ったのは、平素からAに恨みをもっているCが、Aに対し、甲土地の地中には戦時中に軍隊によって爆弾が埋められており、いつ爆発するかわからないといった嘘の事実を述べたことによる。Aは、その爆弾が埋められている事実をBに伝えた上で、甲土地を時価の2分の1程度でBに売却した。売買から1年後に、Cに騙されたことを知ったAは、本件契約に係る意思表示を取り消すことができるか。民法の規定に照らし、40字程度で記述しなさい。なお、記述にあたっては、「本件契約に係るAの意思表示」を「契約」と表記すること。

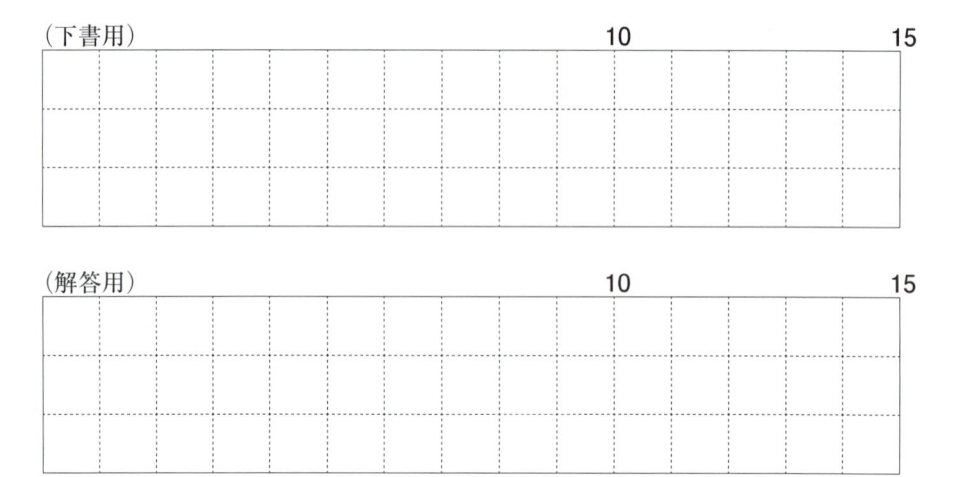

（下書用）　　　　　　　　　　　　　　　　　　10　　　　　　　15

（解答用）　　　　　　　　　　　　　　　　　　10　　　　　　　15

				10								15		
Ｂ	が	詐	欺	の	事	実	を	知	り	又	は	知	る	こ
と	が	で	き	た	と	き	に	限	り	、	Ａ	は	、	契
約	を	取	り	消	す	こ	と	が	で	き	る	。		

（43字）

❶　問題文の６～７行目に「Ｃに騙されたことを知ったＡは、本件契約に係る意思表示を取り消すことができるか」とあることから、詐欺による意思表示の取消しが問題となっていることがわかります。

❷　次に、問題文の１～５行目に「Ａは、Ｂとの間で、Ａ所有の甲土地をＢに売却する旨の契約…を締結したが、Ａが本件契約を締結するに至ったのは、…Ｃが、Ａに対し、…嘘の事実を述べたことによる」とあり、契約当事者（Ａ・Ｂ）以外の第三者（Ｃ）が詐欺を行った場合の問題であることがわかります。

❸　そして、相手方に対する意思表示について第三者が詐欺を行った場合においては、**相手方がその事実を知り、または知ることができたとき**に限り、その意思表示を取り消すことができるとされています（96条２項）。 テキスト p.366、367

❹　したがって、相手方Ｂが詐欺の事実を知り又は知ることができたときに限り、Ａは、契約を取り消すことができます。

◖ **予想採点基準**

①「Ｂが」 …………………………………………………………… 4点

②「詐欺の事実を知り」 …………………………………………… 8点

③「又は知ることができたとき」 ………………………………… 8点

10 詐欺・強迫

　Aが自己所有の甲土地をBに売却する旨の契約（以下、「本件売買契約」という。）が締結された。この場合に関する次の記述のうち、民法の規定および判例に照らし、妥当なものはどれか。

1　AはBの強迫によって本件売買契約を締結したが、その後もBに対する畏怖の状態が続いたので取消しの意思表示をしないまま10年が経過した。このような場合であっても、AはBの強迫を理由として本件売買契約を取り消すことができる。

2　AがBの詐欺を理由として本件売買契約を取り消したが、甲土地はすでにCに転売されていた。この場合において、CがAに対して甲土地の所有権の取得を主張するためには、Cは、Bの詐欺につき知らず、かつ知らなかったことにつき過失がなく、また、対抗要件を備えていなければならない。

3　AがDの強迫によって本件売買契約を締結した場合、この事実をBが知らず、かつ知らなかったことにつき過失がなかったときは、AはDの強迫を理由として本件売買契約を取り消すことができない。

4　AがEの詐欺によって本件売買契約を締結した場合、この事実をBが知っていたときは、AはEの詐欺を理由として本件売買契約を取り消すことができるが、この事実をBが知ることができたにすぎないときは、AはEの詐欺を理由として本件売買契約を取り消すことができない。

5　Aは未成年者であったが、その旨をBに告げずに本件売買契約を締結した場合、制限行為能力者であることの黙秘は詐術にあたるため、Aは未成年者であることを理由として本件売買契約を取り消すことはできない。

解説

1 | 妥当である |　取消権は、追認をすることができる時から5年間行使しないときは、時効によって消滅します（126条前段）。そして、追認は、取消しの原因となっていた状況が消滅し、かつ、取消権を有することを知った後にしなければ、その効力を生じません（124条1項）。本肢では、Bに対する畏怖の状態が続いているので、取消しの原因となっていた状況が消滅しておらず、「追認をすることができる時」に当たりませんから、本件売買契約から10年が経過していたとしても、強迫を理由として本件売買契約を取り消すことができます。 テキスト p.381、382

2 | 妥当でない |　詐欺による意思表示の取消しは、善意でかつ過失がない第三者に対抗することができないとされていますから（96条3項）、Cは、Bの詐欺につき知らず、かつ知らなかったことにつき過失がないことが必要です。しかし、96条3項の「第三者」は、対抗要件を備えた者に限定されませんから（最判昭49.9.26）、Cは、対抗要件を備えている必要はありません。 テキスト p.367

3 | 妥当でない |　第三者が強迫をした場合、相手方が強迫の事実を過失なく知らなかったとしても、意思表示を取り消すことができます（96条2項反対解釈）。したがって、強迫の事実を相手方Bが知らず、かつ知らなかったことにつき過失がなかったとしても、AはDの強迫を理由として本件売買契約を取り消すことができます。 テキスト p.368

4 | 妥当でない |　相手方に対する意思表示について第三者が詐欺を行った場合においては、相手方がその事実を知り、又は知ることができたときに限り、その意思表示を取り消すことができます（96条2項）。したがって、詐欺の事実をBが知っていたときも、知ることができたにすぎないときも、AはEの詐欺を理由として本件売買契約を取り消すことができます。 テキスト p.366、367

5 | 妥当でない |　制限行為能力者が行為能力者であることを信じさせるため詐術を用いたときは、その行為を取り消すことができません（21条）。そして、単に黙秘することのみでは「詐術」に当たりません（最判昭44.2.13）。したがって、Aは未成年者であることを理由として本件売買契約を取り消すことができます。 テキスト p.356

正解　**1**

第3部 民法

11 代理の成立要件

　代理に関する次の記述のうち、民法の規定および判例に照らし、妥当なものはどれか。

1　Aは留守中の財産の管理につき単に妻Bに任せるといって海外へ単身赴任したところ、BがAの現金をA名義の定期預金としたときは、代理権の範囲外の行為に当たり、その効果はAに帰属しない。

2　未成年者Aが相続により建物を取得した後に、Aの法定代理人である母Bが、自分が金融業者Cから金銭を借りる際に、Aを代理して行ったCとの間の当該建物への抵当権設定契約は、自己契約に該当しないので、その効果はAに帰属する。

3　A所有の建物を売却する代理権をAから与えられたBが、自らその買主となった場合に、そのままBが移転登記を済ませてしまったときには、AB間の売買契約について、Aに効果が帰属する。

4　建物を購入する代理権をAから与えられたBが、Cから建物を買った場合に、Bが未成年者であったときでも、Aは、Bの未成年であることを理由にした売買契約の取消しをCに主張することはできない。

5　Aの代理人Bが、Cを騙してC所有の建物を安い値で買った場合、AがBの欺罔行為につき善意無過失であったときには、B自身の欺罔行為なので、CはBの詐欺を理由にした売買契約の取消しをAに主張することはできない。

解説

1 | **妥当でない** | 権限の定めのない代理人は、①保存行為、②代理の目的である物又は権利の性質を変えない範囲内において、その利用又は改良を目的とする行為をする権限を有します（103条）。そして、現金を定期預金にすることは、上記の②に当たります。したがって、BがAの現金をA名義の定期預金としたときでも、代理権の範囲外の行為に当たりません。 テキスト p.370

2 | **妥当でない** | 親権を行う父又は母とその子との利益が相反する行為（利益相反行為）については、親権を行う者は、その子のために特別代理人を選任することを家庭裁判所に請求しなければならず（826条1項）、これに違反してなされた代理行為は無権代理となります（最判昭46.4.20）。そして、Aの法定代理人である母Bが、自分が金融業者Cから金銭を借りる際に、Aを代理して行ったCとの間の当該建物への抵当権設定契約は、利益相反行為に該当します。したがって、その効果はAに帰属しません。 テキスト p.551、552

3 | **妥当でない** | 同一の法律行為については、相手方の代理人となることができず（108条1項本文）、これに違反した場合は無権代理となります。したがって、建物を売却する代理権をAから与えられたBが、自らその買主となった場合、AB間の売買契約について、Aに効果が帰属しません。
テキスト p.370、371

4 | **妥当である** | 制限行為能力者が代理人として行為しても、その効果は本人に帰属し制限行為能力者に不利益は生じませんから、代理行為を行為能力の制限によって取り消すことはできません（102条本文）。したがって、Aは、Bの未成年であることを理由にした売買契約の取消しをCに主張することはできません。 テキスト p.373

5 | **妥当でない** | 代理人が相手方を騙した場合、その相手方は、本人が詐欺の事実を知らなかったとしても、取り消すことができます（101条1項、96条1項）。したがって、Aの代理人Bが、Cを騙してC所有の建物を安い値で買った場合、AがBの欺罔行為につき善意無過失であったとしても、CはBの詐欺を理由にした売買契約の取消しをAに主張することができます。
テキスト p.373

正解 **4**

12 無権代理

　Aの子Bが、Aに無断でAの代理人としてA所有の土地をCに売却する契約を結んだ。この場合に関する次の記述のうち、民法の規定および判例に照らし、妥当なものはどれか。

1　CはAが追認した後であっても、この売買契約を取り消すことができる。

2　Bが未成年者である場合、Aがこの売買契約の追認を拒絶したならば、CはBに対して履行の請求をすることはできるが、損害賠償の請求をすることはできない。

3　Aがこの売買契約の追認を拒絶した後に死亡した場合、BがAを単独相続したとしても無権代理行為は有効にはならない。

4　Aが追認または追認拒絶をしないまま死亡してBがAを相続した場合、共同相続人の有無にかかわらず、この売買契約は当然に有効となる。

5　Cが相当の期間を定めてこの売買契約を追認するかどうかをAに対して回答するよう催告したが、Aからは期間中に回答がなかった場合、Aは追認を拒絶したものと推定される。

解説

1 　**妥当でない**　無権代理人がした契約は、**本人が追認をしない間**は、相手方が取り消すことができます（115条本文）。したがって、Cは、Aが追認した後であれば、売買契約を取り消すことができません。 テキスト p.376

2 　**妥当でない**　無権代理人は、相手方に対して履行又は損害賠償の責任を負うのが原則です（117条1項）。もっとも、**無権代理人が行為能力を有しなかったときは、無権代理人の責任を追及することができません**（117条2項）。したがって、Bが未成年者である場合、CはBに対して履行の請求をすることも損害賠償の請求をすることもできません。 テキスト p.376

3 　**妥当である**　本人が追認を拒絶した後に死亡したときは、無権代理人が本人を単独で相続したとしても、無権代理行為は**有効になりません**（最判平10.7.17）。したがって、Aが売買契約の追認を拒絶した後に死亡した場合、BがAを単独相続したとしても無権代理行為は有効にはなりません。 テキスト p.376、377

4 　**妥当でない**　無権代理人が本人の地位を単独相続した場合、無権代理行為は**有効になります**（最判昭40.6.18）。他方、無権代理人が本人の地位を共同相続した場合、共同相続人全員が共同して無権代理行為を追認しない限り、**無権代理人の相続分に相当する部分においても、無権代理行為が当然に有効となるものではありません**（最判平5.1.21）。したがって、Aが追認または追認拒絶をしないまま死亡してBがAを相続した場合、共同相続人がいれば、売買契約が当然に有効となるわけではありません。 テキスト p.376、377

5 　**妥当でない**　無権代理の相手方は、本人に対し、相当の期間を定めて、その期間内に追認をするかどうかを確答すべき旨の催告をすることができます（114条前段）。そして、本人がその期間内に確答しないときは、**追認を拒絶したものとみなされます**（114条後段）。したがって、Aは追認を拒絶したものと推定されるにとどまるわけではありません。 テキスト p.375、376

正解　3

13 無権代理

　Aは、Bに対し、Cの代理人であると偽り、Bとの間でCを売主とする売買契約（以下、「本件契約」という。）を締結した。ところが、CはAの存在を知らなかったが、このたびBがA・B間で締結された本件契約に基づいてCに対して履行を求めてきたので、Cは、Bからその経緯を聞き、はじめてAの存在を知るに至った。他方、Bは、本件契約の締結時に、AをCの代理人であると信じ、また、そのように信じたことについて過失はなかった。Bは、本件契約を取り消さずに、本件契約に基づいて、Aに対して何らかの請求をしようと考えている。このような状況で、AがCの代理人であることを証明することができないときに、Bは、Aに対して、<u>どのような要件の下で（どのようなことがなかったときにおいて）、どのような請求をすることができるか</u>。「Bは、Aに対して、」に続けて、下線部について、40字程度で記述しなさい（「Bは、Aに対して、」は、40字程度の字数には入らない）。

（下書用）

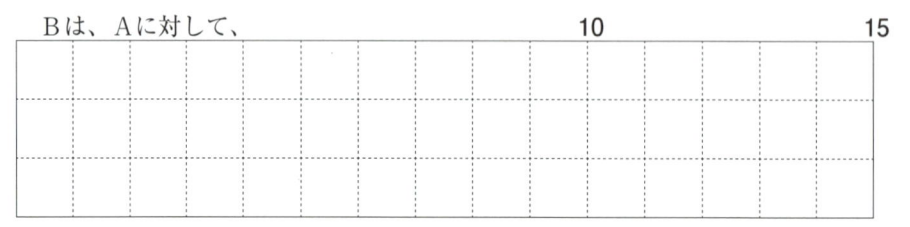

（解答用）

Bは、Aに対して、　　　　　　　　　　　　　10　　　　　　15

C	の	追	認	が	な	く	、	A	が	制	限	行	為	能
力	者	で	な	か	っ	た	と	き	は	、	履	行	又	は
損	害	賠	償	を	請	求	で	き	る	。				

Bは、Aに対して、　　　　　　　　　　　　　　10　　　　　　　15

(41字)

❶　問題文１～２行目に「Aは、Bに対し、Cの代理人であると偽り、Bとの間でCを売主とする売買契約…を締結した」とありますから、本問では、Cが本人、Aが無権代理人、Bが相手方であることがわかります。

❷　次に、問題文９～10行目に「Bは、Aに対して、どのような要件の下で（どのようなことがなかったときにおいて）、どのような請求をすることができるか。」とありますから、本問では、相手方Bが無権代理人Aの責任を追及する場合の要件・効果が問われていることがわかります。

❸　無権代理人は、自己の代理権を証明することができず、かつ、本人の追認を得ることができなかったときは、相手方の選択に従い、相手方に対して履行又は損害賠償の責任を負います（117条１項）。もっとも、無権代理人が代理権を有しなかったことにつき相手方が悪意有過失であったとき、又は無権代理人が行為能力を有しなかったときは、この責任を負いませんから（117条２項１号～３号）、これらの事情がなかったときに限り、無権代理人の責任を追及できます。 テキスト p.376

❹　本問では、問題文８行目に「AがCの代理人であることを証明することができないとき」とありますから、「自己の代理権を証明することができず」という部分は記述する必要がありません。また、問題文５～６行目に「Bは、本件契約の締結時に、AをCの代理人であると信じ、また、そのように信じたことについて過失はなかった」とあり、相手方Bは善意無過失であることがわかりますから、「相手方が悪意有過失でなかったとき」という部分も記述する必要がありません。

❺　したがって、Bは、Aに対して、Cの追認がなく、Aが制限行為能力者でなかったときは、履行又は損害賠償を請求することができます。

🌙 **予想採点基準**

①「Cの追認がなく」･･･ ６点

②「Aが制限行為能力者でなかった」･･･････････････････････････ ６点

③「履行又は損害賠償を請求できる」･･･････････････････････････ ８点

第3部

民

法

14 無権代理

Check !
／　　／　　／　　平28-28

難易度 **易**　重要度 **A**

　Aが所有する甲土地につき、Aの長男BがAに無断で同人の代理人と称してC に売却した（以下「本件売買契約」という。）。この場合に関する次の記述のう ち、民法の規定および判例に照らし、妥当でないものはどれか。

1　Aが死亡してBが単独相続した場合、Bは本人の資格に基づいて本件売買契 約につき追認を拒絶することができない。

2　Bが死亡してAの妻DがAと共に共同相続した後、Aも死亡してDが相続す るに至った場合、Dは本人の資格で無権代理行為の追認を拒絶する余地はな い。

3　Aが本件売買契約につき追認を拒絶した後に死亡してBが単独相続した場 合、Bは本件売買契約の追認を拒絶することができないため、本件売買契約は 有効となる。

4　Bが死亡してAが相続した場合、Aは本人の資格において本件売買契約の追 認を拒絶することができるが、無権代理人の責任を免れることはできない。

5　Aが死亡してBがAの妻Dと共に共同相続した場合、Dの追認がなければ本 件売買契約は有効とならず、Bの相続分に相当する部分においても当然に有効 となるものではない。

解説

1 **妥当である** 無権代理人が本人の地位を相続した場合、**無権代理行為は有効となります**（最判昭40.6.18）。したがって、本人Aが死亡して無権代理人Bが単独相続した場合、本件売買契約は有効となり、Bは本人の資格に基づいて本件売買契約につき追認を拒絶することができません。 テキスト p.376、377

2 **妥当である** 無権代理人の地位を相続した後に本人の地位をも相続した第三者は、**無権代理行為の追認を拒絶することができません**（最判昭63.3.1）。したがって、無権代理人Bが死亡してAの妻DがAと共に共同相続した後、本人Aも死亡してDが相続するに至った場合、Dは本人の資格で無権代理行為の追認を拒絶する余地はありません。 テキスト p.377

3 **妥当でない** 本人が追認を拒絶した後に死亡し、無権代理人が本人の地位を相続した場合、**無権代理行為は有効とはなりません**（最判平10.7.17）。したがって、本人Aが本件売買契約につき追認を拒絶した後に死亡して無権代理人Bが単独相続した場合、本件売買契約は無効となります。 テキスト p.376、377

4 **妥当である** 本人が無権代理人の地位を相続した場合、本人は、**無権代理行為の追認を拒絶することはできますが**（最判昭37.4.20）、**117条に基づく無権代理人の責任を承継します**（最判昭48.7.3）。したがって、無権代理人Bが死亡して本人Aが相続した場合、Aは本人の資格において本件売買契約の追認を拒絶することができますが、無権代理人の責任を免れることはできません。 テキスト p.376、377

5 **妥当である** 無権代理人が本人の地位を共同相続した場合、共同相続人全員が共同して無権代理行為を追認しない限り、**無権代理人の相続分に相当する部分においても、無権代理行為が当然に有効となるものではありません**（最判平5.1.21）。したがって、本人Aが死亡して無権代理人BがAの妻Dと共に共同相続した場合、Dの追認がなければ本件売買契約は有効とならず、Bの相続分に相当する部分においても当然に有効となるものではありません。 テキスト p.376、377

正解 **3**

15 無効・取消し

　無効または取消しに関する次のア～オの記述のうち、民法の規定および判例に照らし、妥当でないものはいくつあるか。

ア　BがAに騙されてAから金銭を借り入れ、CがBの保証人となった場合、CはAの詐欺を理由としてAB間の金銭消費貸借契約を取り消すことができる。

イ　BがAに騙されてAから絵画を購入し、これをCに転売した場合、その後になってBがAの詐欺に気がついたとしても、当該絵画を第三者に譲渡してしまった以上は、もはやBはAとの売買契約を取り消すことはできない。

ウ　BがAから絵画を購入するに際して、Bに重要な錯誤が認められる場合、Bから当該絵画を譲り受けたCは、AB間の売買契約につき取消しを主張することができない。

エ　BがAに強迫されて絵画を購入した場合、Bが追認をすることができる時から取消権を5年間行使しないときは、追認があったものと推定される。

オ　未成年者であるBが親権者の同意を得ずにAから金銭を借り入れたが、後に当該金銭消費貸借契約が取り消された場合、BはAに対し、受領した金銭につき現存利益のみを返還すれば足りる。

1　一つ
2　二つ
3　三つ
4　四つ
5　五つ

解説

ア **妥当でない** 詐欺によって取り消すことができる行為は、瑕疵ある意思表示をした者又はその代理人・承継人に限り、取り消すことができます（120条2項）。したがって、保証人Cは、Aの詐欺を理由としてAB間の金銭消費貸借契約を取り消すことができません。 テキスト p.380

イ **妥当でない** 追認をすることができる時以後に、取り消すことができる行為によって取得した権利の譲渡がなされた場合、追認があったものとみなされます（125条5号）。したがって、BがAに騙されてAから絵画を購入し、これをCに転売し、その後になってBがAの詐欺に気がついた場合、追認をすることができる時より前に、取り消すことができる行為によって取得した権利の譲渡がなされていますから、Bは、Aとの売買契約を取り消すことができます。 テキスト p.381

ウ **妥当でない** 錯誤によって取り消すことができる行為は、瑕疵ある意思表示をした者又はその代理人・承継人に限り、取り消すことができます（120条2項）。したがって、Bから当該絵画を譲り受けたC（承継人）は、AB間の売買契約につき取消しを主張することができます。 テキスト p.380

エ **妥当でない** 取消権は、追認をすることができる時から5年間又は行為の時から20年間行使しないときは、時効によって消滅します（126条）。したがって、追認があったものと推定されるわけではありません。 テキスト p.382

オ **妥当である** 取り消された行為は、初めから無効であったものとみなされ（121条）、無効な行為に基づく債務の履行として給付を受けた者は、相手方を原状に復させる義務を負うのが原則です（121条の2第1項）。しかし、制限行為能力者は、その行為によって現に利益を受けている限度において、返還の義務を負います（121条の2第3項）。 テキスト p.381

正解 **4（ア・イ・ウ・エの四つ）**

16 条件・期限

　A・B間で締結された契約（以下「本件契約」という。）に附款がある場合に関する次のア～オの記述のうち、民法の規定および判例に照らし、妥当なものの組合せはどれか。

ア　本件契約に、経済情勢に一定の変動があったときには当該契約は効力を失う旨の条項が定められている場合、効力の喪失時期は当該変動の発生時が原則であるが、A・Bの合意により、効力の喪失時期を契約時に遡らせることも可能である。

イ　本件契約が売買契約であり、買主Bが品質良好と認めた場合には代金を支払うとする旨の条項が定められている場合、この条項はその条件の成就が代金債務者であるBの意思のみに係る随意条件であるから無効である。

ウ　本件契約が和解契約であり、Bは一定の行為をしないこと、もしBが当該禁止行為をした場合にはAに対して違約金を支払う旨の条項が定められている場合、Aが、第三者Cを介してBの当該禁止行為を誘発したときであっても、BはAに対して違約金支払の義務を負う。

エ　本件契約が農地の売買契約であり、所有権移転に必要な行政の許可を得られたときに効力を生じる旨の条項が定められている場合において、売主Aが当該許可を得ることを故意に妨げたときであっても、条件が成就したとみなされることはない。

オ　本件契約が金銭消費貸借契約であり、借主Bが将来社会的に成功を収めた場合に返済する旨の条項（いわゆる出世払い約款）が定められている場合、この条項は停止条件を定めたものであるから、Bは社会的な成功を収めない限り返済義務を負うものではない。

1　ア・イ
2　ア・エ
3　イ・ウ
4　ウ・オ
5　エ・オ

解説

ア 妥当である 解除条件付法律行為は、解除条件が成就した時からその効力を失いますから（127条2項）、効力の喪失時期は当該変動の発生時が原則です。しかし、当事者が、条件が成就した場合の効果をその成就した時以前にさかのぼらせる意思を表示したときは、その意思に従うとされていますから（127条3項）、A・Bの合意により、効力の喪失時期を契約時に遡らせることも可能です。 テキスト p.383

イ 妥当でない 債務者が品質良好と認めた場合に代金を支払う旨の条項は、債務者の意思のみに係る停止条件を定めたものとはいえず有効となります（最判昭31.4.6）。したがって、本件契約が売買契約であり、買主Bが品質良好と認めた場合には代金を支払うとする旨の条項が定められている場合、この条項は有効です。 テキスト p.383

ウ 妥当でない 条件の成就によって利益を受ける当事者が不正に条件を成就させたときは、相手方は条件が成就していないものとみなすことができます（130条2項）。したがって、Aが第三者Cを介してBの禁止行為を誘発したときは、Bは、条件が成就していないものとみなすことができ、Aに対して違約金支払の義務を負いません。 テキスト p.384

エ 妥当である 法律上要求されている条件（法定条件）については、130条の規定は適用されません（最判昭36.5.26）。したがって、本件契約が農地の売買契約であり、所有権移転に必要な行政の許可を得られたときに効力を生じる旨の条項が定められている場合において、売主Aが当該許可を得ることを故意に妨げたときであっても、条件が成就したとみなされることはありません。 テキスト p.384

オ 妥当でない いわゆる出世払債務は、不確定期限の付いた債務であるとされています（大判大4.3.24）。したがって、本肢の条項は停止条件を定めたものではなく、Bは社会的な成功を収めなかったとしても、返済義務を負うことになります。 テキスト p.384

正解 **2（ア・エ）**

　AのBに対する甲債権につき消滅時効が完成した場合における時効の援用権者に関する次のア～オの記述のうち、民法の規定および判例に照らし、誤っているものの組合せはどれか。

ア　Aが甲債権の担保としてC所有の不動産に抵当権を有している場合、物上保証人Cは、Aに対して債務を負っていないが、甲債権が消滅すれば同不動産の処分を免れる地位にあるため、甲債権につき消滅時効を援用することができる。

イ　甲債権のために保証人となったDは、甲債権が消滅すればAに対して負っている債務を免れる地位にあるため、甲債権につき消滅時効を援用することができる。

ウ　Bの詐害行為によってB所有の不動産を取得したEは、甲債権が消滅すればAによる詐害行為取消権の行使を免れる地位にあるが、このような利益は反射的なものにすぎないため、甲債権につき消滅時効を援用することができない。

エ　Aが甲債権の担保としてB所有の不動産に抵当権を有している場合、Aの後順位抵当権者Fは、Aの抵当権の被担保債権の消滅により直接利益を受ける者に該当しないため、甲債権につき消滅時効を援用することができない。

オ　Aが甲債権の担保としてB所有の不動産に抵当権を有している場合、同不動産をBから取得したGは、甲債権が消滅すれば抵当権の負担を免れる地位にあるが、このような利益は反射的なものにすぎないため、甲債権につき消滅時効を援用することができない。

1　ア・イ
2　ア・エ
3　イ・オ
4　ウ・エ
5　ウ・オ

解説

ア 　正しい　物上保証人は、被担保債権が消滅すれば担保に供した不動産の処分を免れる地位にあるため、被担保債権につき時効の援用権者に当たります（145条かっこ書）。したがって、物上保証人Ｃは、被担保債権である甲債権につき消滅時効を援用することができます。 テキスト p.387

イ 　正しい　保証人は、主たる債務が消滅すれば保証債務を免れる地位にあるため、主たる債務につき時効の援用権者に当たります（145条かっこ書）。したがって、保証人Ｄは、主たる債務である甲債権につき消滅時効を援用することができます。 テキスト p.387

ウ 　誤り　詐害行為の受益者は、被保全債権が消滅すれば詐害行為取消権の行使を免れる地位にあるため、被保全債権につき時効の援用権者に当たります（最判平10.6.22）。したがって、詐害行為の受益者Ｅは、被保全債権である甲債権につき消滅時効を援用することができます。 テキスト p.387

エ 　正しい　後順位抵当権者は、先順位抵当権の被担保債権が消滅すれば順位が上昇する地位にありますが、このような利益は反射的なものにすぎないため、先順位抵当権の被担保債権につき時効の援用権者に当たりません（最判平11.10.21）。したがって、後順位抵当権者Ｆは、先順位抵当権の被担保債権である甲債権につき消滅時効を援用することができません。 テキスト p.387

オ 　誤り　抵当不動産の第三取得者は、被担保債権が消滅すれば抵当権の負担を免れる地位にあるため、被担保債権につき時効の援用権者に当たります（145条かっこ書）。したがって、抵当不動産の第三取得者Ｇは、被担保債権である甲債権につき消滅時効を援用することができます。 テキスト p.387

正解　5（ウ・オ）

18 時 効

　消滅時効に関する次の記述のうち、民法の規定に照らし、誤っているものはどれか。

1　債権者が権利を行使できることを知った時から5年間行使しないときは、その債権は、時効によって消滅する。

2　不法行為による損害賠償請求権以外の債権（人の生命又は身体の侵害による損害賠償請求権を除く）は、その権利について行使することができることを知らない場合でも、その権利を行使できる時から10年間行使しないときには、時効によって消滅する。

3　人の生命又は身体の侵害による損害賠償請求権は、その権利について行使することができることを知らない場合でも、その債権を行使できる時から20年間行使しないときには、時効によって消滅する。

4　人の生命又は身体を害する不法行為による損害賠償請求権は、被害者又はその法定代理人が損害及び加害者を知った時から3年間行使しないときは、時効によって消滅する。

5　債権又は所有権以外の財産権は、権利を行使することができる時から20年間行使しないときは、時効によって消滅する。

解説

1 **正しい** 債権者が権利を行使できることを知った時から5年間行使しないときは、その債権は、時効によって消滅します（166条1項1号）。 テキスト p.391

2 **正しい** 不法行為による損害賠償請求権以外の債権（人の生命又は身体の侵害による損害賠償請求権を除く）は、その権利について行使することができることを知らない場合でも、その権利を行使できる時から10年間行使しないときには、時効によって消滅します（166条1項2号）。 テキスト p.391

3 **正しい** 人の生命又は身体の侵害による損害賠償請求権は、その権利について行使することができることを知らない場合でも、その債権を行使できる時から20年間行使しないときには、時効によって消滅します（167条）。
テキスト p.539

4 **誤り** 人の生命又は身体を害する不法行為による損害賠償請求権は、被害者又はその法定代理人が損害及び加害者を知った時から5年間行使しないときは、時効によって消滅します（724条の2）。なお、人の生命又は身体を害する不法行為以外の不法行為による損害賠償請求権の消滅時効期間は、被害者又はその法定代理人が損害及び加害者を知った時から3年間です。
テキスト p.539

5 **正しい** 債権又は所有権以外の財産権は、権利を行使することができる時から20年間行使しないときは、時効によって消滅します（166条2項）。
テキスト p.391

正解 4

19 不動産物権変動

難易度 **易**　重要度 **A**

　A・Bが不動産取引を行ったところ、その後に、Cがこの不動産についてBと新たな取引関係に入った。この場合のCの立場に関する次の記述のうち、判例に照らし、妥当でないものはどれか。

1　AからBに不動産の売却が行われ、BはこれをさらにCに転売したところ、AがBの詐欺を理由に売買契約を取り消した場合に、Cは善意無過失であれば登記を備えなくても保護される。

2　AからBに不動産の売却が行われた後に、AがBの詐欺を理由に売買契約を取り消したにもかかわらず、Bがこの不動産をCに転売してしまった場合に、Cは善意であっても登記を備えなければ保護されない。

3　AからBに不動産の売却が行われ、BはこれをさらにCに転売したところ、Bに代金不払いが生じたため、AはBに対し相当の期間を定めて履行を催告したうえで、その売買契約を解除した場合に、Cは善意であれば登記を備えなくても保護される。

4　AからBに不動産の売却が行われたが、Bに代金不払いが生じたため、AはBに対し相当の期間を定めて履行を催告したうえで、その売買契約を解除した場合に、Bから解除後にその不動産を買い受けたCは、善意であっても登記を備えなければ保護されない。

5　AからBに不動産の売却が行われ、BはこれをさらにCに転売したところ、A・Bの取引がA・Bにより合意解除された場合に、Cは善意であっても登記を備えなければ保護されない。

解説

1 妥当である 　詐欺による意思表示の取消しは、善意でかつ過失がない第三者に対抗することができません（96条3項）。そして、ここにいう「第三者」は、登記を備えた者に限定されません（最判昭49.9.26）。したがって、取消前の第三者Cは、善意無過失であれば登記を備えなくても保護されます。 `テキスト p.397、367`

2 妥当である 　取消権者と取消後の第三者の優劣は、登記の先後によって決定されます（大判昭17.9.30）。したがって、取消後の第三者Cは、善意であっても登記を備えなければ保護されません。 `テキスト p.397、398`

3 妥当でない 　債務不履行解除による解除前の第三者が保護を受けるためには、その権利につき対抗要件を備えていることを要します（大判大10.5.17）。したがって、解除前の第三者Cは、善意であっても登記を備えなければ保護されません。 `テキスト p.398`

4 妥当である 　解除権者と解除後の第三者の優劣は、登記の先後によって決定されます（最判昭35.11.29）。したがって、解除後の第三者Cは、善意であっても登記を備えなければ保護されません。 `テキスト p.399`

5 妥当である 　合意解除による解除前の第三者が保護を受けるためには、その権利につき対抗要件を備えていることを要します（最判昭33.6.14）。したがって、解除前の第三者Cは、善意であっても登記を備えなければ保護されません。 `テキスト p.398`

🔥 ポイント 　○○後の第三者は対抗関係が多い

　取消後の第三者や解除後の第三者など、○○後の第三者については、対抗関係（登記なくして対抗できない）となることが多いです。例外としては、相続放棄後の第三者が挙げられます（登記なくして対抗できます）。

正解 **3**

20 不動産物権変動

次の【設問】を読み、【答え】の中の〔 〕に適切な文章を40字程度で記述して、設問に関する解答を完成させなさい。

【設問】

XはA所有の甲建物を購入したが未だ移転登記は行っていない。現在甲建物にはAからこの建物を借り受けたYが居住しているが、A・Y間の賃貸借契約は既に解除されている。XはYに対して建物の明け渡しを求めることができるか。

【答え】

XはYに対して登記なくして自らが所有者であることを主張し、明け渡しを求めることができる。民法177条の規定によれば「不動産に関する物権の得喪及び変更は、不動産登記法その他の登記に関する法律の定めるところに従いその登記をしなければ、第三者に対抗することができない。」とあるところ、判例によれば、同規定中の〔

〕をいうものと解されている。ところが本件事案では、Yについて、これに該当するとは認められないからである。

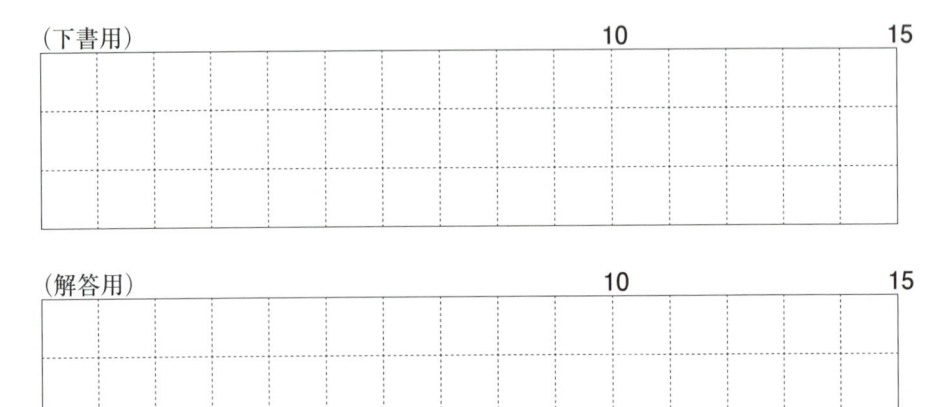

							10						15	
第	三	者	と	は	、		当	事	者	も	し	く	は	包括
承	継	人	以	外	で	、		か	つ	登	記	の	欠	缺を
主	張	す	る		正	当	な		利	益	を	有	す	る者

（44字）

❶ 【設問】2〜3行目に「A・Y間の賃貸借契約は既に解除されている」とありますので、Yは**不法占有者**といえます。

❷ 【設問】1行目に「XはA所有の甲建物を購入したが未だ移転登記は行っていない」とあり、3行目に「XはYに対して建物の明け渡しを求めることができるか」とありますので、本問では、**登記を具備していない者が不法占有者に対して建物の明け渡しを求めることができるか**が問題となっています。

❸ 民法177条の規定によれば「不動産に関する物権の得喪及び変更は、不動産登記法その他の登記に関する法律の定めるところに従いその登記をしなければ、第三者に対抗することができない。」とあるところ、判例によれば、同規定中の**第三者とは、当事者もしくは包括承継人以外で、かつ登記の欠缺を主張する正当な利益を有する者**をいうものと解されています（大連判明41.12.15）。

テキスト p.395

❹ 不法占有者Yは、登記の欠缺を主張する正当な利益を有していませんから、**民法177条の「第三者」に該当しません**（最判昭25.12.19）。したがって、XはYに対して登記なくして自らが所有者であることを主張し、明け渡しを求めることができます。

◉ **予想採点基準**

①「第三者とは」……………………………………………………………… 4点
②「当事者もしくは包括承継人以外で」…………………………………… 8点
③「登記の欠缺を主張する正当な利益を有する者」……………………… 8点

21 不動産物権変動

　不動産の取得時効と登記に関する次の記述のうち、民法の規定および判例に照らし、妥当なものはどれか。

1　不動産の取得時効の完成後、占有者が登記をしないうちに、その不動産につき第三者のために抵当権設定登記がなされた場合であっても、その占有者が、その後さらに時効取得に必要な期間、占有を継続したときは、特段の事情がない限り、占有者はその不動産を時効により取得し、その結果、抵当権は消滅する。

2　不動産を時効により取得した占有者は、取得時効が完成する前に当該不動産を譲り受けた者に対して、登記がなければ時効取得をもって対抗することができない。

3　不動産を時効により取得した占有者は、取得時効が完成した後に当該不動産を譲り受けた者に対して、登記がなければ時効取得をもって対抗することができず、このことは、その占有者が、その後さらに時効取得に必要な期間、占有を継続したとしても、特段の事情がない限り、異ならない。

4　不動産の取得時効の完成後、占有者が、その時効が完成した後に当該不動産を譲り受けた者に対して時効を主張するにあたり、起算点を自由に選択して取得時効を援用することは妨げられない。

5　不動産を時効により取得した占有者は、取得時効が完成した後にその不動産を譲り受けて登記をした者に対して、その譲受人が背信的悪意者であるときには、登記がなくても時効取得をもって対抗することができるが、その譲受人が背信的悪意者であると認められるためには、同人が当該不動産を譲り受けた時点において、少なくとも、その占有者が取得時効の成立に必要な要件を充足していることについて認識していたことを要する。

1 　**妥当である**　不動産の取得時効の完成後、占有者が登記をしないうちに、その不動産につき第三者のために抵当権設定登記がなされた場合であっても、その占有者が、その後さらに時効取得に必要な期間、占有を継続したときは、特段の事情がない限り、**占有者はその不動産を時効により取得し、その結果、抵当権は消滅します**（最判平24.3.16）。 テキスト p.401

2 　**妥当でない**　不動産を時効により取得した占有者は、取得時効が完成する前に当該不動産を譲り受けた者に対して、**登記がなくても時効取得をもって対抗することができます**（最判昭41.11.22）。 テキスト p.400

3 　**妥当でない**　不動産を時効により取得した占有者は、取得時効が完成した後に当該不動産を譲り受けた者に対して、登記がなければ時効取得をもって対抗することができません（最判昭33.8.28）。しかし、**その占有者が、その後さらに時効取得に必要な期間、占有を継続した場合には、登記がなくても時効取得をもって対抗することができます**（最判昭36.7.20）。 テキスト p.400、401

4 　**妥当でない**　不動産の取得時効の起算点は**占有開始時**であり、占有者が、その時効が完成した後に当該不動産を譲り受けた者に対して時効を主張するにあたり、**起算点を自由に選択して取得時効を援用することはできません**（最判昭35.7.27）。 テキスト p.400

5 　**妥当でない**　不動産の取得時効完成後に第三者が当該不動産の譲渡を受けて所有権移転登記をした場合において、**時効取得者が多年にわたり当該不動産を占有している事実を認識しており**、時効取得者の登記の欠缺を主張することが信義に反するものと認められる事情が存在するときは、当該第三者は背信的悪意者に当たり、時効取得者は登記がなくても時効取得をもって対抗することができます（最判平18.1.17）。したがって、譲受人が背信的悪意者であると認められるためには、その占有者が取得時効の成立に必要な要件を充足していることについて認識していたことまでは必要ありません。 テキスト p.400

正解　**1**

22 即時取得

　美術商Aは、画廊に保管しておいた自己所有の絵画が盗難に遭い、悔しい思いをしていたが、ある日、Bが運営する個人美術館を訪ねた際、そこに盗まれた絵画が掲げられているのを発見した。Aは、その絵画を回収するため次のような行動をとることを考えている。Bに即時取得が成立しているとして、Aの行動に関する次の記述のうち、正しいものはどれか。ただし、Cは商人ではないものとする。

1　Aは、Bから事情を聴いたところ、その絵画は、ある日それまで面識のなかったCがBのもとに持ち込み買取りを求めたものであることがわかった。Aは、買取りの日から2年以内であれば、Bに対して、その絵画の買取請求権を行使することができる。

2　Aは、Bから事情を聴いたところ、その絵画は、ある日それまで面識のなかったCがBのもとに持ち込み買取りを求めたものであることがわかった。Aは、買取りの日から2年以内であれば、Bに対して、保管に要した費用を支払って、その絵画の引渡しを求めることができる。

3　Aは、Bから事情を聴いたところ、その絵画は、ある日それまで面識のなかったCがBのもとに持ち込み買取りを求めたものであることがわかった。Aは、盗難の日から2年以内であれば、Bに対してまったく無償で、その絵画の引渡しを求めることができる。

4　Aは、Bから事情を聴いたところ、その絵画はBがオークションで落札したものであることがわかった。Aは、盗難の日から2年以内であれば、Bに対して保管に要した費用を支払って、その絵画の引渡しを求めることができる。

5　Aは、Bから事情を聴いたところ、その絵画はBがオークションで落札したものであることがわかった。Aは、オークションの日から2年を超えても、Bに対してオークションで落札した金額と保管に要した費用を支払えば、その絵画の引渡しを求めることができる。

解説

　即時取得が成立した場合において、占有物が盗品又は遺失物であるときは、被害者又は遺失者は、盗難又は遺失の時から2年間、占有者に対してその物の回復を請求することができます（193条）。テキスト p.406

　もっとも、占有者が、盗品又は遺失物を競売若しくは公の市場において、又はその物と同種の物を販売する商人から善意で買い受けたときは、被害者又は遺失者は、占有者が支払った代価を弁償しなければ、その物を回復することができません（194条）。テキスト p.406

第3部　民法

1 　誤り　Aは、買取りの日ではなく、盗難の日から2年以内であれば、Bに対して、絵画の引渡し（物の回復）を求めることができます。なお、買取請求権を行使できるわけではありません。

2 　誤り　Aは、買取りの日ではなく、盗難の日から2年以内であれば、Bに対して、絵画の引渡し（物の回復）を求めることができます。

3 　正しい　占有者Bは、絵画を競売若しくは公の市場において、又はその物と同種の物を販売する商人から買い受けたわけではありませんから、194条の適用はなく、Aは代価を弁償する必要はありません。したがって、Aは、盗難の日から2年以内であれば、Bに対してまったく無償で、その絵画の引渡しを求めることができます。

4 　誤り　占有者Bは、絵画をオークション（競売）で落札していますから、194条の適用があります。しかし、194条では、占有者が支払った代価を弁償しなければ、その物を回復することができないとされていますから、Aは、Bに対して保管に要した費用を支払っただけでは、絵画の引渡しを請求することができません。

5 　誤り　Aは、盗難の日から2年以内であれば、Bに対して絵画の引渡し（物の回復）を求めることができます。そして、オークションの日は盗難の日よりも後ですから、Aは、オークションの日から2年を超えた場合、絵画の引渡しを求めることができません。

正解　3

23 即時取得

　A所有のカメラをBが処分権限なしに占有していたところ、CがBに所有権があると誤信し、かつ、そのように信じたことに過失なくBから同カメラを買い受けた。この場合に関する次のア～エの記述のうち、民法の規定および判例に照らし、妥当でないものをすべて挙げた組合せはどれか。

ア　CがAのカメラを即時取得するのは、Bの占有に公信力が認められるからであり、その結果、Bがカメラの所有者であったとして扱われるので、Cの所有権はBから承継取得したものである。

イ　Cは、カメラの占有を平穏、公然、善意、無過失で始めたときにカメラの所有権を即時取得するが、その要件としての平穏、公然、善意は推定されるのに対して、無過失は推定されないので、Cは無過失の占有であることを自ら立証しなければならない。

ウ　Bは、Cにカメラを売却し、以後Cのために占有する旨の意思表示をし、引き続きカメラを所持していた場合、Cは、一応即時取得によりカメラの所有権を取得するが、現実の引渡しを受けるまでは、その所有権の取得は確定的ではなく、後に現実の引渡しを受けることによって確定的に所有権を取得する。

エ　Bは、Cにカメラを売却する前にカメラをDに寄託していたが、その後、BがCにカメラを売却するに際し、Dに対して以後Cのためにカメラを占有することを命じ、Cがこれを承諾したときは、たとえDがこれを承諾しなくても、Cは即時取得によりカメラの所有権を取得する。

1　ア・イ
2　ア・イ・ウ
3　ア・ウ・エ
4　イ・ウ・エ
5　ウ・エ

ア | 妥当でない | 　即時取得による権利の取得は、前主からの承継取得ではなく、**原始取得**であるとされています。したがって、Cの所有権は、Bから承継取得したものではありません。 テキスト p.406

イ | 妥当でない | 　即時取得の要件としての平穏・公然・善意は、186条1項により推定されます。また、**無過失は、188条により推定されます**（最判昭41.6.9）。したがって、Cは、無過失の占有であることを自ら立証する必要はありません。 テキスト p.406

ウ | 妥当でない | 　即時取得が成立するためには、占有を始めたことが必要です（192条）。そして、**占有改定は、「占有を始めた」に当たりません**（最判昭35.2.11）。したがって、Bは、Cにカメラを売却し、以後Cのために占有する旨の意思表示をし、引き続きカメラを所持していた場合、Cは、即時取得によりカメラの所有権を取得することはありません。 テキスト p.406

エ | 妥当である | 　指図による占有移転の成立につき、**占有代理人の承諾は不要**ですから（184条）、Cが承諾していたときは、Dが承諾していなくても、指図による占有移転は成立します。そして、**指図による占有移転は、「占有を始めた」に当たります**（最判昭57.9.7）。したがって、Cは即時取得によりカメラの所有権を取得します。 テキスト p.406

> 解答の
> テクニック 　「すべて挙げた組合せ」問題の解き方
>
> 　本問は、「妥当でないものをすべて挙げた組合せはどれか」という問題ですので、通常の組合せ問題とは反対の消去法を使うことになります。例えば、肢アが×（妥当でない）とわかったら、肢アを含まない「4」「5」を消去することになります。

正解　**2（ア・イ・ウ）**

右欄外：第3部　民法

24 即時取得

難易度 易 重要度 A

　Aの指輪が、Bによって盗まれ、Bから、事情を知らない宝石店Cに売却された。Dは、宝石店Cからその指輪を50万円で購入してその引渡しを受けたが、Dもまたそのような事情について善意であり、かつ無過失であった。盗難の時から1年6か月後、Aは、盗まれた指輪がDのもとにあることを知り、同指輪をDから取り戻したいと思っている。この場合、Aは、Dに対し指輪の返還を請求することができるか否かについて、必要な、または関係する要件に言及して、40字程度で記述しなさい。

（下書用）　　　　　　　　　　　　　　　　10　　　　　　　　15

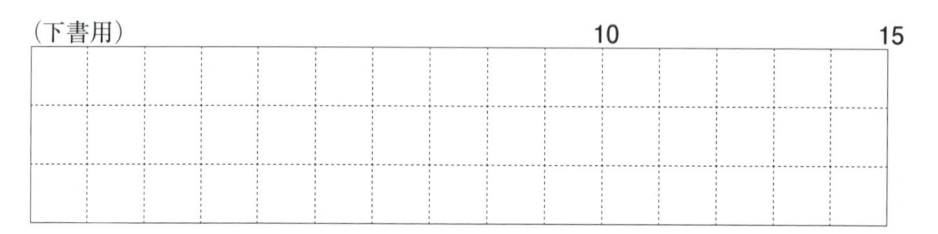

（解答用）　　　　　　　　　　　　　　　　10　　　　　　　　15

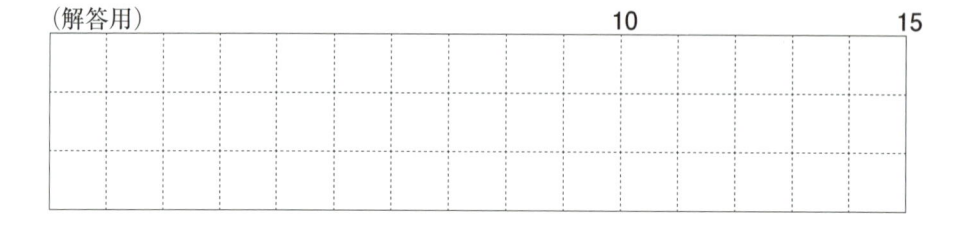

									10				15
A	は	、	盗	難	の	時	か	ら	2	年	間	、	D	が
支	払	っ	た	代	価	を	弁	償	し	て	、	D	に	対
し	指	輪	の	返	還	を	請	求	で	き	る	。		

（43字）

❶　問題文1～3行目に「Aの指輪が、Bによって盗まれ、Bから、事情を知らない宝石店Cに売却された。Dは、宝石店Cからその指輪を50万円で購入してその引渡しを受けたが、Dもまたそのような事情について善意であり、かつ無過失であった」とありますから、**DがAの指輪を即時取得したこと**がわかります（192条）。

❷　即時取得が成立した場合において、占有物が盗品又は遺失物であるときは、被害者又は遺失者は、**盗難又は遺失の時から2年間**、占有者に対してその物の回復を請求することができます（193条）。もっとも、占有者が、盗品又は遺失物を競売若しくは公の市場において、又はその物と同種の物を販売する商人から善意で買い受けたときは、被害者又は遺失者は、**占有者が支払った代価を弁償しなければ、その物を回復することができません**（194条）。 テキスト p.406

❸　本問では、Cは宝石店ですから**「同種の物を販売する商人」**に当たり、194条の適用があります。

❹　したがって、被害者Aは、占有者Dに対し、盗難の時から2年間、Dが支払った代価（50万円）を弁償して、指輪の返還を請求することができます。

❺　なお、Dが盗難の事情を知らないこと（200条2項）、盗難の時から1年6か月が経過していること（201条3項）から、Aは、占有回収の訴えを提起して指輪の返還を請求することはできません。

◖予想採点基準

① 「盗難の時から2年間」……………………………………………… 8点

② 「Dが支払った代価を弁償して」…………………………………… 8点

③ 「Dに対し指輪の返還を請求できる」……………………………… 4点

第3部

民

法

25 占有権

　Aは、甲不動産をその占有者Bから購入し引渡しを受けていたが、実は甲不動産はC所有の不動産であった。BおよびAの占有の態様および期間に関する次の場合のうち、民法の規定および判例に照らし、Aが、自己の占有、または自己の占有にBの占有を併せた占有を主張しても甲不動産を時効取得できないものはどれか。

1　Bが悪意で５年間、Aが善意無過失で10年間

2　Bが悪意で18年間、Aが善意無過失で２年間

3　Bが悪意で５年間、Aが善意無過失で５年間

4　Bが善意無過失で７年間、Aが悪意で３年間

5　Bが善意無過失で３年間その後悪意となり２年間、Aが善意無過失で３年間その後悪意となり３年間

解説

1 時効取得できる　取得時効の時効期間は、占有を始めた時に善意無過失であった場合は**10年間**です（162条2項）。したがって、Aが善意無過失で10年間占有している本肢では、Aは、自己の占有を主張して、甲不動産を時効取得できます。 テキスト p.390

2 時効取得できる　占有者の承継人は、**自己の占有に前の占有者の占有を併せて主張することができます**（187条1項）。そして、Aは、自己の占有（2年間）にBの占有（18年間）を併せた占有を主張すれば、20年間占有していたことになりますから、取得時効の時効期間を満たします（162条1項）。したがって、Aは、自己の占有にBの占有を併せた占有を主張して、甲不動産を時効取得できます。 テキスト p.411

3 時効取得できない　占有者の承継人が自己の占有に前の占有者の占有を併せて主張した場合、10年の取得時効の要件である善意無過失は、**前の占有者の占有開始時を基準に判断されます**（最判昭53.3.6）。したがって、**前の占有者Bが悪意**である以上、10年の取得時効は成立せず、Aは、自己の占有を主張しても、自己の占有にBの占有を併せた占有を主張しても、甲不動産を時効取得できません。 テキスト p.411

4 時効取得できる　肢3の判例によれば、**前の占有者Bが善意無過失**である以上、10年の取得時効が成立します。したがって、Aは、自己の占有（3年間）にBの占有（7年間）を併せた占有を主張して、甲不動産を時効取得できます。 テキスト p.411

5 時効取得できる　肢3の判例によれば、**前の占有者Bが占有開始時に善意無過失**である以上、その後悪意となっていても、10年の取得時効が成立します。したがって、Aは、自己の占有（3年間＋3年間＝6年間）にBの占有（3年間＋2年間＝5年間）を併せた占有を主張して、甲不動産を時効取得できます。 テキスト p.411

正解　**3**

第3部 民法

26 相隣関係

甲土地を所有するAとその隣地の乙土地を所有するBとの間の相隣関係に関する記述のうち、民法の規定に照らし、正しいものはどれか。なお、次の各場合において、別段の慣習は存在しないものとする。

1　Aは、境界線から1メートル未満の距離*において乙土地を見通すことができる窓または縁側（ベランダも含む）を設けることができるが、その場合には、目隠しを付さなければならない。

2　甲土地に所在するAの竹木の枝が境界線を越えて乙土地に侵入した場合に、Bは、自らその枝を切除することができる場合はない。

3　甲土地に所在するAの竹木の根が境界線を越えて乙土地に侵入した場合に、Bは、その根を切除することはできず、Aにその根を切除させなければならない。

4　AおよびBが甲土地および乙土地を所有する前から甲土地と乙土地の境界に設けられていた障壁は、AとBの共有に属するものと推定されるが、その保存の費用は、A・B間に別段の約定がない限り、AとBが、甲土地と乙土地の面積の割合に応じて負担する。

5　甲土地内のAの建物の屋根から雨水が直接に乙土地に注がれる場合に、Bは、その雨水が注がれることを受忍しなければならない。

(注)　*　その距離は、窓または縁側の最も隣地に近い点から垂直線によって境界線に至るまでを測定して算出する。

解説

1 | 正しい | 境界線から 1 メートル未満の距離において他人の宅地を見通すことのできる窓・縁側（ベランダを含む）を設ける者は、**目隠しを付けなければなりません**（235条 1 項）。 テキスト p.417

2 | 誤り | 土地の所有者は、隣地の竹木の枝が境界線を越えるときは、**その竹木の所有者に、その枝を切除させることができる**とされています（233条 1 項）。しかし、①竹木の所有者に枝を切除するよう催告したにもかかわらず、竹木の所有者が相当の期間内に切除しないとき、②竹木の所有者を知ることができず、又はその所在を知ることができないとき、③急迫の事情があるときは、**土地の所有者は、自らその枝を切り取ることができます**（233条 3 項）。 テキスト p.417

3 | 誤り | 隣地の竹木の根が境界線を越えるときは、**自らその根を切り取ることができる**とされています（233条 4 項）。 テキスト p.417

4 | 誤り | 境界線上に設けた障壁は、相隣者の共有に属するものと推定されます（229条）。そして、**障壁の費用については、民法上規定がないため**、共有持分が相等しいものと推定される結果（250条）、保存の費用も相等しく負担することとなります。 テキスト p.417

5 | 誤り | 土地の所有者は、**直接に雨水を隣地に注ぐ構造の屋根その他の工作物を設けてはならない**とされており（218条）、Bは、雨水が注がれることを受忍する必要はありません。 テキスト p.416

| 正解 | 1 |

27 所有権の原始取得

　所有権の原始取得に関する次の記述のうち、妥当なものはどれか。

1　Aは、B所有の土地をBの所有であると知りつつ所有の意思をもって平穏かつ公然に10年間占有した場合に、その土地の所有権を取得する。

2　Aの所有する動産とBの所有する動産が付合して分離することが不可能になった場合において、両動産について主従の区別をすることができないときには、AとBは、当然に相等しい割合でその合成物を共有するものとみなす。

3　BがAの所持する材料に工作を加えて椅子を完成させた場合に、その椅子の所有権は、AとBとの取決めに関係なく、Aに帰属する。

4　Bの所有する動産がAの所有する不動産に従として付合した場合に、AとBは、AとBとの取決めに関係なく、Aの不動産の価格とBの動産の価格の割合に応じてその合成物を共有する。

5　Aは、所有者のいない動産を所有の意思をもって占有を始めた場合に、その動産の所有権を取得する。

1 | 妥当でない | 　取得時効における時効期間は、占有を始めた時に他人の物であることを過失なく知らなかった場合（善意無過失）は10年間、それ以外の場合は20年間です（162条）。したがって、Aは、B所有の土地をBの所有であると知りつつ所有の意思をもって平穏かつ公然に10年間占有した場合、その土地の所有権を取得しません。 テキスト p.390

2 | 妥当でない | 　付合した動産について主従の区別をすることができないときは、各動産の所有者は、その付合の時における価格の割合に応じてその合成物を共有します（244条）。したがって、AとBは、当然に相等しい割合でその合成物を共有するものとみなされるわけではありません。 テキスト p.418

3 | 妥当でない | 　加工者があるときは、その加工物の所有権は、材料の所有者に帰属するのが原則です（246条1項本文）。しかし、加工が生じた場合に誰が所有者となるかについて特約があるときは、その特約が優先します。したがって、AとBとの取決めがあるときは、椅子の所有権は、その取決めによって決定されます。 テキスト p.418

4 | 妥当でない | 　不動産の所有者は、その不動産に従として付合した物の所有権を取得するのが原則です（242条本文）。しかし、付合が生じた場合に誰が所有者となるかについて特約があるときは、その特約が優先します。したがって、AとBとの取決めがあるときは、合成物の所有権は、その取決めによって決定されます。 テキスト p.418

5 | 妥当である | 　所有者のない動産については、所有の意思をもって占有することによって、その所有権を取得することができます（239条1項）。したがって、Aは、所有者のいない動産を所有の意思をもって占有を始めた場合に、その動産の所有権を取得します。 テキスト p.417

正解　**5**

28 共有

　A、BおよびCが甲土地を共有し、甲土地上には乙建物が存在している。この場合に関する次のア～オの記述のうち、民法の規定および判例に照らし、正しいものの組合せはどれか。なお、Aに特別縁故者はいないものとする。

ア　DがA、BおよびCに無断で甲土地上に乙建物を建てて甲土地を占有使用している場合、Aは、Dに対し、単独で建物の収去および土地の明渡しならびに土地の占拠により生じた損害全額の賠償を求めることができる。

イ　Eが、A、BおよびCが共有する乙建物をAの承諾のもとに賃借して居住し、甲土地を占有使用する場合、BおよびCは、Eに対し当然には乙建物の明渡しを請求することはできない。

ウ　Fが賃借権に基づいて甲土地上に乙建物を建てた場合において、A、BおよびCが甲土地の分割協議を行うとするときは、Fに対して分割協議を行う旨を通知しなければならず、通知をしないときは、A、BおよびCの間でなされた分割の合意は、Fに対抗することができない。

エ　Aが乙建物を所有し居住している場合において、Aが、BおよびCに対して甲土地の分割請求をしたときは、甲土地をAに単独所有させ、Aが、BおよびCに対して持分に相当する価格の賠償を支払う、いわゆる全面的価額賠償の方法によって分割しなければならない。

オ　A、BおよびCが乙建物を共有する場合において、Aが死亡して相続人が存在しないときは、Aの甲土地および乙建物の持分は、BおよびCに帰属する。

1　ア・イ
2　ア・ウ
3　イ・オ
4　ウ・エ
5　エ・オ

解説

ア 　誤り　　不法占有者に対する明渡請求は、保存行為に当たり（大判大10.7.18）、各共有者が単独ですることができますから（252条5項）、Aは、Dに対し、単独で建物の収去および土地の明渡しを求めることができます。しかし、各共有者は、第三者の違法な行為に対して、**単独では、持分相当額の損害賠償請求しかできませんから**（最判昭41.3.3）、Aは、Dに対し、単独で土地の占拠により生じた損害全額の賠償を求めることはできません。 テキスト p.420

イ 　正しい　　共有者の一人が、他の共有者との協議に基づかないで第三者に対して共有物の占有使用を承認した場合でも、他の共有者は、**当然にはその第三者に対して共有物の明渡しを請求することはできません**（最判昭63.5.20）。したがって、Eが、A、BおよびCが共有する乙建物をAの承諾のもとに賃借して居住し、甲土地を占有使用する場合、BおよびCは、Eに対し当然には乙建物の明渡しを請求することはできません。 テキスト p.420

ウ 　誤り　　共有物について権利を有する者及び各共有者の債権者は、**自己の費用で、分割に参加すること**ができるとされているにすぎず（260条1項）、これらの者に対する通知を義務付けた規定はありません。したがって、Fが賃借権に基づいて甲土地上に乙建物を建てた場合において、A、BおよびCが甲土地の分割協議を行うとするときでも、Fに対して分割協議を行う旨を通知しなければならないというわけではありません。 テキスト p.421

エ 　誤り　　共有物を共有者の一人の単独所有とし、この者から他の共有者に対して持分の価格を賠償させる方法（全面的価額賠償）によって分割することは、**特段の事情があれば許される**とされており（最判平8.10.31）、この方法によって分割しなければならないというわけではありません。 テキスト p.421

オ 　正しい　　共有者の一人がその持分を放棄したとき、又は**死亡して相続人がないとき**は、その持分は、他の共有者に帰属します（255条）。したがって、Aが死亡して相続人が存在しないときは、Aの甲土地および乙建物の持分は、BおよびCに帰属します。 テキスト p.419

正解　　3（イ・オ）

29 共 有

　Aは、木造2階建ての別荘一棟（同建物は、区分所有建物でない建物である。）をBら4名と共有しているが、同建物は、建築後40年が経過したこともあり、雨漏りや建物の多くの部分の損傷が目立つようになってきた。そこで、Aは、同建物を建て替えるか、または、いくつかの建物部分を修繕・改良（以下「修繕等」といい、解答においても「修繕等」と記すること。）する必要があると考えている。これらを実施するためには、建替えと修繕等のそれぞれの場合について、前記共有者5名の間でどのようなことが必要か。「建替えには」に続けて、民法の規定に照らし、下線部について40字程度で記述しなさい（「建替えには」は、40字程度に数えない。）。

　なお、上記の修繕等については民法の定める「変更」や「保存行為」には該当しないものとし、また、同建物の敷地の権利については考慮しないものとする。

（下書用）

建替えには、 10 15

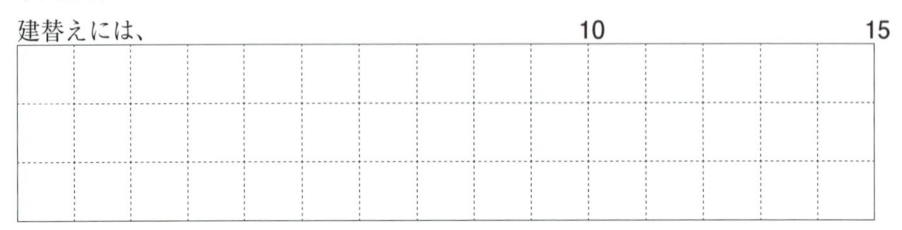

（解答用）

建替えには、 10 15

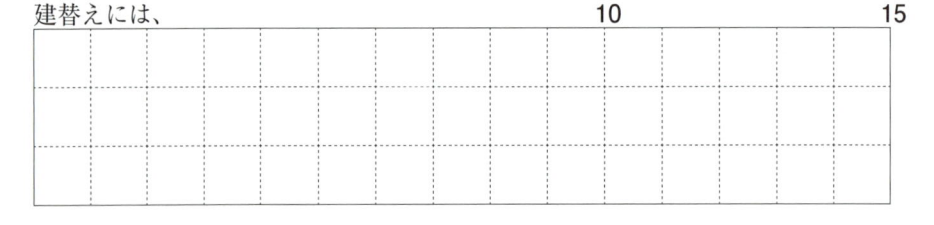

建替えには、　　　　　　　　　　　　　　　10　　　　　　　　　15

共	有	者	全	員	の	合	意	が	必	要	で	、	修	繕
等	に	は	各	共	有	者	の	持	分	の	価	格	の	過
半	数	で	の	決	定	が	必	要	で	あ	る	。		

（43字）

❶　問題文1〜2行目に「Aは、木造2階建ての別荘一棟…をBら4名と共有している」とあることから、本問は共有の問題であることがわかります。

❷　次に、問題文6〜7行目に「これらを実施するためには、建替えと修繕等のそれぞれの場合について、前記共有者5名の間でどのようなことが必要か。」とあることから、共有物の保存・管理・変更の決定方法が問われていることがわかります。

❸　共有建物の建替えは、共有物の形状の著しい変更といえますから、民法の定める「変更」に当たります。そして、各共有者は、他の共有者の同意を得なければ、共有物に変更を加えることができません（251条1項）。 テキスト p.420

❹　他方で、問題文10〜11行目に「修繕等については民法の定める「変更」や「保存行為」には該当しないものとし」とあることから、共有建物の修繕等は、民法の定める「管理」に当たります。そして、共有物の管理に関する事項は、各共有者の持分の価格に従い、その過半数で決するものとされています（252条1項前段）。 テキスト p.420

❺　したがって、「変更」に当たる建替えには、共有者全員の合意が必要で、「管理」に当たる修繕等には、各共有者の持分の価格の過半数での決定が必要となります。

◖ 予想採点基準

①「共有者全員の合意が必要で」……………………………………… 8点

②「各共有者の持分の価格の」………………………………………… 6点

③「過半数での決定が必要である」…………………………………… 6点

30 留置権

難易度 **易**　重要度 **A**

　留置権に関する次の記述のうち、民法の規定および判例に照らし、妥当でないものはどれか。

1　Aは自己所有の建物をBに売却し登記をBに移転した上で、建物の引渡しは代金と引換えにすることを約していたが、Bが代金を支払わないうちにCに当該建物を転売し移転登記を済ませてしまった場合、Aは、Cからの建物引渡請求に対して、Bに対する代金債権を保全するために留置権を行使することができる。

2　Aが自己所有の建物をBに売却し引き渡したが、登記をBに移転する前にCに二重に売却しCが先に登記を備えた場合、Bは、Cからの建物引渡請求に対して、Aに対する損害賠償債権を保全するために留置権を行使することができる。

3　AがC所有の建物をBに売却し引き渡したが、Cから所有権を取得して移転することができなかった場合、Bは、Cからの建物引渡請求に対して、Aに対する損害賠償債権を保全するために留置権を行使することはできない。

4　Aが自己所有の建物をBに賃貸したが、Bの賃料不払いがあったため賃貸借契約を解除したところ、その後も建物の占有をBが続け、有益費を支出したときは、Bは、Aからの建物明渡請求に対して、Aに対する有益費償還請求権を保全するために留置権を行使することはできない。

5　Aが自己所有の建物をBに賃貸しBからAへ敷金が交付された場合において、賃貸借契約が終了したときは、Bは、Aからの建物明渡請求に対して、Aに対する敷金返還請求権を保全するために、同時履行の抗弁権を主張することも留置権を行使することもできない。

1 妥当である　不動産の買主が売買代金を未払いのまま目的物を第三者に譲渡した場合における、売主の買主に対する代金支払請求権と目的物とは、**債権と物との牽連性が認められます**（最判昭47.11.16）。したがって、売主Aは、第三者Cからの建物引渡請求に対して、買主Bに対する代金債権を保全するために留置権を行使することができます。テキスト p.430

2 妥当でない　不動産の二重売買で一方の買主のため所有権移転登記がされた場合における、他方の買主の売主に対する損害賠償請求権と不動産とは、**債権と物との牽連性が認められません**（最判昭43.11.21）。したがって、所有権移転登記がされなかった買主Bは、所有権移転登記がされた買主Cからの建物引渡請求に対して、売主Aに対する損害賠償債権を保全するために留置権を行使することはできません。テキスト p.430

3 妥当である　他人物売買の売主が真の所有者から所有権を取得して移転できなかった場合における、買主の売主に対する損害賠償請求権と目的物とは、**債権と物との牽連性が認められません**（最判昭51.6.17）。したがって、他人物売買の買主Bは、真の所有者Cからの建物引渡請求に対して、売主Aに対する損害賠償債権を保全するために留置権を行使することはできません。テキスト p.430

4 妥当である　建物の賃借人が、債務不履行により賃貸借契約を解除された後、権原のないことを知りながらこの建物を不法に占有する間に有益費を支出しても、当該賃借人は、295条2項の類推適用により、**有益費の償還請求権に基づいてこの建物につき留置権を行使することはできません**（最判昭46.7.16）。したがって、建物の賃借人Bは、賃貸人Aからの建物明渡請求に対して、Aに対する有益費償還請求権を保全するために留置権を行使することはできません。テキスト p.430

5 妥当である　不動産の賃貸借が終了した場合における、賃借人の賃貸人に対する敷金返還請求権と不動産とは、**債権と物との牽連性が認められず、同時履行の関係にも立ちません**（最判昭49.9.2、622条の2第1項1号）。したがって、建物の賃借人Bは、賃貸人Aからの建物明渡請求に対して、Aに対する敷金返還請求権を保全するために、同時履行の抗弁権を主張することも留置権を行使することもできません。テキスト p.430、495

正解　**2**

31 先取特権

　Aは、Bから建物（以下、本件建物という）を賃借し、Aは、その建物内に電気製品（以下、本件動産という）等を備え付けている。Bの先取特権に関する次の記述のうち、誤っているものはいくつあるか。

ア　本件動産がCの所有物である場合に、本件動産について、Bは、先取特権を即時取得することはできない。

イ　Aが本件動産をCから買ったが、まだCに対して代金の支払いがない場合において、本件動産についてCの先取特権がBの先取特権よりも優先する。

ウ　Aがその所有物である本件動産をDに売って引き渡した場合に、本件動産について、Bは、先取特権を行使することはできない。

エ　Aがその所有物である本件動産をDに売った場合に、Aの取得する売買代金について、Bは、Dの支払い前に差押えをすれば、先取特権を行使することができる。

オ　Aが、Bの承諾を得て、本件建物をEに転貸した場合に、Bの先取特権は、Eの備え付けた動産には及ばない。

1　一つ
2　二つ
3　三つ
4　四つ
5　五つ

解説

ア **誤り** 即時取得の規定（192条）は、不動産賃貸の先取特権について準用されます（319条）。したがって、本件動産がCの所有物である場合において、Bがこのことを過失なく知らなかったときは、本件動産について、Bは、先取特権を即時取得することができます。 `テキスト p.405`

イ **誤り** 不動産賃貸の先取特権は、動産売買の先取特権に優先します（330条1項1号・3号）。したがって、Aが本件動産をCから買ったが、まだCに対して代金の支払いがない場合、本件動産についてBの先取特権がCの先取特権よりも優先します。 `テキスト p.433`

ウ **正しい** 先取特権は、債務者がその目的である動産をその第三取得者に引き渡した後は、その動産について行使することができません（333条）。したがって、Aがその所有物である本件動産をDに売って引き渡した場合、本件動産について、Bは、先取特権を行使することはできません。 `テキスト p.432`

エ **正しい** 先取特権は、払渡し又は引渡しの前に差押えをすれば、その目的物の売却・賃貸・滅失又は損傷によって債務者が受けるべき金銭その他の物に対しても行使することができます（304条1項）。これを**物上代位**といいます。したがって、Aがその所有物である本件動産をDに売った場合、Aの取得する売買代金について、Bは、Dの支払い前に差押えをすれば、先取特権を行使することができます。 `テキスト p.433`

オ **誤り** 賃借権の譲渡又は転貸の場合には、**賃貸人の先取特権は、譲受人又は転借人の動産にも及びます**（314条）。したがって、Aが、Bの承諾を得て、本件建物をEに転貸した場合、Bの先取特権は、Eの備え付けた動産にも及びます。 `テキスト p.433`

解答の テクニック **民法の個数問題は捨てるのもアリ**

　行政書士試験の民法は、ただでさえ難しい問題が多い上に、個数問題という出題形式は、一つでも正誤判断を間違えると正解が出せなくなりますので、民法の個数問題は、正解するのが極めて難しいといえます。そこで、本試験で民法の個数問題が出題されたときは、思い切って捨てるのもアリといえます。

正解 **3（ア・イ・オの三つ）**

32 質権

Check!
／　／　／　令元-31

難易度 **難**　重要度 **C**

　質権に関する次の記述のうち、民法の規定および判例に照らし、妥当でないものはどれか。

1　動産質権者は、継続して質物を占有しなければ、その質権をもって第三者に対抗することができず、また、質物の占有を第三者によって奪われたときは、占有回収の訴えによってのみ、その質物を回復することができる。

2　不動産質権は、目的不動産を債権者に引き渡すことによってその効力を生ずるが、不動産質権者は、質権設定登記をしなければ、その質権をもって第三者に対抗することができない。

3　債務者が他人の所有に属する動産につき質権を設定した場合であっても、債権者は、その動産が債務者の所有物であることについて過失なく信じたときは、質権を即時取得することができる。

4　不動産質権者は、設定者の承諾を得ることを要件として、目的不動産の用法に従ってその使用収益をすることができる。

5　質権は、債権などの財産権の上にこれを設定することができる。

1 **妥当である** 動産質権者は、**継続して質物を占有しなければ、その質権をもって第三者に対抗することができません**（352条）。また、質物の占有を第三者によって奪われたときは、**占有回収の訴えによってのみ、その質物を回復することができます**（353条）。 テキスト p.434

2 **妥当である** （不動産）質権は、目的不動産を債権者に**引き渡すことによってその効力を生じます**（344条）。また、不動産質権者は、**質権設定登記をしなければ、その質権をもって第三者に対抗することができません**（177条）。 テキスト p.434

3 **妥当である** 債務者が他人の所有に属する動産につき質権を設定した場合であっても、債権者は、その動産が債務者の所有物であることについて過失なく信じたときは、**質権を即時取得することができます**（192条）。
テキスト p.405、406

4 **妥当でない** 不動産質権者は、目的不動産の用法に従ってその使用収益をすることができ（356条）、**設定者の承諾を得ることを要件としていません**。
テキスト p.434

5 **妥当である** 質権は、**債権などの財産権の上にこれを設定することができます**（362条1項）。これを権利質といいます。 テキスト p.434

🔑 キーワード **質権**

　質権とは、債権の担保として債務者又は第三者から受け取った物を占有し、かつ、その物について他の債権者に先立って自己の債権の弁済を受ける権利のことです。

正解 **4**

33 物上代位

難易度 **易**　重要度 **A**

　AがBに対して有する貸金債権の担保として、Bが所有する甲建物（以下「甲」という。）につき抵当権が設定され、設定登記が経由された。当該貸金債権につきBが債務不履行に陥った後、甲が火災によって焼失し、Bの保険会社Cに対する火災保険金債権が発生した。Aがこの保険金に対して優先弁済権を行使するためには、民法の規定および判例に照らし、どのような法的手段によって何をしなければならないか。40字程度で記述しなさい。

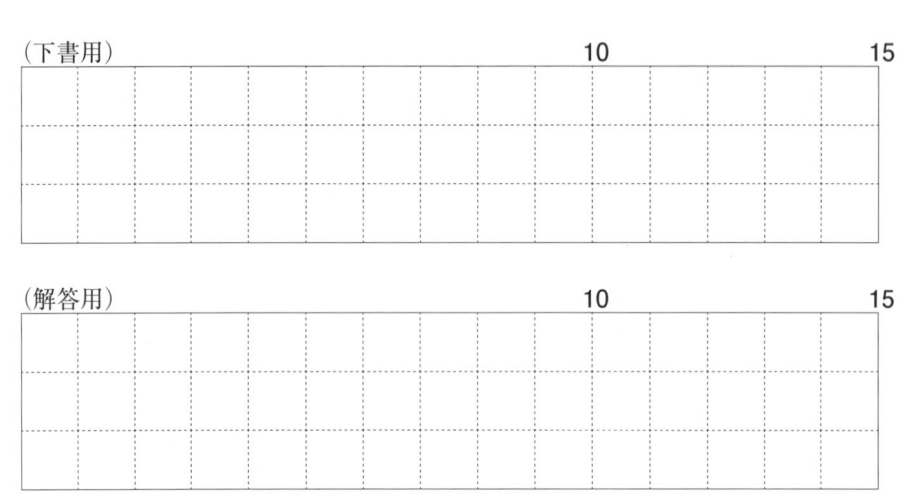

(下書用)

(解答用)

									10					15	
物	上	代	位	に	よっ	て	、	C	の	B	に	対	す
る	保	険	金	の	払	渡	し	の	前	に	差	押	え	を
し	な	け	れ	ば	な	ら	な	い	。					

（40字）

❶　本問の4～6行目に「Aがこの保険金に対して優先弁済権を行使するためには、…どのような法的手段によって何をしなければならないか」とあることから、保険金に対して優先弁済権を行使するための法的手段が問われていることがわかります。

❷　抵当権は甲について設定したものですから、その優先弁済権は甲にしか及ばないのが原則です。しかし、抵当権は、その目的物自体のみならず、その目的物の売却・賃貸・滅失又は損傷によって債務者が受けるべき金銭その他の物に対しても、行使することができるとされており（372条、304条1項本文）、これを物上代位といいます。テキスト p.439

❸　本問では、問題文3～4行目に「甲が火災によって焼失し、Bの保険会社Cに対する火災保険金債権が発生した」とありますから、保険金は「滅失…によって債務者が受けるべき金銭」に当たります。したがって、Aは、保険金に対して物上代位することにより、優先弁済権を行使することができます。

❹　抵当権者は、物上代位をするためには、引渡し又は払渡しの前に差押えをしなければなりません（372条、304条1項ただし書）。したがって、Aは、CのBに対する保険金の払渡しの前に差押えをしなければなりません。テキスト p.439

◖ 予想採点基準

①「物上代位によって」…………………………………………… 8点

②「CのBに対する保険金の払渡しの前に」…………………… 6点

③「差押えをしなければならない」……………………………… 6点

34 物上代位

　物上代位に関する次の記述のうち、民法の規定および判例に照らし、誤っているものはどれか。

1　対抗要件を備えた抵当権者は、物上代位の目的債権が譲渡され、譲受人が第三者に対する対抗要件を備えた後であっても、第三債務者がその譲受人に対して弁済する前であれば、自ら目的債権を差し押さえて物上代位権を行使することができる。

2　対抗要件を備えた抵当権者が、物上代位権の行使として目的債権を差し押さえた場合、第三債務者が債務者に対して反対債権を有していたとしても、それが抵当権設定登記の後に取得したものであるときは、当該第三債務者は、その反対債権を自働債権とする目的債権との相殺をもって、抵当権者に対抗することはできない。

3　動産売買の先取特権に基づく物上代位につき、動産の買主が第三取得者に対して有する転売代金債権が譲渡され、譲受人が第三者に対する対抗要件を備えた場合であっても、当該動産の元来の売主は、第三取得者がその譲受人に転売代金を弁済していない限り、当該転売代金債権を差し押さえて物上代位権を行使することができる。

4　動産売買の先取特権に基づく物上代位につき、買主がその動産を用いて第三者のために請負工事を行った場合であっても、当該動産の請負代金全体に占める価格の割合や請負人（買主）の仕事内容に照らして、請負代金債権の全部または一部をもって転売代金債権と同視するに足りる特段の事情が認められるときは、動産の売主はその請負代金債権を差し押さえて物上代位権を行使することができる。

5　抵当権者は、抵当不動産につき債務者が有する賃料債権に対して物上代位権を行使することができるが、同不動産が転貸された場合は、原則として、賃借人が転借人に対して取得した転貸賃料債権を物上代位の目的とすることはできない。

解説

1 **正しい** 対抗要件を備えた抵当権者は、物上代位の目的債権が譲渡され、譲受人が第三者に対する対抗要件を備えた後であっても、第三債務者がその譲受人に対して弁済する前であれば、自ら目的債権を差し押さえて物上代位権を行使することができます（最判平10.1.30）。テキスト p.438

2 **正しい** 対抗要件を備えた抵当権者が、物上代位権の行使として目的債権を差し押さえた場合、第三債務者が債務者に対して反対債権を有していたとしても、それが抵当権設定登記の後に取得したものであるときは、当該第三債務者は、その反対債権を自働債権とする目的債権との相殺をもって、抵当権者に対抗することはできません（最判平13.3.13）。テキスト p.439

3 **誤り** 動産売買の先取特権に基づく物上代位につき、動産の買主が第三取得者に対して有する転売代金債権が譲渡され、譲受人が第三者に対する対抗要件を備えた場合、当該動産の元来の売主は、当該転売代金債権を差し押さえて物上代位権を行使することはできません（最判平17.2.22）。テキスト p.433

4 **正しい** 動産売買の先取特権に基づく物上代位につき、買主がその動産を用いて第三者のために請負工事を行った場合であっても、当該動産の請負代金全体に占める価格の割合や請負人（買主）の仕事内容に照らして、請負代金債権の全部または一部をもって転売代金債権と同視するに足りる特段の事情が認められるときは、動産の売主はその請負代金債権を差し押さえて物上代位権を行使することができます（最決平10.12.18）。テキスト p.433

5 **正しい** 抵当権者は、抵当不動産につき債務者が有する賃料債権に対して物上代位権を行使することができます（372条、304条1項本文）。しかし、同不動産が転貸された場合は、原則として、賃借人が転借人に対して取得した転貸賃料債権を物上代位の目的とすることはできません（最決平12.4.14）。テキスト p.439

正解 **3**

35 抵当権の効力

　抵当権の効力に関する次の記述のうち、民法の規定および判例に照らし、妥当なものはどれか。

1　抵当権の効力は抵当不動産の従物にも及ぶが、抵当不動産とは別個に従物について対抗要件を具備しなければ、その旨を第三者に対して対抗することができない。

2　借地上の建物に抵当権が設定された場合において、その建物の抵当権の効力は、特段の合意がない限り借地権には及ばない。

3　買戻特約付売買の買主が目的不動産について買主の債権者のために抵当権を設定し、その旨の登記がなされたところ、その後、売主が買戻権を行使した場合、買主が売主に対して有する買戻代金債権につき、上記抵当権者は物上代位権を行使することができる。

4　抵当不動産が転貸された場合、抵当権者は、原則として、転貸料債権（転貸賃料請求権）に対しても物上代位権を行使することができる。

5　抵当権者が、被担保債権について利息および遅延損害金を請求する権利を有するときは、抵当権者は、原則として、それらの全額について優先弁済権を行使することができる。

1 妥当でない　抵当権の効力は抵当不動産の従物にも及び、**抵当不動産とは別個に従物について対抗要件を具備しなくても、その旨を第三者に対して対抗することができます**（最判昭44.3.28）。 テキスト p.438

2 妥当でない　借地上の建物に抵当権が設定された場合、**その建物の抵当権の効力は、原則として借地権にも及びます**（最判昭40.5.4）。なぜなら、借地権は建物の従たる権利だからです。 テキスト p.438

3 妥当である　買戻特約付売買の買主が目的不動産について買主の債権者のために抵当権を設定し、その旨の登記がなされたところ、その後、売主が買戻権を行使した場合、**買主が売主に対して有する買戻代金債権につき、上記抵当権者は物上代位権を行使することができます**（最判平11.11.30）。 テキスト p.439

4 妥当でない　抵当不動産が転貸された場合、抵当権者は、原則として、**転貸料債権（転貸賃料請求権）に対して物上代位権を行使することができません**（最決平12.4.14）。なお、抵当不動産の賃借人を所有者と同視することを相当とする場合は、例外的に物上代位権を行使することができます。 テキスト p.439

5 妥当でない　抵当権者が、被担保債権について利息および遅延損害金を請求する権利を有するときは、抵当権者は、**その満期となった最後の２年分についてのみ**、優先弁済権を行使することができます（375条１項本文）。 テキスト p.437

正解　3

第3部　民法

36 法定地上権

　法定地上権に関する次の記述のうち、民法の規定および判例に照らし、妥当なものはどれか。

1　Aは、自己所有の土地（更地）に抵当権を設定した後に、その土地上に建物を建築したが、抵当権の被担保債権について弁済をすることができなかった。この場合において、抵当権者が抵当権を実行して土地を競売すると、この建物のために法定地上権は成立せず建物は収去されなければならなくなることから、抵当権者は、土地とその上の建物を一括して競売しなければならない。

2　AがBから土地を借りてその土地上に建物を所有している場合において、Bは、その土地上に甲抵当権を設定したが、Aから建物を取得した後に、さらにその土地に乙抵当権を設定した。その後、Bは、甲抵当権の被担保債権について弁済したので甲抵当権は消滅したが、乙抵当権の被担保債権については弁済できなかったので、乙抵当権が実行され、その土地は買受人Cが取得した。この場合、この建物のために法定地上権は成立しない。

3　AがBから土地を借りてその土地上に建物を所有している場合において、Aは、その建物上に甲抵当権を設定したが、Bから土地を取得した後に、さらにその建物に乙抵当権を設定した。その後、Aは、甲抵当権の被担保債権について弁済できなかったので、甲抵当権が実行され、その建物は買受人Cが取得した。この場合、この建物のために法定地上権は成立しない。

4　Aが自己所有の土地と建物に共同抵当権を設定した後、建物が滅失したため、新たに建物を再築した場合において、Aが抵当権の被担保債権について弁済することができなかったので、土地についての抵当権が実行され、その土地は買受人Bが取得した。この場合、再築の時点での土地の抵当権が再築建物について土地の抵当権と同順位の共同抵当権の設定を受けたなどの特段の事由のない限り、再築建物のために法定地上権は成立しない。

5　AとBが建物を共同で所有し、Aがその建物の敷地を単独で所有している場合において、Aがその土地上に抵当権を設定したが、抵当権の被担保債権について弁済できなかったので、その抵当権が実行され、その土地は買受人Cが取得した。この場合、この建物のために法定地上権は成立しない。

1 **妥当でない** 抵当権の設定後に抵当地に建物が築造されたときは、抵当権者は、土地とともにその建物を競売することができます（389条1項本文）。したがって、抵当権者は、土地とその上の建物を一括して競売しなければならないというわけではありません。 `テキスト p.441`

2 **妥当でない** 1番抵当権が消滅し、その後、2番抵当権の実行により土地と地上建物の所有者を異にするに至った場合において、土地と地上建物が、1番抵当権設定時には同一の所有者に属していなかったとしても、2番抵当権設定時に同一の所有者に属していたときは、**法定地上権が成立します**（最判平19.7.6）。 `テキスト p.441`

3 **妥当でない** 1番抵当権設定時には土地と地上建物の所有者が異なっていたが、2番抵当権設定時には土地と地上建物の所有者が同一になっていた場合において、建物に抵当権が設定されていたときは、**法定地上権が成立します**（大判昭14.7.26）。 `テキスト p.441`

4 **妥当である** 土地及び地上建物に共同抵当権を設定した後に建物が取り壊され、土地上に新たに建物が建築された場合、特段の事情のない限り、**新建物のために法定地上権は成立しません**（最判平9.2.14）。 `テキスト p.441`

5 **妥当でない** 地上建物の共有者の一人が土地を所有している場合、**法定地上権が成立します**（最判昭46.12.21）。 `テキスト p.441`

🔔 ポイント　法定地上権の成立要件

　法定地上権の成立要件は、①抵当権設定当時、土地の上に建物が存在すること、②抵当権設定当時、土地と建物が同一の所有者に属すること、③土地又は建物の一方又は双方に抵当権が設定されたこと、④土地又は建物の所有者が競売により異なるに至ることの4つです。

| 正解 | 4 |

37 抵当権の消滅

　Aの抵当権（登記済み）が存する甲土地をその所有者Bから買い受け、甲土地の所有権移転登記を済ませたCは、同抵当権を消滅させたいと思っている。抵当権が消滅する場合としては、被担保債権または抵当権の消滅時効のほかに、Cが、Bの債権者である抵当権者Aに対し被担保債権額の全部をBのために弁済することが考えられるが、そのほかに、抵当権が消滅する場合を二つ、40字程度で記述しなさい。

（下書用）　　　　　　　　　　　　　　　　　　10　　　　　　　15

（解答用）　　　　　　　　　　　　　　　　　　10　　　　　　　15

 **ヒント**

　本問は、問題文最後に「抵当権が消滅する場合を二つ」とあるので、一つ書いて安心せず、きちんと二つ記述するようにしよう。

							10					15	
抵	当	権	者	の	請	求	に	応	じ	て	代	価	弁	済
を	す	る	場	合	と	抵	当	権	者	に	対	し	抵	当
権	消	滅	請	求	を	す	る	場	合	。				

(41字)

❶ 問題文1～2行目に「Aの抵当権（登記済み）が存する甲土地をその所有者Bから買い受け、甲土地の所有権移転登記を済ませたC」とあるので、**Cは抵当不動産の第三取得者**であることがわかります。

❷ 問題文2～5行目に「抵当権が消滅する場合としては、被担保債権または抵当権の消滅時効のほかに、Cが、Bの債権者である抵当権者Aに対し被担保債権額の全部をBのために弁済することが考えられるが、そのほかに、抵当権が消滅する場合を二つ」とあるので、本問は、被担保債権・抵当権の消滅時効、被担保債権の弁済のほかに、**抵当不動産の第三取得者が抵当権を消滅させる方法を二つ記述させる問題**であることがわかります。

❸ 抵当不動産の第三取得者が抵当権を消滅させる方法としては、抵当権者が請求する**代価弁済**（378条）、第三取得者が請求する**抵当権消滅請求**（379条）が認められています。 テキスト p.442、443

❹ したがって、Cが、抵当権者の請求に応じて代価弁済をする場合と、抵当権者に対し抵当権消滅請求をする場合に、抵当権が消滅します。

◖ 予想採点基準
① 「抵当権者の請求に応じて」······················· 2点
② 「代価弁済をする場合」··························· 8点
③ 「抵当権者に対し」······························ 2点
④ 「抵当権消滅請求をする場合」····················· 8点

解答の テクニック	字数の目安

本問は、「代価弁済と抵当権消滅請求」だけでも一応の解答になりますが、これだと12字しかありません。40字程度という出題である以上、35字～45字でおさまらない場合は過不足があるのでは？と再検討するようにしましょう。

第3部

民法

38 根抵当権

　根抵当権に関する次の記述のうち、民法の規定に照らし、正しいものはどれか。

1　被担保債権の範囲は、確定した元本および元本確定後の利息その他の定期金の2年分である。

2　元本確定前においては、被担保債権の範囲を変更することができるが、後順位抵当権者その他の第三者の承諾を得た上で、その旨の登記をしなければ、変更がなかったものとみなされる。

3　元本確定期日は、当事者の合意のみで変更後の期日を5年以内の期日とする限りで変更することができるが、変更前の期日より前に変更の登記をしなければ、変更前の期日に元本が確定する。

4　元本確定前に根抵当権者から被担保債権を譲り受けた者は、その債権について根抵当権を行使することができないが、元本確定前に被担保債務の免責的債務引受があった場合には、根抵当権者は、引受人の債務について、その根抵当権を行使することができる。

5　根抵当権設定者は、元本確定後においては、根抵当権の極度額の一切の減額を請求することはできない。

1 　**誤り**　根抵当権者は、確定した元本・利息その他の定期金及び債務の不履行によって生じた損害の全部について、極度額を限度として、その根抵当権を行使することができますから（398条の３第１項）、被担保債権の範囲が２年分に限定されるわけではありません。なお、通常の抵当権の場合、被担保債権の範囲は、確定した元本および元本確定後の利息その他の定期金の２年分に限定されます（375条１項）。 テキスト p.444

2 　**誤り**　元本確定前においては、被担保債権の範囲を変更することができ（398条の４第１項）、その旨の登記をしなければ、変更がなかったものとみなされますから（398条の４第３項）、これらの点は正しいです。しかし、被担保債権の範囲の変更をするには、後順位抵当権者その他の第三者の承諾を得ることを要しないとされており（398条の４第２項）、この点が誤りです。 テキスト p.445

3 　**正しい**　元本確定期日の変更をするには、後順位抵当権者その他の第三者の承諾を得ることを要しないとされ（398条の６第２項、398条の４第２項）、元本確定期日は変更した日から５年以内でなければならないとされています（398条の６第３項）。したがって、元本確定期日は、当事者の合意のみで変更後の期日を５年以内の期日とする限りで変更することができます。また、変更前の期日より前に変更の登記をしなければ、変更前の期日に元本が確定します（398条の６第４項）。 テキスト p.445

4 　**誤り**　元本確定前に根抵当権者から被担保債権を譲り受けた者は、その債権について根抵当権を行使することができないことから（398条の７第１項前段）、前半は正しいです。しかし、元本確定前に被担保債務の免責的債務引受があった場合には、根抵当権者は、引受人の債務について、その根抵当権を行使することができないことから（398条の７第２項）、後半が誤りです。 テキスト p.445

5 　**誤り**　元本確定後においては、根抵当権設定者は、その根抵当権の極度額を、現に存する債務の額と以後２年間に生ずべき利息その他の定期金及び債務の不履行による損害賠償の額を加えた額に減額することを請求することができます（398条の21第１項）。 テキスト p.445

正解　**3**

39 譲渡担保

Check!

／　／　／　平24-30

難易度 **難**　重要度 **C**

譲渡担保に関する次の記述のうち、判例に照らし、誤っているものはどれか。

1　不動産の譲渡担保において、債権者はその実行に際して清算義務を負うが、清算金が支払われる前に目的不動産が債権者から第三者に譲渡された場合、原則として、債務者はもはや残債務を弁済して目的物を受け戻すことはできず、このことは譲受人が背信的悪意者にあたるときであっても異ならない。

2　集合動産の譲渡担保において、債権者が譲渡担保の設定に際して占有改定の方法により現に存する動産の占有を取得した場合、その対抗要件具備の効力は、その構成部分が変動したとしても、集合物としての同一性が損なわれない限り、新たにその構成部分となった動産についても及ぶ。

3　集合動産の譲渡担保において、設定者がその目的物である動産につき通常の営業の範囲を超える売却処分をしたときは、当該譲渡担保の目的である集合物から離脱したと認められない限り、当該処分の相手方は目的物の所有権を承継取得することはできない。

4　集合債権の譲渡担保において、それが有効と認められるためには、契約締結時において、目的債権が特定されていなければならず、かつ、将来における目的債権の発生が確実でなければならない。

5　集合債権の譲渡担保において、当該譲渡につき譲渡人から債務者に対して確定日付のある証書によって通知が行われた場合、その対抗要件具備の効力は、将来において発生する債権についても及ぶ。

1 　正しい　判例は、不動産の譲渡担保において、債権者はその実行に際して清算義務を負うが、清算金が支払われる前に目的不動産が債権者から第三者に譲渡された場合、原則として、**債務者はもはや残債務を弁済して目的物を受け戻すことはできず、このことは譲受人が背信的悪意者にあたるときであっても異ならない**としています（最判平6.2.22）。テキスト p.447

2 　正しい　判例は、集合動産の譲渡担保において、債権者が譲渡担保の設定に際して占有改定の方法により現に存する動産の占有を取得した場合、その対抗要件具備の効力は、その構成部分が変動したとしても、**集合物としての同一性が損なわれない限り、新たにその構成部分となった動産についても及ぶ**としています（最判昭62.11.10）。テキスト p.448

3 　正しい　判例は、集合動産の譲渡担保において、設定者がその目的物である動産につき通常の営業の範囲を超える売却処分をしたときは、**当該譲渡担保の目的である集合物から離脱したと認められない限り、当該処分の相手方は目的物の所有権を承継取得することはできない**としています（最判平18.7.20）。テキスト p.448

4 　誤り　判例は、集合債権の譲渡担保において、それが有効と認められるためには、契約締結時において、**目的債権が他の債権から識別することができる程度に特定されていれば足り、将来における目的債権の発生が確実といえることまでは必要ない**としています（最判平12.4.21）。テキスト p.448

5 　正しい　判例は、既に生じ、又は将来生ずべき債権を譲渡担保権者に譲渡する集合債権譲渡担保について、第三者対抗要件を具備するためには、**指名債権譲渡の対抗要件の方法によることができる**としています（最判平13.11.22）。したがって、集合債権の譲渡担保において、当該譲渡につき譲渡人から債務者に対して確定日付のある証書によって通知が行われた場合、その対抗要件具備の効力は、将来において発生する債権についても及びます（467条2項）。テキスト p.448

正解　　**4**

40 種類債権

　Aが「もち米」を50キロ買う契約をB米店との間で行い、Bによる引渡しの準備がまだ終わっていない場合に関する次の記述のうち、正しいものはどれか。

1　引渡し場所についてA・B間で決めていなかった場合に、BはAが取りに来るまで待っていればよい。
2　Bは、目的物が特定されるまでの間は、B米店にある「もち米」の保管について善管注意義務を負うことはない。
3　目的物が特定される前に、隣家の火災によりB米店の「もち米」がすべて焼失してしまった場合、その焼失はBの責任ではないので、Bは他から「もち米」を再調達して引き渡す義務はない。
4　A・B間で取り決めがなければ、Bは上等な「もち米」を50キロ引き渡さなければならない。
5　「もち米」50キロの所有権は、目的物が特定される前でも、特約がなければ、A・B間の売買契約をした時に移転する。

> **ヒント**
>
> 　BはAに対して「もち米」50キロを引き渡す債務を負っており、これは同じ種類の物の一定数量の引渡しが目的とされる債権ですから、種類債権の問題であることに注意しよう。

解説

1 　**誤り**　弁済をすべき場所について別段の意思表示がないときは、特定物の引渡しは債権発生の時にその物が存在した場所において、その他の弁済は債権者の現在の住所において、それぞれしなければなりません（484条1項）。したがって、不特定物である「もち米」50キロの引渡しは、BがAの住所に持参して行わなければなりません。 テキスト p.486

2 　**正しい**　種類債権が特定しない間は、債務者は、善管注意義務を負いません。したがって、Bは、目的物が特定されるまでの間は、B米店にある「もち米」の保管について善管注意義務を負うことはありません。なお、種類債権が特定すると、債務者の保管義務が加重され、特定物の場合と同様に、善管注意義務を負うことになります（400条）。 テキスト p.451、452

3 　**誤り**　種類債権が特定しない間は、その種類の物が市場に存在する限り、債務者の調達義務がいつまでも存続することになります。したがって、Bは他から「もち米」を再調達して引き渡す義務を負います。 テキスト p.451

4 　**誤り**　種類債権の場合、法律行為の性質又は当事者の意思によってその品質を定めることができないときは、債務者は、中等の品質を有する物を給付しなければなりません（401条1項）。したがって、A・B間で取り決めがなければ、Bは上等な「もち米」ではなく、中等の「もち米」を50キロ引き渡さなければなりません。 テキスト p.451

5 　**誤り**　種類債権の場合、特約がない限り、特定によって目的物の所有権が債権者に移転します（最判昭35.6.24）。したがって、「もち米」50キロの所有権は、特約がなければ、A・B間の売買契約をした時ではなく目的物が特定された時に移転します。 テキスト p.451、452

正解　　2

41 債務不履行

　金銭債務の不履行については、履行不能や不完全履行の観念を入れる余地はなく履行遅滞のみが問題となると考えられているところ、民法は、「金銭の給付を目的とする債務の不履行については、その損害賠償の額は、債務者が遅滞の責任を負った最初の時点における法定利率によって定める。ただし、約定利率が法定利率を超えるときは、約定利率による。」と規定している（419条1項）。それでは、この点のほか、金銭債務の特則二つを、「金銭債務の不履行の損害賠償については、」に続けて、40字程度で記述しなさい。

　なお、「金銭債務の不履行の損害賠償については、」は、字数に算入しない。

（下書用）
　金銭債務の不履行の損害賠償については、

　　　　　　　　　　　　　　　　　　10　　　　　　　15

（解答用）
　金銭債務の不履行の損害賠償については、

　　　　　　　　　　　　　　　　　　10　　　　　　　15

 ヒント

　本問は、問題文最後に「金銭債務の特則二つ」とあるので、一つ思いついたところで安心せず、きちんと二つ挙げるようにしよう。

金銭債務の不履行の損害賠償については、

債	権	者	は	、	損	害	の	証	明	を	す	る	必	要
が	な	く	、	債	務	者	は	、	不	可	抗	力	を	も
っ	て	抗	弁	と	す	る	こ	と	が	で	き	な	い	。

10   15
（45字）

❶　債務不履行による損害賠償責任が発生するためには、損害の発生があることが必要ですから、損害の証明をする必要があるのが原則です。しかし、金銭の給付を目的とする債務の不履行による損害賠償については、**債権者は、損害の証明を要しない**とされています（419条2項）。 テキスト p.455

❷　また、債務不履行による損害賠償責任が発生するためには、債務者の帰責事由（責めに帰すべき事由）があることが必要なのが原則です。しかし、金銭の給付を目的とする債務の不履行による損害賠償については、**債務者は、不可抗力をもって抗弁とすることができない**とされていますので（419条3項）、帰責事由の有無を問わず損害賠償責任を負います。 テキスト p.455

◖ **予想採点基準**

①「債権者は、損害の証明をする必要がなく」……………………………… 10点

②「債務者は、不可抗力をもって抗弁とすることができない」…………… 10点

🔍 **キーワード　抗弁**

　抗弁とは、原告の請求を排斥するため、被告が、自らが証明責任を負う事実を主張することです。したがって、「債務者は、不可抗力をもって抗弁とすることができない」とは、債務者は、金銭債務の不履行が不可抗力によるものであったことを証明したとしても、債務不履行責任を免れることはできない、という意味になります。

42 債務不履行

　債務不履行責任に関する次の記述のうち、民法の規定および判例に照らし、妥当でないものはどれか。

1　不確定期限がある債務については、その期限が到来した時ではなく、債務者がその期限の到来した後に履行の請求を受けた時又はその期限の到来を知った時から履行遅滞になる。

2　債務者が自己の債務を履行しない場合、その債務不履行につき帰責事由がないことを債務者の側において立証することができなければ、債務者は債務不履行責任を免れることができない。

3　賃借人が賃貸人の承諾を得て賃貸不動産を転貸したが、転借人の過失により同不動産を損傷させた場合、賃借人は転借人の選任および監督について過失がなければ、賃貸人に対して債務不履行責任を負わない。

4　受寄者が寄託者の承諾を得て寄託物を第三者に保管させたが、当該第三者の過失により寄託物を損傷させた場合、受寄者は、寄託者に対して債務不履行責任を負う。

5　特別の事情によって生じた損害につき、債務者が契約締結時においてその事情を予見できなかったとしても、債務不履行時までに予見すべきであったと認められるときは、債務者はこれを賠償しなければならない。

解説

1 　**妥当である**　　債務の履行について不確定期限があるときは、債務者は、その期限の到来した後に履行の請求を受けた時又は**その期限の到来を知った時**から遅滞の責任を負います（412条2項）。 `テキスト p.454`

2 　**妥当である**　　債務者が自己の債務を履行しない場合、その債務不履行につき**帰責事由がないことを債務者の側において立証することができなければ、債務者は債務不履行責任を免れることができません**（大判大14.2.27）。

`テキスト p.539`

3 　**妥当でない**　　賃借人が賃貸人の承諾を得て賃貸不動産を転貸したが、転借人の過失により同不動産を損傷させた場合、**賃借人は転借人の選任および監督について過失がなくても、賃貸人に対して債務不履行責任を負います**（大判昭4.6.19）。 `テキスト p.456`

4 　**妥当である**　　受寄者が寄託者の承諾を得て寄託物を第三者に保管させたが、当該第三者の過失により寄託物を損傷させた場合、**受寄者は、寄託者に対して債務不履行責任を負います**。 `テキスト p.456`

5 　**妥当である**　　特別の事情によって生じた損害であっても、当事者がその事情を予見すべきであったときは、債権者は、その賠償を請求することができます（416条2項）。そして、予見すべきであったかどうかの判断時期は、**債務不履行時**とされています（大判大7.8.27）。したがって、特別の事情によって生じた損害につき、債務者が契約締結時においてその事情を予見できなかったとしても、債務不履行時までに予見すべきであったと認められるときは、債務者はこれを賠償しなければなりません。 `テキスト p.457`

第3部

民法

正解　3

43 債権者代位権

　債権者代位権に関する次の記述のうち、民法の規定に照らし、正しいものはどれか。

1　債権者は、債務者に属する権利（以下「被代位権利」という。）のうち、債務者の取消権については、債務者に代位して行使することはできない。
2　債権者は、債務者の相手方に対する債権の期限が到来していれば、自己の債務者に対する債権の期限が到来していなくても、被代位権利を行使することができる。
3　債権者は、被代位権利を行使する場合において、被代位権利が動産の引渡しを目的とするものであっても、債務者の相手方に対し、その引渡しを自己に対してすることを求めることはできない。
4　債権者が、被代位権利の行使に係る訴えを提起し、遅滞なく債務者に対し訴訟告知をした場合には、債務者は、被代位権利について、自ら取立てその他の処分をすることはできない。
5　債権者が、被代位権利を行使した場合であっても、債務者の相手方は、被代位権利について、債務者に対して履行をすることを妨げられない。

解説

1 **誤り** 債権者は、債務者に属する権利（被代位権利）が取消権や解除権などの形成権であっても、債務者に代位して行使することができます。

テキスト p.460

2 **誤り** 債権者は、自己の債務者に対する債権の期限が到来していなければ、被代位権利を行使することができないのが原則です（423条2項本文）。なお、保存行為については、この限りではないとされています（423条2項ただし書）。 テキスト p.460

3 **誤り** 債権者は、被代位権利を行使する場合において、被代位権利が動産の引渡しを目的とするものであるときは、債務者の相手方に対し、その引渡しを自己に対してすることを求めることができます（423条の3）。

テキスト p.461

4 **誤り** 債権者が、被代位権利の行使に係る訴えを提起した場合には、遅滞なく、債務者に対して、訴訟告知をしなければなりません（423条の6）。しかし、債務者は、被代位権利について、自ら取立てその他の処分をすることを妨げないとされており（423条の5）、これは訴訟告知をしたか否かにかかわりません。 テキスト p.461、462

5 **正しい** 債権者が、被代位権利を行使した場合であっても、債務者の相手方は、被代位権利について、債務者に対して履行をすることを妨げられないとされています（423条の5）。 テキスト p.461、462

🔍 **キーワード**　**債権者代位権**

　債権者代位権とは、債務者が自らの権利を行使しないときに、債権者が債務者に代わってその権利を行使することです。

正解　**5**

44 詐害行為取消権

　詐害行為取消権に関する次の記述のうち、民法の規定および判例に照らし、妥当なものはどれか。

1　遺産分割協議は、共同相続人の間で相続財産の帰属を確定させる行為であるが、相続人の意思を尊重すべき身分行為であり、詐害行為取消権の対象となる財産権を目的とする法律行為にはあたらない。

2　相続放棄は、責任財産を積極的に減少させる行為ではなく、消極的にその増加を妨げる行為にすぎず、また、相続放棄は、身分行為であるから、他人の意思によって強制されるべきではないので、詐害行為取消権行使の対象とならない。

3　離婚における財産分与は、身分行為にともなうものではあるが、財産権を目的とする法律行為であるから、財産分与が配偶者の生活維持のためやむをえないと認められるなど特段の事情がない限り、詐害行為取消権の対象となる。

4　詐害行為取消権は、総ての債権者の利益のために債務者の責任財産を保全する目的において行使されるべき権利であるから、債権者が複数存在するときは、取消債権者は、総債権者の総債権額のうち自己が配当により弁済を受けるべき割合額でのみ取り消すことができる。

5　詐害行為取消権は、総ての債権者の利益のために債務者の責任財産を保全する目的において行使されるべき権利であるから、取消しに基づいて返還すべき財産が金銭である場合に、取消債権者は受益者に対して直接自己への引渡しを求めることはできない。

解説

1 | 妥当でない |　遺産分割協議は、共同相続人の間で相続財産の帰属を確定させる行為であり、**詐害行為取消権の対象となる財産権を目的とする法律行為に当たります**（最判平11.6.11）。 テキスト p.463

2 | 妥当である |　相続放棄は、責任財産を積極的に減少させる行為ではなく、消極的にその増加を妨げる行為にすぎず、また、相続放棄は、身分行為であるから、他人の意思によって強制されるべきではないので、**詐害行為取消権行使の対象となりません**（最判昭49.9.20）。 テキスト p.463

3 | 妥当でない |　離婚における財産分与は、768条3項の趣旨に反して不相当に過大であり、財産分与に仮託してなされた財産処分であると認めるに足りるような特段の事情がない限り、**詐害行為取消権の対象となりません**（最判昭58.12.19）。 テキスト p.463

4 | 妥当でない |　詐害行為取消権は、総ての債権者の利益のために債務者の責任財産を保全する目的において行使されるべき権利ですから、債権者が複数存在するときであっても、取消債権者は、**その有する債権額全額について取り消すことができます**（大判昭8.2.3）。 テキスト p.465

5 | 妥当でない |　詐害行為取消権は、総ての債権者の利益のために債務者の責任財産を保全する目的において行使されるべき権利ですが、取消しに基づいて返還すべき財産が金銭である場合には、取消債権者は受益者に対して**直接自己への引渡しを求めることができます**（424条の9第1項）。 テキスト p.465

🔍 キーワード　**詐害行為取消権**

　詐害行為取消権とは、債務者が積極的に自己の財産を減少させるような法律行為をした場合に、これを取り消す制度のことです。

正解　**2**

45 詐害行為取消権

難易度 **普**　重要度 **A**

　Aは複数の債権者から債務を負っていたところ、債権者の一人で懇意にしているBと相談の上、Bに優先的な満足を得させる意図で、A所有の唯一の財産である甲土地を、代物弁済としてBに譲渡した。その後、Bは同土地を、上記事情を知らないCに時価で売却し、順次、移転登記がなされた。この場合において、Aの他の債権者Xは、自己の債権を保全するために、どのような権利に基づき、誰を相手として、どのような対応をとればよいか。民法の規定を踏まえて40字程度で記述しなさい。

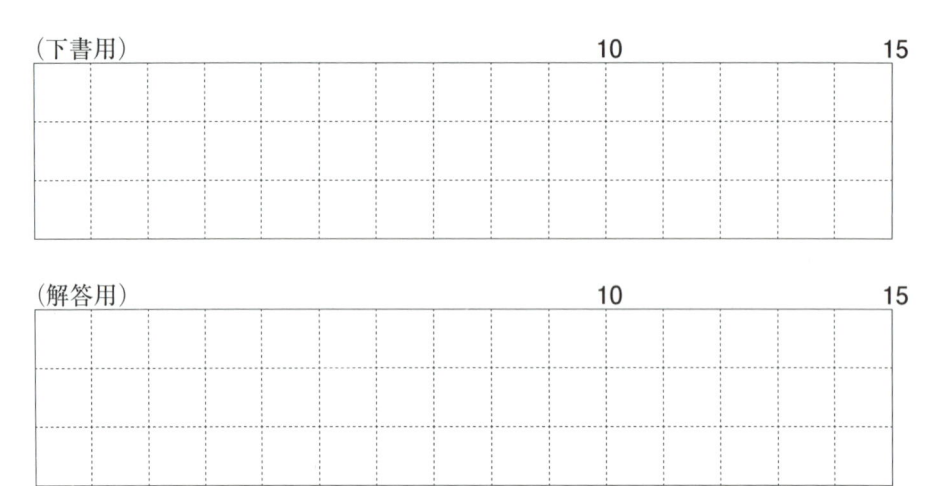

（下書用）　　　　　　　　　　　　　　　　10　　　　　　　15

（解答用）　　　　　　　　　　　　　　　　10　　　　　　　15

									10					15
詐	害	行	為	取	消	権	に	基	づ	き	、	B	を	相
手	と	し	て	、	裁	判	所	に	A	B	間	の	契	約
の	取	消	し	及	び	価	額	償	還	を	求	め	る	。

(45字)

❶ 問題文1～3行目に「Aは複数の債権者から債務を負っていたところ、債権者の一人で懇意にしているBと相談の上、Bに優先的な満足を得させる意図で、A所有の唯一の財産である甲土地を、代物弁済としてBに譲渡した」とありますから、本問では、無資力であるAが、B以外の債権者を害することを知って、甲土地を代物弁済したことがわかります。

❷ 債権者は、債務者が債権者を害することを知ってした**行為の取消し**を**裁判所**に請求することができ（424条1項本文）、これを**詐害行為取消権**といいます。したがって、Aの債権者であるXは、自己の債権を保全するため、詐害行為取消権に基づき、AB間の契約（代物弁済）の取消しを裁判所に請求することができます。

　テキスト p.464、462

❸ 詐害行為取消権は、債務者ではなく、受益者又は転得者を相手方として行使しなければなりません（424条の7第1項）。また、詐害行為取消権は、転得者が転得時において債権者を害すべき事実を知らなかったときは、行使することができません（424条の5）。したがって、Xは、債務者Aや事情を知らない転得者Cではなく、**事情を知っている受益者B**を相手として、詐害行為取消権を行使することになります（424条1項ただし書）。　テキスト p.464

❹ 受益者が悪意で転得者が善意の場合、財産は転得者のもとにあり返還が困難ですので、価額の償還を請求できるにすぎません（424条の6第1項）。したがって、Xは、甲土地の現物返還（移転登記抹消請求）を求めることはできず、価額償還を求めることになります。　テキスト p.465

◖ **予想採点基準**

　①「詐害行為取消権に基づき」‥‥‥‥‥‥‥‥‥‥‥‥‥‥‥‥‥‥ 6点

　②「Bを相手として」‥‥‥‥‥‥‥‥‥‥‥‥‥‥‥‥‥‥‥‥‥‥ 4点

　③「裁判所に」‥‥‥‥‥‥‥‥‥‥‥‥‥‥‥‥‥‥‥‥‥‥‥‥‥ 4点

　④「AB間の契約の取消し及び価額償還を求める」‥‥‥‥‥‥‥‥ 6点

46　連帯債務

　共同事業を営むAとBは、Cから事業資金の融資を受けるに際して、共に弁済期を1年後としてCに対し連帯して1,000万円の貸金債務（以下「本件貸金債務」という。）を負担した（負担部分は2分の1ずつとする。）。この事実を前提とする次の記述のうち、民法の規定および判例に照らし、妥当でないものはどれか。

1　本件貸金債務につき、融資を受けるに際してAが重要な錯誤に陥っており、錯誤に基づく取消しを主張してこれが認められた場合であっても、これによってBが債務を免れることはない。

2　本件貸金債務につき、A・C間の更改により、AがCに対して甲建物を給付する債務に変更した場合、Bは本件貸金債務を免れる。

3　本件貸金債務につき、弁済期到来後にAがCに対して弁済の猶予を求め、その後更に期間が経過して、弁済期の到来から起算して時効期間が満了した場合に、Bは、Cに対して消滅時効を援用することはできない。

4　本件貸金債務につき、Cから履行を求められたAが、あらかじめその旨をBに通知することなくCに弁済した。その当時、BはCに対して500万円の金銭債権を有しており、既にその弁済期が到来していた場合、BはAから500万円を求償されたとしても相殺をもって対抗することができる。

5　本件貸金債務につき、AがCに弁済した後にBに対してその旨を通知しなかったため、Bは、これを知らずに、Aに対して事前に弁済する旨の通知をして、Cに弁済した。この場合に、Bは、Aの求償を拒み、自己がAに対して500万円を求償することができる。

1 **妥当である**　連帯債務者の一人について法律行為の無効又は取消しの原因があっても、他の連帯債務者の債務は有効となります（437条）。したがって、Aの債務が錯誤により取り消されたとしても、これによってBが債務を免れることはありません。テキスト p.471、472

2 **妥当である**　連帯債務者の一人と債権者との間に更改があったときは、債権は、すべての連帯債務者の利益のために消滅します（438条）。したがって、A・C間の更改があった場合、Bは本件貸金債務を免れます。テキスト p.472

3 **妥当でない**　連帯債務者の一人について生じた事由は、他の連帯債務者に対してその効力を生じないのが原則です（441条）。したがって、弁済期到来後にAがCに対して弁済の猶予を求めたとしても、Bの債務については消滅時効が更新せず、Bは、Cに対して消滅時効を援用することができます。テキスト p.472

4 **妥当である**　連帯債務者の一人が弁済することを他の連帯債務者に通知しないで弁済をした場合、他の連帯債務者は、債権者に対抗できる事由を有していたときは、その負担部分について、その事由をもって弁済をした連帯債務者に対抗することができます（443条1項前段）。したがって、Bが債権者Cに対抗できる事由（相殺）を有している本肢では、BはAから500万円（負担部分）を求償されたとしても相殺をもって対抗できます。テキスト p.472、473

5 **妥当である**　連帯債務者の一人が弁済をしたことを他の連帯債務者に通知することを怠ったため、他の連帯債務者が善意で弁済をしたときは、弁済をした連帯債務者は、自己の弁済を有効であったものとみなすことができます（443条2項）。したがって、Aが弁済したことを知らずに弁済をしたBは、自己の弁済が有効であったものとみなすことができ、Aの求償を拒み、自己がAに対して500万円を求償することができます。テキスト p.473

正解　**3**

47 連帯債務

Check！
／　／　／　令5-30

難易度 **易**　重要度 **A**

　連帯債務者の一人について生じた次のア〜オの事由のうち、民法の規定に照らし、他の連帯債務者に対して効力が生じないものの組合せとして、正しいものはどれか。

ア　連帯債務者の一人と債権者との間の混同

イ　連帯債務者の一人がした代物弁済

ウ　連帯債務者の一人が債権者に対して債権を有する場合において、その連帯債務者がした相殺の援用

エ　債権者がした連帯債務者の一人に対する履行の請求

オ　債権者がした連帯債務者の一人に対する債務の免除

　　1　ア・イ
　　2　ア・ウ
　　3　イ・エ
　　4　ウ・オ
　　5　エ・オ

ア 生じる 連帯債務者の一人と債権者との間に混同があったときは、その連帯債務者は、弁済をしたものとみなされます（440条）。したがって、連帯債務者の一人と債権者との間の混同は、他の連帯債務者に対して効力が生じます。 テキスト p.472

イ 生じる 連帯債務者の一人がした代物弁済などの債権消滅事由は、他の連帯債務者に対して効力が生じます。 テキスト p.472

ウ 生じる 連帯債務者の一人が債権者に対して債権を有する場合において、その連帯債務者が相殺を援用したときは、債権は、全ての連帯債務者の利益のために消滅します（439条1項）。したがって、連帯債務者の一人が債権者に対して債権を有する場合において、その連帯債務者がした相殺の援用は、他の連帯債務者に対して効力が生じます。 テキスト p.472

エ 生じない 連帯債務者の一人について生じた事由は、他の連帯債務者に対してその効力を生じないのが原則です（441条）。したがって、債権者がした連帯債務者の一人に対する履行の請求は、他の連帯債務者に対して効力が生じません。 テキスト p.472

オ 生じない 連帯債務者の一人について生じた事由は、他の連帯債務者に対してその効力を生じないのが原則です（441条）。したがって、債権者がした連帯債務者の一人に対する債務の免除は、他の連帯債務者に対して効力が生じません。 テキスト p.472

第3部

民法

正解 5（エ・オ）

48　保証債務

　保証に関する1～5の「相談」のうち、民法の規定および判例に照らし、「可能です」と回答しうるものはどれか。

1　私は、AがBとの間に締結した土地の売買契約につき、売主であるAの土地引渡等の債務につき保証人となりましたが、このたびBがAの債務不履行を理由として売買契約を解除しました。Bは、私に対して、Aが受領した代金の返還について保証債務を履行せよと主張しています。私が保証債務の履行を拒むことは可能でしょうか。

2　私は、AがBから金銭の貸付を受けるにあたり、Aに頼まれて物上保証人となることにし、Bのために私の所有する不動産に抵当権を設定しました。このたびAの債務の期限が到来しましたが、最近資金繰りに窮しているAには債務を履行する様子がみられず、抵当権が実行されるのはほぼ確実です。私はAに資力があるうちにあらかじめ求償権を行使しておきたいのですが、これは可能でしょうか。

3　私の経営する会社甲は、AがBと新たに取引関係を結ぶにあたり、取引開始時から3カ月間の取引に関してAがBに対して負う一切の債務を保証することとし、契約書を作成しましたが、特に極度額を定めていませんでした。このたび、この期間内のA・B間の取引によって、私が想定していた以上の債務をAが負うことになり、Bが甲に対して保証債務の履行を求めてきました。甲が保証債務の履行を拒むことは可能でしょうか。

4　私は、AがB所有のアパートを賃借するにあたりAの保証人となりました。このたびA・B間の契約がAの賃料不払いを理由として解除されたところ、Bは、Aの滞納した賃料だけでなく、Aが立ち退くまでの間に生じた損害の賠償についても保証債務の履行をせよと主張しています。私は保証債務の履行を拒むことは可能でしょうか。

5　私は、AがBから400万円の貸付を受けるにあたり、Aから依頼されてCと共に保証人となりましたが、その際、私およびCは、Aの債務の全額について責任を負うものとする特約を結びました。このたび、私はBから保証債務の履行を求められて400万円全額を弁済しましたが、私は、Cに対して200万円の求償を請求することが可能でしょうか。

1 回答しえない 特定物の売買契約における売主のための保証人は、特に反対の意思表示のない限り、売主の債務不履行により契約が解除された場合における売主の原状回復義務についても、保証の責任を負います（最大判昭40.6.30）。したがって、相談者は、原状回復義務である代金の返還について、保証債務の履行を拒むことは不可能です。 テキスト p.499

2 回答しえない 物上保証人は、被担保債務の弁済期が到来したとしても、債務者に対し、あらかじめ求償権を行使することができません（最判平2.12.18）。したがって、物上保証人である相談者は、Aに資力があるうちにあらかじめ求償権を行使しておくことは不可能です。 テキスト p.475

3 回答しえない 個人根保証契約は、極度額を定めなければ、その効力を生じませんが（465条の2第2項）、保証人が法人の場合、個人根保証契約の規定は適用されません（465条の2第1項）。したがって、保証人が会社甲という法人である本肢では個人根保証契約の規定は適用されず、特に極度額を定めていなくても保証契約は有効ですので、甲が保証債務の履行を拒むことは不可能です。 テキスト p.476

4 回答しえない 保証債務は、主たる債務に関する利息・違約金・損害賠償その他その債務に従たるすべてのものを包含します（447条1項）。したがって、相談者は、Aの滞納した賃料だけでなく、Aが立ち退くまでの間に生じた損害の賠償についても、保証債務の履行を拒むことは不可能です。 テキスト p.474

5 回答しうる 数人の保証人がある場合において、そのうちの一人の保証人が、各保証人が全額を弁済すべき旨（保証連帯）の特約があるため、その全額を弁済したときは、他の保証人に対して、各自の負担部分に応じて求償することができます（465条1項、442条1項）。したがって、400万円全額を弁済した相談者は、他の保証人であるCに対して200万円の求償を請求することが可能です。 テキスト p.476

正解 **5**

49 保証債務

　AがBに金銭を貸し付けるにあたり、書面により、Cが保証人（Bと連帯して債務を負担する連帯保証人ではない。）となり、また、Dが物上保証人としてD所有の土地に抵当権を設定しその旨の登記がなされた。弁済期を徒過したので、Aは、Bに弁済を求めたところ、Bは、「CまたはDに対して請求して欲しい」と応えて弁済を渋った。そこで、Aは、Dに対しては何らの請求や担保権実行手続をとることなく、Cに対してのみ弁済を請求した。この場合において、Cは、Aの請求に対し、どのようなことを証明すれば弁済を拒むことができるか。40字程度で記述しなさい。

（下書用）　　　　　　　　　　　　　　　10　　　　　　　　15

（解答用）　　　　　　　　　　　　　　　10　　　　　　　　15

									10					15	
C	は	、	B	に	弁	済	の	資	力	が	あ	り	、		か
つ	、	執	行	が	容	易	で	あ	る	こ	と	を	証	明	
す	れ	ば	弁	済	を	拒	絶	で	き	る	。				

(42字)

❶ 本問では、問題文１～２行目に「Cが保証人（Bと連帯して債務を負担する連帯保証人ではない。）となり」とありますので、Cは、通常の保証人であるといえます。

❷ 次に、本問では、問題文５～７行目に「Aは、…Cに対してのみ弁済を請求した。この場合において、Cは、Aの請求に対し、どのようなことを証明すれば弁済を拒むことができるか」とありますので、通常の保証人が債権者から請求を受けた場合において、弁済を拒むために証明すべき事項が問われています。

❸ そして、債権者が主たる債務者に催告をした後であっても、保証人が**主たる債務者に弁済をする資力があり**、かつ、**執行が容易であること**を証明したときは、債権者は、まず主たる債務者の財産について執行をしなければなりません（検索の抗弁：453条）。テキスト p.474

❹ したがって、Cは、主たる債務者Bに弁済の資力があり、かつ、執行が容易であることを証明すれば弁済を拒むことができます。

☾ 予想採点基準

① 「Bに弁済の資力があり」……………………………………………… 10点

② 「執行が容易であること」……………………………………………… 10点

🖑 ポイント　ダミーの登場人物に注意

本問では、物上保証人Dが登場していますが、Dは解答をするにあたってまったく関係しません（上記の解説でも、Dは一度も出てきません）。これは、主たる債務者がBであることをきちんと読み取れているかを試すため、試験委員があえて無関係（ダミー）の登場人物を登場させたものでしょう。

第3部
民法

50 債権譲渡

Check!
／　／　／　平20-46改

難易度 **易**　重要度 **A**

　AはBに対して、自己がCに対して有していた300万円の貸金債権を譲渡した。この場合、債権譲渡の合意自体はA・B間で自由に行うことができるが、債権譲渡の合意に基づいて直ちに譲受人Bが債務者Cに対して支払いを求めることはできない。では、その理由について、「なぜならば、民法の規定によれば、債権の譲渡は、」に続けて、40字程度で記述しなさい。

（下書用）
　なぜならば、民法の規定によれば、債権の譲渡は、

（解答用）
　なぜならば、民法の規定によれば、債権の譲渡は、

なぜならば、民法の規定によれば、債権の譲渡は、

譲	渡	人	が	債	務	者	に	通	知	を	し	、	又	は
債	務	者	が	承	諾	を	し	な	け	れ	ば	、	債	務
者	に	対	抗	で	き	な	い	か	ら	で	あ	る	。	

10 15

（44字）

❶ 問題文2〜4行目に「債権譲渡の合意に基づいて直ちに譲受人Bが債務者C に対して支払いを求めることはできない。では、その理由について」とありま すので、本問は、**債権譲渡の合意だけでは譲受人が債務者に対して支払いを求 めることができない理由**が問われていることがわかります。

❷ 債権の譲渡は、**譲渡人が債務者に通知**をし、又は**債務者が承諾**をしなけれ ば、債務者その他の第三者に対抗することができません（467条1項）。このよ うに、債権の譲渡については、債務者の二重払いを防止する観点から、対抗要 件を具備していなければ、債務者に対抗することができないとされています。

テキスト p.480、481

❸ 以上より、債権譲渡の合意に基づいて直ちに譲受人Bが債務者Cに対して支 払いを求めることはできないのは、譲渡人Aが債務者Cに通知をし、又は債務 者Cが承諾をしなければ、債務者Cに対して債権譲渡を対抗できないからであ るといえます。

◖ **予想採点基準**

① 「譲渡人が債務者に通知をし」‥‥‥‥‥‥‥‥‥‥‥‥‥‥‥‥‥‥‥ 8点
② 「債務者が承諾をしなければ」‥‥‥‥‥‥‥‥‥‥‥‥‥‥‥‥‥‥‥ 8点
③ 「債務者に対抗できないから」‥‥‥‥‥‥‥‥‥‥‥‥‥‥‥‥‥‥‥ 4点

解答の テクニック	理由が問われた場合の答え方

本問は、「なぜならば〜」に続けて理由を記述させる問題ですから、文末は「〜 からである。」又は「〜ためである。」で結ぶようにしましょう。

51 債権譲渡

　Aは、Bに対して100万円の売掛代金債権（以下「本件代金債権」といい、解答にあたっても、この語を用いて解答すること。）を有し、本件代金債権については、A・B間において、第三者への譲渡を禁止することが約されていた。しかし、Aは、緊急に資金が必要になったため、本件代金債権をCに譲渡し、Cから譲渡代金90万円を受領するとともに、同譲渡について、Bに通知し、同通知は、Bに到達した。そこで、Cは、Bに対して、本件代金債権の履行期後に本件代金債権の履行を請求した。Bが本件代金債権に係る債務の履行を拒むことができるのは、どのような場合か。民法の規定に照らし、40字程度で記述しなさい。

　なお、BのAに対する弁済その他の本件代金債権に係る債務の消滅事由はなく、また、Bの本件代金債権に係る債務の供託はないものとする。

（下書用）　　　　　　　　　　10　　　　　　　15

（解答用）　　　　　　　　　　10　　　　　　　15

解説

									10					**15**
C	が	、	本	件	代	金	債	権	の	譲	渡	禁	止	特
約	に	つ	き	、	知	り	、	又	は	重	大	過	失	に
よ	り	知	ら	な	か	っ	た	場	合					

(40字)

❶ 本問の１～３行目に「Aは、Bに対して100万円の売掛代金債権…を有し、本件代金債権については、A・B間において、第三者への譲渡を禁止することが約されていた」とあることから、本問では債権者をA、債務者をBとする本件代金債権について、譲渡禁止特約が付されていることがわかります。

❷ 次に、本問の４～６行目に「Aは、緊急に資金が必要になったため、本件代金債権をCに譲渡し、Cから譲渡代金90万円を受領するとともに、同譲渡について、Bに通知し、同通知は、Bに到達した」とあることから、譲渡人Aが、譲受人Cに対し、譲渡禁止特約が付された本件代金債権を譲渡し、債務者Bに対する対抗要件を備えたことがわかります。

❸ 当事者が債権の譲渡を禁止し、又は制限する旨の意思表示（譲渡制限の意思表示）をしたときであっても、債権の譲渡は、その効力を妨げられません（466条２項）。しかし、この場合には、**譲渡制限の意思表示がされたことを知り、又は重大な過失によって知らなかった譲受人その他の第三者に対しては、債務者は、その債務の履行を拒むことができ**、かつ、譲渡人に対する弁済その他の債務を消滅させる事由をもってその第三者に対抗することができます（466条３項）。 テキスト p.480

❹ したがって、債務者Bが本件代金債権に係る債務の履行を拒むことができるのは、譲受人Cが、本件代金債権の譲渡禁止特約について知り、又は重大な過失により知らなかった場合になります。

◖ 予想採点基準

① 「Cが」 ……………………………………………………………………… 4点
② 「本件代金債権の譲渡禁止特約につき、知り、」……………………… 8点
③ 「又は重大過失により知らなかった場合」……………………………… 8点

第３部
民法

52 債務引受

Aは、Bに対して金銭債務（以下、「甲債務」という。）を負っていたが、甲債務をCが引き受ける場合（以下、「本件債務引受」という。）に関する次の記述のうち、民法の規定に照らし、誤っているものはどれか。

1　本件債務引受について、BとCとの契約によって併存的債務引受とすることができる。

2　本件債務引受について、AとCとの契約によって併存的債務引受とすることができ、この場合においては、BがCに対して承諾をした時に、その効力が生ずる。

3　本件債務引受について、BとCとの契約によって免責的債務引受とすることができ、この場合においては、BがAに対してその契約をした旨を通知した時に、その効力が生ずる。

4　本件債務引受について、AとCが契約をし、BがCに対して承諾することによって、免責的債務引受とすることができる。

5　本件債務引受については、それが免責的債務引受である場合には、Cは、Aに対して当然に求償権を取得する。

解説

1 正しい　併存的債務引受は、**債権者と引受人となる者との契約**によってすることができます（470条2項）。したがって、債権者Bと引受人Cとの契約によって併存的債務引受とすることができます。テキスト p.482

2 正しい　併存的債務引受は、**債務者と引受人となる者との契約**によってもすることができ、この場合において、併存的債務引受は、**債権者が引受人となる者に対して承諾をした時**に、その効力を生じます（470条3項）。したがって、債務者Aと引受人Cとの契約によって併存的債務引受とすることができ、この場合においては、債権者Bが引受人Cに対して承諾をした時に、その効力が生じます。テキスト p.482

3 正しい　免責的債務引受は、**債権者と引受人となる者との契約**によってすることができ、この場合において、免責的債務引受は、**債権者が債務者に対してその契約をした旨を通知した時**に、その効力を生じます（472条2項）。したがって、債権者Bと引受人Cとの契約によって免責的債務引受とすることができ、この場合においては、債権者Bが債務者Aに対してその契約をした旨を通知した時に、その効力が生じます。テキスト p.483

4 正しい　免責的債務引受は、**債務者と引受人となる者が契約**をし、**債権者が引受人となる者に対して承諾をする**ことによってもすることができます（472条3項）。したがって、債務者Aと引受人Cが契約をし、債権者Bが引受人Cに対して承諾することによって、免責的債務引受とすることができます。テキスト p.483

5 誤り　免責的債務引受の引受人は、**債務者に対して求償権を取得しません**（472条の3）。したがって、本件債務引受については、それが免責的債務引受である場合には、引受人Cは、債務者Aに対して当然に求償権を取得するわけではありません。テキスト p.483

正解　**5**

53 弁 済

　AがBに対して電器製品を売却する旨の売買契約（両債務に関する履行期日は同一であり、AがBのもとに電器製品を持参する旨が約されたものとする。 以下、「本件売買契約」という。）に関する次の記述のうち、民法の規定および判例に照らし、誤っているものはどれか。

1　Bが履行期日を過ぎたにもかかわらず売買代金を支払わない場合であっても、Aが電器製品をBのもとに持参していないときは、Aは、Bに対して履行遅滞に基づく損害賠償責任を問うことはできない。

2　Aが履行期日に電器製品をBのもとに持参したが、Bが売買代金を準備していなかったため、Aは電器製品を持ち帰った。翌日AがBに対して、電器製品を持参せずに売買代金の支払を求めた場合、Bはこれを拒むことができる。

3　Bが予め受領を拒んだため、Aは履行期日に電器製品をBのもとに持参せず、その引渡しの準備をしたことをBに通知して受領を催告するにとどめた場合、Bは、Aに対して、電器製品の引渡しがないことを理由として履行遅滞に基づく損害賠償責任を問うことはできない。

4　履行期日にAが電器製品を持参したにもかかわらず、Bが売買代金の支払を拒んだ場合、Aは、相当期間を定めて催告した上でなければ、原則として本件売買契約を解除することができない。

5　履行期日になってBが正当な理由なく売買代金の支払をする意思がない旨を明確に示した場合であっても、Aは、電器製品の引渡しの準備をしたことをBに通知して受領を催告しなければ、Bに対して履行遅滞に基づく損害賠償責任を問うことができない。

解説

1 **正しい**　双務契約の当事者の一方は、**相手方がその債務の履行を提供するまでは、自己の債務の履行を拒むことができます**（533条本文）。したがって、Aが電器製品をBのもとに持参していないときは、Bは自己の債務の履行を拒むことができますから、Aは、Bに対して履行遅滞に基づく損害賠償責任を問うことはできません。 テキスト p.495

2 **正しい**　双務契約の当事者の一方は、相手方から履行の提供を受けていても、**その提供が継続されない限り、同時履行の抗弁権を失いません**（最判昭34.5.14）。したがって、Aが電器製品を持ち帰り、その翌日、AがBに対して、電器製品を持参せずに売買代金の支払を求めた場合、履行の提供が継続されていませんから、同時履行の抗弁権は失われておらず、Bは売買代金の支払を拒むことができます。 テキスト p.495、496

3 **正しい**　債権者があらかじめ弁済の受領を拒み、又は債務の履行について債権者の行為を要するときは、**弁済の準備をしたことを通知してその受領の催告をすれば足ります**（口頭の提供：493条ただし書）。したがって、Aが引渡しの準備をしたことをBに通知して受領を催告するにとどめた場合でも、口頭の提供がなされたものといえ、Bは、Aに対して、電器製品の引渡しがないことを理由として履行遅滞に基づく損害賠償責任を問うことはできません。 テキスト p.487

4 **正しい**　当事者の一方がその債務を履行しない場合において、相手方が**相当の期間を定めてその履行の催告**をし、その期間内に履行がないときは、相手方は、契約の解除をすることができます（541条本文）。したがって、Aは、相当期間を定めて催告した上でなければ、本件売買契約を解除することができません。 テキスト p.499

5 **誤り**　双務契約において、当事者の一方が自己の債務の履行をしない意思が明確な場合には、**相手方において自己の債務の弁済の提供をしなくても、その当事者の一方は自己の債務の不履行について履行遅滞の責任を免れることができません**（最判昭41.3.22）。したがって、履行期日になってBが正当な理由なく売買代金の支払をする意思がない旨を明確に示した場合、Aは、電器製品の引渡しの準備をしたことをBに通知して受領を催告しなくても（弁済の提供をしなくても）、Bに対して履行遅滞に基づく損害賠償責任を問うことができます。 テキスト p.495

正解　**5**

54 代物弁済

　代物弁済（担保目的の代物弁済契約によるものは除く。）に関する次の記述のうち、民法の規定および判例に照らし、妥当でないものはどれか。

1　債務者が債権者と合意して、債権者に対し本来の債務の弁済に代えて自己が所有する土地を譲渡した場合、土地所有権の移転の効果は、原則として代物弁済契約の意思表示によって生じる。

2　債務者が債権者と合意して、債権者に対し本来の債務の弁済に代えて自己が所有する土地を譲渡した場合、債務消滅の効果は、原則として移転登記の完了時に生じる。

3　債務者が債権者と合意して、債権者に対し本来の債務の弁済に代えて自己が占有する時計を引き渡した場合、当該時計が他人から借りた時計であったとしても、債権者が、善意、無過失で、平穏に、かつ、公然と占有を開始したときには、時計の所有権を取得できる。

4　債務者が債権者と合意して、債権者に対し本来の債務の弁済に代えて自己が所有する時計を引き渡した場合、その時計に契約内容不適合があるときでも、債権者は、債務者に対し担保責任を追及することはできない。

5　債務者が債権者と合意して、債権者に対し本来の債務の弁済に代えて手形または小切手を交付した場合、これによって債務消滅の効果が生じるので、それらの不渡りがあっても、債権者は、債務者に対し損害賠償を請求することはできない。

解説

1　**妥当である**　代物弁済の目的物の債権者への所有権移転の効果は、176条に従い、代物弁済契約の意思表示によって生じます（最判昭57.6.4）。
テキスト p.490

2　**妥当である**　本来の弁済に代えて不動産の所有権を移転する場合には、当事者がその意思表示をするだけでは足りず、登記を完了し、第三者に対する対抗要件を具備したときでなければ、債務は消滅しません（最判昭40.4.30）。
テキスト p.490

3　**妥当である**　取引行為によって、平穏に、かつ、公然と動産の占有を始めた者は、善意であり、かつ、過失がなかったときは、その動産の権利を取得することができます（即時取得：192条）。そして、代物弁済は、ここにいう「取引行為」に当たります。したがって、代物弁済の目的物である時計が他人から借りた時計であったとしても、債権者が、善意、無過失で、平穏に、かつ、公然と占有を開始したときには、時計の所有権を取得できます。
テキスト p.405

4　**妥当でない**　代物弁済の目的物に契約内容不適合があった場合、売買の担保責任の規定が準用され（559条）、担保責任を追及することができる場合があります。テキスト p.490

5　**妥当である**　本来の給付と代物弁済としてなされた給付が価値において釣り合っていることは、要件とされていません。したがって、代物弁済として手形又は小切手が交付された場合、それらの不渡りがあっても、代物弁済は有効となり、債権者は、債務者に対し損害賠償を請求することはできません。テキスト p.489

正解　4

55 相 殺

難易度 普　重要度 A

　相殺に関する次の記述のうち、民法の規定に照らし、誤っているものはどれか。

1　差押えを受けた債権の第三債務者は、差押え後に取得した債権が差押え前の原因に基づいて生じたものであれば、その第三債務者が、差押え後に他人の債権を取得したときでなければ、その債権による相殺をもって差押債権者に対抗することができる。

2　時効によって消滅した債権が、その消滅以前に相殺適状にあった場合には、その債権者は、当該債権を自働債権として相殺することができる。

3　相殺禁止特約のついた債権を譲り受けた者が当該特約について悪意又は重過失である場合には、当該譲渡債権の債務者は、当該特約を譲受人に対抗することができる。

4　債務者に対する貸金債権の回収が困難なため、債権者がその腹いせに悪意で債務者の物を破損した場合には、債権者は、当該行為による損害賠償債務を受働債権として自己が有する貸金債権と相殺することはできない。

5　過失によって人の生命又は身体に損害を与えた場合、その加害者は、その被害者に対して有する貸金債権を自働債権として、被害者に対する損害賠償債務と相殺することができる。

解説

1 **正しい** 差押えを受けた債権の第三債務者は、差押え後に取得した債権が差押え前の原因に基づいて生じたものであれば、その第三債務者が、差押え後に他人の債権を取得したときでなければ、その債権による相殺をもって差押債権者に対抗することができます（511条2項）。 テキスト p.491

2 **正しい** 時効によって消滅した債権が、その消滅以前に相殺適状にあった場合には、その債権者は、当該債権を自働債権として相殺することができます（508条）。 テキスト p.491

3 **正しい** 相殺禁止特約のついた債権を譲り受けた者が当該特約について悪意又は重過失である場合には、当該譲渡債権の債務者は、当該特約を譲受人に対抗することができます（505条2項）。 テキスト p.491

4 **正しい** 悪意による不法行為に基づく損害賠償の債務の債務者は、相殺をもって債権者に対抗することができません（509条1号）。したがって、債務者に対する貸金債権の回収が困難なため、債権者がその腹いせに悪意で債務者の物を破損した場合には、債権者は、当該行為による損害賠償債務を受働債権として自己が有する貸金債権と相殺することはできません。 テキスト p.491

5 **誤り** 人の生命・身体の侵害による損害賠償の債務は、相殺をもって債権者に対抗することができません（509条2号）。したがって、過失によって人の生命又は身体に損害を与えた場合、その加害者は、その被害者に対して有する貸金債権を自働債権として、被害者に対する損害賠償債務と相殺することはできません。 テキスト p.491

🔍 **キーワード** 自働債権・受働債権

相殺をしようとする側の債権を自働債権、相殺される側の債権を受働債権といいます。

正解 5

56 契約の成立

Check!

／　／　／　　平19-33

難易度 **普**　重要度 **C**

　AはBから中古車を購入する交渉を進めていたが、購入条件についてほぼ折り合いがついたので、Bに対して書面を郵送して購入の申込みの意思表示を行った。Aは、その際、承諾の意思表示について「8月末日まで」と期間を定めて申し入れていたが、その後、契約の成否について疑問が生じ、知り合いの法律家Cに相談を持ちかけた。次のア〜オのAの質問のうち、Cが「はい、そのとおりです。」と答えるべきものの組合せは、1〜5のどれか。

ア　「私は、申込みの書面を発送した直後に気が変わり、今は別の車を買いたいと思っています。Bが承諾の意思表示をする前に申込みを撤回すれば、契約は成立しなかったということになるでしょうか。」

イ　「Bには、『8月末日までにご返事をいただきたい』と申し入れていたのですが、Bの承諾の意思表示が私に到着したのは9月2日でした。消印を見るとBはそれを9月1日に発送したことがわかりました。そこで私は、これをBから新たな申込みがなされたものとみなして承諾したのですが、契約は成立したと考えてよいでしょうか。」

ウ　「Bからは8月末を過ぎても何の通知もありませんでしたが、期日を過ぎた以上、契約は成立したと考えるべきでしょうか。実は最近もっとよい車を見つけたので、そちらを買いたいと思っているのですが。」

エ　「Bは、『売ってもよいが、代金は車の引渡しと同時に一括して支払ってほしい』といってきました。Bが売るといった以上、契約は成立したのでしょうが、代金一括払いの契約が成立したということになるのでしょうか。実は私は分割払いを申し入れていたのですが。」

オ　「Bの承諾の通知は8月28日に郵送されてきました。私の不在中に配偶者がそれを受け取り私のひきだしにしまい込みましたが、そのことを私に告げるのをうっかり忘れていましたので、私がその通知に気がついたのは9月20日になってからでした。私は、Bが車を売ってくれないものと思って落胆し、すでに

別の車を購入してしまいました。もう、Bの車は要らないのですが、それでも
Bとの売買契約は成立したのでしょうか。」

1　ア・ウ
2　イ・エ
3　イ・オ
4　ウ・エ
5　エ・オ

解説

ア 答えるべきでない 　承諾の期間を定めてした契約の申込みは、撤回することができません（523条1項）。したがって、Bが承諾の意思表示をする前に申込みを撤回したとしても、承諾の期間内に承諾の通知を受けたときは、契約が成立します。 テキスト p.494

イ 答えるべきである 　申込者は、遅延した承諾を新たな申込みとみなすことができるので（524条）、これに対する承諾を行えば契約は成立します。したがって、AがBから新たな申込みがなされたものとみなして承諾した場合、契約は成立したと考えてよいことになります。 テキスト p.494

ウ 答えるべきでない 　申込者が申込みに対して承諾期間内に承諾の通知を受けなかったときは、その申込みは、その効力を失います（523条2項）。したがって、何の通知もないまま期間を過ぎた場合、契約は成立しなかったと考えるべきことになります。 テキスト p.494

エ 答えるべきでない 　承諾者が、申込みに条件を付し、その他変更を加えてこれを承諾したときは、その申込みの拒絶とともに新たな申込みをしたものとみなされます（528条）。したがって、Bが分割払いの申入れに対して一括払いの承諾をしてきた場合、Bが新たな申込みをしたものとみなされますから、これに対してさらにAが承諾しない限り、代金一括払いの契約が成立したことにはなりません。 テキスト p.494

オ 答えるべきである 　意思表示は、その通知が相手方に到達した時からその効力を生じます（97条1項）。ここにいう「到達」とは、相手方が了知可能な状態に置かれたときのことであり、必ずしも相手方が現実に了知することを要しません（最判昭43.12.17）。したがって、Aの配偶者が承諾の通知を受け取っている以上、Aが了知可能な状態に置かれたといえ、Bとの売買契約は成立しています。 テキスト p.494

正解　3（イ・オ）

57 同時履行の抗弁権

　同時履行の抗弁権に関する次の記述のうち、民法の規定および判例に照らし、妥当なものはどれか。

1　双務契約が一方当事者の詐欺を理由として取り消された場合においては、詐欺を行った当事者は、当事者双方の原状回復義務の履行につき、同時履行の抗弁権を行使することができない。

2　家屋の賃貸借が終了し、賃借人が造作買取請求権を有する場合においては、賃貸人が造作代金を提供するまで、賃借人は、家屋の明渡しを拒むことができる。

3　家屋の賃貸借が終了し、賃借人が敷金返還請求権を有する場合においては、賃貸人が敷金を提供するまで、賃借人は、家屋の明渡しを拒むことができる。

4　請負契約においては仕事完成義務と報酬支払義務とが同時履行の関係に立つため、物の引渡しを要する場合であっても、特約がない限り、仕事を完成させた請負人は、目的物の引渡しに先立って報酬の支払を求めることができ、注文者はこれを拒むことができない。

5　売買契約の買主は、売主から履行の提供があっても、その提供が継続されない限り、同時履行の抗弁権を失わない。

解説

1 妥当でない 双務契約が一方当事者の詐欺を理由として取り消された場合においては、詐欺を行った当事者は、当事者双方の原状回復義務の履行につき、同時履行の抗弁権を行使することができます（最判昭47.9.7）。
テキスト p.495

2 妥当でない 造作買取請求権が行使された場合の建物明渡義務と買取代金支払義務は同時履行の関係にないため（最判昭29.7.22）、家屋の賃貸借が終了し、賃借人が造作買取請求権を有する場合でも、賃借人は、家屋の明渡しを拒むことができません。 テキスト p.495

3 妥当でない 賃貸借契約終了時における敷金返還義務と建物明渡義務は、同時履行の関係にないため（622条の2第1項1号）、家屋の賃貸借が終了し、賃借人が敷金返還請求権を有する場合でも、賃借人は、家屋の明渡しを拒むことができません。 テキスト p.495

4 妥当でない 請負契約においては目的物の引渡義務と報酬支払義務とが同時履行の関係に立つため、物の引渡しを要する場合であれば、仕事を完成させた請負人は、目的物の引渡しに先立って報酬の支払を求めることができません。 テキスト p.518

5 妥当である 双務契約の当事者の一方は、相手方から履行の提供を受けても、その提供が継続されない限り、同時履行の抗弁権を失いません（最判昭34.5.14）。したがって、売買契約の買主は、売主から履行の提供があっても、その提供が継続されない限り、同時履行の抗弁権を失いません。
テキスト p.495、496

正解 5

58 第三者のためにする契約

　Aは、自己所有の時計を代金50万円でBに売る契約を結んだ。その際、Aは、Cから借りていた50万円をまだ返済していなかったので、Bとの間で、Cへの返済方法としてBがCに50万円を支払う旨を合意し、時計の代金50万円はBがCに直接支払うこととした。このようなA・B間の契約を<u>何といい</u>、また、この契約に基づき、Cの上記50万円の代金支払請求権が発生するためには、<u>誰が誰に対してどのようなことをする必要があるか</u>。民法の規定に照らし、下線部について40字程度で記述しなさい。

（下書用）

									10					15

（解答用）

									10					15

<table>
</table>

								10					15	
第	三	者	の	た	め	に	す	る	契	約	と	い	い	、
C	が	B	に	契	約	の	利	益	を	享	受	す	る	意
思	を	表	示	す	る	こ	と	が	必	要	。			

(42字)

❶ 本問は、問題文1行目に「Aは、自己所有の時計を代金50万円でBに売る契約を結んだ」とありますので、A・B間で時計の売買契約がなされたことがわかります。

❷ 次に、問題文3〜4行目に「時計の代金50万円はBがCに直接支払うこととした」とありますので、A・B間で時計の売買契約がなされたにもかかわらず、その代金50万円を第三者Cが受け取る内容の契約となっていることがわかります。

❸ このように、契約当事者ではない第三者が利益を受けるような内容の契約のことを第三者のためにする契約といいます。 テキスト p.498

❹ そして、第三者のためにする契約においては、第三者の権利は、その第三者が債務者に対して契約の利益を享受する意思を表示した時に発生します（537条3項）。 テキスト p.498

❺ したがって、Cの50万円の代金支払請求権が発生するためには、CがBに契約の利益を享受する意思を表示することが必要です。

◖ 予想採点基準

① 「第三者のためにする契約といい」………………………………… 10点

② 「CがBに契約の利益を享受する意思を表示することが必要」………… 10点

第3部

民法

59 契約の解除

　契約の解除に関する次のア〜オの記述のうち、民法の規定および判例に照らし、妥当なものの組合せはどれか。

ア　Aが、その所有する建物をBに売却する契約を締結したが、その後、引渡しまでの間にAの火の不始末により当該建物が焼失した。Bは、引渡し期日が到来した後でなければ、当該売買契約を解除することができない。

イ　Aが、その所有する建物をBに売却する契約を締結したが、その後、引渡し期日が到来してもAはBに建物を引き渡していない。Bが、期間を定めずに催告した場合、Bは改めて相当の期間を定めて催告をしなければ、当該売買契約を解除することはできない。

ウ　AとBが、その共有する建物をCに売却する契約を締結したが、その後、AとBは、引渡し期日が到来してもCに建物を引き渡していない。Cが、当該売買契約を解除するためには、Aに対してのみ解除の意思表示をするのでは足りない。

エ　Aが、その所有する土地をBに売却する契約を締結し、その後、Bが、この土地をCに転売した。Bが、代金を支払わないため、Aが、A・B間の売買契約を解除した場合、C名義への移転登記が完了しているか否かに関わらず、Cは、この土地の所有権を主張することができる。

オ　Aが、B所有の自動車をCに売却する契約を締結し、Cが、使用していたが、その後、Bが、所有権に基づいてこの自動車をCから回収したため、Cは、A・C間の売買契約を解除した。この場合、Cは、Aに対しこの自動車の使用利益（相当額）を返還する義務を負う。

1　ア・エ
2　イ・ウ
3　イ・オ
4　ウ・エ
5　ウ・オ

ア 　妥当でない　履行不能が確実となった場合、**弁済期前であっても、解除をすることができます**（大判大15.11.25）。したがって、建物が焼失して引渡債務の履行不能が確実となった本肢では、Bは、引渡し期日が到来する前であっても、売買契約を解除することができます。テキスト p.499

イ 　妥当でない　期間を定めずに催告をした場合でも、**催告後相当の期間が経過した後に解除すれば、その解除は有効となります**（大判昭2.2.2）。したがって、Bが、期間を定めずに催告した場合、Bは改めて相当の期間を定めて催告をしなくても、催告後相当の期間が経過した後であれば、売買契約を解除することができます。テキスト p.499

ウ 　妥当である　当事者の一方が数人ある場合には、契約の解除は、**その全員から又はその全員に対してのみすることができます**（544条1項）。したがって、AとBが、その共有する建物をCに売却する契約を締結した本肢では、Cが、当該売買契約を解除するためには、Aに対してのみ解除の意思表示をするのでは足りません。テキスト p.499

エ 　妥当でない　解除前の第三者が保護を受けるためには、**その権利につき対抗要件を備えていることが必要です**（大判大10.5.17、最判昭33.6.14）。したがって、Aが、A・B間の売買契約を解除した場合、C名義への移転登記が完了しているときに限り、Cは、土地の所有権を主張することができます。テキスト p.398

オ 　妥当である　売買契約が解除された場合、目的物の引渡しを受けていた買主は、原状回復義務の内容として、**解除までの間目的物を使用したことによる利益を売主に返還すべき義務を負い**、これは、他人の権利の売買契約において、売主が目的物の所有権を取得して買主に移転することができず、**当該契約が解除された場合も同様です**（最判昭51.2.13）。したがって、買主Cは、売主Aに対しこの自動車の使用利益（相当額）を返還する義務を負います。テキスト p.499

正解　　5（ウ・オ）

60 贈与契約

Check!　／　／　／　平27-33改　難易度 普　重要度 B

　Aは、自己所有の甲建物をBに贈与する旨を約した（以下、「本件贈与」という）。この場合に関する次の記述のうち、民法の規定および判例に照らし、妥当なものはどれか。

1　本件贈与が口頭によるものであった場合、贈与契約は諾成契約であるから契約は成立するが、書面によらない贈与につき贈与者はいつでも解除することができるため、甲がBに引き渡されて所有権移転登記手続が終了した後であっても、Aは本件贈与を解除することができる。

2　本件贈与が書面によるものであるというためには、Aの贈与意思の確保を図るため、AB間において贈与契約書が作成され、作成日付、目的物、移転登記手続の期日および当事者の署名押印がされていなければならない。

3　本件贈与につき書面が作成され、その書面でAが死亡した時に本件贈与の効力が生じる旨の合意がされた場合、遺言が撤回自由であることに準じて、Aはいつでも本件贈与を撤回することができる。

4　本件贈与につき書面が作成され、その書面でBがAの老後の扶養を行うことが約された場合、BがAの扶養をしないときであっても、甲の引渡しおよび所有権移転登記手続が終了していれば、Aは本件贈与を解除することができない。

5　本件贈与につき書面が作成され、その書面で、BがAの老後の扶養を行えばAが死亡した時に本件贈与の効力が生じる旨の合意がされた場合、Bが上記の負担を全部またはこれに類する程度まで履行したときであっても、特段の事情がない限り、Aは本件贈与を撤回することができる。

解説

1 　**妥当でない**　贈与契約が書面によらないでなされた場合、各当事者は、その贈与契約を解除することができますが（550条本文）、履行の終わった部分は、解除することができません（550条ただし書）。そして、**不動産は引渡し又は登記があれば「履行の終わった部分」に当たります**（最判昭40.3.26）。したがって、甲がBに引き渡されて所有権移転登記手続が終了した後は、Aは本件贈与を解除することができません。`テキスト p.501、502`

2 　**妥当でない**　贈与が書面によってされたといえるためには、**贈与の意思表示自体が書面によっていることを必要としないことはもちろん、書面が贈与の当事者間で作成されたこと、又は書面に無償の趣旨の文言が記載されていることも必要としません**（最判昭60.11.29）。したがって、本件贈与が書面によるものであるというために、ＡＢ間において贈与契約書が作成される必要はありません。`テキスト p.501`

3 　**妥当である**　死因贈与の撤回については、1022条がその方式に関する部分を除いて準用されるため、**贈与者は、いつでも、死因贈与を撤回することができます**（最判昭47.5.25）。したがって、Ａはいつでも本件贈与を撤回することができます。`テキスト p.503`

4 　**妥当でない**　負担付贈与についてはその性質に反しない限り、双務契約に関する規定が準用されます（553条）。したがって、**解除の規定の適用があり**（最判昭53.2.17）、ＢがＡの扶養をしないときは、Ａは本件贈与を解除することができます。`テキスト p.502`

5 　**妥当でない**　負担の履行期が贈与者の生前と定められた負担付死因贈与契約に基づき、受贈者が約旨に従い負担の全部又はそれに類する程度の履行をした場合、特段の事情がない限り、**遺言の撤回に関する1022条を準用するのは相当でない**とされています（最判昭57.4.30）。したがって、Ｂが負担を全部またはこれに類する程度まで履行したときは、特段の事情がない限り、Ａは本件贈与を撤回することができません。`テキスト p.503`

正解　**3**

61 贈与契約

　甲自動車（以下「甲」という。）を所有するＡは、別の新車を取得したため、友人であるＢに対して甲を贈与する旨を口頭で約し、Ｂも喜んでこれに同意した。しかしながら、Ａは、しばらくして後悔するようになり、Ｂとの間で締結した甲に関する贈与契約をなかったことにしたいと考えるに至った。甲の引渡しを求めているＢに対し、Ａは、民法の規定に従い、どのような理由で、どのような法的主張をすべきか。40字程度で記述しなさい。なお、この贈与契約においては無効および取消しの原因は存在しないものとする。

（下書用）　　　　　　　　　　　　　　　10　　　　　　　15

（解答用）　　　　　　　　　　　　　　　10　　　　　　　15

						10				15	
書	面	に	よ	ら	な	い	贈	与	で	あ	る	た	め	、
履	行	が	終	了	し	て	い	な	い	こ	と	を	理	由
と	し	て	契	約	を	解	除	で	き	る	。			

(42字)

❶ 本問の3～4行目に「Aは、…Bとの間で締結した甲に関する贈与契約をなかったことにしたいと考えるに至った」とあり、贈与契約の効力を否定する方法が問われていることがわかります。

❷ そして、本問の6～7行目に「この贈与契約においては無効および取消しの原因は存在しないものとする」とあり、無効・取消し以外の方法が問われていることがわかります。

❸ 贈与契約が書面によらないでなされた場合、各当事者は、その贈与契約を解除することができます（550条本文）。ただし、履行の終わった部分は、解除することができないとされています（550条ただし書）。 テキスト p.501

❹ したがって、Aは、書面によらない贈与であるため、履行が終了していないことを理由として、契約の解除を主張すべきことになります。

◖ 予想採点基準 ━━━━━━

① 「書面によらない贈与であるため」………………………………… 8点
② 「履行が終了していない」………………………………………… 8点
③ 「契約を解除できる」……………………………………………… 4点

62 手 付

難易度 **普**　重要度 **B**

　売買契約において買主が売主に解約手付を交付した場合に、このことによって、買主は、どのような要件のもとであれば、売買契約を解除することができるか。40字程度で記述しなさい。

（下書用）
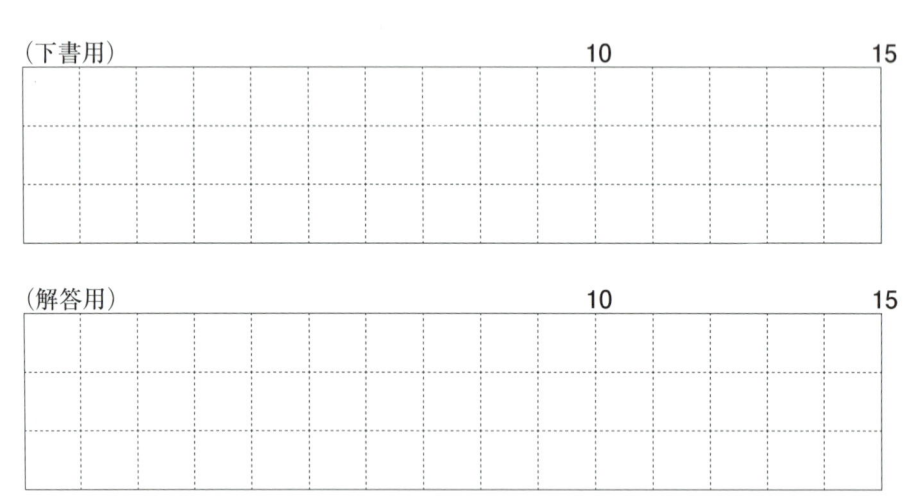

（解答用）

									10					15
売	主	が	契	約	の	履	行	に	着	手	す	る	ま	で
に	、	手	付	を	放	棄	し	て	、	契	約	解	除	の
意	思	表	示	を	す	る	。							

(38字)

❶　買主が売主に手付を交付したときは、**相手方が契約の履行に着手するまでは、買主はその手付を放棄し**、売主はその倍額を償還して、契約の解除をすることができます（557条1項）。 テキスト p.504

❷　契約又は法律の規定により当事者の一方が解除権を有するときは、その解除は、**相手方に対する意思表示**によってするものとされています（540条1項）。したがって、売買契約において買主が売主に解約手付を交付した場合、買主は、相手方（売主）が契約の履行に着手するまでに、手付を放棄して、契約解除の意思表示をするという要件のもとであれば、売買契約を解除することができます。 テキスト p.499

◖ **予想採点基準**
　①「売主が契約の履行に着手するまでに」‥‥‥‥‥‥‥‥‥‥‥‥‥ 8点
　②「手付を放棄して」‥‥‥‥‥‥‥‥‥‥‥‥‥‥‥‥‥‥‥‥‥‥ 8点
　③「契約解除の意思表示をする」‥‥‥‥‥‥‥‥‥‥‥‥‥‥‥‥‥ 4点

第3部

民法

63 売主の担保責任

Check!

／　／　／　　令3-33

難易度 **普**　重要度 **A**

　Aが甲建物（以下「甲」という。）をBに売却する旨の売買契約に関する次のア～オの記述のうち、民法の規定に照らし、誤っているものはいくつあるか。

ア　甲の引渡しの履行期の直前に震災によって甲が滅失した場合であっても、Bは、履行不能を理由として代金の支払いを拒むことができない。

イ　Bに引き渡された甲が契約の内容に適合しない場合、Bは、Aに対して、履行の追完または代金の減額を請求することができるが、これにより債務不履行を理由とする損害賠償の請求は妨げられない。

ウ　Bに引き渡された甲が契約の内容に適合しない場合、履行の追完が合理的に期待できるときであっても、Bは、その選択に従い、Aに対して、履行の追完の催告をすることなく、直ちに代金の減額を請求することができる。

エ　Bに引き渡された甲が契約の内容に適合しない場合において、その不適合がBの過失によって生じたときであっても、対価的均衡を図るために、BがAに対して代金の減額を請求することは妨げられない。

オ　Bに引き渡された甲が契約の内容に適合しない場合において、BがAに対して損害賠償を請求するためには、Bがその不適合を知った時から1年以内に、Aに対して請求権を行使しなければならない。

1　一つ
2　二つ
3　三つ
4　四つ
5　五つ

解説

ア **誤り**　当事者双方の責めに帰することができない事由によって債務を履行することができなくなったときは、債権者は、反対給付の履行を拒むことができます（536条1項）。したがって、甲の引渡しの履行期の直前に震災によって甲が滅失した場合、Bは、履行不能を理由として代金の支払いを拒むことができます。テキスト p.497

イ **正しい**　引き渡された目的物が契約の内容に適合しない場合、買主は、売主の担保責任を追及すること（履行の追完又は代金減額請求）のほか、債務不履行を理由とする損害賠償請求や契約の解除をすることもできます（564条）。したがって、Bに引き渡された甲が契約の内容に適合しない場合、Bは、Aに対して、履行の追完または代金の減額を請求することができるが、これにより債務不履行を理由とする損害賠償の請求は妨げられません。
テキスト p.504

ウ **誤り**　引き渡された目的物が契約の内容に適合しない場合、買主は、相当の期間を定めて履行の追完の催告をし、その期間内に履行がないときに、代金減額請求をすることができるのが原則です（563条1項）。したがって、Bに引き渡された甲が契約の内容に適合しない場合でも、履行の追完が合理的に期待できるときは、Bは、履行の追完の催告をしなければ、代金の減額を請求することができません。テキスト p.505

エ **誤り**　引き渡された目的物が契約の内容に適合しない場合であっても、買主に帰責事由がある場合には、代金減額請求をすることができません（563条3項）。したがって、Bに引き渡された甲が契約の内容に適合しない場合において、その不適合がBの過失によって生じたときは、BがAに対して代金の減額を請求することはできません。テキスト p.504

オ **誤り**　引き渡された目的物の種類・品質が契約の内容に適合しない場合、買主がその不適合を知った時から1年以内にその旨を売主に通知しなければ、売主の担保責任を追及したり損害賠償請求や解除をすることができません（566条本文）。したがって、Bに引き渡された甲が契約の内容に適合しない場合において、BがAに対して損害賠償を請求するためには、Bがその不適合を知った時から1年以内に、Aに対して請求権を行使することまでは必要なく、不適合があった旨を通知すれば足ります。テキスト p.505

正解　**4（ア・ウ・エ・オの四つ）**

64 賃貸借契約

　Aは自己所有の甲建物をBに賃貸し（以下、この賃貸借を「本件賃貸借」という。）、その際、BがAに対して敷金（以下、「本件敷金」という。）を交付した。この場合に関する次の記述のうち、民法の規定および判例に照らし、妥当なものはどれか。

1　本件賃貸借において、Bが甲建物のために必要費および有益費を支出した場合、特約がない限り、Bはこれらの費用につき、直ちにAに対して償還請求することができる。

2　BがAの承諾を得て本件賃貸借に基づく賃借権をCに譲渡した場合、特段の事情がない限り、AはBに対して本件敷金を返還しなければならない。

3　BがAの承諾を得て甲建物をDに転貸したが、その後、A・B間の合意により本件賃貸借が解除された場合、B・D間の転貸借が期間満了前であっても、AはDに対して甲建物の明渡しを求めることができる。

4　BがAの承諾を得て甲建物をEに転貸したが、その後、Bの賃料不払いにより本件賃貸借が解除された場合、B・E間の転貸借が期間満了前であれば、AはEに対して甲建物の明渡しを求めることはできない。

5　AがFに甲建物を特段の留保なく売却した場合、甲建物の所有権の移転とともに賃貸人の地位もFに移転するが、現実にFがAから本件敷金の引渡しを受けていないときは、B・F間の賃貸借の終了時にFはBに対して本件敷金の返還義務を負わない。

1 妥当でない　賃借人は、賃借物について賃貸人の負担に属する必要費を支出したときは、賃貸人に対し、**直ちにその償還を請求することができます**（608条1項）。他方、有益費を支出したときは、**賃貸借の終了の時に**、支出した費用又は増価額の償還を請求することができるにすぎません（608条2項、196条2項）。テキスト p.512

2 妥当である　賃借権が移転した場合、敷金に関する敷金交付者の権利義務関係は、特段の事情のない限り、**新賃借人に承継されません**（最判昭53.12.22）。したがって、賃貸人Aは、旧賃借人Bに対して敷金を返還しなければなりません。テキスト p.511

3 妥当でない　賃貸借が合意解除された場合でも、**その解除を転借人に対抗することができません**（613条3項本文）。したがって、B・D間の転貸借が期間満了前であれば、賃貸人Aは、転借人Dに対して甲建物の明渡しを求めることができません。テキスト p.514

4 妥当でない　賃貸借が賃借人の債務不履行を理由とする解除により終了した場合、賃貸人の承諾のある転貸借は、原則として、**賃貸人が転借人に対して目的物の返還を請求した時に、転貸人の転借人に対する債務の履行不能により終了します**（最判平9.2.25）。したがって、B・E間の転貸借が期間満了前であっても、賃貸人Aは、転借人Eに対して甲建物の明渡しを求めることができます。テキスト p.514

5 妥当でない　賃貸人たる地位が譲受人又はその承継人に移転した場合、**敷金返還債務は譲受人又はその承継人に承継されます**（605条の2第4項）。したがって、新賃貸人Fは、賃借人Bに対して敷金の返還義務を負います。テキスト p.511

正解　**2**

65 賃貸借契約

建物が転貸された場合における賃貸人（建物の所有者）、賃借人（転貸人）および転借人の法律関係に関する次のア〜オの記述のうち、民法の規定および判例に照らし、妥当なものの組合せはどれか。

ア　賃貸人の承諾がある転貸において、賃貸人が当該建物を転借人に譲渡し、賃貸人の地位と転借人の地位とが同一人に帰属したときであっても、賃借人と転借人間に転貸借関係を消滅させる特別の合意がない限り、転貸借関係は当然には消滅しない。

イ　賃貸人の承諾がある転貸において、賃借人による賃料の不払があったときは、賃貸人は、賃借人および転借人に対してその支払につき催告しなければ、原賃貸借を解除することができない。

ウ　賃貸人の承諾がある転貸であっても、これにより賃貸人と転借人間に賃貸借契約が成立するわけではないので、賃貸人は、転借人に直接に賃料の支払を請求することはできない。

エ　無断転貸であっても、賃借人と転借人間においては転貸借は有効であるので、原賃貸借を解除しなければ、賃貸人は、転借人に対して所有権に基づく建物の明渡しを請求することはできない。

オ　無断転貸において、賃貸人が転借人に建物の明渡しを請求したときは、転借人は建物を使用収益できなくなるおそれがあるので、賃借人が転借人に相当の担保を提供していない限り、転借人は、賃借人に対して転貸借の賃料の支払を拒絶できる。

1　ア・イ
2　ア・オ
3　イ・ウ
4　ウ・エ
5　エ・オ

解説

ア | 妥当である | 　賃貸人の承諾がある転貸において、賃貸人が当該建物を転借人に譲渡し、賃貸人の地位と転借人の地位とが同一人に帰属したときであっても、**賃借人と転借人間に転貸借関係を消滅させる特別の合意がない限り、転貸借関係は当然には消滅しません**（最判昭35.6.23）。　テキスト p.513

イ | 妥当でない | 　賃貸人の承諾がある転貸において、賃借人による賃料の不払があったときは、賃貸人は、賃借人に対してその支払につき催告すれば足り、**転借人に対してその支払につき催告しなくても、原賃貸借を解除することができます**（最判昭37.3.29）。　テキスト p.514

ウ | 妥当でない | 　賃貸人の承諾がある転貸の場合、**転借人は、賃借人の債務の範囲を限度として賃貸人に対して直接に義務を負う**ことから（613条1項前段）、賃貸人は、転借人に直接に賃料の支払を請求することができます。　テキスト p.514

エ | 妥当でない | 　無断転貸の場合、**原賃貸借を解除しなくても、賃貸人は、転借人に対して所有権に基づく建物の明渡しを請求することができます**（最判昭26.5.31）。　テキスト p.513

オ | 妥当である | 　無断転貸において、賃貸人が転借人に建物の明渡しを請求したときは、転借人は建物を使用収益できなくなるおそれがあるので、**賃借人が転借人に相当の担保を提供していない限り、転借人は、賃借人に対して転貸借の賃料の支払を拒絶できます**（559条、576条、最判昭50.4.25）。　テキスト p.513

正解　　2（ア・オ）

66 賃貸借契約

難易度 **普**　重要度 **A**

　A所有の甲土地をBに対して建物所有の目的で賃貸する旨の賃貸借契約（以下、「本件賃貸借契約」という。）が締結され、Bが甲土地上に乙建物を建築して建物所有権保存登記をした後、AがCに甲土地を売却した。この場合に関する次の記述のうち、民法の規定および判例に照らし、妥当でないものはどれか。

1　本件賃貸借契約における賃貸人の地位は、別段の合意がない限り、AからCに移転する。

2　乙建物の所有権保存登記がBと同居する妻Dの名義であっても、Bは、Cに対して、甲土地の賃借権をもって対抗することができる。

3　Cは、甲土地について所有権移転登記を備えなければ、Bに対して、本件賃貸借契約に基づく賃料の支払を請求することができない。

4　本件賃貸借契約においてAからCに賃貸人の地位が移転した場合、Bが乙建物について賃貸人の負担に属する必要費を支出したときは、Bは、Cに対して、直ちにその償還を請求することができる。

5　本件賃貸借契約の締結にあたりBがAに対して敷金を交付していた場合において、本件賃貸借契約が期間満了によって終了したときは、Bは、甲土地を明け渡した後に、Cに対して、上記の敷金の返還を求めることができる。

解説

1 　|妥当である|　法令の規定による対抗要件を備えた場合において、その不動産が譲渡されたときは、**その不動産の賃貸人たる地位は、その譲受人に移転します**（605条の2第1項）。したがって、本件賃貸借契約における賃貸人の地位は、別段の合意がない限り、AからCに移転します。テキスト p.515

2 　|妥当でない|　借地権は、その登記がなくても、土地の上に借地権者が登記されている建物を所有するときは、これをもって第三者に対抗することができます（借地借家法10条1項）。しかし、**借地上の建物の登記が家族名義の場合には、これをもって第三者に対抗することができません**（最大判昭41.4.27）。したがって、乙建物の所有権保存登記がBと同居する妻Dの名義である場合、Bは、Cに対して、甲土地の賃借権をもって対抗することができません。テキスト p.515

3 　|妥当である|　賃貸人たる地位の移転は、**賃貸物である不動産について所有権の移転の登記をしなければ、賃借人に対抗することができません**（605条の2第3項）。したがって、Cは、甲土地について所有権移転登記を備えなければ、Bに対して、賃貸人たる地位の移転を対抗することができず、その結果本件賃貸借契約に基づく賃料の支払を請求することもできません。テキスト p.515

4 　|妥当である|　賃借人は、賃借物について賃貸人の負担に属する必要費を支出したときは、賃貸人に対し、直ちにその償還を請求することができます（608条1項）。そして、賃貸人たる地位が譲受人に移転したときは、**費用の償還に係る債務は、譲受人が承継します**（605条の2第4項）。したがって、Bが乙建物について賃貸人の負担に属する必要費を支出したときは、Bは、Cに対して、直ちにその償還を請求することができます。テキスト p.512、515

5 　|妥当である|　賃貸人は、敷金を受け取っている場合において、賃貸借が終了し、かつ、賃貸物の返還を受けたときは、賃借人に対し、その受け取った敷金の額から賃貸借に基づいて生じた賃借人の賃貸人に対する金銭の給付を目的とする債務の額を控除した残額を返還しなければなりません（622条の2第1項1号）。そして、賃貸人たる地位が譲受人に移転したときは、**敷金の返還に係る債務は、譲受人が承継します**（605条の2第4項）。したがって、本件賃貸借契約が期間満了によって終了したときは、Bは、甲土地を明け渡した後に、Cに対して、上記の敷金の返還を求めることができます。テキスト p.511、515

|正解|　**2**

67 賃貸借契約

Check!

／　／　／　令4-46

難易度 **普**　重要度 **A**

　Aは、工場を建設するために、Bから、Bが所有する甲土地（更地）を、賃貸借契約締結の日から賃借期間30年と定めて賃借した。ただし、甲土地の賃借権の登記は、現在に至るまでされていない。ところが、甲土地がBからAに引き渡される前に、甲土地に何らの権利も有しないCが、AおよびBに無断で、甲土地に塀を設置したため、Aは、甲土地に立ち入って工場の建設工事を開始することができなくなった。そこで、Aは、Bに対応を求めたが、Bは何らの対応もしないまま現在に至っている。Aが甲土地に工場の建設工事を開始するために、Aは、Cに対し、どのような請求をすることができるか。民法の規定および判例に照らし、40字程度で記述しなさい。

（下書用）

Aは、Cに対し、　　　　　　　　　　　　　　10　　　　　　　　　15

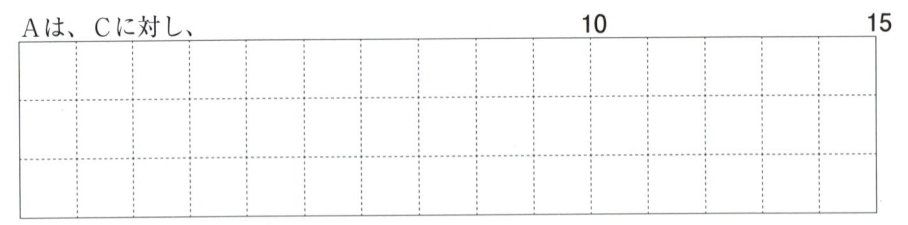

（解答用）

Aは、Cに対し、　　　　　　　　　　　　　　10　　　　　　　　　15

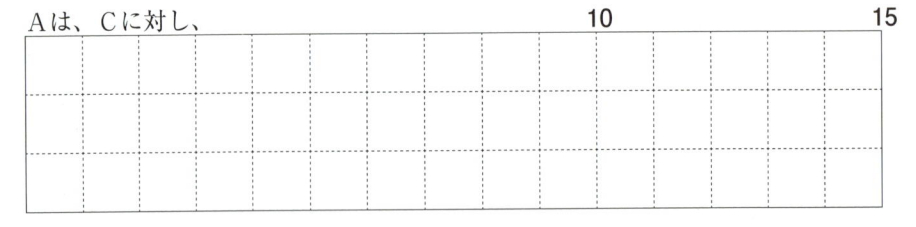

Aは、Cに対し、 10 15

B	の	所	有	権	に	基	づ	く	妨	害	排	除	請	求
権	を	代	位	し	て	、	塀	の	撤	去	を	請	求	す
る	こ	と	が	で	き	る	。							

(38字)

❶ 本問の1～2行目に「Aは、工場を建設するために、Bから、Bが所有する甲土地（更地）を、賃貸借契約締結の日から賃借期間30年と定めて賃借した」とあることから、Aを賃借人、Bを賃貸人とする賃貸借契約が問題となっていることがわかります。

❷ 次に、本問の4～5行目に「甲土地に何らの権利も有しないCが、AおよびBに無断で、甲土地に塀を設置した」とあることから、Cが甲土地を不法占有していることがわかります。

❸ ここで、本問の2～3行目に「甲土地の賃借権の登記は、現在に至るまでされていない」とあることから、Aの賃借権は対抗要件を備えていないことがわかり、賃借権に基づく返還請求（605条の4第2号）はできません。

❹ しかし、賃借人は、所有者たる賃貸人が不法占有者に対して有する所有権に基づく妨害排除請求権を代位行使することができます（大判昭4.12.16）。
テキスト p.515

❺ したがって、賃借人Aは、賃貸人Bが不法占有者Cに対して有する所有権に基づく妨害排除請求権を代位行使して、塀の撤去を請求することができます。

⦿ 予想採点基準

① 「Bの所有権に基づく妨害排除請求権を」 ……………………… 8点

② 「代位して」 ………………………………………………………… 8点

③ 「塀の撤去を請求することができる」 ……………………………… 4点

68 請負契約

Check!
／／／　令5-46

難易度 **普**　重要度 **A**

　Aは、Aが所有する土地上に住宅を建築する旨の建築請負契約（以下「本件契約」という。）を工務店Bとの間で締結した。本件契約においては、Bの供する材料を用い、また、同住宅の設計もBに委ねることとされた。本件契約から6か月経過後に、Aは、請負代金全額の支払いと引き換えに、完成した住宅の引渡しを受けた。しかし、その引渡し直後に、当該住宅の雨漏りが3か所生じていることが判明し、Aは、そのことを直ちにBに通知した。この場合において、民法の規定に照らし、Aが、Bに対し、権利行使ができる根拠を示した上で、AのBに対する修補請求以外の3つの権利行使の方法について、40字程度で記述しなさい。

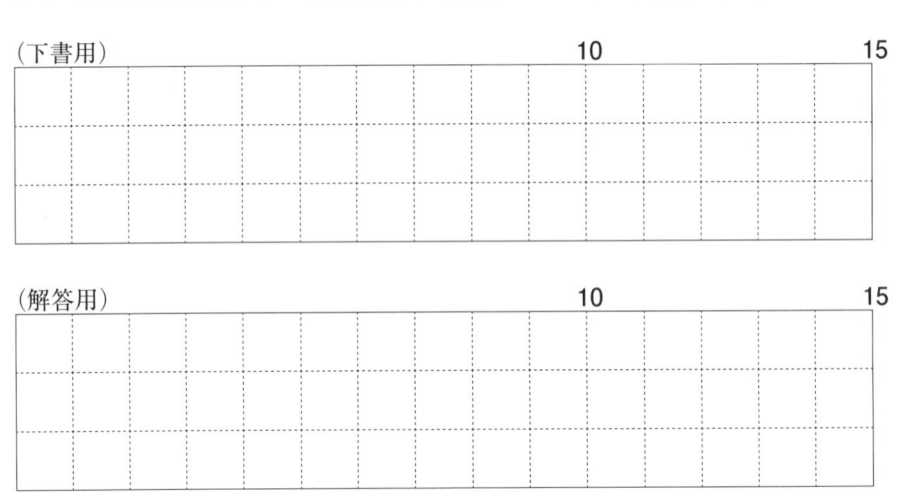

（下書用）　　　　　　　　　　　　　　10　　　　　　　15

（解答用）　　　　　　　　　　　　　　10　　　　　　　15

									10					15
請	負	人	の	担	保	責	任	に	基	づ	き	、	報	酬
減	額	請	求	、	損	害	賠	償	請	求	及	び	本	件
契	約	の	解	除	を	す	る	こ	と	が	で	き	る	。

（45字）

❶　本問の１～２行目に「Aは、Aが所有する土地上に住宅を建築する旨の建築請負契約…を工務店Bとの間で締結した」とあることから、Aを注文者、Bを請負人とする請負契約が問題となっていることがわかります。

❷　次に、本問の４～６行目に「Aは、請負代金全額の支払いと引き換えに、完成した住宅の引渡しを受けた。しかし、その引渡し直後に、当該住宅の雨漏りが３か所生じていることが判明し」とあることから、引き渡された目的物が品質に関して契約の内容に適合していないこと（契約内容不適合）がわかります。

❸　そして、売買に関する規定は、売買以外の有償契約について準用されますから（559条）、契約内容不適合の場合における売主の担保責任に関する規定（562条以降）は、**請負人の担保責任**として請負契約にも準用されることになります。 `テキスト p.519`

❹　まず、注文者Aは、請負人Bに対し、目的物の修補による履行の追完を求めることができますが（559条、562条１項）、問題文７～８行目に「AのBに対する修補請求以外の３つの権利行使の方法」とありますから、これは記述する必要はありません。

❺　その他にも、注文者Aは、請負人Bに対し、①**報酬減額請求**（559条、563条１項）、②**損害賠償請求**（559条、564条、415条）、③**本件契約の解除**（559条、564条、541条、542条）をすることができます。 `テキスト p.504、505`

☾ 予想採点基準

① 「請負人の担保責任に基づき」 ……………………………………… 8点

② 「報酬減額請求」 ………………………………………………………… 4点

③ 「損害賠償請求」 ………………………………………………………… 4点

③ 「本件契約の解除」 ……………………………………………………… 4点

69 委任契約・事務管理

　Aの隣人であるBは、Aの不在の間に台風によってA所有の甲建物（以下、「甲」という。）の屋根が損傷したため修繕を行った。この場合に関する次の記述のうち、民法の規定および判例に照らし、妥当なものはどれか。

1　Bは、Aからあらかじめ甲の管理を頼まれていなかったにもかかわらず、Aのために修繕を行ったが、強風に煽られて屋根から落下してしまい、受傷した。この場合に、Bは、Aに対して損害賠償を請求することができない。

2　Bは、Aから不在中における甲の管理を頼まれていたために修繕を行ったが、屋根から下りる際にBの不注意により足を滑らせて転倒し受傷した。この場合に、Bは、Aに対して損害賠償を請求することができる。

3　Bは、Aからあらかじめ甲の管理を頼まれていなかったにもかかわらず、Aのために修繕を行ったが、それがAにとって有益であるときは、Bは、Aに対して報酬を請求することができる。

4　Bは、Aからあらかじめ甲の管理を頼まれていなかったにもかかわらず、工務店を営むCに修繕を請け負わせた。このようなBの行為は、Aのための事務管理にあたるから、これによりCは、Aに対して工事代金の支払いを直接に請求することができる。

5　Bは、Aからあらかじめ甲の管理を頼まれていなかったにもかかわらず、工務店を営むCに修繕を請け負わせたが、実はAがCによる修繕を望んでいないことが後になって判明した。このような場合、甲にとって必要不可欠な修繕であっても、Bは、Aに対してその費用の支払いを請求することができない。

BがAからあらかじめ甲の管理を頼まれていた場合（肢2）は委任契約、頼まれていなかった場合（肢1・肢3・肢4・肢5）は事務管理の問題となります。

1 **妥当である** 受任者は、委任事務を処理するため自己に過失なく損害を受けたときは、委任者に対し、その賠償を請求することができます（650条3項）。もっとも、この規定は事務管理に準用されていませんので、管理者Bは、本人Aに対して損害賠償を請求することができません。 テキスト p.527

2 **妥当でない** 受任者は、委任事務を処理するため自己に過失なく損害を受けたときは、委任者に対し、その賠償を請求することができます（650条3項）。したがって、受任者Bが不注意（過失）により足を滑らせて転倒し受傷した本肢では、Bは、委任者Aに対して損害賠償を請求することができません。 テキスト p.522

3 **妥当でない** 本人は、管理者に対する報酬支払義務を負いません。したがって、管理者Bは、本人Aに対して報酬を請求することができません。 テキスト p.526

4 **妥当でない** 管理者が本人の名でした法律行為の効果は、当然に本人に及ぶものではありません（最判昭36.11.30）。したがって、管理者Bの行為の効果は、当然に本人Aに及ぶものではありませんから、Cは、Aに対して工事代金の支払いを直接に請求することはできません。 テキスト p.526

5 **妥当でない** 管理者が本人の意思に反して事務管理をしたときは、償還請求できる範囲は本人が現に利益を受けている限度に限定されます（702条3項）。したがって、本人Aが修繕を望んでいない本肢では、管理者Bは、Aに対して現に利益を受けている限度でその費用の支払いを請求することができます。 テキスト p.527

正解 1

70 委任契約・事務管理

甲建物（以下「甲」という。）を所有するＡが不在の間に台風が襲来し、甲の窓ガラスが破損したため、隣りに住むＢがこれを取り換えた場合に関する次の記述のうち、民法の規定および判例に照らし、妥当でないものはどれか。

1　ＢがＡから甲の管理を頼まれていた場合であっても、Ａ・Ｂ間において特約がない限り、Ｂは、Ａに対して報酬を請求することができない。

2　ＢがＡから甲の管理を頼まれていなかった場合であっても、Ｂは、Ａに対して窓ガラスを取り換えるために支出した費用を請求することができる。

3　ＢがＡから甲の管理を頼まれていなかった場合であっても、Ｂが自己の名において窓ガラスの取換えを業者Ｃに発注したときは、Ｂは、Ａに対して自己に代わって代金をＣに支払うことを請求することができる。

4　ＢがＡから甲の管理を頼まれていなかった場合においては、ＢがＡの名において窓ガラスの取換えを業者Ｄに発注したとしても、Ａの追認がない限り、Ｄは、Ａに対してその請負契約に基づいて代金の支払を請求することはできない。

5　ＢがＡから甲の管理を頼まれていた場合であっても、Ａ・Ｂ間において特約がなければ、窓ガラスを取り換えるに当たって、Ｂは、Ａに対して事前にその費用の支払を請求することはできない。

解説

　BがAから甲の管理を頼まれていた場合（肢1・肢5）は委任契約、頼まれていなかった場合（肢2・肢3・肢4）は事務管理の問題となります。

1　**妥当である**　受任者は、特約がなければ、委任者に対して報酬を請求することができません（648条1項）。したがって、A・B間において特約がない限り、Bは、Aに対して報酬を請求することができません。 テキスト p.520

2　**妥当である**　管理者は、本人のために有益な費用を支出したときは、本人に対し、その償還を請求することができます（702条1項）。したがって、Bは、Aに対して窓ガラスを取り換えるために支出した費用を請求することができます。 テキスト p.526、527

3　**妥当である**　管理者が本人のために有益な債務を負担した場合、本人に対し、自己に代わってその弁済をすることを請求することができます（702条2項、650条2項前段）。したがって、Bが自己の名において窓ガラスの取換えを業者Cに発注したときは、Bは、Aに対して自己に代わって代金をCに支払うことを請求することができます。 テキスト p.527

4　**妥当である**　管理者が本人の名でした法律行為の効果は、当然に本人に及ぶものではなく、無権代理行為となります（最判昭36.11.30）。したがって、BがAの名において窓ガラスの取換えを業者Dに発注したとしても無権代理行為となり、Aの追認がない限り、Dは、Aに対してその請負契約に基づいて代金の支払を請求することはできません。 テキスト p.526

5　**妥当でない**　委任事務を処理するについて費用を要するときは、委任者は、受任者の請求により、その前払をしなければなりません（649条）。したがって、A・B間において特約がなくても、窓ガラスを取り換えるに当たって、Bは、Aに対して事前にその費用の支払を請求することができます。 テキスト p.522

正解　**5**

71 不当利得

　AのBに対する不当利得返還請求等に関する次のア～オの記述のうち、判例に照らし、誤っているものはいくつあるか。

ア　Aは、Bに対する未払い賃料はないことを知りつつ、Bから賃料不払いを理由とした賃貸建物明渡請求訴訟を提起された場合における防禦方法として支払いをなすものであることを特に表示したうえで、Bに弁済を行った。この場合に、Aは、Bに対し、不当利得として給付した弁済額の返還を請求することができる。

イ　Aは、賭博に負けたことによる債務の弁済として、Bに高価な骨董品を引き渡したが、その後、A・B間でBがこの骨董品をAに返還する旨の契約をした。この場合に、Aは、Bに対し、この骨董品の返還を請求することができる。

ウ　Cは、BからB所有の家屋を賃借した際に、CがBに対して権利金を支払わない代わりに、Cが当該家屋の修繕義務を負うこととする旨を合意したため、後日、当該家屋の修繕工事が必要となった際、CはAに対してこれを依頼し、Aが同工事を完了したが、CはAに修繕代金を支払う前に無資力となってしまった。この場合に、Aは、Bに対し、不当利得として修繕代金相当額の返還を請求することはできない。

エ　Aは、Bとの愛人関係を維持するために、自己の有する未登記建物をBに贈与し、これを引き渡した。この場合に、Aは、Bに対し、不当利得としてこの建物の返還を請求することができる。

オ　Bは、Cから強迫を受け、同人の言うままに、Aと金銭消費貸借契約を締結し、Aに指示してBとは何らの法律上または事実上の関係のないDに貸付金を交付させたところ、Bが強迫を理由にAとの当該金銭消費貸借契約を取り消した。この場合に、Aは、Bに対し、不当利得として貸付金相当額の返還を請求することができる。

1　一つ
2　二つ
3　三つ
4　四つ
5　五つ

解説

ア 正しい 債務が存在しないことを知っていたにもかかわらず強制執行を避けるためやむを得ずに弁済をした者は、給付したものの返還を請求することができます（大判大6.12.11）。したがって、Aは、Bに対し、不当利得として給付した弁済額の返還を請求することができます。 テキスト p.529

イ 正しい Aは、賭博に負けたことによる債務の弁済として、Bに高価な骨董品を引き渡していますから、不法原因給付（708条本文）に当たります。もっとも、不法原因給付の返還の特約は有効ですから（最判昭28.1.22）、Aは、Bに対し、この骨董品の返還を請求することができます。 テキスト p.530

ウ 正しい 建物賃借人から請け負って修繕工事をした者が、賃借人の無資力を理由に建物所有者に対して修繕代金相当額を不当利得として返還請求できるのは、建物所有者が対価関係なしに利益を受けた場合に限られます（最判平7.9.19）。本肢では、CがBに対して権利金を支払わない代わりに、Cが当該家屋の修繕義務を負うこととする旨を合意しているため、建物所有者は対価関係なしに利益を受けたとはいえず、Aは、Bに対し、不当利得として修繕代金相当額の返還を請求することはできません。 テキスト p.528

エ 誤り 愛人関係を維持するための未登記建物の引渡しは不法原因給付（708条本文）に当たりますから（最大判昭45.10.21）、Aは、Bに対し、不当利得としてこの建物の返還を請求することができません。 テキスト p.530

オ 誤り 金銭消費貸借契約の借主は、特段の事情のない限り、貸主が第三者に対して貸付金を給付したことによりその価額に相当する利益を受けたものとみるべきですが、借主と第三者の間に事前に何ら法律上・事実上の関係のない場合は、特段の事情があるといえ、借主は利益を受けたものとはされません（最判平10.5.26）。したがって、Aは、Bに対し、不当利得として貸付金相当額の返還を請求することができません。 テキスト p.528

正解 **2（エ・オの二つ）**

72 不当利得

　Aは、配偶者がいるにもかかわらず、配偶者以外のBと不倫関係にあり、その関係を維持する目的で、A所有の甲建物をBに贈与した。この場合に関する次の記述のうち、民法の規定および判例に照らし、正しいものはどれか。

1　甲建物がAからBに引き渡されていない場合に、A・B間の贈与が書面によってなされたときには、Aは、Bからの引渡請求を拒むことはできない。

2　甲建物が未登記建物である場合において、Aが甲建物をBに引き渡したときには、Aは、Bに対して甲建物の返還を請求することはできない。

3　甲建物が未登記建物である場合において、Aが甲建物をBに引き渡した後に同建物についてA名義の保存登記をしたときには、Aは、Bに対して甲建物の返還を請求することができる。

4　A名義の登記がなされた甲建物がBに引き渡されたときには、Aは、Bからの甲建物についての移転登記請求を拒むことはできない。

5　贈与契約のいきさつにおいて、Aの不法性がBの不法性に比してきわめて微弱なものであっても、Aが未登記建物である甲建物をBに引き渡したときには、Aは、Bに対して甲建物の返還を請求することはできない。

解説

1 　**誤り**　公の秩序又は善良の風俗（公序良俗）に反する法律行為は、無効とされます（90条）。そして、本問では、Aは、配偶者がいるにもかかわらず、配偶者以外のBと不倫関係にあり、その関係を維持する目的で、A所有の甲建物をBに贈与していますから、この贈与は、公の秩序又は善良の風俗（公序良俗）に反する事項を目的とする法律行為に当たり、無効とされます。したがって、Aは、Bからの引渡請求を拒むことができます。　テキスト p.361

2 　**正しい**　不法な原因のために給付をした者は、その給付したものの返還を請求することができません（708条本文）。そして、未登記建物の場合、引渡しが「給付」に当たります（最大判昭45.10.21）。したがって、甲建物が未登記建物である場合において、Aが甲建物をBに引き渡したときには、Aは、Bに対して甲建物の返還を請求することはできません。　テキスト p.530

3 　**誤り**　建物の所有者のした贈与に基づく履行行為が不法原因給付に当たる場合には、贈与者において給付した物の返還を請求できないことの反射的効果として、当該建物の所有権は受贈者に帰属します（最大判昭45.10.21）。したがって、Aが甲建物をBに引き渡した後に同建物についてA名義の保存登記をしたとしても、この登記は実体関係に符合しない無効な登記であり、肢2の場合と同様、Aは、Bに対して甲建物の返還を請求することができません。　テキスト p.530

4 　**誤り**　不法な原因のために給付をした者は、その給付したものの返還を請求することができません（708条本文）。そして、既登記建物の場合、所有権移転登記が「給付」に当たります（最判昭46.10.28）。したがって、A名義の登記がなされた甲建物がBに引き渡されたときでも、Aは、未だ「給付」をしたとはいえず、Bからの甲建物についての移転登記請求を拒むことができます。　テキスト p.530

5 　**誤り**　消費貸借成立のいきさつにおいて、貸主の側に多少の不法があったとしても、借主の側にも不法の点があり、前者の不法性が後者のそれに比してきわめて微弱なものにすぎない場合には、貸主は貸金の返還を請求することができます（最判昭29.8.31）。したがって、贈与契約のいきさつにおいて、Aの不法性がBの不法性に比してきわめて微弱なものである場合には、Aが未登記建物である甲建物をBに引き渡したとしても、Aは、Bに対して甲建物の返還を請求することができます。　テキスト p.530

正解　**2**

第3部　民法

73 不法行為

　不法行為に基づく損害賠償に関する次のア～オの記述のうち、民法の規定および判例に照らし、妥当なものの組合せはどれか。

ア　Aの運転する自動車がAの前方不注意によりBの運転する自動車と衝突して、Bの自動車の助手席に乗っていたBの妻Cを負傷させ損害を生じさせた。CがAに対して損害賠償請求をする場合には、原則としてBの過失も考慮される。

イ　Aの運転する自動車と、Bの運転する自動車が、それぞれの運転ミスにより衝突し、歩行中のCを巻き込んで負傷させ損害を生じさせた。CがBに対して損害賠償債務の一部を免除しても、原則としてAの損害賠償債務に影響はない。

ウ　A社の従業員Bが、A社所有の配達用トラックを運転中、運転操作を誤って歩行中のCをはねて負傷させ損害を生じさせた。A社がCに対して損害の全額を賠償した場合、A社は、Bに対し、事情のいかんにかかわらずCに賠償した全額を求償することができる。

エ　Aの運転する自動車が、見通しが悪く遮断機のない踏切を通過中にB鉄道会社の運行する列車と接触し、Aが負傷して損害が生じた。この場合、線路は土地工作物にはあたらないから、AがB鉄道会社に対して土地工作物責任に基づく損害賠償を請求することはできない。

オ　Aの運転する自動車がAの前方不注意によりBの運転する自動車に追突してBを負傷させ損害を生じさせた。BのAに対する損害賠償請求権は、Bの負傷の程度にかかわりなく、また、症状について現実に認識できなくても、事故により直ちに発生し、5年で消滅時効にかかる。

　　1　ア・イ
　　2　ア・エ
　　3　イ・オ
　　4　ウ・エ
　　5　ウ・オ

ア 　妥当である　　被害者にも過失があったときは、裁判所は、これを考慮して、損害賠償の額を定めることができます（過失相殺：722条2項）。そして、過失相殺の対象となる被害者の過失は、被害者本人と身分上ないしは生活関係上一体をなすとみられる関係にある者の過失（被害者側の過失）を含み（最判昭42.6.27）、**夫の運転する被害自動車に妻が同乗していた場合の夫の過失は、原則として被害者側の過失にあたります**（最判昭51.3.25）。したがって、妻CがAに対して損害賠償請求をする場合には、原則として夫Bの過失も考慮されます。　テキスト p.538

イ 　妥当である　　**共同不法行為者の一人に対する免除は、他の共同不法行為者に対してその効力を生じないのが原則です**（最判平10.9.10）。したがって、CがBに対して損害賠償債務の一部を免除しても、原則としてAの損害賠償債務に影響はありません。　テキスト p.536

ウ 　妥当でない　　**使用者の被用者に対する求償は、諸般の事情に照らし、損害の公平な分担という見地から信義則上相当と認められる限度に制限されます**（最判昭51.7.8）。したがって、A社がCに対して損害の全額を賠償した場合、A社は、従業員Bに対し、事情のいかんにかかわらずCに賠償した全額を求償することができるわけではありません。　テキスト p.534

エ 　妥当でない　　**線路や踏切は、土地の工作物（717条1項）に当たる**とされています（最判昭46.4.23）。したがって、Aは、B鉄道会社に対して土地工作物責任に基づく損害賠償を請求することができます。　テキスト p.535

オ 　妥当でない　　人の生命又は身体を害する不法行為による損害賠償の請求権は、被害者又はその法定代理人が損害及び加害者を知った時から5年間行使しないときは、時効によって消滅します（724条1号、724条の2）。そして、**「被害者が損害を知った時」とは、被害者が損害の発生を現実に認識した時のことをいいます**（最判平14.1.29）。したがって、BのAに対する損害賠償請求権は、症状について現実に認識できないときは、5年で消滅時効にかかるわけではありません。　テキスト p.539

正解　　1（ア・イ）

第3部　民法

74 不法行為

　生命侵害等に対する近親者の損害賠償請求権に関する次の記述のうち、民法の規定および判例に照らし、妥当なものはどれか。

1　他人の不法行為により夫が即死した場合には、その妻は、相続によって夫の逸失利益について損害賠償請求権を行使することはできない。
2　他人の不法行為により夫が死亡した場合には、その妻は、相続によって夫本人の慰謝料請求権を行使できるので、妻には固有の慰謝料請求権は認められていない。
3　他人の不法行為により、夫が慰謝料請求権を行使する意思を表明しないまま死亡した場合には、その妻は、相続によって夫の慰謝料請求権を行使することはできない。
4　他人の不法行為により死亡した被害者の父母、配偶者、子以外の者であっても、被害者との間にそれらの親族と実質的に同視し得る身分関係が存在するため被害者の死亡により甚大な精神的苦痛を受けた場合には、その者は、加害者に対して直接固有の慰謝料請求をすることができる。
5　他人の不法行為により子が重い傷害を受けたために、当該子が死亡したときにも比肩しうべき精神上の苦痛をその両親が受けた場合でも、被害者本人は生存しており本人に慰謝料請求権が認められるので、両親には固有の慰謝料請求権は認められていない。

1 　**妥当でない**　不法行為により被害者が即死した場合でも、被害者に損害賠償請求権が帰属し、この損害賠償請求権が相続されます（大判大15.2.16）。したがって、他人の不法行為により夫が即死した場合には、その妻は、相続によって夫の逸失利益について損害賠償請求権を行使することができます。
　　テキスト p.537

2 　**妥当でない**　他人の生命を侵害した者は、被害者の父母、配偶者及び子に対しては、その財産権が侵害されなかった場合においても、損害（慰謝料）の賠償をしなければなりません（711条）。したがって、他人の不法行為により夫が死亡した場合、妻にも固有の慰謝料請求権が認められています。
　　テキスト p.537

3 　**妥当でない**　不法行為による慰謝料請求権は、被害者が生前に請求の意思を表明しなくても、相続の対象となります（最大判昭42.11.1）。したがって、他人の不法行為により、夫が慰謝料請求権を行使する意思を表明しないまま死亡した場合でも、その妻は、相続によって夫の慰謝料請求権を行使することができます。　テキスト p.537

4 　**妥当である**　被害者との間に711条所定の者と実質的に同視できる身分関係が存在し、被害者の死亡により甚大な精神的苦痛を受けた者は、711条の類推適用により、固有の慰謝料請求をすることができる（最判昭49.12.17）。したがって、他人の不法行為により死亡した被害者の父母、配偶者、子以外の者であっても、被害者との間にそれらの親族と実質的に同視し得る身分関係が存在するため被害者の死亡により甚大な精神的苦痛を受けた場合には、その者は、加害者に対して直接固有の慰謝料請求をすることができます。
　　テキスト p.537

5 　**妥当でない**　不法行為により身体に傷害を受けた者の両親が、そのために被害者の生命侵害の場合にも比肩しうべき精神上の苦痛を受けたときは、709条および710条に基づき、固有の慰謝料請求をすることができます（最判昭33.8.5）。したがって、他人の不法行為により子が重い傷害を受けたために、当該子が死亡したときにも比肩しうべき精神上の苦痛をその両親が受けた場合、その両親には、固有の慰謝料請求権が認められます。　テキスト p.537

正解　4

75 不法行為

Check!
／　／　／　平27-34

難易度 普　重要度 A

　A（3歳）は母親Bが目を離した隙に、急に道路へ飛び出し、Cの運転するスピード違反の自動車に轢（ひ）かれて死亡した。CがAに対して負うべき損害賠償額（以下、「本件損害賠償額」という。）に関する次の記述のうち、民法の規定および判例に照らし、妥当なものはどれか。

1　本件損害賠償額を定めるにあたって、A自身の過失を考慮して過失相殺するには、Aに責任能力があることが必要であるので、本件ではAの過失を斟酌することはできない。

2　本件損害賠償額を定めるにあたって、A自身の過失を考慮して過失相殺するには、Aに事理弁識能力があることは必要でなく、それゆえ、本件ではAの過失を斟酌することができる。

3　本件損害賠償額を定めるにあたって、BとAとは親子関係にあるが、BとAとは別人格なので、Bが目を離した点についてのBの過失を斟酌することはできない。

4　本件損害賠償額を定めるにあたって、Aが罹患（りかん）していた疾患も一因となって死亡した場合、疾患は過失とはいえないので、当該疾患の態様、程度のいかんにかかわらずAの疾患を斟酌することはできない。

5　本件損害賠償額を定めるにあたって、Aの死亡によって親が支出を免れた養育費をAの逸失利益から控除することはできない。

解説

1 <u>妥当でない</u>　過失相殺するには、被害者が、事理弁識能力を備えていれば足り、**責任能力を備えていることを要しません**（最大判昭39.6.24）。したがって、過失相殺するには、Aに責任能力があることは不要です。`テキスト p.538`

2 <u>妥当でない</u>　過失相殺するには、被害者が、**事理弁識能力を備えていれば足り**、責任能力を備えていることを要しません（最大判昭39.6.24）。したがって、過失相殺するには、Aに事理弁識能力があることが必要です。`テキスト p.538`

3 <u>妥当でない</u>　過失相殺の対象となる被害者の過失は、**被害者本人と身分上ないしは生活関係上一体をなすとみられる関係にある者の過失（被害者側の過失）を含みます**（最判昭42.6.27）。したがって、本件損害賠償額を定めるにあたって、親であるBの過失を斟酌することもできます。`テキスト p.538`

4 <u>妥当でない</u>　被害者の身体的要因が疾患に当たる場合、**過失相殺の対象となります**（最判平4.6.25）。したがって、本件損害賠償額を定めるにあたって、Aの疾患を斟酌することもできます。`テキスト p.538`

5 <u>妥当である</u>　死亡した幼児の養育費については、**損益相殺が認められていません**（最判昭53.10.20）。したがって、本件損害賠償額を定めるにあたって、Aの死亡によって親が支出を免れた養育費をAの逸失利益から控除することはできません。`テキスト p.538`

正解　5

76 不法行為

Check!
／　／　／　令3-46

難易度 **易**　　重要度 **A**

　Aが所有する甲家屋につき、Bが賃借人として居住していたところ、甲家屋の2階部分の外壁が突然崩落して、付近を通行していたCが負傷した。甲家屋の外壁の設置または管理に瑕疵があった場合、民法の規定に照らし、誰がCに対して損害賠償責任を負うことになるか。必要に応じて場合分けをしながら、40字程度で記述しなさい。

（下書用）　　　　　　　　　　　　　10　　　　　　　　15

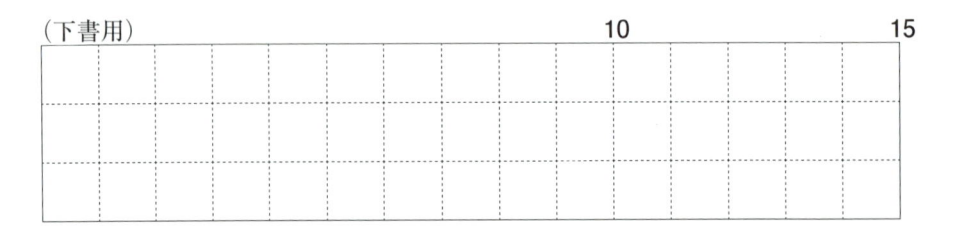

（解答用）　　　　　　　　　　　　　10　　　　　　　　15

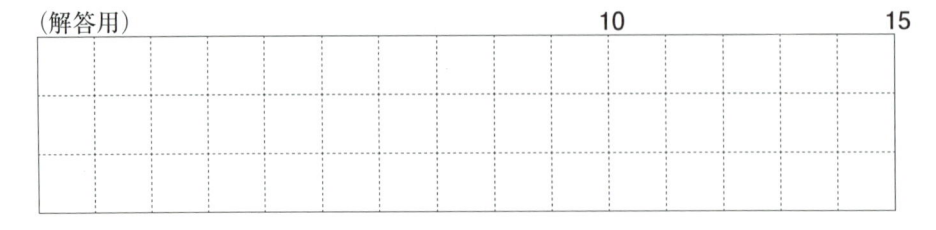

					10						15	
甲	の	占	有	者	Ｂ	が	責	任	を	負	い	、	Ｂ	が
損	害	発	生	防	止	の	た	め	に	必	要	な	注	意
を	し	た	と	き	は	所	有	者	Ａ	が	負	う	。	

（44字）

❶ 本問の2〜4行目に「甲家屋の外壁の設置または管理に瑕疵があった場合、…誰がＣに対して損害賠償責任を負うことになるか」とあることから、工作物責任が問題となっていることがわかります。

❷ 次に、本問の1行目に「Ａが所有する甲家屋につき、Ｂが賃借人として居住していたところ」とあることから、甲家屋の所有者はＡ、占有者はＢであることがわかります。

❸ そして、土地の工作物の設置又は保存に瑕疵があることによって他人に損害を生じたときは、その工作物の占有者は、被害者に対してその責任を負うとされています（717条1項本文）。テキスト p.535

❹ したがって、本問では、まず占有者Ｂが損害賠償責任を負います。

❺ しかし、占有者が損害の発生を防止するのに必要な注意をしたときは、所有者がその損害を賠償しなければならないとされています（717条1項ただし書）。テキスト p.535

❻ したがって、占有者Ｂが損害の発生を防止するのに必要な注意をしたときは、所有者Ａが損害賠償責任を負います。

◐ 予想採点基準

① 「甲の占有者Ｂが責任を負い」………………………………… 6点
② 「Ｂが損害発生防止のために必要な注意をしたときは」…………… 8点
③ 「所有者Ａが負う」…………………………………………… 6点

第3部

民法

　不法行為に関する次の記述のうち、民法の規定および判例に照らし、妥当なものはどれか。

1　未成年者が他人に損害を加えた場合、道徳上の是非善悪を判断できるだけの能力があるときは、当該未成年者は、損害賠償の責任を負う。

2　精神上の障害により自己の行為の責任を弁識する能力を欠く状態にある間に他人に損害を加えた者は、過失によって一時的にその状態を招いたとしても、損害賠償の責任を負わない。

3　野生の熊が襲ってきたので自己の身を守るために他人の宅地に飛び込み板塀を壊した者には、正当防衛が成立する。

4　路上でナイフを振り回して襲ってきた暴漢から自己の身を守るために他人の家の窓を割って逃げ込んだ者には、緊急避難が成立する。

5　路上でナイフを持った暴漢に襲われた者が自己の身を守るために他人の家の窓を割って逃げ込んだ場合、窓を壊された被害者は、窓を割った者に対して損害賠償を請求できないが、当該暴漢に対しては損害賠償を請求できる。

解説

1 **妥当でない** 未成年者は、他人に損害を加えた場合において、**自己の行為の責任を弁識するに足りる知能を備えていなかったとき**は、その行為について賠償の責任を負いません（712条）。したがって、未成年者に道徳上の是非善悪を判断できるだけの能力があったとしても、必ずしも損害賠償の責任を負うわけではありません。 テキスト p.531

2 **妥当でない** 精神上の障害により自己の行為の責任を弁識する能力を欠く状態にある間に他人に損害を加えた者は、**故意又は過失によって一時的にその状態を招いたときを除き**、損害賠償の責任を負わないとされています（713条）。したがって、過失によって一時的にその状態を招いたときは、損害賠償の責任を負います。 テキスト p.531

3 **妥当でない** 「他人の不法行為に対し、自己又は第三者の権利又は法律上保護される利益を防衛するため、やむを得ず加害行為をした者」は、正当防衛が成立し、損害賠償の責任を負いません（720条1項本文）。他方で、「他人の物から生じた急迫の危難を避けるためその物を損傷した場合」、緊急避難が成立し、損害賠償の責任を負いません（720条2項）。そして、野生の熊が襲ってきたので自己の身を守るために他人の宅地に飛び込み板塀を壊した者は、「他人の物から生じた急迫の危難を避けるためその物を損傷した場合」（720条2項）に当たりますので、正当防衛ではなく**緊急避難が成立します**。 テキスト p.532

4 **妥当でない** 路上でナイフを振り回して襲ってきた暴漢から自己の身を守るために他人の家の窓を割って逃げ込んだ者は、「他人の不法行為に対し、自己又は第三者の権利又は法律上保護される利益を防衛するため、やむを得ず加害行為をした者」（720条1項本文）に当たりますので、緊急避難ではなく**正当防衛が成立します**。 テキスト p.532

5 **妥当である** 正当防衛が成立した場合、加害行為をした者は損害賠償の責任を負いませんが（720条1項本文）、**被害者から不法行為をした者に対する損害賠償の請求を妨げない**とされています（720条1項ただし書）。したがって、路上でナイフを持った暴漢に襲われた者が自己の身を守るために他人の家の窓を割って逃げ込んだ場合、窓を壊された被害者は、窓を割った者に対して損害賠償を請求できませんが、当該暴漢に対しては損害賠償を請求できます。 テキスト p.532

正解 5

78 婚姻・離婚

Check!
／　／　／　平25-35改

難易度 **普**　重要度 **B**

　婚姻および離婚に関する次のア〜オの記述のうち、民法の規定に照らし、正しいものの組合せはどれか。

ア　未成年者が婚姻をするには、父母のいずれかの同意があれば足り、父母ともにいない未成年者の場合には、家庭裁判所の許可をもってこれに代えることができる。

イ　未成年者は婚姻をすることができないから、成年に達したものとみなされることもない。したがって当該未成年者は、法定代理人の同意がなければ単独で法律行為をすることができない。

ウ　養親子関係にあった者どうしが婚姻をしようとする場合、離縁により養子縁組を解消することによって、婚姻をすることができる。

エ　離婚をした場合には、配偶者の親族との間にあった親族関係は当然に終了するが、夫婦の一方が死亡した場合には、生存配偶者と死亡した配偶者の親族との間にあった親族関係は、当然には終了しない。

オ　協議離婚をしようとする夫婦に未成年の子がある場合においては、協議の上、家庭裁判所の許可を得て、第三者を親権者とすることを定めることができる。

　　1　ア・イ
　　2　ア・ウ
　　3　ア・オ
　　4　イ・ウ
　　5　イ・エ

解説

ア 　**誤り** 　平成30年の民法改正により、そもそも未成年者が婚姻をすることができなくなりました。したがって、未成年者が婚姻をするにあたって、父母のいずれかの同意があれば足りるというわけではありませんし、家庭裁判所の許可をもってこれに代えるということもありません。 テキスト p.541

イ 　**正しい** 　従来、未成年者が婚姻をしたときは、これによって成年に達したものとみなされましたが（成年擬制）、平成30年の民法改正により、そもそも未成年者が婚姻をすることができなくなりましたので、成年擬制の規定は削除されました。したがって、当該未成年者は、法定代理人の同意がなければ、単独で法律行為をすることができません（5条1項本文）。 テキスト p.542

ウ 　**誤り** 　養親子関係にあった者どうしは、離縁により養子縁組を解消した後であっても、婚姻をすることができません（736条）。 テキスト p.541

エ 　**正しい** 　離婚をした場合には、配偶者の親族との間にあった親族関係（姻族関係）は当然に終了します（728条1項）。他方、夫婦の一方が死亡した場合には、生存配偶者と死亡した配偶者の親族との間にあった親族関係（姻族関係）は、生存配偶者が姻族関係を終了させる意思を表示したときに終了し（728条2項）、当然には終了しません。 テキスト p.544

オ 　**誤り** 　父母が協議上の離婚をするときは、その協議で、その一方を親権者と定めなければなりません（819条1項）。したがって、家庭裁判所の許可を得て、第三者を親権者とすることを定めることはできません。 テキスト p.543

正解 　**5（イ・エ）**

第3部

民法

79 実 子

　AとBは婚姻し、3年後にBが懐胎したが、その頃から両者は不仲となり別居状態となり、その後にCが出生した。Bは、AにCの出生を知らせるとともに、Aとの婚姻関係を解消したいこと、Cの親権者にはBがなること、およびAはCの養育費としてBに対し毎月20万円を支払うことを求め、Aもこれを了承して協議離婚が成立した。ところが離婚後、Aは、Bが別居を始める前から他の男性と交際していたことを知り、Cが自分の子であることに疑いを持った。

　このような事情において、Cが自分の子でないことを確認するため、Aは誰を相手として、いつまでに、どのような手続をとるべきか。民法の規定に照らし、とるべき法的手段の内容を40字程度で記述しなさい。

　なお、Cは、BがAの同意を得てA以外の男性の精子（その精子に由来する胚を含む）を用いた生殖補助医療により懐胎した子ではないものとする。

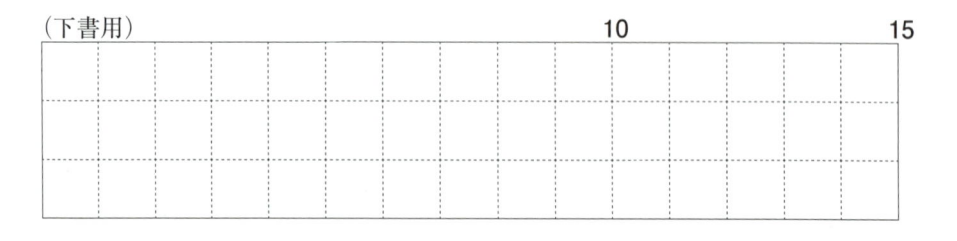

（下書用）　　　　　　　　　　　　　　　　10　　　　　　　　15

（解答用）　　　　　　　　　　　　　　　　10　　　　　　　　15

							10					15		
B	ま	た	は	C	を	相	手	と	し	て	、	C	の	出
生	を	知	っ	た	時	か	ら	3	年	以	内	に	、	嫡
出	否	認	の	訴	え	を	提	起	す	る	。			

(42字)

❶ 問題文1行目に「AとBは婚姻し、3年後にBが懐胎した」とあるところ、妻が婚姻中に懐胎した子は、夫の子と推定されます（772条1項前段）。したがって、CはAの子と推定されます。 テキスト p.546

❷ 民法772条により夫の子と推定される場合において、父は、子が嫡出であることを否認することができ（774条1項）、この規定による否認権は、**子又は親権を行う母に対する嫡出否認の訴え**によって行います（775条1項1号）。したがって、Cが自分の子でないことを確認するため、Aは、子C又は親権を行う母Bを相手として、嫡出否認の訴えを提起すべきことになります。
テキスト p.546、547

❸ 父の否認権の行使に係る嫡出否認の訴えは、父が**子の出生を知った時から3年以内**に提起しなければなりません（777条1号）。したがって、Aは、Cの出生を知った時から3年以内に、嫡出否認の訴えを提起すべきことになります。
テキスト p.547

◖ 予想採点基準

① 「BまたはCを相手として」…………………………………… 4点
② 「Cの出生を知った時から3年以内に」……………………… 8点
③ 「嫡出否認の訴えを提起する」………………………………… 8点

✒ ポイント　嫡出否認の訴えと親子関係不存在確認の訴えとの違い

親子関係不存在確認の訴えは、嫡出の推定を受けない子との親子関係がないことを確認する訴えですから、CがAの子と推定される本問においては、提起することができません。

　養子縁組に関する次のア～オの記述のうち、民法の規定および判例に照らし、妥当でないものの組合せはどれか。

ア　配偶者のある者が成年者を養子とする場合には、原則として配偶者の同意を得なければならないが、配偶者がその意思を表示することができない場合には、その同意を得ないで縁組をすることができる。

イ　配偶者のある者が未成年者を養子とする場合には、原則として配偶者と共に縁組をしなければならないが、配偶者の嫡出である子を養子とする場合には、単独で縁組をすることができる。

ウ　配偶者のある者が未成年者を養子とする場合には、原則として配偶者と共に縁組をしなければならないが、配偶者もまた未成年者である場合には、単独で縁組をすることができる。

エ　真実の親子関係がない親から嫡出である子として出生の届出がされている場合には、その出生の届出は無効であるが、その子が成年に達した後はその出生の届出を養子縁組の届出とみなすことができる。

オ　真実の親子関係がない戸籍上の親が15歳未満の子について代諾による養子縁組をした場合には、その代諾による縁組は一種の無権代理によるものであるから、その子は、15歳に達した後はその縁組を追認することができる。

1　ア・イ
2　ア・ウ
3　イ・オ
4　ウ・エ
5　エ・オ

解説

ア **妥当である**　配偶者のある者が成年者を養子とする場合には、原則として配偶者の同意を得なければなりませんが、配偶者がその意思を表示することができない場合には、その同意を得ないで縁組をすることができます（796条）。テキスト p.549

イ **妥当である**　配偶者のある者が未成年者を養子とする場合には、原則として配偶者と共に縁組をしなければなりませんが、配偶者の嫡出である子を養子とする場合には、単独で縁組をすることができます（795条）。テキスト p.549

ウ **妥当でない**　配偶者のある者が未成年者を養子とする場合には、原則として配偶者と共に縁組をしなければなりません（795条本文）。そして、平成30年の民法改正により、そもそも未成年者が婚姻をすることができなくなりましたので、配偶者もまた未成年者である場合というのは存在せず、単独で縁組をすることができるとする例外規定はありません。テキスト p.549

エ **妥当でない**　真実の親子関係がない親から嫡出子として出生の届出がされている場合でも、その届出を養子縁組の届出とみなすことはできません（最判昭25.12.28）。テキスト p.548

オ **妥当である**　真実の親子関係がない戸籍上の親が15歳未満の子について代諾による養子縁組をした場合には、その代諾による縁組は一種の無権代理によるものですから、その子は、15歳に達した後はその縁組を追認することができます（最判昭27.10.3）。テキスト p.549

🔍 **キーワード**　代諾縁組

　養子となる者が15歳未満であるときは、その法定代理人が、これに代わって、縁組の承諾をすることができます（797条1項）。これを代諾縁組（代諾による養子縁組）といいます。

正解　4（ウ・エ）

81 親権

　利益相反行為に関する以下の記述のうち、民法の規定および判例に照らし、妥当なものの組合せはどれか。

ア　親権者が、共同相続人である数人の子を代理して遺産分割協議をすることは、その結果、数人の子の間の利害の対立が現実化しない限り、利益相反行為にはあたらない。

イ　親権者である母が、その子の継父が銀行から借り入れを行うにあたり、子の所有の不動産に抵当権を設定する行為は、利益相反行為にあたる。

ウ　親権者が、自己の財産を、子に対して有償で譲渡する行為は当該財産の価額の大小にかかわらず利益相反行為にあたるから、その子の成年に達した後の追認の有無にかかわらず無効である。

エ　親権者が、自らが債務者となって銀行から借り入れを行うにあたって、子の所有名義である土地に抵当権を設定する行為は、当該行為がどのような目的で行なわれたかに関わりなく利益相反行為にあたる。

オ　親権者が、他人の金銭債務について、連帯保証人になるとともに、子を代理して、子を連帯保証人とする契約を締結し、また、親権者と子の共有名義の不動産に抵当権を設定する行為は、利益相反行為にあたる。

1　ア・イ
2　ア・エ
3　イ・ウ
4　ウ・エ
5　エ・オ

ア 妥当でない 　親権者が、共同相続人である数人の子を代理して遺産分割協議をすることは、利益相反行為にあたります（最判昭49.7.22）。このような遺産分割協議は、数人の子の間の利害の対立が現実化するかどうかにかかわりなく、利益相反行為にあたります。 テキスト p.552

イ 妥当でない 　親権者が、その子の所有する不動産を第三者の債務の担保に供する行為は、親権者と子との利益が相反するわけではありませんから（相反するのは第三者と子の利益）、利益相反行為にあたりません（最判平4.12.10）。したがって、親権者である母が、その子の継父が銀行から借り入れを行うにあたり、子の所有の不動産に抵当権を設定する行為は、利益相反行為にあたりません。 テキスト p.552

ウ 妥当でない 　親権者が、自己の財産を、子に対して有償で譲渡する行為は、当該財産の価額の大小にかかわらず利益相反行為にあたりますから、本肢の前半は妥当であるといえます。しかし、子は、成年に達した後に、利益相反行為を追認することができるとされていますから（大判昭11.8.7）、本肢の後半は妥当でないといえます。 テキスト p.552

エ 妥当である 　親権者が、自らが債務者となって銀行から借り入れを行うにあたって、子の所有名義である土地に抵当権を設定する行為は、当該行為がどのような目的で行われたかに関わりなく利益相反行為にあたります（最判昭37.10.2）。 テキスト p.551

オ 妥当である 　親権者が、他人の金銭債務について、連帯保証人となるとともに、子を代理して、子を連帯保証人とする契約を締結し、また、親権者と子の共有名義の不動産に抵当権を設定する行為は、利益相反行為にあたります（最判昭43.10.8）。 テキスト p.552

正解　5（エ・オ）

第3部

民法

82 相続人

難易度 **易**　重要度 **B**

　Aが死亡した場合の法定相続に関する次のア〜オの記述のうち、正しいものの組合せはどれか。

　なお、Aの死亡時には、配偶者B、Bとの間の子CおよびAの母Dがいるものとする。

ア　Aの死亡と近接した時にCも死亡したが、CがAの死亡後もなお生存していたことが明らかでない場合には、反対の証明がなされない限り、Aを相続するのはBおよびDである。

イ　Aが死亡した時点でCがまだ胎児であった場合には、Aを相続するのはBおよびDであるが、その後にCが生まれてきたならば、CもBおよびDとともにAを相続する。

ウ　Aにさらに養子Eがいる場合には、Aを相続するのはB、CおよびEであり、Eの相続分はCの相続分に等しい。

エ　Aが自己に対する虐待を理由に家庭裁判所にCの廃除を請求して、家庭裁判所がこれを認めた場合には、たとえCに子Fがいたとしても、FはCを代襲してAの相続人となることはできず、Aを相続するのはBおよびDである。

オ　Cが相続の放棄をした場合において、Cに子Fがいるときには、Aを相続するのはBだけでなく、FもCを代襲してAの相続人となる。

1　ア・ウ
2　ア・エ
3　イ・エ
4　イ・オ
5　ウ・オ

ア 　**正しい**　数人の者が死亡した場合において、そのうちの一人が他の者の死亡後になお生存していたことが明らかでないときは、これらの者は、同時に死亡したものと推定されますから（32条の2）、死亡者相互の相続が認められないことになります。したがって、CはAを相続することができず、Aを相続するのはBおよびDです。 テキスト p.559、560

イ 　**誤り**　胎児は、相続については、既に生まれたものとみなされ（886条1項）、相続人となることができます。したがって、Cが生まれてきたならば、Aを相続するのは配偶者Bおよび子Cとなり、母DはAを相続することができません（887条1項、889条1項1号）。 テキスト p.559

ウ 　**正しい**　養子は、縁組の日から、養親の嫡出子の身分を取得します（809条）。そして、子が数人あるときは、各自の相続分は、相等しいものとされます（900条4号本文）。したがって、Aにさらに養子Eがいる場合には、Aを相続するのはB、CおよびEであり、Eの相続分はCの相続分に等しくなります。 テキスト p.549

エ 　**誤り**　代襲原因は、被相続人の子・兄弟姉妹が、①相続開始以前に死亡したこと、②相続欠格によって相続権を失ったこと、③廃除によって相続権を失ったことです（887条2項本文、889条2項）。したがって、Aが自己に対する虐待を理由に家庭裁判所にCの廃除を請求して、家庭裁判所がこれを認めた場合において、Cに子Fがいたときは、FはCを代襲してAの相続人となることができます。 テキスト p.559

オ 　**誤り**　肢エで述べたように、代襲原因は①死亡、②欠格、③廃除の3つに限られ、相続の放棄は代襲原因となりません。したがって、Cが相続の放棄をした場合、Cに子Fがいたとしても、FがCを代襲してAの相続人となるわけではありません。 テキスト p.559

正解　**1（ア・ウ）**

83　相続の効力

Check!

／　／　／　　令4-35

難易度　普　重要度　B

　相続に関する次の記述のうち、民法の規定および判例に照らし、妥当なものはどれか。

1　系譜、祭具及び墳墓の所有権は、被相続人の指定に従って祖先の祭祀を主宰すべき者があるときを除き、慣習に従って祖先の祭祀を主宰すべき者が承継する。

2　相続人は、相続開始の時から、一身専属的な性質を有するものを除き、被相続人の財産に属した一切の権利義務を承継するが、不法行為による慰謝料請求権は、被害者自身の精神的損害を填補するためのものであるから相続財産には含まれない。

3　相続財産中の預金債権は、分割債権であるから、相続開始時に共同相続人に対してその相続分に応じて当然に帰属し、遺産分割の対象とはならない。

4　相続開始後、遺産分割前に共同相続人の1人が、相続財産に属する財産を処分した場合、当該財産は遺産分割の対象となる相続財産ではなくなるため、残余の相続財産について遺産分割を行い、共同相続人間の不公平が生じたときには、別途訴訟等により回復する必要がある。

5　共同相続人は、相続の開始後3か月を経過した場合、いつでもその協議で遺産の全部または一部の分割をすることができる。

解説

1 　`妥当である`　系譜、祭具及び墳墓の所有権は、被相続人の指定に従って祖先の祭祀を主宰すべき者があるときを除き、**慣習に従って祖先の祭祀を主宰すべき者が承継します**（897条1項）。テキスト p.562

2 　`妥当でない`　相続人は、相続開始の時から、一身専属的な性質を有するものを除き、被相続人の財産に属した一切の権利義務を承継しますから（896条）、前半は妥当です。しかし、**不法行為による慰謝料請求権は、相続財産に含まれますから**（最大判昭42.11.1）、後半は妥当でないといえます。テキスト p.537、562

3 　`妥当でない`　相続財産中の預金債権は、相続開始と同時に当然に相続分に応じて分割されることはなく、**遺産分割の対象となります**（最大決平28.12.19）。テキスト p.562

4 　`妥当でない`　遺産の分割前に遺産に属する財産が処分された場合であっても、**共同相続人は、その全員の同意により、当該処分された財産が遺産の分割時に遺産として存在するものとみなすことができる**とされていますから（906条の2第1項）、必ずしも別途訴訟等により回復する必要はありません。テキスト p.563

5 　`妥当でない`　共同相続人は、被相続人が遺言で禁じた場合又は分割をしない旨の契約をした場合を除き、**いつでも**、その協議で、遺産の全部又は一部の分割をすることができるとされていますから（907条1項）、必ずしも相続の開始後3か月を経過する必要はありません。テキスト p.563

正解　1

84 遺 言

Check!
／　／　／　　平29-35

難易度 普　重要度 B

遺言に関する次のア～オの記述のうち、民法の規定に照らし、正しいものの組合せはどれか。

ア　15歳に達した者は、遺言をすることができるが、遺言の証人または立会人となることはできない。

イ　自筆証書によって遺言をするには、遺言者が、その全文、日付および氏名を自書してこれに押印しなければならず、遺言を変更する場合には、変更の場所を指示し、変更内容を付記して署名するか、または変更の場所に押印しなければ効力を生じない。

ウ　公正証書によって遺言をするには、遺言者が遺言の趣旨を公証人に口授しなければならないが、遺言者が障害等により口頭で述べることができない場合には、公証人の質問に対してうなずくこと、または首を左右に振ること等の動作で口授があったものとみなす。

エ　秘密証書によって遺言をするには、遺言者が、証書に署名、押印した上、その証書を証書に用いた印章により封印し、公証人一人および証人二人以上の面前で、当該封書が自己の遺言書である旨ならびにその筆者の氏名および住所を申述する必要があるが、証書は自書によらず、ワープロ等の機械により作成されたものであってもよい。

オ　成年被後見人は、事理弁識能力を欠いている場合には遺言をすることができないが、一時的に事理弁識能力を回復した場合には遺言をすることができ、その場合、法定代理人または3親等内の親族二人の立会いのもとで遺言書を作成しなければならない。

　1　ア・ウ
　2　ア・エ
　3　イ・ウ
　4　イ・オ
　5　エ・オ

ア 正しい 15歳に達した者は、遺言をすることができます（961条）。しかし、未成年者は、たとえ15歳に達していたとしても、遺言の証人・立会人になることはできません。テキスト p.568

イ 誤り 自筆証書によって遺言をするには、遺言者が、その全文（968条2項に規定する相続財産の目録を除く）・日付・氏名を自書してこれに押印しなければなりません（968条1項）。また、自筆証書の遺言を変更する場合には、変更の場所を指示し、変更内容を付記して署名し、かつ、変更の場所に押印しなければ効力を生じないとされており（968条3項）、どちらか片方では足りません。テキスト p.569、570

ウ 誤り 公正証書によって遺言をするには、遺言者が遺言の趣旨を公証人に口授しなければなりません（969条2号）。また、口がきけない者が公正証書によって遺言をする場合には、遺言者は、公証人・証人の前で、遺言の趣旨を通訳人の通訳により申述し、又は自書して、口授に代えなければならないとされており（969条の2第1項前段）、うなずくなどの動作では足りません。テキスト p.570

エ 正しい 秘密証書によって遺言をするには、遺言者が、①証書に署名・押印した上、②その証書を証書に用いた印章により封印し、③公証人一人及び証人二人以上の面前で、当該封書が自己の遺言書である旨やその筆者の氏名・住所を申述する必要があります（970条1項1号～3号）。そして、この証書は自書によらず、ワープロ等の機械により作成されたものでもよいとされています（最判平14.9.24）。テキスト p.570

オ 誤り 成年被後見人が事理を弁識する能力を一時回復した時において遺言をするには、医師二人以上の立会いがなければならないとされており（973条）、法定代理人や親族の立会いでは足りません。テキスト p.568

正解 2（ア・エ）

85 遺留分

　次の文章は遺言に関する相談者と回答者の会話である。〔　　　　　　　　〕の中に、どのような請求によって、どのような限度で、金銭の支払を請求できるかを40字程度で記述しなさい。

相談者　「今日は遺言の相談に参りました。私は夫に先立たれて独りで生活しています。亡くなった夫との間には息子が一人おりますが、随分前に家を出て一切交流もありません。私には、少々の預金と夫が遺してくれた土地建物がありますが、少しでも世の中のお役に立てるよう、私が死んだらこれらの財産一切を慈善団体Aに寄付したいと思っております。このような遺言をすることはできますか。」

回答者　「もちろん、そのような遺言をすることはできます。ただ「財産一切を慈善団体Aに寄付する」という内容が、必ずしもそのとおりになるとは限りません。というのも、相続人である息子さんは、〔　　　　　　　　〕からです。そのようにできるのは、被相続人の財産処分の自由を保障しつつも、相続人の生活の安定及び財産の公平分配をはかるためです。」

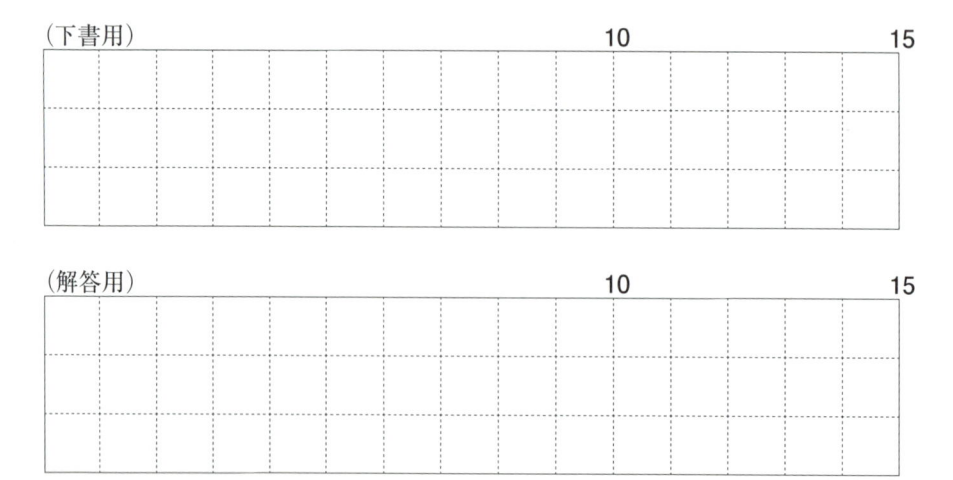

（下書用）　　　　　　　　　　　　　10　　　　　　　　15

（解答用）　　　　　　　　　　　　　10　　　　　　　　15

							10						15	
遺	留	分	侵	害	額	請	求	に	よ	り	、	被	相	続
人	の	財	産	の	2	分	の	1	の	限	度	で	、	金
銭	の	支	払	を	請	求	で	き	る					

(40字)

❶ 　本問では、相談者が「財産一切を慈善団体Aに寄付する」という内容の遺言をしたいと考えていますが、相続人には遺留分（留保された相続財産の一定割合）がありますので、このような遺言は**相続人である相談者の息子の遺留分を侵害する**ことになります。

❷ 　そして、遺留分が侵害された場合、遺留分権利者及びその承継人は、受遺者・受贈者に対し、遺留分侵害額に相当する金銭の支払を請求することができます（1046条1項）。これを**遺留分侵害額請求**といいます。 テキスト p.573

❸ 　本問では、相続人は相談者の息子1人であり、遺留分は**被相続人である相談者の財産の2分の1**となりますから（1042条1項）、遺留分侵害額は、被相続人の財産の2分の1となります。 テキスト p.573

❹ 　したがって、相談者の息子は、遺留分侵害額請求により、被相続人の財産の2分の1の限度で、金銭の支払を請求することができます。

◖ 予想採点基準

①「遺留分侵害額請求により」……………………………………… 10点
②「被相続人の財産の2分の1の限度で」………………………… 10点

🖐 ポイント　問題文の要求に応える

　本問では、問題文2行目に「どのような請求によって、どのような限度で」とあるので、〔　　　　　　　〕の中を漠然と埋めるのではなく、「○○請求によって、△△の限度で」という形式で埋めるようにしましょう。

商　法

科目別ガイダンス

1 出題傾向表

　直近10年間（平成26年度〜令和５年度）の本試験の出題傾向を表にまとめました（○：そのテーマから出題、△：肢の１つとして出題）。

（1）商法

		26	27	28	29	30	元	2	3	4	5
商法総則	商　人			○	△						
	商業登記										
	商　号										
	営業譲渡									○	
	商業使用人	○									
	代理商										
商行為	商行為の分類				△				○		
	商行為の特則					○	○				○
	商人間の売買契約										
	交互計算契約										
	匿名組合契約										
	仲立人・問屋										
	運送営業		△					○			
	場屋営業		△								

（2）会社法

		26	27	28	29	30	元	2	3	4	5
会社法総論	会社とは何か										
	会社の特質										
	会社の種類										
	株式会社の特質				△						
設　立	設立の方法		△								
	設立手続	△	△	△	△		○	○		○	○
	設立の瑕疵				△						
	設立関与者の責任	△		△		○			○		
株　式	株主平等の原則										
	株主の権利	△						○			
	株式の内容			○							○
	株式の譲渡	△			△	○		○			
	出資単位の調整	○	○		○						
	株　券	△									
	株主名簿										
	募集株式の発行等				△						
	新株予約権										

機関			26	27	28	29	30	元	2	3	4	5
機関		機関設計							△			
		株主総会	○					△	○		○	
		取締役			○	○	○	△		△		
		取締役会	△					○				
		代表取締役										
		会計参与									○	○
		監査役・監査役会		○								
		会計監査人										○
		指名委員会等設置会社				△						
		監査等委員会設置会社				△						
		役員等の責任	△									○
		株主の監督是正権										
計算		会計帳簿										
		資本金制度	△		△	△						
		剰余金の配当					○			○		
持分会社		持分会社の設立				△						
		持分				△						
		持分会社の管理				△						
		社員の加入及び退社										
組織再編		事業の譲渡										
		組織変更										
		合併										
		会社分割										
		株式交換・株式移転										
		株式交付										

2 分析と対策

（1）学習指針

　行政書士試験の商法では、例年、商法から１問、会社法から４問出題されます。そこで、**会社法を中心に学習すべき**といえます。しかし、会社法は全部で1000条近くあるのに対し、商法は全部で150条程度しかありませんから、**商法も捨てずに学習しておくべき**といえます。

　ただし、商法・会社法合わせて５問（20点）しか出題されない以上、**時間をかけすぎることは禁物**です。特に、会社法については**「設立」「株式」「機関」からの出題がとても多い**といったように出題傾向に偏りがありますから、この３つのテーマを重点的に学習し、その他は『基本テキスト』を一読して過去問を解く程

度にとどめるといったメリハリを付けた学習が必要となるでしょう。

　なお、仕事が忙しい、試験日がすでに迫っているなど、勉強時間が十分取れない人は、思い切って商法を捨てる（まったく勉強しない）という選択肢もやむを得ないと思います。

（2）学習内容

　商法・会社法は、ほぼ全部が条文知識を問う問題です。そこで、商法・会社法は、とにかく条文を読み込んでいきましょう。また、条文を図表で整理したり、条文の趣旨を押さえて記憶しやすくするといった工夫をしてみましょう。

　なお、まれに判例知識問題も出題されますが、ほとんどの人は正解できないのであまり気にする必要はないでしょう。

（3）近時の出題傾向

　近時の行政書士試験の商法では、商法・会社法の条文知識をストレートに問う問題が出題されています。また、過去に出題されたことのある条文がくり返し出題される問題と、これまで出題されたことのないテーマ・条文が出題される問題とで、くっきり分かれる傾向にあります。

　そこで、商法では、過去問に絞って問題演習をして、過去に出題された条文だけは落とさないという姿勢が重要となります。

（4）得点目標

　商法・会社法は、4割正解できれば十分でしょう。

【商法の得点目標】

出題形式	出題数	得点目標
5肢択一式	5問（20点）	2問（8点）

第4部

商　法

1 名板貸

　商人Aが、商人Bに対してAの商号をもって営業を行うことを許諾したところ、Aの商号を使用したBと取引をした相手方Cは、当該取引（以下、「本件取引」という。）を自己とAとの取引であると誤認した。本件取引の相手方の誤認についてCに過失がなかった場合、A・B・C間の法律関係に関する次の記述のうち、正しいものはどれか。

1　契約はAとCの間で成立し、Aが本件取引によって生じた債務について責任を負うが、CはBに対しても履行の請求をすることができる。

2　契約はAの商号を使用したBとCの間で成立するが、AはBと連帯して本件取引によって生じた債務について責任を負う。

3　契約はAとCの間で成立するが、BはAと連帯して本件取引によって生じた債務について責任を負う。

4　契約はAの商号を使用したBとCの間で成立するが、Aは本件取引によって生じた債務について半分の割合で責任を負う。

5　Cは、本件取引における契約の相手方がAであるかBであるかを選択することができるが、一方を選択した場合は他方との契約関係の存在を主張できない。

解説

　本問の場合、契約は実際に取引をしたBとCの間で成立しますから、CはBに対してのみ取引によって生じた債務の弁済を請求できるのが原則です。

　しかし、BがAの商号を使用したためCは自己とAとの取引であると誤認しているわけですから、CからすればAに対しても債務の弁済を請求したいところでしょう。

　そこで、自己の商号を使用して営業を行うことを他人（名板借人・B）に許諾した商人（名板貸人・A）は、自己が営業を行うものと誤認して当該他人と取引した者（相手方・C）に対し、当該他人と**連帯して、その取引によって生じた債務を弁済する責任を負わなければなりません**（14条）。 テキスト p.595

1 **誤り** 契約はAの商号を使用した**BとCの間で成立**しますから、本肢は誤りです。

2 **正しい** 契約はAの商号を使用した**BとCの間で成立**しますが、**AはBと連帯して本件取引によって生じた債務**について**責任を負います**。

3 **誤り** 契約はAの商号を使用した**BとCの間で成立**しますから、本肢は誤りです。

4 **誤り** **AはBと連帯して本件取引によって生じた債務**について**責任を負い**、半分の割合で責任を負うわけではありませんから、本肢は誤りです。

5 **誤り** 契約はAの商号を使用した**BとCの間で成立**し、Cは、契約の相手方がAであるかBであるかを選択できるわけではありませんから、本肢は誤りです。

正解　2

2 営業譲渡

　営業譲渡に関する次の記述のうち、商法の規定に照らし、正しいものはどれか。なお、営業を譲渡した商人を甲、営業を譲り受けた商人を乙とし、甲および乙は小商人ではないものとする。

1　甲が営業とともにその商号を乙に譲渡する場合には、乙が商号の登記をしなければその効力は生じない。
2　乙が甲の商号を引き続き使用する場合には、乙は、甲の営業によって生じた債務を弁済する責任を負う。ただし、営業譲渡後、遅滞なく、乙が第三者である丙に対して、甲の債務を弁済する責任を負わない旨の通知をした場合には、乙は、丙に対して弁済責任を負わない。
3　乙が甲の商号を引き続き使用する場合に、甲の営業によって生じた債権について、債務者である丙が乙に対して行った弁済は、丙の過失の有無を問わず、丙が善意であるときに、その効力を有する。
4　乙が甲の商号を引き続き使用しない場合において、乙が甲の営業によって生じた債務を引き受ける旨の広告をしたときは、甲の弁済責任が消滅するため、甲の債権者である丙は、乙に対して弁済の請求をしなければならない。
5　甲および乙が、乙に承継されない債務の債権者（残存債権者）である丙を害することを知りながら、無償で営業を譲渡した場合には、丙は、乙に対して、甲から承継した財産の価額を限度として、当該債務の履行を請求することができる。

1 **誤り** 商人の商号は、営業とともにする場合又は営業を廃止する場合に限り、譲渡することができ（15条1項）、商号の譲渡は、登記をしなければ、**第三者に対抗することができません**（15条2項）。しかし、商号の登記をしなくても、商号の譲渡の効力が生じないわけではありません。 テキスト p.596

2 **誤り** 譲受人が譲渡人の商号を引き続き使用する場合には、その譲受人も、譲渡人の営業によって生じた債務を弁済する責任を負うのが原則です（17条1項）。しかし、営業を譲渡した後、遅滞なく、**譲受人及び譲渡人から**第三者に対しその旨の通知をした場合において、その通知を受けた第三者については、適用されません（17条2項）。したがって、譲受人乙のみが通知をしている本肢では、原則どおり譲受人乙が弁済責任を負います。 テキスト p.597

3 **誤り** 譲受人が譲渡人の商号を引き続き使用する場合、譲渡人の営業によって生じた債権について、その譲受人にした弁済は、弁済者が**善意でかつ重大な過失がないとき**は、その効力を有します（17条4項）。したがって、弁済者丙が善意であっても、重大な過失があるときは、弁済は効力を有しません。 テキスト p.597

4 **誤り** 譲受人が譲渡人の商号を引き続き使用しない場合においても、譲渡人の営業によって生じた債務を引き受ける旨の広告をしたときは、譲渡人の債権者は、その譲受人に対して弁済の請求をすることができます（18条1項）。しかし、**譲渡人は債務を弁済する責任を免れるわけではなく、譲渡人と譲受人の連帯債務となります**。したがって、債権者丙は、譲受人乙のみならず、譲渡人甲に対して弁済を請求することもできます。 テキスト p.597

5 **正しい** 譲渡人が譲受人に承継されない債務の債権者（残存債権者）を害することを知って営業を譲渡した場合には、**残存債権者は、その譲受人に対して、承継した財産の価額を限度として、当該債務の履行を請求することができます**（18条の2第1項）。したがって、残存債権者丙は、譲受人乙に対して、譲渡人甲から承継した財産の価額を限度として、当該債務の履行を請求することができます。 テキスト p.597、598

正解 5

3 商業使用人

商業使用人に関する次のア〜オの記述のうち、正しいものの組合せはどれか。

ア　支配人は、商人に代わってその営業に関する一切の裁判上または裁判外の行為をする権限を有し、支配人の代理権に加えた制限は、それを登記した場合に、善意の第三者に対抗することができる。

イ　支配人は、商人の許可を受けなければ自ら営業を行うことができないが、商人の許可を受けなくとも自己または第三者のために商人の営業の部類に属する取引を行うことができる。

ウ　商人の営業所の営業の主任者であることを示す名称を付した使用人は、相手方が悪意であった場合を除いて、当該営業所の営業に関する一切の裁判外の行為をする権限を有するものとみなされる。

エ　商人の営業に関するある種類または特定の事項の委任を受けた使用人は、その事項に関して一切の裁判外の行為をする権限を有し、当該使用人の代理権に加えた制限は、善意の第三者に対抗することができない。

オ　物品の販売を目的とする店舗の使用人は、相手方が悪意であった場合も、その店舗にある物品の販売に関する権限を有するものとみなされる。

1　ア・イ
2　ア・オ
3　イ・ウ
4　ウ・エ
5　エ・オ

解説

ア 誤り 支配人は、商人に代わってその営業に関する一切の裁判上又は裁判外の行為をする権限を有します（21条1項）。そして、支配人の代理権に加えた制限は、善意の第三者に対抗することができません（21条3項）。テキスト p.598

イ 誤り 支配人は、商人の許可を受けなければ、自ら営業を行うことも、自己又は第三者のために商人の営業の部類に属する取引を行うこともできません（23条1項1号・2号）。テキスト p.599

ウ 正しい 商人の営業所の営業の主任者であることを示す名称を付した使用人は、相手方が悪意であった場合を除いて、当該営業所の営業に関し、一切の裁判外の行為をする権限を有するものとみなされます（24条）。テキスト p.599

エ 正しい 商人の営業に関するある種類又は特定の事項の委任を受けた使用人は、当該事項について、一切の裁判外の行為をする権限を有します（25条1項）。そして、この代理権に加えた制限は、善意の第三者に対抗することができません（25条2項）。テキスト p.599

オ 誤り 物品の販売等を目的とする店舗の使用人は、相手方が悪意の場合を除き、その店舗にある物品の販売等をする権限を有するものとみなされます（26条）。テキスト p.599

🔑 **キーワード** 商業使用人

　商業使用人とは、雇用契約によって特定の商人に従属し、その業務を補助する人のことです。

正解 **4（ウ・エ）**

第4部

商

法

4 商行為

　商人でない個人の行為に関する次のア〜オの記述のうち、商法の規定および判例に照らし、これを営業として行わない場合には商行為とならないものの組合せはどれか。

ア　利益を得て売却する意思で、時計を買い入れる行為

イ　利益を得て売却する意思で、買い入れた木材を加工し、製作した机を売却する行為

ウ　報酬を受ける意思で、結婚式のビデオ撮影を引き受ける行為

エ　賃貸して利益を得る意思で、レンタル用のＤＶＤを買い入れる行為

オ　利益を得て転売する意思で、取得予定の時計を売却する行為

1　ア・イ

2　ア・エ

3　ウ・エ

4　ウ・オ

5　エ・オ

解説

　商行為には、当然に商行為となる**絶対的商行為**（501条）と、営業として行う場合にはじめて商行為となる**営業的商行為**（502条）があります。`テキスト p.602`

ア　`営業として行わない場合でも商行為となる`　営業として行わない場合でも商行為となる　利益を得て譲渡する意思をもってする動産・不動産・有価証券の有償取得又はその取得したものの譲渡を目的とする行為（投機購買及びその実行行為）は、**絶対的商行為**です（501条１号）。したがって、利益を得て売却する意思で、時計を買い入れる行為は、営業として行わない場合でも商行為となります。`テキスト p.602`

イ　`営業として行わない場合でも商行為となる`　「取得したものの譲渡」には、**取得したものをそのまま譲渡することのみならず、製造・加工して譲渡する場合を含みます**（大判昭4.9.28）。したがって、利益を得て売却する意思で、買い入れた木材を加工し、製作した机を売却する行為も、絶対的商行為であり、営業として行わない場合でも商行為となります。`テキスト p.602`

ウ　`営業として行わない場合には商行為とならない`　撮影を引き受ける行為は、**営業的商行為**です（502条６号）。したがって、報酬を受ける意思で、結婚式のビデオ撮影を引き受ける行為は、営業として行わない場合には商行為となりません。`テキスト p.603`

エ　`営業として行わない場合には商行為とならない`　賃貸する意思をもってする動産・不動産の有償取得・賃借又はその賃借したものの賃貸を目的とする行為（投機貸借及びその実行行為）は、**営業的商行為**です（502条１号）。したがって、賃貸して利益を得る意思で、レンタル用のDVDを買い入れる行為は、営業として行わない場合には商行為となりません。`テキスト p.603`

オ　`営業として行わない場合でも商行為となる`　他人から取得する動産・有価証券の供給契約及びその履行のためにする有償取得を目的とする行為（投機売却及びその実行行為）は、**絶対的商行為**です（501条２号）。したがって、利益を得て転売する意思で、取得予定の時計を売却する行為は、営業として行わない場合でも商行為となります。`テキスト p.602`

`正解`　**３（ウ・エ）**

5 商行為の特則

商人または商行為に関する次のア～オの記述のうち、商法の規定に照らし、誤っているものの組合せはどれか。

ア　商行為の委任による代理権は、本人の死亡によって消滅する。

イ　商人がその営業の範囲内において他人のために行為をしたときは、相当な報酬を請求することができる。

ウ　数人の者がその一人または全員のために商行為となる行為によって債務を負担したときは、その債務は、各自が連帯して負担する。

エ　保証人がある場合において、債務が主たる債務者の商行為によって生じたものであるときは、その債務は当該債務者および保証人が連帯して負担する。

オ　自己の営業の範囲内で、無報酬で寄託を受けた商人は、自己の財産に対するのと同一の注意をもって、寄託物を保管する義務を負う。

1　ア・ウ
2　ア・オ
3　イ・ウ
4　イ・エ
5　エ・オ

ア 　**誤り**　商行為の委任による代理権は、**本人の死亡によっては、消滅しません**（506条）。商行為の代理においては、取引の安全を図る必要性が高いため、商行為の委任による代理権は存続するものとされています。 テキスト p.605

イ 　**正しい**　商人がその営業の範囲内において他人のために行為をしたときは、**相当な報酬を請求することができます**（512条）。商人は営利目的で行動するのが通常ですから、商人の場合は、当然に報酬を請求できるものとされています。 テキスト p.606

ウ 　**正しい**　数人の者がその一人または全員のために商行為となる行為によって債務を負担したときは、**その債務は、各自が連帯して負担します**（511条1項）。商法では、債務の履行を確実にするために、連帯債務が原則とされています。 テキスト p.607

エ 　**正しい**　保証人がある場合において、債務が主たる債務者の商行為によって生じたものであるときは、**その債務は当該債務者および保証人が連帯して負担します**（511条2項）。商法では、債務の履行を確実にするために、保証人の責任を強化し、連帯保証が原則とされています。 テキスト p.607

オ 　**誤り**　商人がその営業の範囲内において寄託を受けた場合には、報酬を受けないときであっても、**善良な管理者の注意をもって、寄託物を保管する義務を負います**（595条）。 テキスト p.615

第4部　商法

正解　**2（ア・オ）**

6 商行為の特則

　商行為に関する次の記述のうち、商法の規定に照らし、誤っているものはどれか。

1　商行為の代理人が本人のためにすることを示さないで商行為をした場合であっても、その行為は、本人に対してその効力を生ずる。ただし、相手方が、代理人が本人のためにすることを知らなかったときは、代理人に対して履行の請求をすることを妨げない。

2　商行為の受任者は、委任の本旨に反しない範囲内において、委任を受けていない行為をすることができる。

3　商人である隔地者の間において承諾の期間を定めないで契約の申込みを受けた者が相当の期間内に承諾の通知を発しなかったときは、その申込みは、その効力を失う。

4　商人が平常取引をする者からその営業の部類に属する契約の申込みを受けたときは、遅滞なく、契約の申込みに対する諾否の通知を発しなければならず、当該通知を発することを怠ったときは、その商人はその申込みを承諾したものとみなす。

5　商人が平常取引をする者からその営業の部類に属する契約の申込みを受けた場合において、その申込みとともに受け取った物品があるときは、その申込みを拒絶したかどうかにかかわらず、申込みを受けた商人の費用をもって、その物品を保管しなければならない。

解説

1 **正しい**　商行為の代理人が本人のためにすることを示さないで商行為をした場合であっても、その行為は、本人に対してその効力を生ずるとされています（504条本文）。ただし、相手方が、代理人が本人のためにすることを知らなかったときは、代理人に対して履行の請求をすることを妨げないとされています（504条ただし書）。テキスト p.604

2 **正しい**　商行為の受任者は、委任の本旨に反しない範囲内において、委任を受けていない行為をすることができます（505条）。テキスト p.604

3 **正しい**　商人である隔地者の間において承諾の期間を定めないで契約の申込みを受けた者が相当の期間内に承諾の通知を発しなかったときは、その申込みは、その効力を失います（508条1項）。テキスト p.605

4 **正しい**　商人が平常取引をする者からその営業の部類に属する契約の申込みを受けたときは、遅滞なく、契約の申込みに対する諾否の通知を発しなければならず（509条1項）、当該通知を発することを怠ったときは、その商人はその申込みを承諾したものとみなされます（509条2項）。テキスト p.605

5 **誤り**　商人が平常取引をする者からその営業の部類に属する契約の申込みを受けた場合において、その申込みとともに受け取った物品があるときは、その申込みを拒絶したときであっても、申込者の費用をもって、その物品を保管しなければなりません（510条本文）。したがって、申込みを受けた商人の費用をもって、その物品を保管するわけではありません。テキスト p.606

第4部　商法

正解　5

7 設 立

　株式会社の設立に関する次のア〜オの記述のうち、正しいものの組合せはどれか。

ア　会社の設立に際しては、発起設立または募集設立のいずれの方法による場合も、創立総会を開催しなければならない。

イ　会社の設立に際して現物出資を行うことができるのは発起人のみであるが、財産引受については、発起人以外の者もその相手方となることができる。

ウ　設立時募集株式の引受人が払込みをせず、当該引受人が失権した場合には、発起人は、自らその株式を引き受けなければならない。

エ　設立時取締役は、その選任の日から会社の設立の登記がなされるまでの期間において、発起人に代わって設立中の会社のすべての業務を行う権限を有する。

オ　会社の設立手続が行われたにもかかわらず会社が成立しなかったときは、発起人は、連帯して、会社の設立に関してした行為についてその責任を負い、会社の設立に関して支出した費用を負担する。

1　ア・エ
2　ア・オ
3　イ・ウ
4　イ・オ
5　ウ・エ

解説

ア | **誤り** | 募集設立の場合、発起人は、設立時募集株式の払込期日又は払込期間の末日のうち最も遅い日以後、遅滞なく、創立総会を招集しなければなりません（65条1項）。これに対して、発起設立の場合、創立総会の招集は不要です。`テキスト p.624`

イ | **正しい** | 会社の設立に際して現物出資を行うことができるのは発起人のみですが（34条1項、63条1項）、財産引受については、発起人以外の者もその相手方となることができます。`テキスト p.622`

ウ | **誤り** | 発起人や設立時取締役が、設立に際して発行される株式の引受けがない部分の引受けをしなければならないという引受担保責任は、会社法の成立に伴い廃止されています。`テキスト p.626`

エ | **誤り** | 設立時取締役が選任された後でも、設立事務を行うのは発起人です。なお、設立時取締役は、設立事項（現物出資等について定款記載価額が相当であるか、出資の履行が完了しているか、設立手続に法令や定款違反がないか等）の調査を行う権限のみを有します（46条1項、93条1項）。`テキスト p.625`

オ | **正しい** | 株式会社が成立しなかったときは、発起人は、連帯して、設立に関してした行為についてその責任を負い、設立に関して支出した費用を負担します（56条）。`テキスト p.626`

🔑 **キーワード** ｜ 発起設立・募集設立

　発起設立とは、発起人が設立の際に発行する株式（設立時発行株式）のすべてを引き受け、会社成立後当初の株主となる設立方法のことであり、募集設立とは、発起人が設立時発行株式の一部を引き受け、残りにつき株式を引き受ける者を募集する設立方法のことです（25条1項）。

正解 ｜ **4（イ・オ）**

　株式会社の設立手続における創立総会に関する次の記述のうち、正しいものはどれか。

1　設立時取締役は、募集株式の払込期日または払込期間経過後、設立登記の前までに、創立総会を招集しなければならない。
2　創立総会においては、株主総会で認められている書面による議決権行使や電磁的方法による議決権行使はできない。
3　創立総会における普通決議は、株主総会における普通決議と同じく、定款に別段の定めがない限り、議決権の過半数を有する設立時株主が出席し、出席した設立時株主の議決権の過半数の賛成により成立する。
4　発起人、設立時取締役または設立時監査役が株式会社の設立にあたり任務を怠り、会社に損害を生じさせた場合には、創立総会の決議によっても、会社に対する責任を免除することはできない。
5　創立総会での決議により定款が変更された場合には、当該決議に反対した設立時株主は、会社成立後において、当該株式の買取りを請求することができる。

解説

1 　**誤り** 　募集設立の場合、発起人は、設立時募集株式の払込期日又は払込期間の末日のうち最も遅い日以後、遅滞なく、創立総会を招集しなければなりません（65条１項）。 テキスト p.624

2 　**誤り** 　創立総会においても、株主総会と同様、書面による議決権行使や電磁的方法による議決権行使が認められています（75条、76条）。 テキスト p.625

3 　**誤り** 　創立総会の決議要件は、株主総会の決議要件とは異なり、原則として、議決権を行使できる設立時株主の議決権の過半数であって、出席した設立時株主の議決権の３分の２以上です（73条１項）。 テキスト p.624

4 　**正しい** 　発起人・設立時取締役・設立時監査役は、株式会社の設立についてその任務を怠ったことにより会社に損害が発生した場合には、連帯してその賠償をする責任を負います（53条１項、54条）。この会社に対する責任は、総株主の同意があれば免除することができますが（55条）、創立総会の決議によって免除することはできません。 テキスト p.627

5 　**誤り** 　設立時株主は、創立総会における定款変更の決議に反対したとしても、株式買取請求権を行使することはできません。 テキスト p.630

🔍 **キーワード** 　創立総会

　創立総会とは、設立時株主によって構成され、設立中の会社の意思を決定するための機関のことです。

正解 　**4**

9 設立

　株式会社の設立における出資等に関する次の記述のうち、会社法の規定に照らし、妥当でないものの組合せはどれか

ア　株主となる者が設立時発行株式と引換えに払込み、または給付した財産の額は、その全額を資本金に計上することは要せず、その額の2分の1を超えない額を資本準備金として計上することができる。

イ　発起人は、会社の成立後は、錯誤、詐欺もしくは強迫を理由として設立時発行株式の引受けの取消しをすることができない。

ウ　設立時発行株式を引き受けた発起人が出資の履行をしない場合には、当該発起人は当然に設立時発行株式の株主となる権利を失う。

エ　発起人または設立時募集株式の引受人が払い込む金銭の額および給付する財産の額の合計が、定款に定められた設立に際して出資される財産の価額またはその最低額に満たない場合には、発起人および設立時取締役は、連帯して、その不足額を払い込む義務を負う。

オ　設立時発行株式の総数は、設立しようとする会社が公開会社でない場合を除いて、発行可能株式総数の4分の1を下ることはできない。

1　ア・イ
2　ア・オ
3　イ・ウ
4　ウ・エ
5　エ・オ

解説

ア 　妥当である　株主となる者が設立時発行株式と引換えに払込み、または給付した財産の額は、その全額を資本金に計上することは要せず、その額の2分の1を超えない額を資本準備金として計上することができます（445条2項・3項）。 テキスト p.668

イ 　妥当である　発起人は、会社の成立後は、錯誤・詐欺・強迫を理由として設立時発行株式の引受けの取消しをすることができません（51条2項、102条6項）。 テキスト p.624

ウ 　妥当でない　設立時発行株式を引き受けた発起人が出資の履行をしない場合、当該発起人は、失権予告付きで払込みを催告し、払込みがなければ失権することになります（36条1項・3項）。なお、当然に設立時発行株式の株主となる権利を失うのは、発起人以外の払込人が出資の履行をしない場合です。 テキスト p.624

エ 　妥当でない　旧法では、発起人または設立時募集株式の引受人が払い込む金銭の額および給付する財産の額の合計が、定款に定められた設立に際して出資される財産の価額またはその最低額に満たない場合には、発起人および設立時取締役は、連帯して、その不足額を払い込む義務を負うとされていました（払込担保責任）。しかし、この払込担保責任は、会社法の成立に伴い廃止されました。 テキスト p.626

オ 　妥当である　設立時発行株式の総数は、設立しようとする会社が公開会社でない場合を除いて、発行可能株式総数の4分の1を下ることはできません（37条3項）。 テキスト p.623

正解　4（ウ・エ）

10 設 立

難易度 **易** 重要度 **A**

　株式会社の設立に関する次のア～オの記述のうち、会社法の規定に照らし、妥当なものの組合せはどれか。

ア　発起人は、設立時発行株式を引き受ける者の募集をする旨を定めようとするときは、その全員の同意を得なければならない。

イ　複数の発起人がいる場合において、発起設立の各発起人は、設立時発行株式を1株以上引き受けなければならないが、募集設立の発起人は、そのうち少なくとも1名が設立時発行株式を1株以上引き受ければよい。

ウ　発起設立または募集設立のいずれの方法による場合であっても、発行可能株式総数を定款で定めていないときには、株式会社の成立の時までに、定款を変更して発行可能株式総数の定めを設けなければならない。

エ　設立時取締役その他の設立時役員等が選任されたときは、当該設立時役員等が会社設立の業務を執行し、またはその監査を行う。

オ　発起設立または募集設立のいずれの方法による場合であっても、発起人でない者が、会社設立の広告等において、自己の名または名称および会社設立を賛助する旨の記載を承諾したときには、当該発起人でない者は発起人とみなされ、発起人と同一の責任を負う。

1　ア・ウ
2　ア・エ
3　イ・エ
4　イ・オ
5　ウ・オ

解説

ア **妥当である**　発起人は、設立時発行株式を引き受ける者の募集をする旨を定めようとするときは、その**全員の同意**を得なければなりません（57条2項）。 テキスト p.621

イ **妥当でない**　**発起設立・募集設立いずれの場合でも**、発起人は、必ず1株以上引き受けなければなりません（25条2項）。したがって、募集設立の発起人についても、少なくとも1名が設立時発行株式を1株以上引き受ければよいわけではありません。 テキスト p.621

ウ **妥当である**　発起設立・募集設立のいずれの場合でも、発行可能株式総数を原始定款で定めていないときは、**会社成立時まで**に定款を変更して定めなければなりません（37条1項、98条）。 テキスト p.622

エ **妥当でない**　設立時取締役が選任された後でも、設立事務を行うのは**発起人**です。設立時取締役は、設立事項（現物出資等について定款記載価額が相当であるか、出資の履行が完了しているか、設立手続に法令や定款違反がないか等）の調査を行う権限のみを有します（46条1項、93条1項）。 テキスト p.625

オ **妥当でない**　**募集設立の場合**、発起人でない者が、会社設立の広告等において、自己の名または名称および会社設立を賛助する旨の記載を承諾したときには、当該発起人でない者は発起人とみなされ（擬似発起人）、発起人と同一の責任を負います（103条4項）。これに対して、発起設立の場合、このような擬似発起人の責任を定めた規定はありません。 テキスト p.626

正解　　**1（ア・ウ）**

　株式会社の設立における発起人等の責任等に関する次のア～オの記述のうち、会社法の規定に照らし、誤っているものの組合せはどれか。

ア　株式会社の成立の時における現物出資財産等の価額が当該現物出資財産等について定款に記載または記録された価額に著しく不足するときは、発起人および設立時取締役は、当該株式会社に対し、連帯して、当該不足額を支払う義務を負い、この義務は、総株主の同意によっても、免除することはできない。

イ　発起人は、出資の履行において金銭の払込みを仮装した場合には、払込みを仮装した出資に係る金銭の全額を支払う義務を負い、この義務は、総株主の同意によっても、免除することはできない。

ウ　発起人、設立時取締役または設立時監査役は、株式会社の設立についてその任務を怠ったときは、当該株式会社に対し、これによって生じた損害を賠償する責任を負い、この責任は、総株主の同意がなければ、免除することができない。

エ　発起人、設立時取締役または設立時監査役がその職務を行うについて悪意または重大な過失があったときは、当該発起人、設立時取締役または設立時監査役は、これによって第三者に生じた損害を賠償する責任を負う。

オ　株式会社が成立しなかったときは、発起人は、連帯して、株式会社の設立に関してした行為についてその責任を負い、株式会社の設立に関して支出した費用を負担する。

1　ア・イ
2　ア・ウ
3　イ・オ
4　ウ・エ
5　エ・オ

解説

ア **誤り**　株式会社の成立の時における現物出資財産等の価額が当該現物出資財産等について定款に記載または記録された価額に著しく不足するときは、発起人および設立時取締役は、当該株式会社に対し、連帯して、当該不足額を支払う義務を負います（52条1項）。しかし、この義務は、総株主の同意があれば、免除することができます（55条）。 `テキスト p.627`

イ **誤り**　発起人は、出資の履行において金銭の払込みを仮装した場合には、払込みを仮装した出資に係る金銭の全額を支払う義務を負います（52条の2第1項）。しかし、この義務は、総株主の同意があれば、免除することができます（55条）。 `テキスト p.627、628`

ウ **正しい**　発起人、設立時取締役または設立時監査役は、株式会社の設立についてその任務を怠ったときは、当該株式会社に対し、これによって生じた損害を賠償する責任を負います（53条1項）。そして、この責任は、総株主の同意がなければ、免除することができません（55条）。 `テキスト p.627`

エ **正しい**　発起人、設立時取締役または設立時監査役がその職務を行うについて悪意または重大な過失があったときは、当該発起人、設立時取締役または設立時監査役は、これによって第三者に生じた損害を賠償する責任を負います（53条2項）。 `テキスト p.627`

オ **正しい**　株式会社が成立しなかったときは、発起人は、連帯して、株式会社の設立に関してした行為についてその責任を負い、株式会社の設立に関して支出した費用を負担します（56条）。 `テキスト p.626`

正解　**1（ア・イ）**

12　設　立

　株式会社の設立における出資の履行等に関する次のア〜オの記述のうち、会社法の規定に照らし、誤っているものの組合せはどれか。

ア　株式会社の定款には、設立に際して出資される財産の価額またはその最低額を記載または記録しなければならない。

イ　発起人は、設立時発行株式の引受け後遅滞なく、その引き受けた設立時発行株式につき、出資の履行をしなければならないが、発起人全員の同意があるときは、登記、登録その他権利の設定または移転を第三者に対抗するために必要な行為は、株式会社の成立後にすることができる。

ウ　発起人が出資の履行をすることにより設立時発行株式の株主となる権利の譲渡は、成立後の株式会社に対抗することができない。

エ　設立時募集株式の引受人のうち出資の履行をしていないものがある場合には、発起人は、出資の履行をしていない引受人に対して、期日を定め、その期日までに当該出資の履行をしなければならない旨を通知しなければならない。

オ　設立時募集株式の引受人が金銭以外の財産により出資の履行をする場合には、発起人は、裁判所に対し検査役の選任の申立てをしなければならない。

1　ア・イ
2　ア・オ
3　イ・ウ
4　ウ・エ
5　エ・オ

解説

ア 正しい 株式会社の定款には、設立に際して出資される財産の価額またはその最低額を記載または記録しなければなりません（27条4号）。 テキスト p.622

イ 正しい 発起人は、設立時発行株式の引受け後遅滞なく、その引き受けた設立時発行株式につき、出資の履行をしなければなりません（34条1項本文）。ただし、発起人全員の同意があるときは、登記、登録その他権利の設定または移転を第三者に対抗するために必要な行為は、株式会社の成立後にすることができます（34条1項ただし書）。 テキスト p.623、624

ウ 正しい 発起人が出資の履行をすることにより設立時発行株式の株主となる権利の譲渡は、成立後の株式会社に対抗することができません（35条）。 テキスト p.623

エ 誤り 発起人のうち出資の履行をしていないものがある場合には、発起人は、出資の履行をしていない発起人に対して、期日を定め、その期日までに当該出資の履行をしなければならない旨を通知しなければなりません（36条1項）。しかし、設立時募集株式の引受人の不履行の場合、当然に失権することになりますので、通知の手続をとる必要はありません。 テキスト p.624

オ 誤り 会社の設立に際して金銭以外の財産により出資の履行をすること（現物出資）ができるのは、発起人のみです（34条1項、63条1項）。したがって、設立時募集株式の引受人が金銭以外の財産により出資の履行をすることはそもそもできませんので、裁判所に対し検査役の選任の申立てをする必要もありません。 テキスト p.622

正解 5（エ・オ）

13 設 立

　株式会社の設立等に関する次のア〜オの記述のうち、会社法の規定に照らし、正しいものの組合せはどれか。

ア　発起設立または募集設立のいずれの場合であっても、各発起人は、設立時発行株式を1株以上引き受けなければならない。

イ　株式会社の設立に際して作成される定款について、公証人の認証がない場合には、株主、取締役、監査役、執行役または清算人は、訴えの方法をもって、当該株式会社の設立の取消しを請求することができる。

ウ　現物出資財産等について定款に記載または記録された価額が相当であることについて弁護士、弁護士法人、公認会計士、監査法人、税理士または税理士法人の証明（現物出資財産等が不動産である場合は、当該証明および不動産鑑定士の鑑定評価）を受けた場合には、現物出資財産等については検査役による調査を要しない。

エ　株式会社が成立しなかったときは、発起人および設立時役員等は、連帯して、株式会社の設立に関してした行為について、その責任を負い、株式会社の設立に関して支出した費用を負担する。

オ　発起設立または募集設立のいずれの場合であっても、発起人は、設立時発行株式を引き受けた発起人または設立時募集株式の引受人による払込みの取扱いをした銀行等に対して、払い込まれた金額に相当する金銭の保管に関する証明書の交付を請求することができる。

　　1　ア・ウ
　　2　ア・エ
　　3　イ・エ
　　4　イ・オ
　　5　ウ・オ

解説

ア **正しい** 発起設立または募集設立のいずれの場合であっても、各発起人は、設立時発行株式を1株以上引き受けなければなりません（25条2項）。 テキスト p.621

イ **誤り** 株式会社の設立に際して作成される定款について、公証人の認証がない場合など、設立手続に瑕疵がある場合には、株主、取締役、監査役、執行役または清算人は、訴えの方法をもって、当該株式会社の設立の無効を主張することができます（828条1項1号・2項1号）。なお、株式会社の設立においては、取消しの訴えという制度はありません。 テキスト p.625、626

ウ **正しい** 現物出資財産等について定款に記載または記録された価額が相当であることについて弁護士、弁護士法人、公認会計士、監査法人、税理士または税理士法人の証明（現物出資財産等が不動産である場合は、当該証明および不動産鑑定士の鑑定評価）を受けた場合には、現物出資財産等については検査役による調査を要しないとされています（33条10項3号）。 テキスト p.623

エ **誤り** 株式会社が成立しなかったときは、発起人は、連帯して、株式会社の設立に関してした行為について、その責任を負い、株式会社の設立に関して支出した費用を負担するとされていますが（56条）、設立時役員等は責任を負いません。 テキスト p.626

オ **誤り** 募集設立の場合、発起人は、設立時発行株式を引き受けた発起人または設立時募集株式の引受人による払込みの取扱いをした銀行等に対して、払い込まれた金額に相当する金銭の保管に関する証明書の交付を請求することができます（64条1項）。しかし、発起設立の場合、このような保管証明制度は廃止されています。 テキスト p.624

正解 **1（ア・ウ）**

14 株式の内容

難易度 **普**　重要度 **B**

　会社法上の公開会社（指名委員会等設置会社を除く。）が発行する株式に関する次のア～オの記述のうち、会社法の規定に照らし、正しいものの組合せはどれか。

ア　会社は、その発行する全部の株式の内容として、株主総会の決議によってその全部を会社が取得する旨の定款の定めがある株式を発行することができる。

イ　会社は、その発行する全部の株式の内容として、株主総会において議決権を行使することができる事項について制限がある旨の定款の定めがある株式を発行することができる。

ウ　会社は、譲渡による当該種類の株式の取得について、会社の承認を要する旨の定款の定めがある種類株式を発行することができる。

エ　会社は、株主が当該会社に対して当該株主の有する種類株式を取得することを請求することができる旨の定款の定めがある種類株式を発行することができる。

オ　会社は、当該種類の株式の種類株主を構成員とする種類株主総会において、取締役または監査役を選任する旨の定款の定めがある種類株式を発行することができる。

1　ア・イ
2　ア・エ
3　イ・ウ
4　ウ・エ
5　エ・オ

解説

ア **誤り** 　会社は、株主総会の決議によってその全部を会社が取得する旨の定款の定めがある種類株式（全部取得条項付株式）を発行することができます（108条1項7号）。しかし、全部の株式の内容として、全部取得条項付株式を発行することはできません。 テキスト p.632

イ **誤り** 　会社は、株主総会において議決権を行使することができる事項について制限がある旨の定款の定めがある種類株式（議決権制限株式）を発行することができます（108条1項3号）。しかし、全部の株式の内容として、議決権制限株式を発行することはできません。 テキスト p.632

ウ **正しい** 　会社は、譲渡による当該種類の株式の取得について、会社の承認を要する旨の定款の定めがある種類株式（譲渡制限株式）を発行することができます（108条1項4号）。 テキスト p.631、632

エ **正しい** 　会社は、株主が当該会社に対して当該株主の有する種類株式を取得することを請求することができる旨の定款の定めがある種類株式（取得請求権付株式）を発行することができます（108条1項5号）。 テキスト p.631、632

オ **誤り** 　公開会社は、当該種類の株式の種類株主を構成員とする種類株主総会において、取締役または監査役を選任する旨の定款の定めがある種類株式（取締役・監査役の選任権付株式）を発行することができません（108条1項ただし書）。なお、非公開会社は、取締役・監査役の選任権付株式を発行することができます。 テキスト p.632

第4部　商法

正解　　4（ウ・エ）

15 株式の譲渡

　株式取得に関する次の記述のうち、会社法の規定および判例に照らし、妥当でないものはどれか。

1　株式会社は、合併および会社分割などの一般承継による株式の取得について、定款において、当該会社の承認を要する旨の定めをすることができる。
2　譲渡制限株式の譲渡を承認するか否かの決定は、定款に別段の定めがない限り、取締役会設置会社では取締役会の決議を要し、それ以外の会社では株主総会の決議を要する。
3　承認を受けないでなされた譲渡制限株式の譲渡は、当該株式会社に対する関係では効力を生じないが、譲渡の当事者間では有効である。
4　株式会社が子会社以外の特定の株主から自己株式を有償で取得する場合には、取得する株式の数および特定の株主から自己株式を取得することなどについて、株主総会の特別決議を要する。
5　合併後消滅する会社から親会社株式を子会社が承継する場合、子会社は、親会社株式を取得することができるが、相当の時期にその有する親会社株式を処分しなければならない。

解説

1 　[妥当でない]　株式会社は、株式を譲渡するには会社の承認を得なければならない旨を定款で定めることができます（107条1項1号、108条1項4号）。これに対して、**合併や会社分割などの一般承継による株式の取得について、定款において、会社の承認を要する旨の定めをすることはできません。** テキスト p.634

2 　[妥当である]　定款による株式の譲渡制限を設けた場合、定款に別段の定めがない限り、取締役会設置会社では**取締役会**の承認を必要とし、それ以外の会社では**株主総会**の承認を必要とします（139条1項本文）。 テキスト p.634

3 　[妥当である]　会社の承認を受けないでなされた譲渡制限株式の譲渡は、当該株式会社に対する関係では効力を生じませんが、**譲渡の当事者間では有効です**（最判昭48.6.15）。 テキスト p.634

4 　[妥当である]　株式会社が子会社以外の特定の株主から自己株式を有償で取得する場合には、取得する株式の数及び特定の株主から自己株式を取得することなどについて、**株主総会の特別決議**が必要です（160条1項、309条2項2号）。 テキスト p.633

5 　[妥当である]　子会社は、原則として、親会社の株式を取得することができませんが（135条1項）、**合併により他の会社から親会社株式を承継する場合には、親会社株式の取得が認められます**（135条2項）。もっとも、子会社が例外的に親会社株式を取得することになった場合は、**相当の時期にその有する親会社株式を処分しなければなりません**（135条3項）。 テキスト p.633

正解	1

16　自己株式

難易度 **易**　重要度 **A**

　株式会社が自己の発行する株式を取得する場合に関する次の記述のうち、会社法の規定に照らし、誤っているものはどれか。

1　株式会社は、その発行する全部または一部の株式の内容として、当該株式について、株主が当該株式会社に対してその取得を請求することができることを定めることができる。

2　株式会社は、その発行する全部または一部の株式の内容として、当該株式について、当該株式会社が一定の事由が生じたことを条件としてその取得を請求することができることを定めることができる。

3　株式会社が他の会社の事業の全部を譲り受ける場合には、当該株式会社は、当該他の会社が有する当該株式会社の株式を取得することができる。

4　取締役会設置会社は、市場取引等により当該株式会社の株式を取得することを取締役会の決議によって定めることができる旨を定款で定めることができる。

5　株式会社が、株主総会の決議に基づいて、株主との合意により当該株式会社の株式を有償で取得する場合には、当該行為の効力が生ずる日における分配可能額を超えて、株主に対して金銭等を交付することができる。

解説

1　正しい　株式会社は、その発行する全部または一部の株式の内容として、当該株式について、**株主が当該株式会社に対してその取得を請求することができること（取得請求権付株式）** を定めることができます（全部につき107条１項２号、一部につき108条１項５号）。テキスト p.631、632

2　正しい　株式会社は、その発行する全部または一部の株式の内容として、当該株式について、**当該株式会社が一定の事由が生じたことを条件としてその取得を請求することができること（取得条項付株式）** を定めることができます（全部につき107条１項３号、一部につき108条１項６号）。
テキスト p.631、632

3　正しい　株式会社は、原則として、当該株式会社の株式（自己株式）を取得することができません。しかし、**株式会社が他の会社の事業の全部を譲り受ける場合**には、当該株式会社は、当該他の会社が有する当該株式会社の株式を取得することができます（155条10号）。テキスト p.633

4　正しい　取締役会設置会社は、**市場取引等により当該株式会社の株式を取得することを取締役会の決議によって定めることができる旨を定款で定めること**ができます（165条２項）。テキスト p.633

5　誤り　株式会社が、株主との合意により当該株式会社の株式を有償で取得する場合、当該行為の効力が生ずる日における**分配可能額を超えて、株主に対して金銭等を交付することはできません**（461条１項２号）。テキスト p.633

正解　**5**

17 単元株制度

　取締役会設置会社（監査等委員会設置会社および指名委員会等設置会社を除く。）であり、種類株式発行会社でない株式会社の単元株式に関する次の記述のうち、会社法の規定に照らし、誤っているものはどれか。

1　株式会社は、その発行する株式について、一定の数の株式をもって株主が株主総会において一個の議決権を行使することができる一単元の株式とする旨を定款で定めることができる。

2　株式会社は、単元未満株主が当該単元未満株式について残余財産の分配を受ける権利を行使することができない旨を定款で定めることができない。

3　単元未満株主は、定款にその旨の定めがあるときに限り、株式会社に対し、自己の有する単元未満株式を買い取ることを請求することができる。

4　単元未満株主は、定款にその旨の定めがあるときに限り、株式会社に対し、自己の有する単元未満株式と併せて単元株式となる数の株式を売り渡すことを請求することができる。

5　株式会社が単元株式数を減少し、または単元株式数についての定款の定めを廃止するときは、取締役会の決議によりこれを行うことができる。

解説

1 　**正しい**　株式会社は、その発行する株式について、一定の数の株式をもって株主が株主総会において一個の議決権を行使することができる一単元の株式とする旨（単元株制度）を定款で定めることができます（188条1項）。 テキスト p.635

2 　**正しい**　株式会社は、単元未満株主が当該単元未満株式について残余財産の分配を受ける権利を行使することができない旨を定款で定めることはできません（189条2項5号）。 テキスト p.636

3 　**誤り**　単元未満株主は、株式会社に対し、自己の有する単元未満株式を買い取ることを請求することができます（192条1項）。このように、単元未満株主の株式買取請求権は、定款にその旨の定めがあるかどうかにかかわらず認められています。 テキスト p.631

4 　**正しい**　単元未満株主は、定款の定めるところにより、自己の所有する単元未満株式の数と併せて単元株式となる数の株式を自己に売り渡すことを会社に対して請求することができます（194条1項）。 テキスト p.636

5 　**正しい**　株式会社が単元株式数を減少し、又は単元株式数についての定款の定めを廃止するときは、取締役の決定（取締役会設置会社では取締役会決議）によりこれを行うことができます（195条1項）。 テキスト p.636

第4部 商法

正解　3

18 株主名簿

難易度 普　重要度 B

　株主名簿に関する次のア～オの記述のうち、会社法の規定および判例に照らし、妥当でないものの組合せはどれか。

ア　すべての株式会社は、株主名簿を作成して、株主の氏名または名称および住所ならびに当該株主の有する株式の種類および数などを記載または記録しなければならない。

イ　基準日以前に株式を取得した者で、株主名簿に株主として記載または記録されていない者について、会社は、その者を株主として扱い、権利の行使を認容することができる。

ウ　株券発行会社においては、株式の譲受人は、株主名簿の名義書換えをしなければ、当該会社および第三者に対して株式の取得を対抗できない。

エ　会社が株主による株主名簿の名義書換え請求を不当に拒絶した場合には、当該株主は、会社に対して、損害賠償を請求することができるが、株主であることを主張することはできない。

オ　会社が株主に対してする通知または催告は、株主名簿に記載または記録された株主の住所または株主が別に通知した場所もしくは連絡先に宛てて発すれば足り、当該通知または催告は、それが通常到達すべきであった時に、到達したものとみなされる。

1　ア・イ
2　ア・オ
3　イ・ウ
4　ウ・エ
5　エ・オ

解説

ア 　妥当である　　株式会社では、株主名簿の作成が義務付けられ、これに①株主の氏名・名称及び住所、②株主の有する株式の数、③株主が株式を取得した日、④株券発行会社では株式に係る株券の番号を記載・記録しなければなりません（121条）。　テキスト p.637

イ 　妥当である　　株主名簿の名義書換がなくても、会社の側から取得者を株主と扱うことはできます（最判昭30.10.20）。したがって、基準日以前に株式を取得した者で、株主名簿に株主として記載または記録されていない者について、会社は、その者を株主として扱い、権利の行使を認容することができます。　テキスト p.634

ウ 　妥当でない　　株券不発行会社においては、株式の譲受人は、株主名簿の名義書換えをしなければ、当該会社及び第三者に対して株式の取得を対抗できません（130条1項）。これに対して、株券発行会社においては、株式の譲受人は、株主名簿の名義書換えをしなければ、当該会社に対して株式の取得を対抗できませんが（130条2項）、株券の交付をすれば、第三者に対して株式の取得を対抗することはできます。　テキスト p.634

エ 　妥当でない　　会社が株主による株主名簿の名義書換え請求を不当に拒絶した場合には、当該株主は、会社に対して、株主であることを主張することができます（最判昭42.9.28）。なお、損害賠償を請求することもできます（民法709条）。　テキスト p.634

オ 　妥当である　　会社が株主に対してする通知又は催告は、株主名簿に記載・記録された株主の住所又は株主が別に通知した場所・連絡先に宛てて発すれば足り（126条1項）、当該通知又は催告は、それが通常到達すべきであった時に、到達したものとみなされます（126条2項）。　テキスト p.637

正解　　**4（ウ・エ）**

19 株主総会

難易度 **普** 重要度 **A**

　会社法上の公開会社（監査等委員会設置会社、指名委員会等設置会社を除く。）における株主総会の決議に関する次の記述のうち、会社法の規定および判例に照らし、株主総会の決議無効確認の訴えにおいて無効原因となるものはどれか。なお、定款に別段の定めはないものとする。

1　株主総会の招集手続が一切なされなかったが、株主が全員出席した総会において、取締役の資格を当該株式会社の株主に限定する旨の定款変更決議がなされた場合

2　代表権のない取締役が取締役会の決議に基づかずに招集した株主総会において、当該事業年度の計算書類を承認する決議がなされた場合

3　取締役の任期を、選任後1年以内に終了する事業年度に関する定時株主総会の終結の時までとする株主総会決議がなされた場合

4　株主に代わって株主総会に出席して議決権を代理行使する者を、当該株式会社の株主に限定する旨の定款変更決議がなされた場合

5　特定の株主が保有する株式を当該株式会社が取得することを承認するための株主総会に、当該株主が出席して議決権を行使し決議がなされた場合

解説

　株主総会等の決議については、決議の内容が法令に反することを理由として、決議が無効であることの確認を、訴えをもって請求することができます（830条2項）。つまり、決議内容の法令違反が無効原因となります。`テキスト p.648`

1　`無効原因となる`　公開会社は、取締役が株主でなければならない旨を定款で定めることができません（331条2項本文）。したがって、取締役の資格を当該株式会社の株主に限定する旨の定款変更決議がなされた場合、決議内容の法令違反が生じており、無効原因となります。なお、株主が全員出席した総会においては、株主総会の招集手続が一切なされなかったとしても、有効な株主総会決議となりますので（最判昭60.12.20）、この点は問題ありません。`テキスト p.644`

2　`無効原因とならない`　代表取締役以外の取締役によって招集された株主総会は、招集権限のない者により招集されたものであって、法律上の意義における株主総会ということはできず、株主総会決議があったものとはいえません（最判昭45.8.20）。したがって、代表権のない取締役が取締役会の決議に基づかずに招集した株主総会において、株主総会決議がなされた場合、無効原因ではなく不存在となります。`テキスト p.643`

3　`無効原因とならない`　取締役の任期は、原則として、選任後2年以内に終了する事業年度のうち最終のものに関する定時株主総会の終結の時までです（332条1項本文）。もっとも、取締役の任期を定款又は株主総会決議で短縮することは可能です（332条1項ただし書）。したがって、取締役の任期を、選任後1年以内に終了する事業年度に関する定時株主総会の終結の時までとする株主総会決議がなされた場合、決議内容の法令違反は生じません。`テキスト p.649`

4　`無効原因とならない`　株主総会において議決権を行使する代理人を株主に限る旨の定款の規定は、有効です（最判昭43.11.1）。したがって、株主に代わって株主総会に出席して議決権を代理行使する者を、当該株式会社の株主に限定する旨の定款変更決議がなされた場合、決議内容の法令違反は生じません。`テキスト p.646`

第4部 商法

5 **無効原因とならない**　特定の株主から自己株式を取得する場合、株主総会の特別決議が必要であり（160条1項、309条2項2号）、取得の相手方となる特定の株主は、原則として、この株主総会で議決権を行使することはできません（160条4項）。したがって、特定の株主が保有する株式を当該株式会社が取得することを承認するための株主総会に、当該株主が出席して議決権を行使し決議がなされた場合、**決議方法の法令違反が生じて取消原因**とはなりますが（831条1項1号）、決議内容自体には法令違反がありませんので、無効原因とはなりません。 テキスト p.633

正解　1

第4部

商　法

20 株主総会

　株主総会の決議に関する次の記述のうち、会社法の規定に照らし、妥当でないものはどれか。

1　取締役会設置会社の株主総会は、法令に規定される事項または定款に定められた事項に限って決議を行うことができる。

2　取締役会設置会社以外の会社の株主総会においては、招集権者が株主総会の目的である事項として株主に通知した事項以外についても、決議を行うことができる。

3　取締役または株主が株主総会の目的である事項について提案をした場合において、当該提案につき議決権を行使できる株主の全員が書面または電磁的記録により同意の意思表示をしたときは、当該提案を可決する旨の株主総会の決議があったとみなされる。

4　株主総会の決議取消しの訴えにおいて、株主総会の決議の方法に関する瑕疵が重大なものであっても、当該瑕疵が決議に影響を及ぼさなかったものと認められる場合には、裁判所は、請求を棄却することができる。

5　会社を被告とする株主総会の決議取消しの訴え、決議の無効確認の訴え、および決議の不存在確認の訴えにおいて、請求認容の判決が確定した場合には、その判決は、第三者に対しても効力を有する。

解説

1 | 妥当である |　取締役会設置会社においては、株主総会は、会社法に規定する事項及び定款で定めた事項に限り、決議をすることができます（295条2項）。テキスト p.643

2 | 妥当である |　取締役会設置会社においては、株主総会は、招集権者が株主総会の目的である事項として株主に通知した事項（298条1項2号）以外の事項については、決議をすることができません（309条5項本文）。他方、取締役会設置会社以外の会社の株主総会においては、招集権者が株主総会の目的である事項として株主に通知した事項以外の事項についても、決議を行うことができます。テキスト p.647

3 | 妥当である |　取締役又は株主が株主総会の目的である事項について提案をした場合において、当該提案につき株主（当該事項について議決権を行使することができるものに限る。）の全員が書面又は電磁的記録により同意の意思表示をしたときは、当該提案を可決する旨の株主総会の決議があったものとみなされます（319条1項）。テキスト p.645

4 | 妥当でない |　株主総会の決議取消しの訴えの提起があった場合において、株主総会等の招集の手続又は決議の方法が法令・定款に違反するときであっても、裁判所は、その違反する事実が重大でなく、かつ、決議に影響を及ぼさないものであると認めるときは、その請求を棄却することができます（831条2項）。したがって、株主総会の決議の方法に関する瑕疵が重大なものであるときは、裁判所は、請求を棄却することができません。テキスト p.649

5 | 妥当である |　会社を被告とする株主総会の決議取消しの訴え、決議の無効確認の訴え、及び決議の不存在確認の訴えに係る請求を認容する確定判決は、第三者に対してもその効力を有します（838条）。テキスト p.647

正解　4

21 株主総会

難易度 **普**　重要度 **A**

　株主総会に関する次の記述のうち、会社法の規定に照らし、誤っているものはどれか。

1　株式会社は、基準日を定めて、当該基準日において株主名簿に記載または記録されている株主（以下、「基準日株主」という。）を株主総会において議決権を行使することができる者と定めることができる。

2　株式会社は、基準日株主の権利を害することがない範囲であれば、当該基準日後に株式を取得した者の全部または一部を株主総会における議決権を行使することができる者と定めることができる。

3　株主は、株主総会ごとに代理権を授与した代理人によってその議決権を行使することができる。

4　株主総会においてその延期または続行について決議があった場合には、株式会社は新たな基準日を定めなければならず、新たに定めた基準日における株主名簿に記載または記録されている株主が当該株主総会に出席することができる。

5　株主が議決権行使書面を送付した場合に、当該株主が株主総会に出席して議決権を行使したときには、書面による議決権行使の効力は失われる。

解説

1 　**正しい**　株式会社は、基準日を定めて、**基準日株主**（当該基準日において株主名簿に記載または記録されている株主）**を株主総会において議決権を行使することができる者と定めることができます**（124条1項）。 テキスト p.638

2 　**正しい**　株式会社は、基準日株主の権利を害することがない範囲であれば、**当該基準日後に株式を取得した者の全部または一部を株主総会における議決権を行使することができる者と定めることができます**（124条4項）。 テキスト p.638

3 　**正しい**　株主は、**代理人によって**その議決権を行使することができます（310条1項前段）。また、この代理権の授与は、**株主総会ごとに**しなければなりません（310条2項）。 テキスト p.646

4 　**誤り**　株主総会においてその延期または続行について決議があった場合には、**株主総会の招集に関する規定は適用されない**ことから（317条）、株式会社は改めて招集手続をとる必要はなく、新たな基準日を定める必要もありません。 テキスト p.638

5 　**正しい**　書面投票制度は、**株主総会に出席しない株主**が書面によって議決権を行使することができるとするものですから（298条1項3号）、株主が議決権行使書面を送付した場合に、当該株主が株主総会に出席して議決権を行使したときには、書面による議決権行使の効力は失われます。 テキスト p.646

| 正解 | 4 |

取締役会設置会社の代表取締役Aが、取締役会の承認を得て、会社から金銭の貸付を受けた場合に関する次の記述のうち、誤っているものはどれか。

1　取締役会の承認を得て金銭の貸付を受けた場合であっても、Aは、事後にその貸付に関する重要事実を取締役会に報告しなければならない。

2　Aが自ら会社を代表してA自身を借主とする契約を締結することは、自己契約に当たるため、他の取締役が会社を代表しなければならない。

3　Aが金銭の返済を怠った場合には、取締役会で金銭の貸付を承認した他の取締役は、Aと連帯して会社に対する弁済責任を負う。

4　Aへの金銭貸付に関する承認決議に参加した他の取締役は、取締役会の議事録に当該貸付について異議をとどめなければ、決議に賛成したものと推定される。

5　金銭の貸付を受けたAの損害賠償責任は、株主総会の特別決議によっても一部免除することができない。

解説

　取締役会設置会社の代表取締役Ａが会社から金銭の貸付を受けることは、取締役が自己のために株式会社と取引をしているといえますから、**利益相反取引の直接取引**に当たります（356条1項2号）。

1　**正しい**　取締役会設置会社の場合、利益相反取引をした取締役は、当該取引後、遅滞なく、当該取引についての**重要な事実を取締役会に報告**しなければなりません（365条2項）。 テキスト p.652

2　**誤り**　利益相反取引の直接取引について会社の承認を得た場合には、**民法108条（自己契約・双方代理の禁止）は適用されません**（356条2項）。したがって、Ａが自ら会社を代表してＡ自身を借主とする契約を締結することは禁止されず、他の取締役が会社を代表しなければならないというわけではありません。 テキスト p.651

3　**正しい**　利益相反取引に関する取締役会の承認の決議に賛成した取締役は、利益相反取引が行われ会社に損害が生じた場合には、**任務を怠ったものと推定され**（423条3項3号）、会社に対して損害賠償責任を負います（423条1項）。そして、取締役が株式会社に対して生じた損害を賠償する責任を負う場合において、他の取締役も当該損害を賠償する責任を負うときは、これらの者は、**連帯債務者**とされます（430条）。したがって、Ａが金銭の返済を怠った場合には、取締役会で金銭の貸付を承認した他の取締役は、Ａと連帯して会社に対する弁済責任を負います。 テキスト p.652

4　**正しい**　取締役会の決議に参加した取締役は、**議事録に異議をとどめなければ決議に賛成したものと推定されます**（369条5項）。 テキスト p.655

5　**正しい**　取締役が自己のために利益相反取引の直接取引を行った場合、**株主総会の特別決議によっても損害賠償責任の一部免除（425条）をすることができません**（428条2項）。 テキスト p.663

正解　2

23　取締役

　取締役の選任および解任に関する次の記述のうち、正しいものはどれか。

1　すべての株式会社は、定款において、取締役の資格として当該株式会社の株主である旨を定めることができる。

2　取締役の辞任により員数が欠けた場合、当該取締役は、直ちに取締役としての地位を失うのではなく、新たな取締役が就任するまでの間は、引き続き取締役としての権利義務を有する。

3　解任された取締役であっても、正当な事由がなく解任された場合には、新たな取締役が就任するまでの間は、当該取締役は引き続き取締役としての権利義務を有する。

4　利害関係人の申立により裁判所が一時取締役を選任した場合、当該一時取締役が株式会社の常務に属しない行為をするには、裁判所の許可が必要である。

5　取締役が法令もしくは定款に違反する行為をし、当該行為によって株式会社に著しい損害が生じるおそれがある場合には、株主は直ちに当該取締役の解任の訴えを提起することができる。

1 **誤り** 公開会社は、取締役が株主でなければならない旨を定款で定めることができません（331条2項本文）。なお、非公開会社では、このような定款の定めをすることもできます（331条2項ただし書）。 テキスト p.648

2 **正しい** 取締役が欠けた場合又は会社法・定款で定めた取締役の員数が欠けた場合には、任期の満了又は辞任により退任した取締役は、新たに選任された取締役が就任するまで、なお取締役としての権利義務を有することになります（346条1項）。 テキスト p.650

3 **誤り** 取締役が欠けた場合又は会社法・定款で定めた取締役の員数が欠けた場合には、任期の満了又は辞任により退任した取締役は、新たに選任された取締役が就任するまで、なお取締役としての権利義務を有することになります（346条1項）。これに対して、解任された取締役は、正当な事由の有無にかかわりなく、取締役としての権利義務を有しません。 テキスト p.650

4 **誤り** 取締役が欠けた場合又は会社法・定款で定めた取締役の員数が欠けた場合には、裁判所は、必要があると認めるときは、利害関係人の申立てにより、一時的に取締役の職務を行うべき者を選任することができます（346条2項）。そして、一時的に取締役の職務を行うべき者が株式会社の常務に属しない行為をする場合、裁判所の許可を得る必要はありません。なお、株式会社の常務に属しない行為をする場合に裁判所の許可を得る必要があるのは、民事保全法56条に規定する仮処分命令により選任された取締役又は代表取締役の職務を代行する者です（352条1項）。 テキスト p.650

5 **誤り** 取締役の職務の執行に関し不正の行為又は法令・定款に違反する重大な事実があったにもかかわらず、当該取締役を解任する旨の議案が株主総会で否決された場合には、株主は、当該株主総会の日から30日以内に、訴えをもって当該取締役の解任を請求できます（854条1項）。したがって、株主は、直ちに取締役の解任の訴えを提起することができるわけではありません。 テキスト p.650

正解 2

第4部

商法

24 取締役

　取締役会設置会社（指名委員会等設置会社を除く。）と取締役との間の取引等に関する次のア～オの記述のうち、会社法の規定に照らし、妥当でないものはいくつあるか。

ア　取締役が自己または第三者のために会社と取引をしようとするときには、その取引について重要な事実を開示して、取締役会の承認を受けなければならない。

イ　取締役が会社から受ける報酬等の額、報酬等の具体的な算定方法または報酬等の具体的な内容については、定款に当該事項の定めがある場合を除き、会社の業務執行に係る事項として取締役会の決定で足り、株主総会の決議は要しない。

ウ　会社が取締役の債務を保証することその他取締役以外の者との間において会社と当該取締役との利益が相反する取引をしようとするときには、その取引について重要な事実を開示して、取締役会の承認を受けなければならない。

エ　取締役が会社に対し、または会社が取締役に対して訴えを提起する場合には、監査役設置会社においては監査役が会社を代表し、監査役設置会社でない会社においては会計参与が会社を代表する。

オ　取締役が自己または第三者のために会社の事業の部類に属する取引をしようとするときには、その取引について重要な事実を開示して、取締役会の承認を受けなければならない。

1　一つ
2　二つ
3　三つ
4　四つ
5　五つ

ア 妥当である 取締役会設置会社の場合、取締役が自己または第三者のために会社と取引（利益相反取引の直接取引）をしようとするときには、その取引について重要な事実を開示して、取締役会の承認を受けなければなりません（356条1項2号、365条1項）。 テキスト p.652

イ 妥当でない 取締役が会社から受ける報酬等の額、報酬等の具体的な算定方法または報酬等の具体的な内容については、定款に当該事項の定めがある場合を除き、株主総会決議によって定めます（361条1項）。したがって、取締役会の決定では足りません。 テキスト p.652

ウ 妥当である 取締役会設置会社の場合、会社が取締役の債務を保証することその他取締役以外の者との間において会社と当該取締役との利益が相反する取引（利益相反取引の間接取引）をしようとするときには、その取引について重要な事実を開示して、取締役会の承認を受けなければなりません（356条1項3号、365条1項）。 テキスト p.652

エ 妥当でない 取締役が会社に対し、または会社が取締役に対して訴えを提起する場合には、監査役設置会社においては監査役が会社を代表しますから（386条1項）、前半は妥当であるといえます。しかし、監査役設置会社でない取締役会設置会社においては、会社の業務に関する一切の裁判上の代理権を有する代表取締役が会社を代表しますから（349条4項）、後半は妥当でないといえます。 テキスト p.659

オ 妥当である 取締役会設置会社の場合、取締役が自己または第三者のために会社の事業の部類に属する取引（競業取引）をしようとするときには、その取引について重要な事実を開示して、取締役会の承認を受けなければなりません（356条1項1号、365条1項）。 テキスト p.651

正解 **2（イ・エの二つ）**

25 取締役会

　取締役会設置会社であって公開会社である株式会社の取締役会の権限に関する次の記述のうち、誤っているものはどれか。

1　会社が企業提携のために、特定の第三者に対して、募集株式を時価発行する場合には、取締役会の決定で足りる。

2　会社が資本金を増加するために、剰余金を減少させる場合には、取締役会の決定で足りる。

3　会社が取締役のために、当該取締役の住宅ローンの保証人となる場合には、取締役会の決定を要する。

4　会社が事業拡大のために、銀行から多額の融資を受ける場合には、取締役会の決定を要する。

5　会社が事業の見直しのために、支店を統廃合する場合には、取締役会の決定を要する。

解説

1 **正しい**　公開会社が株主以外の第三者に株式の割当てを受ける権利を与える場合（第三者割当て）、取締役会決議で募集事項を決定すれば足ります（201条1項、199条1項・2項）。したがって、会社が企業提携のために、特定の第三者に対して、募集株式を時価発行する場合には、取締役会の決定で足ります。 テキスト p.639

2 **誤り**　剰余金の額を減少させて資本金の額を増加させる場合、株主総会の普通決議が必要です（450条1項、309条1項）。したがって、会社が資本金を増加するために、剰余金を減少させる場合、取締役会の決定では足りません。 テキスト p.669

3 **正しい**　取締役会設置会社が取締役の個人的な債務を保証する場合、取締役会の承認を受けなければなりません（356条1項3号、365条1項）。したがって、会社が取締役のために、当該取締役の住宅ローンの保証人となる場合には、取締役会の決定を要します。 テキスト p.652

4 **正しい**　多額の借財をする場合には、取締役会で決議しなければなりません（362条4項2号）。したがって、会社が事業拡大のために、銀行から多額の融資を受ける場合には、取締役会の決定を要します。 テキスト p.653

5 **正しい**　支店その他の重要な組織の設置・変更・廃止をする場合には、取締役会で決議しなければなりません（362条4項4号）。したがって、会社が事業の見直しのために、支店を統廃合する場合には、取締役会の決定を要します。 テキスト p.653

第4部　商法

正解　2

26 取締役会

取締役会設置会社（指名委員会等設置会社および監査等委員会設置会社を除く。）の取締役会に関する次の記述のうち、会社法の規定に照らし、誤っているものの組合せはどれか。なお、定款または取締役会において別段の定めはないものとする。

ア　取締役会は、代表取締役がこれを招集しなければならない。

イ　取締役会を招集する場合には、取締役会の日の1週間前までに、各取締役（監査役設置会社にあっては、各取締役および各監査役）に対して、取締役会の目的である事項および議案を示して、招集の通知を発しなければならない。

ウ　取締役会の決議は、議決に加わることができる取締役の過半数が出席し、その過半数をもって行う。

エ　取締役会の決議について特別の利害関係を有する取締役は、議決に加わることができない。

オ　取締役会の決議に参加した取締役であって、取締役会の議事録に異議をとどめないものは、その決議に賛成したものと推定する。

1　ア・イ
2　ア・オ
3　イ・ウ
4　ウ・エ
5　エ・オ

ア 　**誤り**　取締役会の招集権は、原則として**各取締役**が有していますから（366条1項本文）、代表取締役がこれを招集しなければならないというわけではありません。 テキスト p.654

イ 　**誤り**　取締役会を招集する場合には、取締役会の日の1週間前までに、各取締役（監査役設置会社にあっては、各取締役および各監査役）に対して、招集の通知を発しなければなりません（368条1項）。しかし、**招集通知に議題を示す必要はありません**から、取締役会の目的である事項および議案を示す必要はありません。 テキスト p.654

ウ 　**正しい**　取締役会の決議は、議決に加わることができる取締役の**過半数が出席し、その過半数をもって行います**（369条1項）。 テキスト p.654

エ 　**正しい**　取締役会の決議について**特別の利害関係を有する取締役は、議決に加わることができません**（369条2項）。 テキスト p.654

オ 　**正しい**　取締役会の決議に参加した取締役であって、取締役会の議事録に異議をとどめないものは、**その決議に賛成したものと推定されます**（369条5項）。 テキスト p.655

第4部

商法

正解 　**1（ア・イ）**

27 代表取締役

難易度 **普**　重要度 **A**

　会社法上の公開会社であって取締役会設置会社の代表取締役の権限に関する次のア〜オの記述のうち、正しいものの組合せはどれか。

ア　取締役会は3ヶ月に1回以上招集しなければならないが、その招集権者を代表取締役とすることができる。

イ　取締役の職務の執行が法令および定款に適合するための体制（いわゆる内部統制システム）の整備については、代表取締役が決定する。

ウ　代表取締役は、会社の業務に関する一切の裁判上の権限を有するため、取締役の義務違反により会社に損害が生じた場合に、当該取締役に対する責任追及のための訴訟を提起する。

エ　代表取締役は、取締役会決議に基づいて、代表権の一部を他の取締役に委譲することができる。

オ　取締役会は、法定事項や重要な業務執行について決定権限を有するが、それ以外については、代表取締役に、業務執行の決定を委任することができる。

　　1　ア・ウ
　　2　ア・オ
　　3　イ・エ
　　4　イ・オ
　　5　ウ・エ

ア **正しい** 代表取締役は、**3ヶ月に1回以上**、職務執行の状況を取締役会に報告しなければなりませんから（363条2項）、取締役会は3ヶ月に1回以上招集しなければなりません。また、取締役会の招集権は、原則として、各取締役が有していますが（366条1項本文）、**定款又は取締役会で招集権者たる取締役を定めることもできます**から（366条1項ただし書）、取締役会の招集権者を代表取締役とすることもできます。 テキスト p.653、654

イ **誤り** 株式会社の業務並びに当該株式会社及びその子会社から成る企業集団の業務の適正を確保するために必要な内部統制システムの整備構築をする場合には、**取締役会で決議しなければなりません**から（362条4項6号）、代表取締役が決定することはできません。 テキスト p.653

ウ **誤り** 会社と取締役の間の訴訟については、**監査役**が会社を代表します（386条1項）。したがって、代表取締役は、取締役の義務違反により会社に損害が生じた場合であっても、当該取締役に対する責任追及のための訴訟を提起することはできません。 テキスト p.659

エ **誤り** 代表取締役は、取締役会決議に基づいて、**代表権の一部を他の取締役に移譲することはできません**。 テキスト p.657

オ **正しい** 取締役会は、法定事項や重要な業務執行について決定権限を有しますが（362条4項）、**それ以外の会社の日常業務（常務）の意思決定については、代表取締役に委任することができます**。 テキスト p.653

第4部

商法

正解　**2（ア・オ）**

28　剰余金の配当

Check!

／　／　／　令3-40

難易度　普　重要度　B

剰余金の株主への配当に関する次のア～オの記述のうち、会社法の規定に照らし、正しいものの組合せはどれか。

ア　株式会社は、剰余金の配当をする場合には、資本金の額の4分の1に達するまで、当該剰余金の配当により減少する剰余金の額に10分の1を乗じて得た額を、資本準備金または利益準備金として計上しなければならない。

イ　株式会社は、金銭以外の財産により剰余金の配当を行うことができるが、当該株式会社の株式等、当該株式会社の子会社の株式等および当該株式会社の親会社の株式等を配当財産とすることはできない。

ウ　株式会社は、純資産額が300万円を下回る場合には、剰余金の配当を行うことができない。

エ　株式会社が剰余金の配当を行う場合には、中間配当を行うときを除いて、その都度、株主総会の決議を要し、定款の定めによって剰余金の配当に関する事項の決定を取締役会の権限とすることはできない。

オ　株式会社が最終事業年度において当期純利益を計上した場合には、当該純利益の額を超えない範囲内で、分配可能額を超えて剰余金の配当を行うことができる。

1　ア・ウ
2　ア・エ
3　イ・エ
4　イ・オ
5　ウ・オ

解説

1　正しい　株式会社は、剰余金の配当をする場合には、資本金の額の４分の１に達するまで、当該剰余金の配当により減少する剰余金の額に10分の１を乗じて得た額を、資本準備金または利益準備金として計上しなければなりません（445条４項）。テキスト p.669

2　誤り　株式会社は、金銭以外の財産により剰余金の配当を行うことができますが、当該株式会社の株式等を配当財産とすることはできません（454条１項１号、107条２項２号ホかっこ書）。しかし、当該株式会社の子会社の株式等および当該株式会社の親会社の株式等については、配当財産とすることができます。テキスト p.669

3　正しい　株式会社は、純資産額が300万円を下回る場合には、剰余金の配当を行うことができません（458条）。テキスト p.670

4　誤り　会計監査人設置会社であり、かつ、監査役会設置会社である会社が取締役（監査等委員会設置会社にあっては、監査等委員以外の取締役）の任期を１年以下と定めた場合には、株主総会の決議に代えて、取締役会で剰余金の配当を決定することができる旨の定款の定めを置くことができます（459条１項）。テキスト p.670

5　誤り　剰余金の配当により株主に交付される金銭等の帳簿価額の総額は、剰余金の配当が効力を生ずる日における分配可能額を超えることができないとされています（461条１項８号）。テキスト p.670

正解　　1　（ア・ウ）

29 持分会社

Check!

／　／　／ 平22-39

難易度 **普**　重要度 **C**

持分会社に関する次の記述のうち、誤っているものはどれか。

1　持分会社の無限責任社員は、株式会社の株主とは異なり、金銭出資や現物出資にかぎらず、労務出資や信用出資の方法が認められている。

2　持分会社の社員の持分は、株式会社の株式とは異なり、一人一持分であって、細分化されたものではなく、内容が均一化されたものでもない。

3　持分会社は、会社法上の公開会社である株式会社とは異なり、原則として、社員各自が当該会社の業務を執行し、当該会社を代表する。

4　持分会社の社員は、株式会社の株主とは異なり、退社による持分の払戻しが認められているが、当該社員の責任を明確にするために、登記によって退社の効力が生じる。

5　持分会社が会社成立後に定款を変更するには、株式会社の場合とは異なり、原則として、総社員の同意を必要とする。

解説

1　**正しい**　持分会社の無限責任社員は、金銭出資や現物出資にかぎらず、**労務出資や信用出資の方法が認められています**（576条1項6号）。なお、株式会社の社員（株主）は、金銭出資や現物出資に限られています（32条1項2号、58条1項2号）。`テキスト p.672`

2　**正しい**　持分会社の持分は、**1人1持分**であって、細分化されたものではなく、内容が均一化されたものでもありません。なお、株式会社の株式は、細分化されたものであり、また、内容が均一化されています。`テキスト p.673`

3　**正しい**　持分会社の社員は、定款に別段の定めがある場合を除き、**各自で持分会社の業務を執行します**（590条1項）。そして、業務を執行する社員は、原則として、**各自が持分会社を代表します**（599条1項本文）。なお、会社法上の公開会社である株式会社は、代表取締役や業務執行取締役が会社の業務を執行し（363条1項）、代表取締役が会社を代表します（349条1項ただし書）。`テキスト p.673`

4　**誤り**　退社した社員は、原則として、その出資の種類を問わず、その持分の払戻しを受けることができます（611条1項）。しかし、退社の登記は対抗要件にすぎず、**退社の効力自体は登記によって生ずるわけではありません**。なお、株式会社の株主は、退社による株式の払戻しが認められていません。`テキスト p.674`

5　**正しい**　持分会社が定款を変更するためには、原則として、**総社員の同意**が必要です（637条）。なお、株式会社が定款を変更するためには、原則として、株主総会の特別決議で足ります（466条、309条2項11号）。`テキスト p.674`

正解　4

30 合 併

会社の合併に関する次のア〜オの記述のうち、正しいものの組合せはどれか。

ア　会社が合併するには、各当事会社の株主総会の特別決議による承認を要するが、存続会社に比べて消滅会社の規模が著しく小さい場合には、各当事会社は株主総会決議を省略することができる。

イ　合併の各当事会社は、会社債権者に対して、合併に異議があれば一定の期間内に述べるように官報に公告し、かつ電子公告をした場合であっても、知れたる債権者には個別催告する必要がある。

ウ　合併決議前に反対の意思表示をし、かつ合併承認決議に反対した株主は、合併承認決議が成立した場合には、株式買取請求権を行使することができる。

エ　会社の合併が違法である場合に、各当事会社の株主、取締役等、または合併を承認しなかった債権者は、その無効を合併無効の訴えによってのみ主張することができ、合併無効の判決が確定した場合には、将来に向かってその合併は無効となる。

オ　会社の合併により、消滅会社の全財産が包括的に存続会社に移転するため、財産の一部を除外することは許されないが、消滅会社の債務については、消滅会社の債権者の承諾が得られれば、存続会社は消滅会社の債務を引き継がないとすることも可能である。

1　ア・エ
2　ア・オ
3　イ・ウ
4　イ・エ
5　ウ・エ

解説

ア 誤り　合併の各当事会社は、株主総会の特別決議を経なければならないのが原則です。しかし、存続会社に比べて消滅会社の規模が著しく小さい場合（合併対価の額が存続会社の純資産額の5分の1以下の場合）、**存続会社においては**株主総会の特別決議を省略することができます（簡易合併：796条3項本文）。 テキスト p.678

イ 誤り　合併の各当事会社は、所定の事項を官報に公告し、かつ、会社が把握している債権者には各別に催告しなければならないのが原則です。しかし、**公告方法として、定款に日刊新聞紙に掲載する方法又は電子公告を定めている場合は、各別の催告は不要です。** テキスト p.678

ウ 正しい　合併決議前に反対の意思表示をし、かつ、承認決議に反対した株主は、**株式買取請求権を行使することができます。** テキスト p.678

エ 正しい　会社の合併の無効は、**各当事会社の株主・取締役等又は合併を承認しなかった債権者**が、**合併の効力が生じた日から6ヶ月以内**に限り、**訴えをもってのみ**主張することができます（828条1項7号・8号、2項7号・8号）。そして、請求を認容する判決が確定したときは、その合併は**将来に向かって効力を失います**（839条）。 テキスト p.678

オ 誤り　吸収合併とは、会社が他の会社とする合併であって、合併により消滅する会社の**権利義務の全部**を、合併後存続する会社に承継させるもののことです（2条27号）。また、新設合併とは、2つ以上の会社がする合併であって、合併により消滅する会社の**権利義務の全部**を、合併により設立する会社に承継させるもののことです（2条28号）。したがって、存続会社は消滅会社の債務を引き継がないとすることは不可能です。 テキスト p.676、677

正解　5（ウ・エ）

基礎法学

科目別ガイダンス

1 出題傾向表

　直近10年間（平成26年度～令和５年度）の本試験の出題傾向を表にまとめました（○：そのテーマから出題、△：肢の１つとして出題）。

　なお、平成29年度は、犯罪論（罪刑法定主義）、法思想といったマイナーなテーマからの出題でしたので、出題傾向表は空欄になっています。

(1) 法学概論

		26	27	28	29	30	元	2	3	4	5
法とは何か	法と道徳										
	成文法（制定法）			○		○					
	不文法										○
法の効力	時間的適用範囲								△		
	場所的適用範囲								△		
法の解釈	法の解釈とは何か										
	法の解釈の種類										
法律用語	段階的な使い方がなされる法律用語	△									
	意味の紛らわしい法律用語	△								○	

(2) 紛争解決制度

		26	27	28	29	30	元	2	3	4	5
裁判制度	裁判とは何か		○								
	裁判の基本原則										
	裁判所・裁判官								○		
	三審制						○				
	司法制度改革			○							
裁判外紛争解決手続	裁判外紛争解決手続とは何か										
	和　解								△		
	あっせん								△		
	調　停								△		
	仲　裁								△		

2 分析と対策

（1）学習指針・学習内容

　基礎法学は、具体的な条文があるわけではなく出題範囲がわかりづらい上に、例年2問（8点）しか出題されないことから、深入りすべきでない科目といえます。また、基礎法学は、法律用語、裁判制度の出題頻度が若干高いという点を除き、全範囲から満遍なく出題されていますので、ヤマを張るのも難しい科目です。

　他方で、基礎法学は、他の法令科目を学習していれば正解できるような問題が出されることも少なくありません。その点で、改めて対策をする必要性もさほど大きくないものといえます。

　そこで、基礎法学については、あまり多くの時間を割かずに、**過去問で出題された知識を押さえる程度にとどめる**とよいでしょう。2問とも正解しようとするのではなく、1問正解できれば十分といった割り切りが必要な科目といえます。

（2）近時の出題傾向

　近時の行政書士試験の基礎法学では、1問が穴埋め問題、もう1問が知識をストレートに問う問題という出題の仕方が多く、穴埋め問題においては、必ずしも知識がなくても前後の文脈から埋めていって正解できるものもあります。

　そこで、基礎法学では、**問題演習に時間をかけすぎず、過去に出題された知識を押さえつつ、穴埋め問題を前後の文脈から埋めていく練習をするという姿勢が重要**となります。

（3）得点目標

　基礎法学は、**5割正解**できれば十分でしょう。

【基礎法学の得点目標】

出題形式	出題数	得点目標
5肢択一式	2問（8点）	1問（4点）

1 成文法

　法律・政省令・条例など、各種の法規の概念や相互の関係等に関する次のア～エの記述について、その正誤の組合せとして妥当なものはどれか。

ア　地方議会が制定する法規が「条例」、知事や市町村長など自治体の長ならびに教育委員会、公安委員会などの行政委員会が定める法規が「命令」であって、総称した概念が「条令」である。

イ　法律と法律、条例と条例など、形式的な効力が同等の法規の間に矛盾抵触が生じる場合は、一般に、「特別法は一般法に優先する」「後法は前法に優先する」という法原則に従って処理されることになる。

ウ　教育基本法、環境基本法など「基本法」という名称を持つ法律は、法律の形式をとってはいるものの各議院の特別多数決を経て制定される特別の法律であるから、通常の法律をもって基本法の規定を改廃することはできない。

エ　現行憲法は最高裁に対し、国会が制定した法律が憲法に適合するか否かを審査する違憲審査権を付与したが、この審査権の対象はあくまでも法律だけであるから、内閣の制定する政令や地方議会の制定する条例は違憲審査の対象にならない。

	ア	イ	ウ	エ
1	正	正	正	誤
2	誤	誤	誤	正
3	正	誤	正	誤
4	誤	正	誤	正
5	誤	正	誤	誤

解説

ア **誤** 地方議会が制定する法規は「条例」ですから、前半は正しいです。しかし、知事・市町村長など自治体の長や、教育委員会・公安委員会などの行政委員会が定める法規は「規則」であり、総称した概念を「条令」というわけでもありませんから、後半は誤りです。 テキスト p.691

イ **正** 法律と法律、条例と条例など、形式的な効力が同等の法規の間に矛盾抵触が生じる場合は、一般に、「特別法は一般法に優先する」「後法は前法に優先する」という法原則に従って処理されることになります。 テキスト p.691

ウ **誤** 教育基本法、環境基本法など「基本法」という名称を持つ法律であっても、各議院の通常の多数決を経て制定されます。また、通常の法律をもって基本法の規定を改廃することもできます。 テキスト p.691

エ **誤** 現行憲法は最高裁に対し、国会が制定した法律が憲法に適合するか否かを審査する違憲審査権を付与していますから、前半は正しいです。しかし、法律のみならず、内閣の制定する政令や地方議会の制定する条例も、違憲審査の対象になりますから、後半は誤りです。 テキスト p.105

🔑 **キーワード** **成文法**

　成文法とは、文字・文章で表現され所定の手続に従って定立される法のことです。なお、これに対して、社会における実践的慣行を基礎として生成する法のことを不文法といいます。

正解 5（誤 正 誤 誤）

2 判 例

「判例」に関する次の記述のうち、明らかに誤っているものはどれか。

1　判例は、一般的見解によれば、英米法系の国では後の事件に対して法的な拘束力を有する法源とされてきたが、大陸法系の国では法源とはされてこなかった。

2　英米法系の国では、判決のうち、結論を導く上で必要な部分を「主文（レイシオ・デシデンダイ）」、他の部分を「判決理由」と呼び、後者には判例法としての拘束力を認めない。

3　判例という語は、広義では過去の裁判例を広く指す意味でも用いられ、この意味での判例に含まれる一般的説示が時として後の判決や立法に大きな影響を与えることがある。

4　下級審が最高裁判所の判例に反する判決を下した場合、最高裁判所は申立てに対して上告審として事件を受理することができる。

5　最高裁判所が、法令の解釈適用に関して、自らの過去の判例を変更する際には、大法廷を開く必要がある。

解説

1 **正しい** 判例は、一般的見解によれば、英米法系の国では後の事件に対して法的な拘束力を有する法源とされてきましたが、大陸法系の国では法源とはされてきませんでした。 テキスト p.692

2 **明らかに誤り** 英米法系の国では、判決理由のうち結論を導く上で必要な部分をレイシオ・デシデンダイ、それ以外の部分を傍論（オビタ・ディクタム）と呼び、後者には判例法としての拘束力を認めていません。なお、主文とは、判決の結論部分のことです。 テキスト p.692

3 **正しい** 判例という語は、広義では過去の裁判例を広く指す意味でも用いられ、この意味での判例に含まれる一般的説示が時として後の判決や立法に大きな影響を与えることがあります。 テキスト p.692

4 **正しい** 下級審が最高裁判所の判例に反する判決を下した場合、最高裁判所は申立てに対して上告審として事件を受理することができます（民事訴訟法318条１項）。 テキスト p.692

5 **正しい** 最高裁判所が、法令の解釈適用に関して、自らの過去の判例を変更する際には、大法廷を開く必要があります（裁判所法10条３号）。 テキスト p.705

🔑 **キーワード** 判例

　判例とは、先例として機能する裁判例・判決例のことです。判例は、不文法の一種です。

正解 2

慣習法に関する次のア〜エの記述のうち、妥当なものの組合せはどれか。

ア　公の秩序又は善良の風俗に反しない慣習は、法令の規定により認められたもの又は法令に規定されていない事項に関するものに限り、法律と同一の効力を有する。

イ　法令の中の公の秩序に関しない規定とは異なる慣習がある場合において、法律行為の当事者がその慣習による意思を有しているものと認められるときは、その慣習に従う。

ウ　商事に関しては、商法に定めがない事項について民法の定めるところにより、民法の規定がないときは商慣習に従う。

エ　犯罪と刑罰の内容は、あらかじめ法律によって規定されたものでなければならないのが原則であるが、例外的に慣習法が刑法の直接の法源となることがある。

1　ア・イ
2　ア・エ
3　イ・ウ
4　イ・エ
5　ウ・エ

ア 　**妥当である**　　公の秩序又は善良の風俗に反しない慣習は、法令の規定により認められたもの又は法令に規定されていない事項に関するものに限り、**法律と同一の効力を有します**（法の適用に関する通則法３条）。 テキスト p.692

イ 　**妥当である**　　法令中の公の秩序に関しない規定と異なる慣習がある場合において、法律行為の当事者がその慣習による意思を有しているものと認められるときは、**その慣習に従います**（民法92条）。 テキスト p.692

ウ 　**妥当でない**　　商事に関しては、商法に定めがない事項については**商慣習**に従い、商慣習がないときは、**民法**の定めるところによるとされています（商法１条２項）。したがって、本肢は商慣習と民法の適用順序が反対です。 テキスト p.693

エ 　**妥当でない**　　犯罪と刑罰の内容は、あらかじめ法律によって規定されたものでなければなりませんから（罪刑法定主義）、**慣習法は刑法の直接の法源とはなり得ません。** テキスト p.693

🔍 **キーワード** 　**慣習法**

　慣習法とは、社会において一定の行動様式が繰り返し継続的に行われることによって定着し、かつ、社会の構成員がそのような慣習を自分たちの行動の正当化理由として用いることによって法として確信するようになった場合に成立するもののことです。

正解　　**1（ア・イ）**

4 法の効力

　法令の適用範囲および効力等に関する次の記述のうち、妥当でないものはどれか。

1　わが国の法令は、原則としてわが国の領域内でのみ効力を有するが、わが国に属する船舶および航空機内では、外国の領域内や公海においても効力を有することがある。

2　渉外的な要素が含まれる事件については、わが国の裁判所が外国の法令を準拠法として裁判を行うことがある一方で、外国の裁判所がわが国の法令を準拠法として裁判を行うことがある。

3　法律は、その法律または他の法令に定められた日から施行されるが、施行期日の定めがない場合には、公布の日から20日を経過した日から施行される。

4　法令に違反する行為に対して刑罰の定めがあり、その法令の失効前に違反行為が行われた場合には、その法令の失効後においても処罰を行うことができる。

5　法律Aと法律Bが一般法と特別法の関係にあり、Aが全面的に改正されて施行された場合には、後から施行された新しいAがBに優先して適用される。

解説

1　妥当である　日本の法令は、原則として、日本の領域内でのみ効力を有します（属地主義）。しかし、日本に属する船舶・航空機内では、外国の領域内や公海においても日本の法令が効力を有することがあります（刑法1条2項）。 テキスト p.695

2　妥当である　渉外的な要素が含まれる事件については、わが国の裁判所が外国の法令を準拠法として裁判を行うことがあります（法の適用に関する通則法36条、38条）。他方、外国の裁判所がわが国の法令を準拠法として裁判を行うこともあります（法の適用に関する通則法41条本文）。 テキスト p.695

3　妥当である　法律は、施行期日の定めがあるときを除き、公布の日から起算して20日を経過した日から施行されます（法の適用に関する通則法2条）。 テキスト p.694

4　妥当である　法令に違反する行為に対して刑罰の定めがあり、その法令の失効前に違反行為が行われた場合には、その法令の失効後においても処罰を行うことができます。 テキスト p.694

5　妥当でない　成文法の上下関係が等しい場合、時間的に後に制定された法（後法）は、先に制定された法（前法）に優先して適用されます。しかし、前法が後法の特別法に当たる場合は、前法が後法に優先します。したがって、法律Aと法律Bが一般法と特別法の関係にあり、Aが全面的に改正されて施行された場合には、BがAに優先して適用されます。 テキスト p.691

正解　5

5　法の効力

平23-1

難易度　易　　重要度　A

わが国の法律に関する次の記述のうち、妥当なものはどれか。

1　わが国の法律は基本的には属人主義をとっており、法律によって日本国民以外の者に権利を付与することはできない。

2　限時法とは、特定の事態に対応するために制定され、その事態が収束した場合には失効するものをいう。

3　法律が発効するためには、公布がされていることと施行期日が到来していることとの双方が要件となる。

4　国法は全国一律の規制を行うものであり、地域の特性に鑑み特別の地域に限って規制を行ったり、規制の特例措置をとったりすることは許されない。

5　日本国憲法は遡及処罰の禁止を定めており、法律の廃止に当たって廃止前の違法行為に対し罰則の適用を継続する旨の規定をおくことは許されない。

1 **妥当でない** 日本の法令は、原則として、日本の領域内にいるすべての人に対して効力を有します（**属地主義**）。したがって、法律によって日本国民以外の者に権利を付与することもできます。 テキスト p.695

2 **妥当でない** 限時法とは、**有効期間が限定されており、その期間が経過すると失効する法**のことです。したがって、限時法は、特定の事態に対応するために制定され、その事態が収束した場合に失効するわけではありません。 テキスト p.694

3 **妥当である** 法は、**公布**され、かつ**施行**された日（施行期日）から国民に対する効力を生じます。したがって、法律が発効するためには、公布がされていることと施行期日が到来していることとの双方が要件となります。 テキスト p.694

4 **妥当でない** 地域の特性に鑑み特別の地域に限って規制を行ったり、規制の特例措置をとったりする**地方自治特別法も認められています**。 テキスト p.695

5 **妥当でない** 日本国憲法は、遡及処罰の禁止を定めています（憲法39条前段）。しかし、**法律の廃止に当たって廃止前の違法行為に対し罰則の適用を継続する旨の規定をおくことは許されます**。 テキスト p.695

正解 3

6 法の効力

難易度 **易**　重要度 **A**

法令の効力に関する次の記述のうち、妥当なものはどれか。

1　法律の内容を一般国民に広く知らせるには、法律の公布から施行まで一定の期間を置くことが必要であるため、公布日から直ちに法律を施行することはできない。

2　法律の効力発生日を明確にする必要があるため、公布日とは別に、必ず施行期日を定めなければならない。

3　日本国の法令は、その領域内でのみ効力を有し、外国の領域内や公海上においては、日本国の船舶および航空機内であっても、その効力を有しない。

4　一般法に優先する特別法が制定され、その後に一般法が改正されて当該特別法が適用される範囲について一般法の規定が改められた場合には、当該改正部分については、後法である一般法が優先して適用され、当該特別法は効力を失う。

5　法律の有効期間を当該法律の中で明確に定めている場合には、原則としてその時期の到来により当該法律の効力は失われる。

解説

1 **妥当でない** 施行期日の定めにより、法令が公布日から施行されることもありますので、公布日から直ちに法律を施行することはできないというわけではありません。 `テキスト p.694`

2 **妥当でない** 法律は、施行期日の定めがあるときを除き、公布の日から起算して20日を経過した日から施行されます（法の適用に関する通則法2条）。したがって、公布日とは別に、必ず施行期日を定めなければならないというわけではありません。 `テキスト p.694`

3 **妥当でない** 日本国の法令は、その領域内でのみ効力を有するのが原則です。しかし、外国の領域内や公海上においても、日本国の船舶および航空機内では、日本国の法令が効力を有することがあります（旗国主義：刑法1条2項）。 `テキスト p.695`

4 **妥当でない** 一般法に優先する特別法が制定され、その後に一般法が改正されて当該特別法が適用される範囲について一般法の規定が改められた場合には、当該改正部分については、前法である特別法が優先して適用されます。 `テキスト p.691`

5 **妥当である** 法律の有効期間を当該法律の中で明確に定めている場合（限時法の場合）には、原則としてその時期の到来により当該法律の効力は失われます。 `テキスト p.694`

正解 **5**

7 法の解釈

　次の文章にいう「第二段の論理の操作」についての説明として、妥当なものはどれか。

　成文法規の解釈は、まず「文理解釈」に始まり、次いで「論理解釈」に移る。文理解釈は、成文法の文章および用語について法規の意義を確定し、論理解釈は、成文法の一般規定をば具体的な事件の上に当てはめるための論理的の筋道を考察する。論理解釈を行うに当っては、第一に「三段論法」が活用される。三段論法による法の解釈は、法規を大前提とし、事件を小前提として、結論たる判決を導き出そうとするのである。しかし、いかに発達した成文法の体系といえども、絶対に完全無欠ではあり得ない。故に、特殊の事件につき直接に三段論法を適用すべき明文の規定が欠けている場合には、更に第二段の論理の操作が必要となる。

1　甲の事件につき規定がなく、類似の乙の事件に関しては明文の規定がある場合、甲にも乙の規定を準用しようとするのは、「反対解釈」である。
2　乙についてのみ規定があり、甲に関する規定が欠けているのは、甲に対する乙の規定の準用を排除する立法者の意志である、という理由から、甲に対しては乙の場合と反対の解釈を下すのは、「勿論解釈」である。
3　甲の事件につき規定がなく、類似の乙の事件に関しては明文の規定がある場合、甲にも乙の規定を準用しようとするのは、「類推解釈」である。
4　乙についてのみ規定があり、甲に関する規定が欠けているのは、甲に対する乙の規定の準用を排除する立法者の意志である、という理由から、甲に対しては乙の場合と反対の解釈を下すのは、「拡大解釈」である。
5　甲の事件につき規定がなく、類似の乙の事件に関しては明文の規定がある場合、甲にも乙の規定を準用しようとするのは、「縮小解釈」である。

解説

1 妥当でない 甲の事件につき規定がなく、類似の乙の事件に関しては明文の規定がある場合、甲にも乙の規定を準用しようとするのは、「類推解釈」です。なお、「反対解釈」とは、ある事項を直接に適用した法規がない場合に、他の事項について規定した法規と反対の結論を導き出すことです。 テキスト p.698

2 妥当でない 乙についてのみ規定があり、甲に関する規定が欠けているのは、甲に対する乙の規定の準用を排除する立法者の意志である、という理由から、甲に対しては乙の場合と反対の解釈を下すのは、「反対解釈」です。なお、「勿論解釈」とは、法規の文字・文章の意味から当然考えられる事項を導き出すことです。 テキスト p.698

3 妥当である 甲の事件につき規定がなく、類似の乙の事件に関しては明文の規定がある場合、甲にも乙の規定を準用しようとするのは、「類推解釈」です。 テキスト p.698

4 妥当でない 乙についてのみ規定があり、甲に関する規定が欠けているのは、甲に対する乙の規定の準用を排除する立法者の意志である、という理由から、甲に対しては乙の場合と反対の解釈を下すのは、「反対解釈」です。なお、「拡大解釈」とは、法規の文字・文章の意味を常識的意味よりも広げて解釈することです。 テキスト p.697

5 妥当でない 甲の事件につき規定がなく、類似の乙の事件に関しては明文の規定がある場合、甲にも乙の規定を準用しようとするのは、「類推解釈」です。なお、「縮小解釈」とは、法規の文字・文章の意味を限定して狭く解釈することです。 テキスト p.698

第5部 基礎法学

正解 3

8 法律用語

Check !

／　／　／　　平22-1

難易度 **普**　重要度 **A**

法令の用語として「又は」と「若しくは」の用法は、選択される語句に段階がある場合には、段階がいくつあっても、一番大きな選択的接続に「又は」を用い、その他の小さな選択的接続には、「若しくは」を用いる。次の、地方自治法180条の2の条文中の空欄 ア ～ オ に当てはまる接続詞の組合せとして、妥当なものはどれか。

「普通地方公共団体の長は、その権限に属する事務の一部を、当該普通地方公共団体の委員会 ア 委員と協議して、普通地方公共団体の委員会、委員会の委員長、委員 イ これらの執行機関の事務を補助する職員 ウ これらの執行機関の管理に属する機関の職員に委任し、 エ これらの執行機関の事務を補助する職員 オ これらの執行機関の管理に属する機関の職員をして補助執行させることができる。但し、政令で定める普通地方公共団体の委員会又は委員については、この限りでない。」

	ア	イ	ウ	エ	オ
1	又は	若しくは	若しくは	又は	若しくは
2	又は	若しくは	若しくは	若しくは	又は
3	若しくは	又は	若しくは	若しくは	又は
4	若しくは	若しくは	又は	若しくは	又は
5	若しくは	又は	若しくは	又は	若しくは

 ヒント

問題文冒頭に「又は」と「若しくは」の用法についての説明が記載されているので、ここをよく読んで空欄に入る接続詞を考えていこう。

解説

　選択される語句に段階がある場合には、段階がいくつあっても、一番大きな選択的接続に「**又は**」を用い、その他の小さな選択的接続には「**若しくは**」を用います。そして、選択される語句に段階がない場合には、「又は」を用います。テキスト p.699

❶　地方自治法180条の２本文の主語・述語に着目すると、大まかな構造は、「普通地方公共団体の長は、…に委任し、…補助執行させることができる。」となります。そして、「委任」と「補助執行させること」が大きな選択的接続になっていますから、　エ　には「**又は**」が入ります。

❷　委任の相手方として、「普通地方公共団体の委員会、委員会の委員長、委員」「これらの執行機関の事務を補助する職員」「これらの執行機関の管理に属する機関の職員」が小さな選択的接続になっています。また、補助執行させる相手方として、「これらの執行機関の事務を補助する職員」「これらの執行機関の管理に属する機関の職員」が小さな選択的接続になっています。したがって、　イ　、　ウ　、　オ　には「**若しくは**」が入ります。

❸　「当該普通地方公共団体の委員会　ア　委員と協議して」の部分は、「…に委任し、…補助執行させることができる」の前提となる要件にすぎず、選択される語句に段階がありません。したがって、　ア　には「**又は**」が入ります。

正解　　1

9 法律用語

Check!
／／／　平26-2

難易度 **易**　重要度 **A**

　法令における通常の用語法等に関する次の記述のうち、妥当でないものはどれか。

1　「及び」と「並びに」は、いずれもその前後の語句を並列させる接続語であり、並列される語句に段階がある場合には、一番小さな並列的連結にだけ「及び」を用い、他の大きな並列的連結には全て「並びに」を用いる。

2　「又は」と「若しくは」は、いずれも前後の語句を選択的に連結する接続語であり、選択される語句に段階がある場合には、一番大きな選択的連結にだけ「又は」を用い、他の小さな選択的連結には全て「若しくは」を用いる。

3　法令に「A、Bその他のX」とある場合には、AとBは、Xの例示としてXに包含され、「C、Dその他Y」とある場合は、C、D、Yは、並列の関係にある。

4　法令に「適用する」とある場合は、その規定が本来の目的としている対象に対して当該規定を適用することを意味し、「準用する」とある場合は、他の事象に関する規定を、それに類似する事象について必要な修正を加えて適用することを意味する。なお、解釈により準用と同じことを行う場合、それは「類推適用」と言われる。

5　「遅滞なく」、「直ちに」、「速やかに」のうち、時間的即時性が最も強いのは「直ちに」であり、その次が「遅滞なく」である。これらのうち、時間的即時性が最も弱いのは「速やかに」である。

1 **妥当である** 「及び」と「並びに」は、いずれもその前後の語句を並列させる接続語です。そして、並列される語句に段階がある場合には、一番小さな並列的連結にだけ「及び」を用い、他の大きな並列的連結には全て「並びに」を用います。 テキスト p.699

2 **妥当である** 「又は」と「若しくは」は、いずれも前後の語句を選択的に連結する接続語です。そして、選択される語句に段階がある場合には、一番大きな選択的連結にだけ「又は」を用い、他の小さな選択的連結には全て「若しくは」を用います。 テキスト p.699

3 **妥当である** 法令に「A、Bその他のX」とある場合には、AとBは、Xの例示としてXに包含されます。他方、「C、Dその他Y」とある場合は、C、D、Yは、並列の関係にあります。 テキスト p.701

4 **妥当である** 法令に「適用する」とある場合は、その規定が本来の目的としている対象に対して当該規定を適用することを意味します。他方、「準用する」とある場合は、他の事象に関する規定を、それに類似する事象について必要な修正を加えて適用することを意味します。なお、解釈により準用と同じことを行う場合、それは「類推適用」といわれます。 テキスト p.700

5 **妥当でない** 「遅滞なく」「直ちに」「速やかに」のうち、時間的即時性が最も強いのは「直ちに」であり、その次が「速やかに」です。そして、これらのうち、時間的即時性が最も弱いのは「遅滞なく」です。したがって、本肢は「遅滞なく」と「速やかに」の説明が反対です。 テキスト p.701

第5部 基礎法学

正解 5

10 法律用語

　法律用語に関する次のア〜オの記述のうち、妥当でないものの組合せはどれか。

ア 「法律要件」とは、法律効果を生じさせる原因となる客観的な事実のことであり、意思表示などの主観的な要素は、これには含まれない。

イ 「法律効果」とは、法律上の権利義務関係の変動（発生、変更または消滅）のことをいう。

ウ 「構成要件」とは、犯罪行為を特徴付ける定型的な外形的事実のことであり、故意などの主観的な要素は、これには含まれない。

エ 「立法事実」とは、法律を制定する場合において、当該立法の合理性を根拠付ける社会的、経済的、政治的または科学的事実のことをいう。

オ 「要件事実」とは、法律要件に該当する具体的な事実のことをいう。

   1　ア・ウ
   2　ア・エ
   3　イ・エ
   4　イ・オ
   5　ウ・オ

解説

ア **妥当でない** 「法律要件」とは、法律効果を生じさせる原因となる事実のことであり、意思表示などの**主観的な要素もこれに含まれます。** テキスト p.702

イ **妥当である** 「法律効果」とは、法律上の権利義務関係の変動（発生、変更または消滅）のことをいいます。 テキスト p.702

ウ **妥当でない** 「構成要件」とは、犯罪行為が成立するための要件のことであり、故意などの**主観的な要素もこれに含まれます。** テキスト p.702

エ **妥当である** 「立法事実」とは、法律を制定する場合において、当該立法の合理性を根拠付ける社会的、経済的、政治的または科学的事実のことをいいます。 テキスト p.702

オ **妥当である** 「要件事実」とは、法律要件に該当する具体的な事実のことをいいます。 テキスト p.702

正解 **1 （ア・ウ）**

11 裁判制度

　各種の裁判所や裁判官に関する次の記述のうち、妥当でないものはどれか。

1　高等裁判所長官、判事、判事補および簡易裁判所判事は、いずれも最高裁判所の指名した者の名簿によって、内閣が任命する。

2　高等裁判所、地方裁判所および家庭裁判所の裁判官については65歳の定年制が施行されているが、最高裁判所および簡易裁判所の裁判官については定年の定めが存在しない。

3　地方裁判所や家庭裁判所の裁判は、事案の性質に応じて、三人の裁判官による合議制で行われる場合を除き、原則として一人の裁判官によって行われるが、高等裁判所の裁判は、法律に特別の定めがある場合を除き、複数の裁判官による合議制で行われることになっている。

4　簡易裁判所は軽微な事件の処理のために設けられた下級裁判所であり、訴訟の目的の価額が一定額を超えない請求に関する民事事件、罰金以下の刑にあたる罪など一定の軽微な犯罪についての刑事事件の第一審を担当する。

5　最高裁判所は、大法廷または小法廷で審理を行うが、法令等の憲法違反の判断や最高裁判所の判例を変更する判断をするときは、大法廷で裁判しなければならない。

解説

1 妥当である　高等裁判所長官・判事・判事補・簡易裁判所判事は、いずれも**最高裁判所の指名**した者の名簿によって、**内閣**が任命します（裁判所法40条１項）。 テキスト p.706

2 妥当でない　最高裁判所・簡易裁判所の裁判官の定年は**70歳**、高等裁判所・地方裁判所・家庭裁判所の裁判官の定年は**65歳**であり、これに達した時に退官します（裁判所法50条）。 テキスト p.706

3 妥当である　地方裁判所・家庭裁判所の裁判は、事案の性質に応じて３人の裁判官による合議制で行われる場合を除き、原則として**１人の裁判官**によって行われます（裁判所法26条、31条の４）。これに対して、高等裁判所の裁判は、法律に特別の定めがある場合を除き、複数の裁判官による**合議制**で行われます（裁判所法18条）。 テキスト p.705、706

4 妥当である　簡易裁判所は軽微な事件の処理のために設けられた下級裁判所であり、**訴訟の目的の価額が一定額を超えない請求に関する民事事件、罰金以下の刑にあたる罪など一定の軽微な犯罪についての刑事事件の第一審**を担当します（裁判所法33条１項）。 テキスト p.706

5 妥当である　最高裁判所は、大法廷又は小法廷のいずれで審理を行うかを**自由に決定できる**のが原則です（裁判所法10条本文）。もっとも、法律・命令・規則・処分が憲法に適合しないと認めるとき（法令等の憲法違反の判断をするとき）や、憲法その他の法令の解釈適用について、意見が前に最高裁判所のした裁判に反するとき（最高裁判所の判例を変更する判断をするとき）は、**大法廷**で裁判を行わなければなりません（裁判所法10条ただし書２号・３号）。 テキスト p.704

正解　2

12　裁判制度

Check!　／　／　／　平23-2

難易度　**難**　重要度　**A**

わが国の裁判制度に関する次の記述のうち、妥当なものはどれか。

1　わが国の裁判制度は、三審制を採用していることから、高等裁判所が第一審裁判所になることはない。

2　民事訴訟または刑事訴訟のいずれであっても、第一審裁判所が簡易裁判所である場合には、控訴裁判所は地方裁判所となり、上告裁判所は高等裁判所となる。

3　裁判官が合議制により裁判を行う場合には、最高裁判所の裁判を除いて、裁判官の意見が一致しないときであっても、少数意見を付すことはできない。

4　刑事訴訟においては、有罪判決が確定した場合であっても、あらたに証拠が発見されるなど重大な理由があるときには、有罪判決を受けた者の利益のために再審を行うことができるが、民事訴訟においては、再審の制度は認められていない。

5　家庭裁判所は、家庭に関する事件の審判および調停ならびに少年保護事件の審判など、民事訴訟や刑事訴訟になじまない事件について権限を有するものとされ、訴訟事件は取り扱わない。

解説

1 　[妥当でない]　日本の裁判制度においては、3回まで裁判所の審理を受けることができる三審制が採用されていますから、前半は妥当であるといえます。しかし、特許庁がなした審決に対する訴えのように、高等裁判所が第一審裁判所になることもありますから（特許法178条1項）、後半は妥当でないといえます。 テキスト p.707

2 　[妥当でない]　民事訴訟においては、第一審裁判所が簡易裁判所である場合には、控訴裁判所は地方裁判所となり（裁判所法24条3号）、上告裁判所は高等裁判所となります（裁判所法16条3号）。これに対して、刑事訴訟においては、第一審が簡易裁判所である場合でも、控訴裁判所は高等裁判所となり（裁判所法16条1号）、上告裁判所は最高裁判所となります（裁判所法7条1号）。 テキスト p.707

3 　[妥当である]　最高裁判所の裁判では少数意見を付すことができますが（裁判所法11条）、下級裁判所の裁判では少数意見を付すことはできません。 テキスト p.704

4 　[妥当でない]　刑事訴訟のみならず民事訴訟においても、再審（確定判決に重大な瑕疵がある場合に、確定判決の取消しと事件の再審理を求めること）の制度が認められています（刑事訴訟法435条、民事訴訟法338条）。 テキスト p.707

5 　[妥当でない]　家庭裁判所は、家庭に関する事件の審判および調停ならびに少年保護事件の審判のほか、人事訴訟の第一審の裁判を取り扱います（裁判所法31条の3第1項）。 テキスト p.706

正解　　3

13 裁判制度

　次の文章は、裁判員制度に関する最高裁判所判決の一節（一部を省略）である。空欄 ［ア］ 〜 ［エ］ に当てはまる語句の組合せとして、妥当なものはどれか。

　裁判は、証拠に基づいて事実を明らかにし、これに法を適用することによって、人の権利義務を最終的に確定する国の作用であり、取り分け、刑事裁判は、人の生命すら奪うことのある強大な国権の行使である。そのため、多くの近代 ［ア］ 国家において、それぞれの歴史を通じて、刑事裁判権の行使が適切に行われるよう種々の原則が確立されてきた。基本的人権の保障を重視した憲法では、特に31条から39条において、・・・適正な刑事裁判を実現するための諸原則を定めており、そのほとんどは、各国の刑事裁判の歴史を通じて確立されてきた普遍的な原理ともいうべきものである。刑事裁判を行うに当たっては、これらの諸原則が厳格に遵守されなければならず、それには高度の ［イ］ が要求される。憲法は、これらの諸原則を規定し、かつ、 ［ウ］ の原則の下に、「第6章 　司法」において、裁判官の職権行使の独立と身分保障について周到な規定を設けている。こうした点を総合考慮すると、憲法は、刑事裁判の基本的な担い手として裁判官を想定していると考えられる。

　他方、歴史的、国際的な視点から見ると、欧米諸国においては、上記のような手続の保障とともに、18世紀から20世紀前半にかけて、 ［ア］ の発展に伴い、 ［エ］ が直接司法に参加することにより裁判の ［エ］ 的基盤を強化し、その正統性を確保しようとする流れが広がり、憲法制定当時の20世紀半ばには、欧米の ［ア］ 国家の多くにおいて陪審制か参審制が採用されていた。

（最大判平成23年11月16日刑集65巻8号1285頁）

	ア	イ	ウ	エ
1	民主主義	法的専門性	三権分立	国民
2	立憲主義	政治性	法的安定性	法曹
3	自由主義	法的専門性	三権分立	国民
4	民主主義	政治性	法的安定性	法曹
5	立憲主義	法的専門性	三権分立	国民

解説

　本問の文章は、裁判員制度の合憲性に関する最高裁判所判決の一節です（最大判平23.11.16）。 テキスト p.709

❶ 「憲法は、… ウ の原則の下に、「第6章　司法」において、裁判官の職権行使の独立と身分保障について周到な規定を設けている」とあるところ、**裁判官の職権行使の独立は、立法・行政・司法の三権を分立させる三権分立に基づくもの**ですから、 ウ には「三権分立」が入ります。この時点で、本問の正解は「1」「3」「5」のいずれかに絞られます。

❷ 「1」「3」「5」は イ に「法的専門性」、 エ に「国民」が入るとしている点で共通していますから、 ア の検討に進みます。

❸ 「 エ：国民 が直接司法に参加することにより裁判の エ：国民 的基盤を強化し、その正統性を確保しようとする流れが広がり、憲法制定当時の20世紀半ばには、欧米の ア 国家の多くにおいて陪審制か参審制が採用されていた」とあるところ、**国民が国家作用に参加するのは民主主義の要請に基づくもの**ですから、 ア には「民主主義」が入ります。したがって、本問の正解は「1」となります。

❹ なお、「刑事裁判を行うに当たっては、これらの諸原則が厳格に遵守されなければならず、それには高度の イ が要求される」とあるところ、**三権分立の要請から、裁判に政治性が要求されることはむしろ禁止されます**から、 イ には「法的専門性」が入ることが確認できます。

❺ また、「憲法は、刑事裁判の**基本的な担い手として裁判官を想定**していると考えられる。**他方**、歴史的、国際的な視点から見ると、欧米諸国においては、… エ が直接司法に参加することにより裁判の エ 的基盤を強化し、その正統性を確保しようとする流れが広がり」とあるところ、**裁判官と対比されるのは法曹ではなく国民**ですから（法曹だと裁判官と同義になってしまいます）、 エ には「国民」が入ることが確認できます。

第5部　基礎法学

正解　1

14 裁判制度

難易度 **普**　重要度 **A**

　裁判の審級制度等に関する次のア～オの記述のうち、妥当なものの組合せはどれか。

ア　民事訴訟および刑事訴訟のいずれにおいても、簡易裁判所が第1審の裁判所である場合は、控訴審の裁判権は地方裁判所が有し、上告審の裁判権は高等裁判所が有する。

イ　民事訴訟における控訴審の裁判は、第1審の裁判の記録に基づいて、その判断の当否を事後的に審査するもの（事後審）とされている。

ウ　刑事訴訟における控訴審の裁判は、第1審の裁判の審理とは無関係に、新たに審理をやり直すもの（覆審）とされている。

エ　上告審の裁判は、原則として法律問題を審理するもの（法律審）とされるが、刑事訴訟において原審の裁判に重大な事実誤認等がある場合には、事実問題について審理することがある。

オ　上級審の裁判所の裁判における判断は、その事件について、下級審の裁判所を拘束する。

　　1　ア・イ
　　2　ア・オ
　　3　イ・ウ
　　4　ウ・エ
　　5　エ・オ

解説

ア | 妥当でない | 民事訴訟においては、簡易裁判所が第1審の裁判所である場合は、控訴審の裁判権は地方裁判所が有し、上告審の裁判権は高等裁判所が有します。しかし、刑事訴訟においては、簡易裁判所が第1審の裁判所であったとしても、控訴審の裁判権は**高等裁判所**が有し、上告審の裁判権は**最高裁判所**が有します。 テキスト p.707

イ | 妥当でない | 民事訴訟における控訴審の裁判は、第1審の裁判の審理を基礎としながら、上級審においても新たな訴訟資料の提出を認めて審理を続行するもの（**続審**）とされています。 テキスト p.708

ウ | 妥当でない | 刑事訴訟における控訴審の裁判は、第1審の裁判の記録に基づいて、その判断の当否を事後的に審査するもの（**事後審**）とされています。 テキスト p.708

エ | 妥当である | 上告審の裁判は、原則として法律問題を審理するもの（法律審）とされます。しかし、**刑事訴訟において原審の裁判に重大な事実誤認等がある場合には、事実問題について審理することがあります**（刑事訴訟法411条3号）。 テキスト p.707

オ | 妥当である | 上級審の裁判所の裁判における判断は、その事件について、**下級審の裁判所を拘束します**。 テキスト p.707

🔍 **キーワード**　三審制

　三審制とは、3回まで裁判所の審理を受けることができるという制度のことであり、日本の裁判制度においてはこの三審制が採用されています。

| 正解 | 5（エ・オ） |

15 裁判外紛争解決手続

　裁判外の紛争処理手続の種類に関する次の文章の空欄 A ～ D 内に当てはまる語として、正しいものの組合せはどれか。

　紛争当事者は、話し合いにより互いに譲り合って紛争を解決することができる。しかし当事者間で話し合いがつかないときは、権威のある第三者に入ってもらって、紛争を解決するほかない。国家はそのために、正式な裁判のほかにも種々の制度を用意しているが、その一つが裁判上の A である。また「当事者の互譲により、条理にかない実情に即した解決を図ることを目的とする」紛争解決方法として、わが国では B が発達し、争いの性質によっては訴訟よりも活用されてきた。たとえば家事事件手続法によれば B を行うことのできる事件についてはいきなり訴訟を提起することはできず、まずは B の申立てをしなければならない。裁判によらない紛争解決の方法としては、さらに C がある。これは紛争当事者が争いの解決のために第三者を選び、その判断に服することを約束することによって争いを解決する手段であり、特に商人間の紛争解決手法として古くから発達してきた。近時はこのような裁判外の紛争処理方法を D として捉えて、その機能を強化することへの期待が高まっており、関係する制度の整備が行われている。

	A	B	C	D
1	和解	調停	仲裁	PFI
2	示談	仲裁	あっせん	ADR
3	和解	調停	仲裁	ADR
4	調停	仲裁	あっせん	PFI
5	示談	あっせん	裁定	PSE

解説

❶ 「裁判上の　A　」とあるところ、正式な裁判以外の紛争解決制度のうち裁判上で行われるものは和解ですから（裁判上の和解）、　A　には「和解」が入ります。 `テキスト p.713`

❷ 調停は、法の基準によるのではなく、当事者の互譲により条理にかない実情に即した解決を図ることを目的とした紛争解決方法です。また、家事事件手続法に基づき調停を行うことができる事件について訴えを提起しようとする者は、まず家庭裁判所に調停の申立てをしなければなりません（家事事件手続法257条1項）。したがって、　B　には「調停」が入ります。 `テキスト p.713、714`

❸ 紛争当事者が争いの解決のために第三者を選び、その判断に服することを約束することによって争いを解決する手段であり、特に商人間の紛争解決手法として古くから発達してきたものは仲裁ですから、　C　には「仲裁」が入ります。 `テキスト p.714`

❹ 和解・調停・仲裁のような裁判外の紛争処理方法をＡＤＲ（Alternative Dispute Resolution）といいますから、　D　には「ＡＤＲ」が入ります。 `テキスト p.712`

🖐 **ポイント**　　**家事事件手続法の制定**

家事事件の手続を国民にとって利用しやすく、現代社会に適合した内容とするため、従来の家事審判法が改正され、家事事件手続法が制定されました（平成25年1月1日施行）。これにより、電話会議・テレビ会議システムの導入や記録の閲覧の容易化がなされています。

正解　　**3**

基礎知識

科目別ガイダンス

① 出題傾向表

　直近10年間（平成26年度〜令和５年度）の本試験の出題傾向を表にまとめました（○：そのテーマから出題、△：肢の１つとして出題）。

（1）一般知識

		26	27	28	29	30	元	2	3	4	5
政　治	民主政治の発展							○			
	各国の政治体制				○						
	選挙制度	○	○	○			○	○			
	政党と圧力団体	○									
	行政改革	○		○		○	○				
	国際連盟と国際連合		○								
経　済	市場経済										
	金　融							△			○
	国家財政	△							○		
	地方財政	△								○	
	国際通貨体制	○									
	貿易自由化			○		○					
社　会	環境問題							○		○	
	社会保障問題		○		○			○			○
	労働問題							○			
	消費者問題				○			○			

（2）業務関連諸法令

　令和６年度本試験から新たに出題されることになります。

（3）情報通信

		26	27	28	29	30	元	2	3	4	5
情報化社会	電子政府（電子自治体）										
	マイナンバー制度									△	
	住民基本台帳ネットワークシステム	○									
情報通信用語	情報セキュリティに関する用語		○		△						
	インターネットに関する用語			○	○		△			○	○
	電話通信に関する用語						△				
	情報処理に関する用語			○						○	○

情報通信関連法	デジタル行政推進法										
	e-文書通則法										
	公的個人認証法										
	プロバイダ責任制限法										
	不正アクセス禁止法										
	迷惑メール防止法										
	青少年ネット規制法										

（4）個人情報保護

		26	27	28	29	30	元	2	3	4	5
個人情報保護法	個人情報保護制度の概要									△	△
	目的・基本理念										
	定義規定					○					△
	個人情報取扱事業者等の義務等					△		○			
	適用除外	○				△					
	行政機関等の義務等		○		△				○	○	
	個人情報保護委員会						○			△	
情報公開法	情報公開制度の概要										
	目　的		△								
	定義規定		△		△						△
	行政文書の開示		△								
	開示決定等の救済手続					△					
	行政文書の管理（公文書管理法）		△	○							△

（5）文章理解

	26	27	28	29	30	元	2	3	4	5
内容把握問題										
空欄補充問題	○	○	○	○	○	○	○	○	○	○
並べ替え問題	○	○	○	○	○			○	○	

2 分析と対策

（1）一般知識

　一般知識は、出題範囲が膨大であり、また、様々なテーマから満遍なく出題されているので、学習時間の割に点数に結びつきづらい分野です。そこで、一般知識については、あまり手を広げすぎず、従来の「政治・経済・社会」の過去問を徹底的につぶしましょう。また、時事問題については、普段の生活で新聞やニュースを見ていれば十分です（特に意気込んで対策をとる必要はありません）。

　なお、一般知識の対策としてよく言われるのが、①大学入試の政治・経済の参

考書を読む、②公務員試験の教養科目の参考書を読む、③『現代用語の基礎知識』を読む、④官公庁のホームページを見るなどといったものです。もちろん、これらはやらないよりはやったほうがよいのですが、行政書士試験の科目は他にもたくさんありますし、一般知識にそこまで力を注ぐのは効率が悪いといえます。そこで、これらの対策に着手すべきなのは、法令科目は合格点を超えているのに基礎知識で基準点を超えられず不合格になってしまった人のように、基礎知識に特化した対策が必要な人に限られるでしょう。

以上より、一般知識は、1問正解できれば十分です。

(2) 業務関連諸法令

業務関連諸法令は、行政書士法、戸籍法、住民基本台帳法など出題範囲が絞りやすいので、重点的に学習しておく必要があります。

法令科目と同様に、法律の条文が出題されると思われますので、条文を徹底的に押さえておきましょう。

以上より、業務関連諸法令は、確実に1問正解を目指す必要があるでしょう。

(3) 情報通信・個人情報保護

業務関連諸法令と同様、情報通信・個人情報保護は、出題範囲が絞りやすいので、重点的に学習しておく必要があります。

特に、個人情報保護法は、近年、大きな改正がありましたので、条文を徹底的に押さえておきましょう。また、情報通信用語も毎年のように出題されていますので、生活していて知らない用語に出合ったときは、国語辞典やインターネット検索でその意味を調べておくとよいでしょう。

以上より、情報通信・個人情報保護は、2問正解を目指す必要があるでしょう。

(4) 文章理解

文章理解については、まず、出題形式別の解き方を学習しましょう。これは、『基本テキスト』にも掲載していますので、そちらを参照してもよく、大学入試の現代文の参考書を1冊用意して読んでいただいてもよいと思います。

次に、学習した解き方を使って実際に文章理解の過去問を解いてみましょう。この繰り返しによって出題形式別の解き方をマスターしておけば、文章理解は大きく外すことはありません。

以上より、文章理解は、2問正解を目指す必要があるでしょう。

（5）近時の出題傾向

　近時の行政書士試験の基礎知識では、一般知識が過去に出題のない予測困難なテーマから出題され得点が難しくなっている一方で、情報通信用語や個人情報保護法など決まったところからくり返し出題されるものもあります。そこで、**情報通信・個人情報保護と文章理解の学習を多めにして、一通り終わったところで一般知識を軽めに学習する**という姿勢が重要となります。

（6）得点目標

【基礎知識の得点目標】

出題分野	出題数（5肢択一式）	得点目標
一般知識	不明※	1問（4点）
業務関連諸法令		1問（4点）
情報通信・個人情報保護		2問（8点）
文章理解		2問（8点）

※令和6年度本試験から業務関連諸法令が新たに出題されることになるので、出題数の内訳は本書の刊行時点では不明です。

1 近代の政治思想

Check!

／　／　／　平20-47

難易度 **易**　重要度 **B**

　近代の政治思想に関する次の記述のうち、妥当でないものはどれか。

1　イギリスの法律家コーク（クック）は、「国王はいかなる人の下にも立たないが、神と法の下にある」というブラクトンの言葉を引いて、王権神授説を信奉する国王を諫め、これが「法の支配」の確立につながった。

2　イギリスの哲学者ホッブズは、『リヴァイアサン』において、人間は自然状態では「万人の万人に対する闘争」が生じるため、絶対権力者の存在を認めなければならないとし、社会契約説を否定した。

3　イギリスの政治思想家ロックは、『市民政府二論』において、自然権を保障するため人びとは契約を結び国家をつくると考え、政府が自然権を守らないとき人民は抵抗権をもつとし、イギリス名誉革命を擁護した。

4　フランスの啓蒙思想家ルソーは、『社会契約論』において、人間が社会契約によって国家をつくってからも真に自由で平等であるためには、全体の利益をめざす全人民の一般意思による統治を主張し、フランス革命に影響を与えた。

5　フランスの啓蒙思想家モンテスキューは、『法の精神』において、各国の政治体制を比較しながら、自由と権力の均衡の重要性を説き、立法・執行・司法を異なる機関に担当させる三権分立制を提唱して、近代民主政治に大きな影響を与えた。

解説

1 **妥当である** イギリスの法律家**コーク（クック）**は、「国王はいかなる人の下にも立たないが、神と法の下にある」というブラクトンの言葉を引いて、王権神授説を信奉する国王を諌め、これが「法の支配」の確立につながりました。 テキスト p.722

2 **妥当でない** イギリスの哲学者**ホッブズ**は、『リヴァイアサン』において、人間は自然状態では「万人の万人に対する闘争」が生じるため、絶対権力者の存在を認めなければならないとし、**社会契約説を主張しました**。したがって、社会契約説を否定したとする本肢は妥当でないといえます。 テキスト p.723

3 **妥当である** イギリスの政治思想家**ロック**は、『市民政府二論』において、自然権を保障するため人びとは契約を結び国家をつくると考え、政府が自然権を守らないとき人民は抵抗権をもつとし、イギリス名誉革命を擁護しました。 テキスト p.723

4 **妥当である** フランスの啓蒙思想家**ルソー**は、『社会契約論』において、人間が社会契約によって国家をつくってからも真に自由で平等であるためには、全体の利益をめざす全人民の一般意思による統治を主張し、フランス革命に影響を与えました。 テキスト p.723

5 **妥当である** フランスの啓蒙思想家**モンテスキュー**は、『法の精神』において、各国の政治体制を比較しながら、自由と権力の均衡の重要性を説き、立法・執行・司法を異なる機関に担当させる三権分立制を提唱して、近代民主政治に大きな影響を与えました。 テキスト p.723

🔍 **キーワード** 社会契約説

　社会契約説とは、自然権を確保するため、人々は契約を結んで国家を作るべきとする説のことです。

正解 2

2 市民革命

　諸外国における革命および憲法に関する次の記述のうち、妥当なものはどれか。

1　イギリスでは、1689年に、議会がまとめた「権利の宣言」を国王が受け入れる名誉革命がなされた。議会は同年に、この宣言を「イングランド人権宣言」として制定した。

2　1776年に北アメリカ北東部のイギリスの13植民地が独立宣言を発表した。さらに、その後、フィラデルフィアの憲法制定会議で合衆国憲法が制定された。

3　フランスでは、1789年に国民議会で人権宣言が採択された。この宣言は、すべての人間の自由・平等、主権在民、言論の自由、生産手段の国有化など、近代市民社会の原理を主張するものであった。

4　1917年にはロシアで社会主義革命が起きた。ロシア・ウクライナ・ベラルーシ・ザカフカースの4ソヴィエト共和国は連合して、単一主権制のソヴィエト連合人民共和国を建国し、新憲法が公布された。

5　ドイツでは、1919年にボンで開かれた国民議会で、民主的な憲法であるボン基本法が制定された。1933年のナチス党のヒトラーの政権掌握までの共和国は、ボン共和国と呼ばれる。

解説

1　妥当でない　イギリスでは、1688年には名誉革命がなされ、翌1689年には議会が自由権の保障や議会主権といった「権利の宣言」をまとめた権利章典を制定しました。テキスト p.723

2　妥当である　アメリカでは、1776年7月に北アメリカ北東部のイギリスの13植民地が独立宣言を発表しました。さらに、その後、1787年には、フィラデルフィアの憲法制定会議で合衆国憲法が制定されました。テキスト p.723

3　妥当でない　フランスでは、1789年に、フランス革命を経て、国民議会で人権宣言が採択されましたので、前半は妥当です。しかし、この宣言は、すべての人間の自由・平等、主権在民、言論の自由など、近代市民社会の原理を主張するものでしたが、生産手段の国有化については主張されていませんので、後半の最後の部分が妥当でないといえます。テキスト p.724

4　妥当でない　ロシアでは、1917年に社会主義を推進するロシア革命が起き、その後1922年にロシア・ウクライナ・ベラルーシ・ザカフカースの4ソヴィエト共和国が連合して、構成国のソヴィエト政権との連合体であるソヴィエト社会主義共和国連邦が成立しました。テキスト p.724

5　妥当でない　ドイツでは、1919年にワイマールで開かれた国民議会で、社会権を世界で初めて規定したワイマール憲法が制定されました。そして、1933年のナチス党のヒトラーの政権掌握までの共和国は、ワイマール共和国と呼ばれています。なお、ボン基本法は、1949年に公布されたドイツ連邦共和国（西ドイツ）の憲法であり、ドイツの現行憲法でもあります。テキスト p.724

正解　2

3 議院内閣制

　議院内閣制に関する次のア～エの記述のうち、妥当なものの組合せはどれか。

ア　議院内閣制を採用している国では議会が内閣創出の基盤となるので、一般に、内閣の活動を支持する与党と内閣に反対の立場をとる野党との区別が重要になり、各政党議員の国会活動は議院内で形成される会派を中心として行われる。

イ　議院内閣制の母国とされるイギリスには成文の憲法典が存在せず、議院内閣制も憲法習律といわれる一種の慣行として成立しており、内閣を構成する閣僚についても全員が議員でなければならないという習律が確立している。

ウ　イギリスの議院内閣制における議会は「政府対野党」の論戦の場であるから、議事を主宰する議長の中立性が重んじられ、議院運営委員会による議事運営と各派交渉会の協議が重要な役割を果たしている。

エ　日本の国会では、国会審議の活性化を図るために、イギリス議会にならって首相と野党の党首が論戦を展開する党首討論の制度を導入することとし、衆参両院合同の特別委員会である国家基本政策委員会で行う方式をとっている。

1　ア・イ
2　ア・ウ
3　ア・エ
4　イ・ウ
5　ウ・エ

解説

ア 妥当である 　議院内閣制を採用している国では議会が内閣創出の基盤となるので、一般に、内閣の活動を支持する与党と内閣に反対の立場をとる野党との区別が重要になり、**各政党議員の国会活動は議院内で形成される会派を中心として行われます。** テキスト p.724

イ 妥当である 　議院内閣制の母国とされるイギリスには**成文の憲法典が存在せず**、議院内閣制も憲法習律といわれる一種の慣行として成立しています。また、内閣を構成する**閣僚についても全員が議員でなければならない**という習律が確立しています。 テキスト p.725

ウ 妥当でない 　イギリスの議院内閣制における議会は「政府対野党」の論戦の場であり、議事を主宰する議長の中立性が重んじられますから、前半は妥当です。しかし、**イギリスの議会は本会議中心主義**をとっているため、議院運営委員会による議事運営と各派交渉会の協議が重要な役割を果たしているわけではなく、後半は妥当でないといえます。 テキスト p.725

エ 妥当でない 　日本の国会では、国会審議の活性化を図るために、イギリス議会にならって首相と野党の党首が論戦を展開する党首討論の制度を導入していますから、前半は妥当です。しかし、国家基本政策委員会は、衆参両院合同の特別委員会ではなく**常任委員会**ですから、後半は妥当でないといえます。 テキスト p.724

🔍 **キーワード** 　**議院内閣制**

　議院内閣制とは、立法権を担当する議会と行政権を担当する政府（内閣）が一応分立しており、政府が議会に対して連帯責任を負う政治体制のことです。

正解 　**1（ア・イ）**

4 各国の政治体制

　各国の政治体制に関する次のア～オの記述のうち、妥当なものの組合せはどれか。

ア　イギリスでは、議院内閣制がとられ、首相は下院の第一党の指導者が就任することとされているが、議会が上院または下院において不信任の議決を行った場合には、内閣は自ら辞職するか、議決を行った議院を解散しなければならない。

イ　アメリカでは、大統領制がとられ、大統領と議会は権力分立の原則が貫かれているため、議会は大統領の不信任を議決することができないし、大統領は議会の解散権、法案の提出権、議会が可決した法案の拒否権のいずれも有していない。

ウ　フランスでは、基本的に議院内閣制がとられており、大統領のほかに内閣を代表する首相がおかれ、大統領は外交上の儀礼的な権能を有するだけで、広く行政権は内閣に属し、かつ議会の解散権も内閣が有している。

エ　ロシアでは、1990年代前半に成立した新憲法において三権分立制がとられているが、大統領に首相の任命権が付与されており、連邦議会は連邦会議と国家会議の二院制となっている。

オ　中国では、最高権力をもつ一院制の全国人民代表大会（全人代）の下に、常設機関である常務委員会が設けられ、法令の制定、条約の批准など広範な権限をもつとともに、国務院が設けられ行政を担当している。

1　ア・イ
2　ア・ウ・エ
3　イ・エ・オ
4　ウ・エ
5　エ・オ

解説

ア 妥当でない　イギリスでは、議院内閣制がとられ、首相は下院の第一党の指導者が就任することとされていますから、前半は妥当であるといえます。しかし、議会が下院において不信任の議決を行った場合には、内閣は自ら辞職するか、議決を行った議院を解散しなければなりませんが、上院はそもそも不信任の議決を行うことができませんから、後半は妥当でないといえます。テキスト p.725

イ 妥当でない　アメリカでは、大統領制がとられ、大統領と議会は権力分立の原則が貫かれているため、議会は大統領の不信任を議決することができないし、大統領は議会の解散権、法案の提出権を有しませんから、前半は妥当であるといえます。しかし、大統領は、議会が可決した法案の拒否権を有していますから、後半は妥当でないといえます。テキスト p.726

ウ 妥当でない　フランスでは、議院内閣制と大統領制を併存させる半大統領制がとられており、大統領のほかに内閣を代表する首相がおかれています。また、大統領は、下院の解散権を有しています。テキスト p.726、727

エ 妥当である　ロシアでは、1990年代前半に成立した新憲法において三権分立制がとられていますが、大統領に首相の任命権が付与されており、連邦議会は連邦会議と国家会議の二院制となっています。テキスト p.728

オ 妥当である　中国では、最高権力をもつ一院制の全国人民代表大会（全人代）の下に、常設機関である常務委員会が設けられ、法令の制定、条約の批准など広範な権限をもっています。また、国務院が設けられ行政を担当しています。テキスト p.728

正解　5（エ・オ）

5 選挙制度

難易度 **易**　重要度 **A**

　日本の選挙制度に関する次のア～オの記述のうち、誤っているものの組合せはどれか。

ア　一般に小選挙区制は、政治が安定しやすいという長所がある反面、小政党の議席獲得が難しく、死票が多いという問題点が指摘されている。

イ　一般に比例代表制は、有権者の意思を公正に反映できるという長所がある反面、小党分立になり、政治が不安定になりやすいという問題点が指摘されている。

ウ　衆議院議員選挙では、小選挙区比例代表並立制がとられ、重複立候補が認められているが、小選挙区での得票順位と当落が逆転するなどの問題点があったため、重複立候補の場合の比例区での当選の要件を厳しくした。

エ　参議院議員選挙では、都道府県を単位とする選挙区選挙と比例代表制選挙がとられており、比例代表制選挙では各政党の得票数によって議席数を決め、各政党が作成した名簿上の順位によって当選者を決めることとされている。

オ　最高裁判所は、一票の価値について最大4倍以上の格差があった衆議院議員選挙について、憲法の法の下の平等に反して憲法違反であるとし、一部選挙区の選挙を無効とした。

1　ア・ウ
2　イ・エ
3　ウ・エ
4　ウ・オ
5　エ・オ

ア **正しい** 小選挙区制は、二大政党制を促進し政治が安定しやすいという長所がある反面、小政党の議席獲得が難しく、死票が多いという問題点が指摘されています。 テキスト p.729

イ **正しい** 比例代表制は、有権者の意思を公正に反映できるという長所がある反面、小党分立になり、政治が不安定になりやすいという問題点が指摘されています。 テキスト p.729

ウ **正しい** 衆議院議員選挙では、小選挙区比例代表並立制がとられ、重複立候補が認められています。しかし、小選挙区での得票順位と当落が逆転するなどの問題点があったため、重複立候補の場合、小選挙区で供託金没収点未満の得票だった候補者が比例代表で当選することはできないとされ、比例区での当選の要件が厳しくされました。 テキスト p.729

エ **誤り** 参議院議員選挙では、都道府県を単位とする選挙区選挙と比例代表制選挙がとられており、比例代表制選挙では各政党の得票数によって議席数が決められますから、前半は正しいです。しかし、2001年の参議院議員選挙から、比例代表選挙については、各政党が作成した名簿上の順位によって当選者を決める拘束名簿式から、選挙人が候補者・政党名のいずれかに投票し、各党の当選者が各候補者の得票数の順に決定される非拘束名簿式に改められていますから、後半は誤りです。 テキスト p.729、730

オ **誤り** 最高裁判所は、一票の価値について最大4倍以上の格差があった衆議院議員選挙について、憲法の法の下の平等に反して憲法違反であるとしましたが、行政事件訴訟法31条1項の基礎に含まれている一般的な法の基本原則に従い、選挙は有効としました（衆議院議員定数不均衡訴訟：最大判昭51.4.14、最大判昭60.7.17）。 テキスト p.36、37

第6部 基礎知識

正解 5（エ・オ）

6 選挙制度

　日本の選挙に関する次の記述のうち、誤っているものはどれか。

1　衆議院議員総選挙は、衆議院議員の4年の任期満了時と、衆議院の解散がなされた場合に行われる。

2　参議院議員通常選挙は、参議院議員の6年の任期満了時に行われるが、3年ごとに半数を入れ替えるため、3年に1回実施される。

3　比例代表により選出された衆議院議員は、所属する政党を離党し、当該選挙における他の衆議院名簿届出政党に所属した時でも、失職しない。

4　最高裁判所裁判官は、その任命後初めて行われる衆議院議員総選挙の期日に、国民審査に付される。

5　国政選挙の有権者で、在外選挙人名簿に登録され在外選挙人証を有している者は、外国にいながら国政選挙で投票することができる。

1 **正しい** 衆議院議員総選挙は、衆議院議員の４年の**任期満了時**と、**衆議院の解散がなされた場合**に行われます。 テキスト p.729

2 **正しい** 参議院議員通常選挙は、参議院議員の６年の**任期満了時**に行われますが、３年ごとに半数を入れ替えるため、**３年に１回**実施されます。 テキスト p.729

3 **誤り** 比例代表により選出された衆議院議員は、所属する政党を離党し、当該選挙における他の衆議院名簿届出政党に所属した時は、**失職します**（国会法109条の２第１項）。 テキスト p.729

4 **正しい** 最高裁判所裁判官は、その任命後初めて行われる**衆議院議員総選挙の期日**に、国民審査に付されます（憲法79条２項）。 テキスト p.103

5 **正しい** 国政選挙の有権者で、**在外選挙人名簿に登録され在外選挙人証を有している者**は、外国にいながら国政選挙で投票することができます。 テキスト p.108

🖐 **ポイント** 憲法・行政法の知識で解ける一般知識の問題

　一般知識（特に政治）においては、憲法・行政法の知識で解ける問題も出題されます。本問は、肢３以外については、憲法の知識で正しい肢であることがわかりますので、残った肢３が正解となり、憲法の知識だけで解くことができます。

正解 3

7 政治資金問題

日本の政治資金に関する次の記述のうち、妥当なものはどれか。

1　政党への公的助成である政党交付金の総額は、人口に250円を乗じて得た額を基準として予算に定めることとされている。

2　政党交付金は、国会に一定の議席を持つ受給資格のある全政党が受給しており、それらの政党では政治資金源の約半分を政党交付金に依存している。

3　政府は、政治腐敗防止のために政治資金規正法の制定を目指したが、国会議員からの反対が強く、まだ成立には至っていない。

4　政党への企業・団体献金は、政治腐敗防止のために禁止されているが、違法な政治献金が後を絶たない。

5　政治資金に占める事業収入の割合は、政党交付金の受給資格がある全政党で極めて低くなっている。

解説

1 　|妥当である| 　政党への公的助成である政党交付金の総額は、人口に250円を乗じて得た額を基準として予算に定めることとされています。 `テキスト p.731`

2 　|妥当でない| 　日本共産党のように政党交付金を受給していない政党もありますから、前半は妥当でないといえます。なお、政党交付金を受給している政党では、政治資金源の約半分を政党交付金に依存していますから、後半は妥当です。 `テキスト p.731`

3 　|妥当でない| 　お金によって政治が左右される金権政治となるおそれを解消するため、政治資金規正法がすでに制定されています。 `テキスト p.731`

4 　|妥当でない| 　政治家個人や資金管理団体への企業・団体献金は禁止されていますが、政党への企業・団体献金は禁止されていません。 `テキスト p.731`

5 　|妥当でない| 　政治資金の内訳は、政党交付金を含む「その他収入」の割合が最も高く、事業収入の割合がそれに次いで高くなっています。 `テキスト p.731`

第6部

基礎知識

|正解| 1

8　利益集団（圧力団体）

　現代日本の利益集団（または、利益団体・圧力団体）に関する次の記述のうち、妥当でないものはどれか。

1　利益集団は、特定の利益の増進のため、政党や政府・各省庁に働きかけ、政治的決定に影響力を及ぼそうとする団体である。

2　世論は、常に正しいとは言えないが、世論を政治に反映させることは民主政治の基本である。世論は、大衆運動、マスメディアなどで示されるが、利益集団の活動によっては示されない。

3　内閣は、法案を国会に提出するが、その法案は、政党・利益集団と関係省庁間の利害調整の結果として作成され、内閣法制局の審査を経たものであることが多い。

4　利益集団には、経営者団体や労働団体、医師や農業従事者の団体などがある。例えば、日本経済団体連合会は、経営者団体の代表的なものである。

5　利益集団は、特定の政党に政治献金や選挙協力をすることで発言権を強めようとすることがある。その結果として、利益集団と密接な繋がりのある議員が登場することがある。

1 妥当である　利益集団とは、特定の利益の増進のため、政党や政府・各省庁に働きかけ、政治的決定に影響力を及ぼそうとする団体のことです。
テキスト p.731

2 妥当でない　利益集団（圧力団体）は、政党や内閣といった政治家に対してのみならず、世論（大衆）に対して働きかけをすることもあり、その活動によって世論が示されることもあります。テキスト p.732

3 妥当である　内閣は法案を国会に提出しますが、その法案は政党・利益集団（圧力団体）と関係省庁間の利害調整の結果として作成され、内閣法制局の審査を経たものであることが多いです。テキスト p.731、732

4 妥当である　利益集団には、経営者団体や労働団体、医師や農業従事者の団体などがあります。例えば、日本経済団体連合会（経団連）は、経営者団体の代表的なものです。テキスト p.731

5 妥当である　利益集団（圧力団体）は、特定の政党に政治献金や選挙協力をすることで発言権を強めようとすることがあり、その結果として、利益集団（圧力団体）と密接な繋がりのある議員が登場することがあります。テキスト p.731

第6部 基礎知識

正解　2

9 行政改革

難易度 **難**　重要度 **B**

　1980年代からの国の行政改革に関する次のア〜エの記述のうち、間違ったものが2つある。その組合せとして正しいものはどれか。

ア　中曽根内閣のもとで設置された第2次臨時行政調査会は、「民間活力の活用」をすすめる観点から、旧国鉄、旧電電公社、旧郵政公社の民営化に取り組んだ。

イ　第2次臨時行政調査会のあと、さらに3次にわたる臨時行政改革推進審議会が設置され、第3次の同審議会最終答申で「官から民へ」「国から地方へ」の改革課題が集約された。

ウ　地方分権推進法にもとづいて設置された地方分権推進委員会は、市町村合併の推進を唱えたのに加えて、都道府県制に代わる道州制の検討を提言した。

エ　中央省庁等改革に取り組んだ行政改革会議は、「公共性の空間」は中央の官の独占物ではないとする基本理念に立って最終報告を取りまとめた。

1　ア・イ
2　ア・ウ
3　イ・ウ
4　イ・エ
5　ウ・エ

解説

ア **間違っている**　中曽根内閣のもとで設置された第2次臨時行政調査会は、「民間活力の活用」をすすめる観点から、旧国鉄（現ＪＲ）、旧電電公社（現ＮＴＴ）、旧専売公社（現ＪＴ）の民営化に取り組みました。なお、旧郵政公社の民営化に取り組んだのは、小泉内閣です。 テキスト p.732

イ **正 し い**　海部内閣のもとでは、3次にわたる臨時行政改革推進審議会が設置され、第3次の同審議会最終答申で「官から民へ」「国から地方へ」の改革課題が集約されました。 テキスト p.732

ウ **間違っている**　地方分権推進法にもとづいて設置された地方分権推進委員会は、市町村合併の推進を唱えましたが、都道府県制に代わる道州制の検討を提言したわけではありません。 テキスト p.732

エ **正 し い**　橋本内閣のもとで設置された行政改革会議は、中央省庁等改革に取り組み、「公共性の空間」は中央の官の独占物ではないとする基本理念に立って最終報告を取りまとめました。 テキスト p.732、733

🔍 **キーワード**　行政改革

　行政改革とは、政治家を中心とする内閣の機能を強化し国政を政治主導に転換しつつ、行政のスリム化を図ることです。

正解　2（ア・ウ）

10 行政改革

難易度　**易**　重要度　**A**

　行政改革に関する次のア〜オの記述のうち、妥当でないものの組合せはどれか。

ア　ＮＰＭ（New Public Management）は、ケインズ主義を理論的基礎として、1980年代にイギリスのサッチャー政権において採用され、これに基づいて公的部門の見直しが行われた。

イ　エージェンシー制度は、企画立案部門と実施部門を分離し、実施部門に大きな裁量を与えることによって柔軟な組織運営をめざすものであり、日本でもこれをモデルとして独立行政法人制度がつくられた。

ウ　ＰＦＩ（Private Finance Initiative）は、公共施設等の建設や運営に民間の資金やノウハウを活用する手法であり、日本でもこれを導入する法律が制定され、国や自治体で活用されている。

エ　指定管理者制度は、それまで自治体の直営か外郭団体に限定されていた公共施設の管理運営を、営利企業、ＮＰＯ法人などの団体にも包括的に代行させる制度であり、地方自治法の改正によって導入された。

オ　市場化テストは、民間企業と行政組織の間でサービスの質や効率性を競う入札を実施し、行政に勝る民間企業があれば、当該業務を民間企業に委託する制度であるが、日本ではまだ導入されていない。

1　ア・エ
2　ア・オ
3　イ・ウ
4　ウ・エ
5　エ・オ

解説

ア 妥当でない 　ＮＰＭ（New Public Management）は、1980年代にイギリスのサッチャー政権において採用され、これに基づいて公的部門の見直しが行われました。もっとも、ＮＰＭは、ケインズ主義を理論的基礎としたものではなく、ケインズ主義と対立する立場から主張されたものです。 テキスト p.733

イ 妥当である 　エージェンシー制度は、企画立案部門と実施部門を分離し、実施部門に大きな裁量を与えることによって柔軟な組織運営をめざすものであり、日本でもこれをモデルとして独立行政法人制度がつくられました。 テキスト p.733

ウ 妥当である 　ＰＦＩ（Private Finance Initiative）とは、公共施設等の建設や運営に民間の資金やノウハウを活用する手法のことです。日本でもＰＦＩを導入する「民間資金等の活用による公共施設等の整備等の促進に関する法律」が制定され、国や自治体で活用されています。 テキスト p.733、734

エ 妥当である 　指定管理者制度とは、それまで自治体の直営か外郭団体に限定されていた公共施設の管理運営を、営利企業・ＮＰＯ法人などの団体にも包括的に代行させる制度のことです。この制度は、2003年の地方自治法改正によって導入されました。 テキスト p.734

オ 妥当でない 　市場化テストとは、民間企業と行政組織の間でサービスの質や効率性を競う入札を実施し、行政に勝る民間企業があれば、当該業務を民間企業に委託する制度のことです。この市場化テストは、2006年（平成18年）に「競争の導入による公共サービスの改革に関する法律」が成立したことに伴い、本格的に導入されています。 テキスト p.734

正解 　2（ア・オ）

11 国際連盟と国際連合

難易度 **普**　重要度 **B**

国際連合と国際連盟に関する次の記述のうち、妥当なものはどれか。

1　国際連合では太平洋憲章が、国際連盟ではローズヴェルトの平和原則14か条が、それぞれ成立に至るまでの過程において出された。

2　国際連合ではアメリカのニューヨークに、国際連盟ではフランスのパリに、それぞれ本部が設置された。

3　国際連合では日本は原加盟国ではなく現在まで安全保障理事会の常任理事国でもないが、国際連盟では原加盟国であり理事会の常任理事国でもあった。

4　国際連合では米・英・仏・中・ソの5大国がすべて原加盟国となったが、国際連盟ではアメリカは途中から加盟しソ連は加盟しなかった。

5　国際連合では制裁手段は経済制裁に限られているが、国際連盟では制裁手段として経済制裁と並んで軍事制裁も位置づけられていた。

解説

1　**妥当でない**　　国際連合が成立に至るまでの過程において出されたのは国際連合憲章ですから、前半は妥当でないといえます。また、国際連盟が成立に至るまでの過程において出されたのはウィルソンの平和原則14か条ですから、後半も妥当でないといえます。　テキスト p.734

2　**妥当でない**　　国際連合ではアメリカのニューヨークに本部が設置されましたから、前半は妥当であるといえます。しかし、国際連盟ではジュネーブに本部が設置されましたから、後半は妥当でないといえます。　テキスト p.734

3　**妥当である**　　国際連合では日本は原加盟国ではなく現在まで安全保障理事会の常任理事国でもないことから、前半は妥当であるといえます。また、国際連盟では日本は原加盟国であり理事会の常任理事国でもあったことから、後半も妥当であるといえます。　テキスト p.734

4　**妥当でない**　　国際連合では米・英・仏・中・ソの5大国がすべて原加盟国となりましたから、前半は妥当であるといえます。しかし、国際連盟ではアメリカは加盟せず、ソ連は途中から加盟していますから、後半は妥当でないといえます。　テキスト p.734

5　**妥当でない**　　国際連合では制裁手段として経済制裁のみならず軍事制裁も認められているのに対し、国際連盟では制裁手段として経済制裁しか認められていませんでした。したがって、本肢は国際連盟と国際連合の説明が反対です。　テキスト p.734、735

正解　3

12 独占禁止政策

難易度 **易**　重要度 **B**

　企業の独占・寡占に関する次のア～オの記述のうち、妥当なものの組合せはどれか。

ア　乗用車、携帯電話サービスなどは、少数の大企業に生産が集中する寡占化が進んでおり、国内の市場占有率は、近年上位3社で6割を超えている。

イ　コンツェルンとは、同業種の企業が合併し、さらなる規模の利益を追求する行為をいい、独占禁止法では原則として禁止されている。

ウ　カルテルとは、生産量や価格などについて、同一産業内の各企業が協定を結んで利潤率の低下を防ぐ行為をいい、独占禁止法では原則として禁止されていたが、企業の経営環境の悪化を背景として、近年認められることとなった。

エ　独占禁止法により、持ち株会社の設立は当初禁止されていたが、その後の法改正により、その設立は解禁された。

オ　公正取引委員会は、独占禁止法に違反する行為について調査する役割を担うが、行政処分をなす権限は与えられていない。

1　ア・エ
2　ア・オ
3　イ・ウ
4　ウ・オ
5　エ・オ

解説

ア 　**妥当である**　　乗用車、携帯電話サービスなどは、少数の大企業に生産が集中する寡占化が進んでおり、**国内の市場占有率は、近年上位３社で６割を超えています。** `テキスト p.739`

イ 　**妥当でない**　　同業種の企業が合併し、さらなる規模の利益を追求する行為は、**トラスト**です。なお、**コンツェルン**とは、親会社が株式の保有を通じて各分野の企業を系列会社（子会社・孫会社）として支配する企業集団のことです。 `テキスト p.739`

ウ 　**妥当でない**　　カルテルとは、生産量や価格などについて、同一産業内の各企業が協定を結んで利潤率の低下を防ぐ行為をいい、独占禁止法では原則として禁止されていますから、前半は妥当です。しかし、**カルテルは、現在でも認められていない**ことから、後半は妥当でないといえます。 `テキスト p.739、740`

エ 　**妥当である**　　独占禁止法により、持ち株会社の設立は当初禁止されていましたが、1997年の法改正により、**その設立は解禁されました。** `テキスト p.739、740`

オ 　**妥当でない**　　公正取引委員会は、独占禁止法に違反する行為について調査する役割を担っていますから、前半は妥当です。しかし、公正取引委員会は、**措置命令**（独占禁止法７条）**などの行政処分をなす権限が与えられています**から、後半は妥当でないといえます。 `テキスト p.740`

🔍 **キーワード**　　**持ち株会社**

　持ち株会社とは、グループ内の他の会社の株式を所有し、グループ全体の中心となる会社のことです。例えば、「○○グループ本社」「○○ホールディングス」といった名前の会社です。

正解　　**1（ア・エ）**

第6部

基礎知識

13 日本銀行

難易度 **普**　重要度 **A**

日本銀行に関する次のア〜オの記述のうち、誤っているものはいくつあるか。

ア　日本銀行は「銀行の銀行」として市中銀行から預託を受け入れ、市中銀行に貸し出しを行う。日本銀行が市中銀行に貸し出す金利を法定利息と呼ぶ。

イ　日本銀行は「政府の銀行」として、国（中央政府）や自治体（地方政府）の税金などの公金の管理をする等、出納経理にかかわる事務をしている。

ウ　日本銀行は「発券銀行」として、日本銀行券を発行する。日本銀行券は法定通貨であり、金と交換できない不換銀行券である。

エ　1990年代後半からの金融自由化により、日本銀行は「唯一の発券銀行」としての地位を2000年代には失った。そのため、各地で地域通貨が発行されるようになった。

オ　日本銀行は「国内政策の銀行」として、公開市場操作、預金準備率操作などの金融政策を行う。しかし、「円売りドル買い」などの外国為替市場への介入は行わない。

1　一つ
2　二つ
3　三つ
4　四つ
5　五つ

解説

ア 誤り 日本銀行は「銀行の銀行」として市中銀行から預託を受け入れ、市中銀行に貸し出しを行いますから、前半は正しいです。しかし、日本銀行が市中銀行に貸し出す金利を**基準割引率及び基準貸付利率**と呼びますから、後半は誤りです。 テキスト p.741、743

イ 誤り 日本銀行は「政府の銀行」として税金などの国庫金の管理や、国債の発行・償還にかかわる事務をしていますが、**自治体（地方政府）の税金の管理をしているわけではありません。** テキスト p.741

ウ 正しい 日本銀行は「発券銀行」として、**日本銀行券**を発行しています。また、日本銀行券は法定通貨であり、金（きん）と交換できない**不換銀行券**です。 テキスト p.741

エ 誤り 1990年代後半からの金融自由化（金融ビッグバン）により、**日本銀行が「唯一の発券銀行」としての地位を失ったわけではありません。** テキスト p.741

オ 誤り 日本銀行は、公開市場操作・預金準備率操作などの金融政策を行いますから、前半は正しいです。しかし、**日本銀行は、外国為替市場において外国為替の売買（為替平衡操作）を行います**から、後半は誤りです。
テキスト p.741 ～ 743

正解 4（ア・イ・エ・オの四つ）

14 財政投融資

財政投融資制度に関する次の記述のうち、妥当なものはどれか。

1　財政投融資は、郵便貯金や銀行預金、年金保険料などを原資として、社会資本整備などの分野に低利で融資・出資を行う制度として創設された。

2　特殊法人等の財政投融資機関は、国の財政融資資金特別会計からの借入れにより必要な資金総額を調達しなければならない。

3　国の財政融資資金特別会計は、特殊法人等に貸し出す資金を調達するために、財投機関債を発行している。

4　令和5年度の財政投融資計画額を使途別にみると、「中小零細企業」の占める割合が高くなっている。

5　財政投融資計画の規模の推移をみた場合、令和5年度は令和4年度よりも増加している。

1 妥当でない 財政投融資は、郵便貯金や年金保険料などを原資として、社会資本整備などの分野に低利で融資・出資を行う制度として創設されました。しかし、銀行預金は原資とされていません。 テキスト p.745

2 妥当でない 特殊法人等の財政投融資機関は、自ら財投機関債を発行して資金を調達することができ、国の財政融資資金特別会計からの借入れにより必要な資金総額を調達するわけではありません。 テキスト p.745

3 妥当でない 国の財政融資資金特別会計は、特殊法人等の財政投融資機関に貸し出す資金を調達するために、財投債を発行しています。なお、財投機関債は、肢2で述べたとおり、財政投融資機関が自ら発行するものです。 テキスト p.745

4 妥当である 令和5年度の財政投融資計画額を使途別にみると、「中小零細企業」の占める割合が高くなっています。 テキスト p.746

5 妥当でない 財政投融資計画の規模の推移をみた場合、令和5年度（約16.3兆円）は令和4年度（約18.9兆円）よりも減少しています。 テキスト p.746

第6部

基礎知識

🔍 キーワード　財政投融資

　財政投融資とは、「第二の予算」とも呼ばれ、国が政策目的実現のために行う投資活動や融資活動のことです。

正解　4

15 国債・地方債

　日本の公債発行に関する次のア〜オの記述のうち、妥当なものはいくつあるか。

ア　財政法の規定では赤字国債の発行は認められていないが、特例法の制定により、政府は赤字国債の発行をしている。

イ　東日本大震災以降、政府一般会計当初予算では、歳入の4割以上が国債発行により調達されている。

ウ　東日本大震災以降の新規国債発行額をみると、建設国債のほうが赤字国債よりも発行額が多い。

エ　都道府県や市区町村が地方債発行により財源を調達する際には、当該地方議会の議決に加えて、国の許可を受けることが義務づけられている。

オ　地方自治体が発行する地方債は建設事業の財源調達に限られており、歳入を補填するための地方債は発行されていない。

1　一つ
2　二つ
3　三つ
4　四つ
5　五つ

解説

ア 妥当である 財政法の規定では、公共事業費・出資金・貸付金の財源に充てる建設国債の発行に限って認められており、赤字国債の発行は認められていません（財政法4条1項但書）。しかし、特例法の制定により、政府は赤字国債の発行をしています。 テキスト p.746

イ 妥当でない 令和5年度一般会計当初予算では、歳入約114.4兆円に対して公債金収入が35.6兆円であり、その占める割合は31.1%ですから、歳入の4割以上が国債発行により調達されているとはいえません。 テキスト p.746

ウ 妥当でない 令和5年度一般会計当初予算では、建設国債の発行額が約6.6兆円であるのに対し、赤字国債の発行額が約29.1兆円ですから、東日本大震災以降の新規国債発行額をみると、建設国債のほうが赤字国債よりも発行額が多いとはいえません。 テキスト p.746

エ 妥当でない かつては地方債の起債に当たり国の許可が必要とされていましたが、2006年度から、都道府県と指定都市の場合には総務大臣、その他の市町村の場合には都道府県知事と事前に協議すれば足りるとされています（地方財政法5条の3第1項・2項）。したがって、都道府県や市区町村が地方債発行により財源を調達する際に、国の許可を受けることが義務づけられているわけではありません。 テキスト p.748

オ 妥当でない 地方自治体が発行する地方債は、建設事業の財源調達に限って発行できるのが原則ですが、例外的に歳入を補填するための地方債も発行されています。 テキスト p.748

🔑 キーワード　**国債**

国債とは、国が発行する債券のことです。国は、償還期日に資金を返還することを約束して、国民から資金の提供を受けることになります。

正解　**1（アの一つ）**

16 租　税

　日本の租税構造に関する次のア〜オの記述のうち、妥当なものの組合せはどれか。

ア　近年では、国に納める国税と、都道府県や市町村などに納める地方税との税収の比率は、おおよそ6：4となっている。

イ　近年の税収構造をみると、所得税や法人税などの直接税と、消費税や酒税などの間接税の税収の比率は、おおよそ1：1となっている。

ウ　国税収入の内訳をみると、2023年度では相続税の割合がもっとも高くなっている。

エ　消費税は、税収が景気の影響を比較的受けにくい安定的な税目とされている。

オ　資産課税には例えば相続税や固定資産税、都市計画税があるが、これらはいずれも地方税に区分される。

　1　ア・エ
　2　ア・オ
　3　イ・ウ
　4　イ・エ
　5　ウ・オ

解説

ア 妥当である 近年では、国税（国に納める租税）と地方税（地方公共団体に納める租税）との税収比率は、おおよそ**6：4**となっています。 テキスト p.747

イ 妥当でない 近年では、所得税や法人税などの直接税（租税負担者と実際に納税する者が同一である租税）と、消費税や酒税などの間接税（租税負担者と実際に納税する者が異なる税）との税収比率は、おおよそ**6.5：3.5**となっています。 テキスト p.747

ウ 妥当でない 2023年度の国税収入の内訳では、**消費税**が最も高くなっています。 テキスト p.747

エ 妥当である 消費税は、税収が景気の影響を比較的受けにくい**安定的な税目**とされています。 テキスト p.747

オ 妥当でない **固定資産税や都市計画税は地方税**に区分されますが、**相続税は国税**に区分されます。 テキスト p.747

正解　**1（ア・エ）**

17 地方交付税

　日本の地方交付税制度に関する次のア〜オの記述のうち、誤っているものはいくつあるか。

ア　地方交付税は国税5税の一定割合を原資としており、その税目は所得税・法人税・消費税・酒税・たばこ税の五つである。

イ　地方交付税総額のうち、特別な事情に応じて交付される特別交付税の占める割合は、その年の自然災害や景気動向によって決定されることとなっている。

ウ　少子高齢化を背景とした自治体の役割の増大により、国から地方へ交付される地方交付税の総額は、近年増加する傾向にある。

エ　普通交付税はその総額を人口と面積によって国から自治体に配分する仕組みとなっており、都道府県では、人口の多い東京都や面積の広い北海道で、交付額が多くなっている。

オ　三位一体の改革を通じて、国が自治体に支出する義務教育費国庫負担金の制度は廃止され、自治体は地方税や地方交付税などの一般財源によって、義務教育経費を賄うこととなった。

1　一つ
2　二つ
3　三つ
4　四つ
5　五つ

解説

ア 　**誤り**　地方交付税は、**所得税・法人税・消費税・酒税・地方法人税**といった５税の**一定割合**を原資としています（地方交付税法６条１項）。なお、たばこ税は、2015年の地方交付税法改正により、原資から除外されています。 テキスト p.748

イ 　**誤り**　地方交付税法によれば、特別交付税の占める割合は、地方交付税総額のうち**６％**とされています。このように、特別交付税の占める割合は定率であり、その年の自然災害や景気動向によって決定されるわけではありません。 テキスト p.748

ウ 　**誤り**　三位一体の改革により、**地方交付税は縮減されています**。したがって、地方交付税の総額は、近年増加する傾向にあるとする本肢は誤りです。 テキスト p.747、748

エ 　**誤り**　普通交付税は、**基準財政需要額が基準財政収入額を超える団体**に対して交付されます（地方交付税法10条１項）。したがって、人口と面積によって配分されるわけではありません。 テキスト p.748

オ 　**誤り**　三位一体の改革を通じて、国が自治体に支出する義務教育費国庫負担金は縮減されましたが、**制度自体が廃止されたわけではありません**。 テキスト p.748

🔍 **キーワード**　地方交付税

　地方交付税とは、地方公共団体の財政力を調整するために、財政力の低い地方公共団体に対して国が交付する金銭のことです。

正解　　**５（ア・イ・ウ・エ・オの五つ）**

18 国際経済

Check!
／　／　／　平26-52

難易度 **易**　重要度 **A**

　次の文章の空欄 ア ～ エ に入る語句の組合せとして正しいものはどれか。

　第二次世界大戦後の国際経済は、1944年のブレトンウッズ協定に基づいて設立された ア と イ 、1947年に締結された ウ を中心に運営された。

　 イ は大戦後の経済復興と開発のための資金提供を目的としていた。日本は イ からの融資を受け、東海道新幹線や黒部ダムなどを建設している。その後、 イ は発展途上国の経済発展のための融資機関となった。

　また ウ のもとでは8回の関税引き下げ交渉がもたれたが、それは貿易拡大による国際経済発展に貢献するとともに、その後 エ の設立をもたらした。 エ では、 ウ の基本精神を受け継ぎつつ、交渉を続けている。

1	ア　IBRD	イ　IMF	ウ　GATT	エ　WTO
2	ア　GATT	イ　IMF	ウ　WTO	エ　IBRD
3	ア　IBRD	イ　IMF	ウ　WTO	エ　GATT
4	ア　IBRD	イ　WTO	ウ　IMF	エ　GATT
5	ア　IMF	イ　IBRD	ウ　GATT	エ　WTO

❶ 1944年のブレトンウッズ協定に基づいて設立されたのは、ＩＭＦ（国際通貨基金）とＩＢＲＤ（国際復興開発銀行）の２つです。このうち、第二次世界大戦後の経済復興と開発のための資金提供を目的としており、東海道新幹線や黒部ダムなどの建設のために日本が融資を受けたのはＩＢＲＤ（国際復興開発銀行）ですから、 イ には「ＩＢＲＤ」が入ります。したがって、 ア にはもう一つの「ＩＭＦ」が入ります。 テキスト p.749

❷ 1947年に締結され、8回の関税引き下げ交渉がもたれたのはＧＡＴＴ（関税及び貿易に関する一般協定）ですから、 ウ には「ＧＡＴＴ」が入ります。 テキスト p.750

❸ ＧＡＴＴの基本精神を受け継ぎつつ関税引き下げ交渉を続けているのはＷＴＯ（世界貿易機関）ですから、 エ には「ＷＴＯ」が入ります。 テキスト p.750

第6部

基礎知識

正解 5

19 貿易自由化

　貿易自由化に関する次のア～オの記述のうち、誤っているものの組合せはどれか。

ア　EU（欧州連合）域内では、シェンゲン条約により域内での国境通過にかかる手続などが大幅に簡素化され、また、共通通貨ユーロがすべての加盟国に導入されており、加盟国がEU域内で自国産業の保護を行う手段は、関税と補助金に限定されている。

イ　GATT（関税と貿易に関する一般協定）は、自由、無差別、互恵・多角を原則とし、多国間での貿易交渉を基準としつつ、輸入数量制限の撤廃や、関税引き下げなどの貿易自由化を推進してきた。

ウ　TPP（環太平洋戦略的経済連携協定）では、サービス、人の移動、基準認証などについて、加盟国間での整合性を図るとともに、例外品目を認めない形で、貿易における関税撤廃が目標とされている。

エ　UNCTAD（国際連合貿易開発会議）は、途上国の経済開発促進と自由貿易推進のために国際連合が設けた会議で、国際連合の補助機関として、4年に一度開催されている。

オ　WTO（世界貿易機関）は、サービス貿易や知的財産権に関する国際ルールを定めており、ドーハ・ラウンドでは、農業分野での自由化について、関税の上限設定とミニマム・アクセス（最低輸入義務）の設定が打ち出された。

1　ア・イ
2　ア・エ
3　イ・オ
4　ウ・エ
5　ウ・オ

解説

ア | **誤り** | EU（欧州連合）では、シェンゲン条約により、地域内での国境通過にかかる手続などが大幅に簡素化されました。また、1999年には共通通貨であるユーロが導入されましたが、デンマーク・スウェーデンなどユーロを導入していない国もあります。 `テキスト p.750`

イ | **正しい** | ＧＡＴＴ（関税と貿易に関する一般協定）は、自由、無差別、互恵・多角を原則とし、多国間での貿易交渉を基準としつつ、輸入数量制限の撤廃や、関税引き下げなどの貿易自由化を推進してきました。 `テキスト p.750`

ウ | **正しい** | ＴＰＰ（環太平洋戦略的経済連携協定）では、サービス・人の移動・基準認証などについて、加盟国間での整合性を図るとともに、例外品目を認めない形で、貿易における関税撤廃が目標とされています。 `テキスト p.751`

エ | **誤り** | ＵＮＣＴＡＤ（国際連合貿易開発会議）とは、南北問題の解決のために国際連合が設けた会議のことであり、自由貿易推進のために設けたものではありません。 `テキスト p.750`

オ | **正しい** | ＷＴＯは、ＧＡＴＴウルグアイラウンドで合意された成果を実施するための国際的な貿易機関として発足したもので、サービス貿易や知的財産権に関する国際ルールを定めています。また、ＷＴＯのドーハ・ラウンドでは、農業分野の自由化について、関税の上限設定とミニマム・アクセス（最低輸入義務）の設定が打ち出されました。 `テキスト p.751`

| 正解 | 2 （ア・エ） |

20 公害問題

難易度 **易**　重要度 **A**

　公害・環境対策に関する次のア～オの記述のうち、妥当でないものの組合せはどれか。

ア　公害を発生させた事業者が公害防止や被害者救済のための費用を負担すべきであるという原則を「汚染者負担の原則」（ＰＰＰ）といい、経済協力開発機構（ＯＥＣＤ）が採用し、日本もこれに従うこととなった。

イ　公害を発生させた事業者に過失がなくても被害者の損害を賠償する責任を負わせる仕組みを「無過失責任制度」というが、日本の法律では導入された例はない。

ウ　生活環境の保全について、経済の健全な発展との調和が図られなければならないという条項を「経済調和条項」といい、かつての公害対策基本法に盛り込まれ、現在の環境基本法でも継承されている。

エ　公害対策で当初から採用されていた「濃度規制」のみでは、排出量が増えれば低濃度の排出であっても汚染物質の総排出量を抑制することはできない。このため、日本では1970年代半ばから、汚染物質の総排出量を一定地域ごとに規制する「総量規制」の方式を併用するようになった。

オ　一定の開発事業を行う前に、環境に与える影響を事前に調査・予測・評価する仕組みが「環境影響評価」であり、1970年代以降、いくつかの自治体が環境影響評価条例を制定し、1990年代に国が環境影響評価法を制定した。

　　1　ア・イ
　　2　ア・エ
　　3　イ・ウ
　　4　ウ・オ
　　5　エ・オ

解説

ア 妥当である 公害を発生させた事業者が被害者救済のための費用を負担すべきであるという原則を「汚染者負担の原則」（ＰＰＰ）といい、経済協力開発機構（ＯＥＣＤ）が採用し、日本もこれに従うことになりました。 テキスト p.753

イ 妥当でない 公害を発生させた事業者に過失がなくても被害者の損害を賠償する責任を負わせる仕組みを「無過失責任制度」といいますから、前半は妥当であるといえます。しかし、「無過失責任制度」は、大気汚染防止法や水質汚濁防止法などの日本の法律でも導入されていますから、後半は妥当でないといえます。 テキスト p.753

ウ 妥当でない 生活環境の保全について、経済の健全な発展との調和が図られなければならないという条項を「経済調和条項」といいますから、前半は妥当であるといえます。しかし、かつての公害対策基本法に盛り込まれていた「経済調和条項」は、1970年（昭和45年）に削除され、環境基本法にも継承されていませんから、後半は妥当でないといえます。 テキスト p.752

エ 妥当である 公害対策で当初から採用されていた「濃度規制」のみでは、排出量が増えれば低濃度の排出であっても汚染物質の総排出量を抑制することはできないため、日本では1970年代半ばから、汚染物質の総排出量を一定地域ごとに規制する「総量規制」の方式を併用するようになりました。 テキスト p.753

オ 妥当である 一定の開発事業を行う前に、環境に与える影響を事前に調査・予測・評価する仕組みを「環境影響評価」といいます。この「環境影響評価」については、1970年代以降、いくつかの自治体が環境影響評価条例を制定し、1997年（平成9年）に国が環境影響評価法を制定しました。 テキスト p.753

正解 3（イ・ウ）

21 循環型社会

　次の文章は、循環型社会の形成に関わる法制度を説明しているが、文中の空欄 ア ～ オ に当てはまる語句の組合せとして最も妥当なものはどれか。

　循環型社会の形成に関する施策の基本となる事項を定め、循環型社会の形成のための施策を総合的・計画的に推進することを目的として、2000年に ア が制定された。これより先、1991年には、廃棄物の増加を背景に、資源の有効利用を促進するために「再生資源の利用の促進に関する法律」（通称リサイクル法）が制定されていたが、新しい ア の下では、天然資源の消費を抑制し、環境への負荷をできるだけ抑制するために、一般に「3R」と言われているように、まずは イ が、次いで ウ が、そして第三に エ が確保されるべきであり、さらに第四として熱回収、最後に適正処分という優先順位が明確に法定されたことが重要である。また国や地方公共団体の責務のほかに、事業者の責任については オ の考え方が採用された。

	ア	イ	ウ	エ	オ
1	循環型社会形成推進基本法	再利用	再生利用	資源回収	拡大製造物責任
2	循環型社会形成推進基本法	発生抑制	再使用	再生利用	拡大生産者責任
3	循環型社会形成の推進に関する法律	再生利用	発生抑制	再商品化	拡大瑕疵担保責任
4	循環型社会形成推進基本法	発生抑制	再使用	再生利用	拡大製造物責任
5	循環型社会形成の推進に関する法律	発生抑制	再使用	資源回収	拡大生産者責任

解説

❶　循環型社会の形成に関する施策の基本事項を定め、循環型社会の形成のための施策を総合的・計画的に推進することを目的として、2000年に循環型社会形成推進基本法が制定されました。したがって、　ア　には「循環型社会形成推進基本法」が入ります。 テキスト p.753

❷　循環型社会形成推進基本法の下では、天然資源の消費を抑制し、環境への負荷をできるだけ抑制するため、①発生抑制、②再使用、③再生利用、④熱回収、⑤適正処分という優先順位が明確に法定されました。したがって、　イ　には「発生抑制」、　ウ　には「再使用」、　エ　には「再生利用」が入ります。 テキスト p.753

❸　事業者の責任については拡大生産者責任の考え方（生産者が製品の廃棄後まで一定の責任を負うとする考え方）が採用されました。したがって、　オ　には「拡大生産者責任」が入ります。 テキスト p.753、754

🔍 **キーワード　循環型社会**

循環型社会とは、天然資源の消費を抑制し、環境への負荷をできるだけ抑制するため、廃棄物の発生抑制や再使用、再生利用を行っていく社会のことです。

正解　2

22 地球温暖化

難易度 **易**　重要度 **A**

次の文章の空欄　ア　～　オ　に当てはまる語句の組合せとして、妥当なものはどれか。

地球環境問題を解決するためには、国際的な協力体制が不可欠である。1971年には特に水鳥の生息地として国際的に重要な湿地に関して、　ア　が採択された。1972年に国連人間環境会議がスウェーデンのストックホルムで開催され、国際的に環境問題に取り組むための　イ　が決定された。しかし、石油危機後の世界経済の落ち込みにより、環境対策より経済政策が各国で優先され、解決に向けた歩みは進まなかった。

それでも、1992年にブラジルのリオデジャネイロで国連環境開発会議（地球サミット）が開催され、「持続可能な開発」をスローガンに掲げたリオ宣言が採択された。同時に、環境保全に向けての行動計画であるアジェンダ21、地球温暖化対策に関する　ウ　や、生物多様性条約なども採択された。その後、1997年の第3回　ウ　締約国会議（COP3）で　エ　が採択され、さらに、2015年の第21回　ウ　締約国会議（COP21）で　オ　が採択されるなど、取組が続けられている。

	ア	イ	ウ	エ	オ
1	国連環境計画	パリ協定	京都議定書	ラムサール条約	気候変動枠組条約
2	国連環境計画	京都議定書	パリ協定	気候変動枠組条約	ラムサール条約
3	ラムサール条約	パリ協定	国連環境計画	京都議定書	気候変動枠組条約
4	ラムサール条約	国連環境計画	気候変動枠組条約	京都議定書	パリ協定
5	京都議定書	気候変動枠組条約	ラムサール条約	国連環境計画	パリ協定

解説

ア 「ラムサール条約」が入る　水鳥の生息地として国際的に重要な湿地に関するもので、1971年に採択されたのは、ラムサール条約です。 テキスト p.755

イ 「国連環境計画」が入る　1972年に国連人間環境会議がスウェーデンのストックホルムで開催され、国際的に環境問題に取り組むための国連環境計画が決定されました。 テキスト p.754

ウ 「気候変動枠組条約」が入る　1992年にブラジルのリオデジャネイロで国連環境開発会議（地球サミット）が開催され、地球温暖化対策に関する気候変動枠組条約が採択されました。なお、地球サミットでは、「持続可能な開発」をスローガンに掲げたリオ宣言、環境保全に向けての行動計画であるアジェンダ21、生物多様性条約なども採択されています。 テキスト p.754

エ 「京都議定書」が入る　1997年の第3回気候変動枠組条約締約国会議（COP3）で採択されたのは、京都議定書です。 テキスト p.754

オ 「パリ協定」が入る　2015年の第21回気候変動枠組条約締約国会議（COP21）で採択されたのは、パリ協定です。 テキスト p.755

第6部

基礎知識

🔍 **キーワード**　地球温暖化

　地球温暖化とは、二酸化炭素などの温室効果ガスの影響により地球の気温が上昇する現象のことです。

正解 **4**

23 公的年金制度

Check!

／　／　／　　平29-48

難易度 **普**　重要度 **A**

日本の公的年金制度に関する次の記述のうち、妥当なものはどれか。

1　国民皆年金の考え方に基づき、満18歳以上の国民は公的年金に加入することが、法律で義務付けられている。

2　私的年金には確定拠出型と確定給付型があるが、日本の公的年金では、これまで確定拠出型が採用されてきた。

3　老齢基礎年金の受給資格を得ることができるのは、年金保険料を5年以上納付した場合だけである。

4　地方分権改革を通じて、年金保険料の徴収事務は、国から市町村へと移管され、今日では市町村がその事務を担っている。

5　老齢年金の給付により受け取った所得は、所得税の課税対象とされている。

解説

1 　**妥当でない**　　国民皆年金の考え方に基づき、20歳以上60歳未満の国民は公的年金に加入することが、法律で義務付けられています。 テキスト p.757

2 　**妥当でない**　　私的年金には確定拠出型（拠出した掛金額とその運用収益との合計額を基に給付額を決定する年金制度）と確定給付型（加入した期間などに基づいてあらかじめ給付額が定められている年金制度）がありますから、前半は妥当です。しかし、日本の公的年金では確定給付型が採用されていますから、後半は妥当でないといえます。 テキスト p.758

3 　**妥当でない**　　老齢基礎年金の受給資格を得ることができるのは、年金保険料を10年以上納付した場合です。 テキスト p.758

4 　**妥当でない**　　地方分権改革を通じて、年金保険料の徴収事務は、市町村から国へと移管され、今日では国がその事務を担っています。したがって、本肢は市町村と国が反対です。 テキスト p.758

5 　**妥当である**　　老齢年金の給付により受け取った所得は、所得税の課税対象とされています。 テキスト p.758

第6部

基礎知識

正解　　5

24 介護保険制度

　日本の公的介護保険制度に関する次のア～オの記述のうち、妥当なものの組合せはどれか。

ア　65歳以上の被保険者が負担することとされている保険料額は、市町村を基本とする保険者ごとに異なっているが、同じ地域に住む被保険者が負担する保険料は一律とされている。

イ　介護保険によるサービスを利用する場合には、あらかじめ要介護認定を受ける必要があり、要介護、要支援、自立のいずれかに認定されるが、介護予防給付を受けることができるのは、自立または要支援と認定された者に限られる。

ウ　介護保険によるサービスを利用する際には、原則として利用料の1割を自己負担すれば、あとの9割が保険給付によってまかなわれることとされているが、その利用には要介護度ごとに限度額が設けられている。

エ　介護保険制度の導入により、民間事業者が参入することとなったが、民間事業者の監督業務は、基本的には、広域性の観点から都道府県が実施することとされている。

オ　介護保険のサービスには、居宅サービスと施設サービスとがあるが、保険制度の導入以降、居宅サービスよりは施設サービスの利用割合を高くすることが目指されており、施設整備が急速に進んでいる。

　　1　ア・イ
　　2　ア・エ
　　3　イ・オ
　　4　ウ・エ
　　5　ウ・オ

解説

ア 妥当でない　65歳以上の被保険者（第1号被保険者）が負担することとされている保険料額は、市町村を基本とする保険者ごとに異なっていますから、前半は妥当であるといえます。しかし、65歳以上の被保険者が負担することとされている保険料額は、本人と同一世帯の者の所得に応じて段階的に設定され、同じ地域に住む被保険者が負担する保険料は一律とされているわけではありませんから、後半は妥当でないといえます。テキスト p.759

イ 妥当でない　介護保険によるサービスを利用する場合には、あらかじめ要介護認定を受ける必要があり、要介護、要支援、自立のいずれかに認定されますから、前半は妥当であるといえます。しかし、介護予防給付を受けることができるのは、要支援と認定された者に限られ、自立と認定された者は介護予防給付を受けることができませんから、後半は妥当でないといえます。テキスト p.759

ウ 妥当である　介護保険によるサービスを利用する際には、原則として利用料の1割を自己負担すれば、あとの9割が保険給付によってまかなわれることとされていますが、その利用には要介護度ごとに限度額が設けられています。なお、収入が一定額以上ある人は、利用料の最大3割を自己負担することとなります。テキスト p.759

エ 妥当である　介護保険制度の導入により、民間事業者が参入することとなりましたが、民間事業者の監督業務は、基本的には、広域性の観点から都道府県が実施することとされています。テキスト p.759

オ 妥当でない　介護保険のサービスには、居宅サービスと施設サービスとがありますが、保険制度の導入以降、施設サービスよりは居宅サービスの利用割合を高くすることが目指されています。したがって、本肢は居宅サービスと施設サービスが反対です。テキスト p.759

第6部　基礎知識

正解　4（ウ・エ）

25 労働問題

就労に関する次のア〜オの記述のうち、妥当なものはいくつあるか。

ア　失業とは、就業の機会が得られていない状態のことを指し、統計的に失業者数は、労働力人口から就業者・就学者を差し引いた数として定義される。

イ　有効求人倍率とは、職業安定所に登録された有効求人数を有効求職数で割った値をいい、この値が0.5を上回れば労働供給のほうが多く、反対に0.5を下回れば、労働需要のほうが多いことを意味する。

ウ　ワークシェアリングとは、労働者1人当りの労働時間を減らし、その分で他の労働者の雇用を維持したり、雇用を増やしたりすることをいう。

エ　ニートとは、若年無気力症候群のことをいい、通勤も通学も家事もしていない者として定義される。

オ　雇止めとは、期間の定めのある雇用契約において、使用者もしくは労働者の希望により契約が更新されないことをいう。

　1　一つ
　2　二つ
　3　三つ
　4　四つ
　5　五つ

解説

ア 　妥当でない 　失業とは、就業の機会が得られていない状態のことを指し、統計的に失業者数は、労働力人口から就業者を差し引いた数として定義されます。したがって、就学者を差し引くとする本肢は妥当でないといえます。 テキスト p.760

イ 　妥当でない 　有効求人倍率とは、職業安定所に登録された有効求人数を有効求職数で割った値をいい、この値が1を上回れば労働需要のほうが多く、反対に1を下回れば労働供給のほうが多いことを意味します。 テキスト p.760

ウ 　妥当である 　ワークシェアリングとは、労働者1人当りの労働時間を減らし、その分で他の労働者の雇用を維持したり、雇用を増やしたりすることをいいます。 テキスト p.760

エ 　妥当でない 　ニートとは、就業・就学・職業訓練のいずれもしていない人のことであり、家事をしているからといってニートの定義から除外されるわけではありません。 テキスト p.760

オ 　妥当でない 　雇止めとは、期間の定めのある雇用契約において、使用者の希望により契約が更新されないことをいいます。したがって、労働者の希望により契約が更新されない場合は、雇止めに当たりません。 テキスト p.760

正解　**1（ウの一つ）**

26　労働問題

　日本の雇用・労働に関する次のア～オの記述のうち、妥当なものの組合せはどれか。

ア　日本型雇用慣行として、終身雇用、年功序列、職能別労働組合が挙げられていたが、働き方の多様化が進み、これらの慣行は変化している。

イ　近年、非正規雇用労働者数は増加する傾向にあり、最近では、役員を除く雇用者全体のおおよそ4割程度を占めるようになった。

ウ　兼業・副業について、許可なく他の企業の業務に従事しないよう法律で規定されていたが、近年、人口減少と人手不足の中で、この規定が廃止された。

エ　いわゆる働き方改革関連法*により、医師のほか、金融商品開発者やアナリスト、コンサルタント、研究者に対して高度プロフェッショナル制度が導入され、残業や休日・深夜の割増賃金などに関する規制対象から外されることとなった。

オ　いわゆる働き方改革関連法*により、年次有給休暇が年10日以上付与される労働者に対して年5日の年次有給休暇を取得させることが、使用者に義務付けられた。

　（注）　＊　働き方改革を推進するための関係法律の整備に関する法律

1　ア・ウ
2　ア・エ
3　イ・ウ
4　イ・オ
5　エ・オ

解説

ア　妾当でない　日本型雇用慣行として、終身雇用、年功序列、企業別労働組合を挙げることができ、職能別労働組合ではありません。なお、働き方の多様化が進み、これらの慣行が変化しているという点は妥当です。　テキスト p.759

イ　妾当である　近年、非正規雇用労働者数は増加する傾向にあり、最近では、役員を除く雇用者全体のおおよそ4割程度を占めるようになりました。　テキスト p.760

ウ　妾当でない　兼業・副業について、許可なく他の企業の業務に従事しないよう規定する法律は存在しません。なお、会社の就業規則などで兼業・副業が禁止されることはあります。　テキスト p.760

エ　妾当でない　いわゆる働き方改革関連法により、金融商品開発者やアナリスト、コンサルタント、研究者に対して高度プロフェッショナル制度が導入され、残業や休日・深夜の割増賃金などに関する規制対象から外されることとなりましたが、医師はこの制度の対象とされていません。　テキスト p.763

オ　妾当である　いわゆる働き方改革関連法により、年次有給休暇が年10日以上付与される労働者に対して年5日の年次有給休暇を取得させることが、使用者に義務付けられました。　テキスト p.763

正解　4（イ・オ）

消費者問題・消費者保護に関する次のア〜オの記述のうち、妥当なものの組合せはどれか。

ア　不当な表示による顧客の誘引を防止するため、不当な表示を行った事業者に対する課徴金制度が導入され、被害回復を促進するため、顧客への返金による課徴金額の減額等の措置も講じられている。

イ　クレジットカードの国内発行枚数は、10億枚を超えており、無計画なクレジット利用から自己破産に陥る人数は、今世紀に入り毎年増加し続け、年100万人を超えている。

ウ　自動車のリコールとは、欠陥車が発見された場合、消費者庁が回収し自動車メーカーが無料で修理する制度のことをいう。

エ　全国規模のＮＰＯ法人である国民生活センターは、国民生活に関する情報の提供および調査研究を行うことはできるが、個別の消費者紛争の解決に直接的に関与することはできない。

オ　地方公共団体の消費生活センターは、消費生活全般に関する苦情や問合せなど、消費者からの相談を受け付け、専門の相談員が対応している。

1　ア・イ
2　ア・オ
3　イ・ウ
4　ウ・エ
5　エ・オ

解説

ア **妥当である**　2016年4月1日施行の景品表示法（不当景品類及び不当表示防止法）改正により、不当な表示による顧客の誘引を防止するため、不当な表示を行った事業者に対する課徴金制度が導入され、被害回復を促進するため、顧客への返金による課徴金額の減額等の措置も講じられました。 テキスト p.766

イ **妥当でない**　一般社団法人日本クレジット協会の公表した調査結果によれば、2022年3月末のクレジットカードの国内発行枚数は3億101万枚であり、10億枚を超えているわけではありません。また、自己破産の件数は、2000年〜2003年は増加傾向にありましたが、2004年〜2016年は減少傾向、2017年〜2019年は増加傾向、2020年〜2022年は再び減少傾向にあり、最も件数が多かった2003年でも約24万2000件にとどまります。 テキスト p.766

ウ **妥当でない**　自動車のリコールとは、欠陥車が発見された場合、自動車メーカーが自らの判断により回収し、無料で修理する制度のことをいいます。したがって、消費者庁が回収するわけではありません。 テキスト p.766

エ **妥当でない**　国民生活センターは、独立行政法人であり、ＮＰＯ法人ではありません。また、国民生活センターは、国民生活に関する情報の提供及び調査研究を行うのみならず、個別の消費者紛争に関する裁判外紛争解決手続（ＡＤＲ）も実施しています。 テキスト p.766

オ **妥当である**　地方公共団体の消費生活センターは、消費生活全般に関する苦情や問合せなど、消費者からの相談を受け付け、専門の相談員が対応しています。 テキスト p.766

正解　**2（ア・オ）**

28 行政書士法（独占業務と非独占業務）

　次の記述のうち、行政書士法の規定に照らし、行政書士のみが業務として行うことができる独占業務として、正しいものはどれか。

1　他人の依頼を受け報酬を得て、官公署に提出する書類の作成について相談に応ずること
2　他人の依頼を受け報酬を得て、契約その他に関する書類を代理人として作成すること
3　他人の依頼を受け報酬を得て、事実証明に関する書類を作成すること
4　他人の依頼を受け報酬を得て、書類を官公署に提出する手続について代理すること
5　他人の依頼を受け報酬を得て、行政書士が作成した官公署に提出する書類に係る許認可等に関する不服申立ての手続について代理すること

解説

1 | 誤り | 他人の依頼を受け報酬を得て、行政書士が作成することができる書類（官公署に提出する書類など）の作成について相談に応ずることは、行政書士でない者でも業務として行うことができる非独占業務です（1条の3第1項4号）。 `テキスト p.769`

2 | 誤り | 他人の依頼を受け報酬を得て、契約その他に関する書類を代理人として作成することは、行政書士でない者でも業務として行うことができる非独占業務です（1条の3第1項3号）。 `テキスト p.769`

3 | 正しい | 他人の依頼を受け報酬を得て、事実証明に関する書類を作成することは、行政書士のみが業務として行うことができる独占業務です（1条の2第1項）。なお、他人の依頼を受け報酬を得て、官公署に提出する書類及び権利義務に関する書類を作成することも、独占業務です（同条項）。 `テキスト p.768`

4 | 誤り | 他人の依頼を受け報酬を得て、書類を官公署に提出する手続について代理することは、行政書士でない者でも業務として行うことができる非独占業務です（1条の3第1項1号）。なお、他人の依頼を受け報酬を得て、官公署に提出する書類に係る許認可等に関して行われる意見陳述のための手続（聴聞又は弁明の機会の付与）において当該官公署に対してする行為について代理することも、非独占業務です（同条項）。 `テキスト p.769`

5 | 誤り | 他人の依頼を受け報酬を得て、行政書士が作成した官公署に提出する書類に係る許認可等に関する不服申立ての手続について代理することは、行政書士でない者でも業務として行うことができる非独占業務です（1条の3第1項2号）。 `テキスト p.769`

第6部 基礎知識

正解 3

29 行政書士法（行政書士の登録）

　行政書士の登録に関する次の記述のうち、行政書士法の規定に照らし、正しいものはどれか。

1　行政書士名簿の登録を受けようとする者は、行政書士となる資格を有することを証する書類を添えて、直接日本行政書士会連合会に対し、登録の申請をしなければならない。

2　行政書士の登録を拒否された者は、当該処分に不服があるときは、都道府県知事に対して審査請求をすることができる。

3　日本行政書士会連合会は、登録を取り消したときは、その旨及びその理由を当該処分を受ける者に告知しなければならないが、必ずしも書面で通知する必要はない。

4　日本行政書士会連合会は、登録の申請を受けた場合において、当該申請者が行政書士となる資格を有しないと認めたときは、資格審査会の議決に基づいて、登録を拒否しなければならない。

5　日本行政書士会連合会は、行政書士の登録を受けた者が引き続き2年以上行政書士の業務を行わないときは、その登録を抹消しなければならない。

解説

1 **誤り** 行政書士名簿の登録を受けようとする者は、行政書士となる資格を有することを証する書類を添えて、日本行政書士会連合会に対し、その事務所の所在地の属する都道府県の区域に設立されている行政書士会を経由して、登録の申請をしなければなりません（6条の2第1項）。 テキスト p.773

2 **誤り** 行政書士の登録を拒否された者は、当該処分に不服があるときは、総務大臣に対して審査請求をすることができます（6条の3第1項）。したがって、審査請求の宛先は、都道府県知事ではなく総務大臣です。 テキスト p.774

3 **誤り** 日本行政書士会連合会は、登録を取り消したときは、その旨及びその理由を当該処分を受ける者に書面により通知しなければなりません（6条の5第2項）。したがって、口頭による告知では足りません。 テキスト p.774

4 **正しい** 日本行政書士会連合会は、登録の申請を受けた場合において、当該申請者が行政書士となる資格を有しないと認めたときは、登録を拒否しなければなりません（6条の2第2項前段）。そして、登録を拒否しようとするときは、資格審査会の議決に基づいてしなければなりません（6条の2第2項後段）。 テキスト p.773、774

5 **誤り** 日本行政書士会連合会は、行政書士の登録を受けた者が引き続き2年以上行政書士の業務を行わないときは、その登録を抹消することができます（7条2項1号）。このように、引き続き2年以上行政書士の業務を行わないことは、任意的抹消事由であり、必要的抹消事由ではありません。
テキスト p.775

第6部

基礎知識

正解 4

30 行政書士法（行政書士の義務）

　行政書士の義務に関する次の記述のうち、行政書士法の規定に照らし、誤っているものはどれか。

1　行政書士は、正当な事由がある場合でなければ、依頼を拒むことができない。

2　行政書士は、正当な理由がなく、その業務上取り扱った事項について知り得た秘密を漏らしてはならないが、行政書士でなくなった後はこの限りでない。

3　行政書士は、その所属する行政書士会及び日本行政書士会連合会が実施する研修を受け、その資質の向上を図るように努めなければならない。

4　行政書士は、その業務に関する帳簿を備え、これに事件の名称、年月日、受けた報酬の額、依頼者の住所氏名その他都道府県知事の定める事項を記載しなければならない。

5　行政書士は、その事務所の見やすい場所に、その業務に関し受ける報酬の額を掲示しなければならない。

解説

1　正しい　行政書士は、正当な事由がある場合でなければ、依頼を拒むことができません（11条）。テキスト p.776

2　誤り　行政書士は、正当な理由がなく、その業務上取り扱った事項について知り得た秘密を漏らしてはならず、行政書士でなくなった後も同様です（12条）。テキスト p.776

3　正しい　行政書士は、その所属する行政書士会及び日本行政書士会連合会が実施する研修を受け、その資質の向上を図るように努めなければなりません（13条の２）。テキスト p.776

4　正しい　行政書士は、その業務に関する帳簿を備え、これに事件の名称、年月日、受けた報酬の額、依頼者の住所氏名その他都道府県知事の定める事項を記載しなければなりません（9条1項）。テキスト p.775

5　正しい　行政書士は、その事務所の見やすい場所に、その業務に関し受ける報酬の額を掲示しなければなりません（10条の２第１項）。テキスト p.776

正解　2

31　戸籍法

Check！
／　／　／　オリジナル問題

難易度　易　　重要度　B

　戸籍法に規定する次のア～オの届出のうち、報告的届出に分類されるものとして、正しいものの組合せはどれか。

ア　婚姻届
イ　出生届
ウ　協議離婚の届出
エ　裁判離婚の届出
オ　養子縁組届

　　1　ア・イ
　　2　ア・ウ
　　3　イ・エ
　　4　ウ・オ
　　5　エ・オ

解説

　創設的届出とは、届出が受理されることによって、法的な効力が発生する届出のことです。

　これに対して、報告的届出とは、法的な効力はすでに発生しており、それを戸籍に反映させるために必要な届出のことです。

ア　誤り　婚姻届は、届出が受理されることによって、婚姻の法的な効力が発生しますから、創設的届出に分類されます。　テキスト p.783

イ　正しい　出生届は、出生の事実はすでに発生しており、それを戸籍に反映させるために必要な届出ですから、報告的届出に分類されます。　テキスト p.783

ウ　誤り　協議離婚の届出は、届出が受理されることによって、離婚の法的な効力が発生しますから、創設的届出に分類されます。　テキスト p.783

エ　正しい　裁判離婚の届出は、離婚の裁判が確定したことで離婚の法的な効力はすでに発生しており、それを戸籍に反映させるために必要な届出ですから、報告的届出に分類されます。　テキスト p.783

オ　誤り　養子縁組届は、届出が受理されることによって、養子縁組の法的な効力が発生しますから、創設的届出に分類されます。　テキスト p.783

第6部　基礎知識

正解　3（イ・エ）

32 住民基本台帳法

住民基本台帳法に関する次の記述のうち、正しいものはどれか。

1 都道府県知事は、個人を単位とする住民票を世帯ごとに編成して、住民基本台帳を作成しなければならない。

2 住民票には住民票コードが記載されることから、個人番号が記載されることはない。

3 市町村が備える住民基本台帳に記録されている者は、当該市町村の市町村長に対し、自己又は自己と同一の世帯に属する者に係る住民票の写しの交付を請求することができるが、行政書士に住民票の写しが交付されることはない。

4 市町村長は、その市町村の区域内に本籍を有する者につき、その戸籍を単位として、戸籍簿を作成しなければならない。

5 新たに市町村の区域外に住所を定めた場合、あらかじめ、転出届をしなければならない。

1 **誤り** 　**市町村長**は、個人を単位とする住民票を世帯ごとに編成して、住民基本台帳を作成しなければなりません（6条1項）。このように、住民基本台帳を作成するのは、都道府県知事ではなく市町村長です。 テキスト p.787

2 **誤り** 　住民票には、住民票コード（7条13号）のみならず、**個人番号（7条8号の2）も記載されます。** テキスト p.788

3 **誤り** 　市町村が備える住民基本台帳に記録されている者は、当該市町村の市町村長に対し、自己又は自己と同一の世帯に属する者に係る住民票の写しの交付を請求することができます（12条1項）。また、**市町村長は、行政書士から受任している事件又は事務の依頼者のために住民票の写し等が必要である旨の申出があり、かつ、当該申出を相当と認めるときは、住民票の写し等を交付することができます**（12条の3第2項・3項）。 テキスト p.789

4 **誤り** 　市町村長は、その市町村の区域内に本籍を有する者につき、その戸籍を単位として、**戸籍の附票**を作成しなければなりません（16条1項）。
テキスト p.790

5 **正しい** 　新たに市町村の区域外に住所を定めた場合、**あらかじめ**、転出届をしなければなりません（24条）。 テキスト p.791

🐾 **ポイント** 　**届出の時期**

　転入届、転居届、世帯変更届は、いずれもその事実があった日から14日以内にしなければならないとされていますが、転出届だけは、あらかじめしなければならないとされていますので、注意しましょう。

正解 　**5**

33　情報通信用語

　インターネットに関する用語とその説明に関する次の記述のうち、用語に対応する説明が妥当でないものはどれか。

1　コンピュータウイルス

　電子メールやホームページの閲覧などを通じてコンピュータに侵入する特殊なプログラムであり、自らを複製しながら増殖する性質を持つものが多い。

2　無線LAN

　有線LANのケーブルを無線に置き換えたものをいい、配線の必要がない点で便利ではあるが、有線LANと比較してセキュリティ対策が万全ではないという欠点が指摘されている。

3　ユーザー認証

　ユーザーが本人であるかどうかを確認する仕組みをいい、なりすましを困難にするために、一般的に公的個人認証による方法を用いることが多い。

4　サーバ

　ネットワーク上で情報やサービスを提供するコンピュータのことをいい、インターネットでは、Webサーバやメールサーバ、DNSサーバなどが使用されている。

5　ログ

　コンピュータが保有するユーザーの接続時刻や処理内容などを記録したファイルのことをいい、通常は、ログを参照することで、コンピュータの動作を管理することができる。

解説

1　妥当である　コンピュータウイルスとは、電子メールやホームページの閲覧などを通じてコンピュータに侵入する特殊なプログラムのことです。コンピュータウイルスには、自らを複製しながら増殖する性質を持つものが多いです。テキスト p.797

2　妥当である　無線ＬＡＮとは、有線ＬＡＮのケーブルを無線に置き換えたもののことです。無線ＬＡＮは、配線の必要がない点で便利ではありますが、有線ＬＡＮと比較してセキュリティ対策が万全でないという欠点があります。テキスト p.801

3　妥当でない　ユーザー認証とは、ユーザーが本人であるかどうかを確認する仕組みのことです。なりすましを困難にするために、一般的にパスワードの入力を求める方法を用いることが多く、公的個人認証による方法を用いることは一般的ではありません。テキスト p.799

4　妥当である　サーバとは、ネットワーク上で情報やサービスを提供するコンピュータのことです。インターネットでは、Webサーバやメールサーバ、DNSサーバなどが使用されています。テキスト p.800

5　妥当である　ログとは、コンピュータが保有するユーザーの接続時刻や処理内容等を記録したファイルのことです。通常は、ログを参照することで、コンピュータの動作を管理することができます。テキスト p.801

第6部　基礎知識

正解　3

34 情報通信用語

難易度　易　重要度　A

　最近の情報通信分野に関する次のア～オの記述のうち、明らかに誤っているものの組合せはどれか。

ア　クラウド・コンピューティングとは、ネットワーク上にあるサーバ群（クラウド）を利用することから命名されたコンピュータネットワークの利用形態であり、クラウドの中に閉じた通信であるので、もっとも強固なセキュリティを確立したといわれている。

イ　マイナンバー制度とは、個人番号を利用し、行政機関等相互間で安全かつ効率的に情報連携を行うための仕組みを整備しようとするものであるが、個人情報保護の観点からの問題を指摘する反対論が強く、政府による検討段階には依然として至っていない。

ウ　スマートフォンは、汎用的に使える小型コンピュータという点で、パソコンと同様の機能を有する。従来の携帯電話と呼ばれてきた端末も広義ではコンピュータであるが、汎用的に自由度の高い使い方ができるものではなかった。

エ　デジタル・ディバイドとは、身体的又は社会的条件の相違に伴い、インターネットやパソコン等の情報通信技術を利用できる者と利用できない者との間に生じる格差のことである。

オ　現在、ICカードは、国内において公共、交通、決済といった広い分野のサービスで普及しており、その例として、住民基本台帳用ICカード、IC旅券、taspoなどがあげられる。

　1　ア・イ
　2　ア・オ
　3　イ・ウ
　4　ウ・エ
　5　エ・オ

ア 　**誤り**　クラウド・コンピューティングとは、ソフトウェアやデータなどをネットワーク上にあるサーバ群（クラウド）から必要に応じて利用するコンピュータネットワークの利用形態のことです。このクラウド・コンピューティングには、情報の流出などによるセキュリティ上の問題があるとされており、もっとも強固なセキュリティを確立したとはいえません。　テキスト p.800

イ 　**誤り**　マイナンバー制度とは、個人番号を利用し、行政機関等相互間で安全かつ効率的に情報連携を行うための仕組みを整備しようとするものです。そして、社会保障・税・災害対策についてマイナンバー制度を利用する法律（行政手続における特定の個人を識別するための番号の利用等に関する法律）が、すでに成立して施行されています。　テキスト p.794

ウ 　**正しい**　スマートフォンとは、パソコンの機能をベースとして作られた多機能携帯電話のことです。スマートフォンは、汎用的に使える小型コンピュータという点で、パソコンと同様の機能を有しています。他方、従来の携帯電話と呼ばれてきた端末も広義ではコンピュータですが、汎用的に自由度の高い使い方ができるものではなかったとされています。　テキスト p.803

エ 　**正しい**　デジタル・ディバイドとは、身体的又は社会的条件の相違に伴い、インターネットやパソコン等の情報通信技術を利用できる者と利用できない者との間に生じる格差のことです。　テキスト p.800

オ 　**正しい**　ICカードとは、半導体集積回路（IC）を埋め込み、情報を記録できるようにしたカードのことです。現在、ICカードは、国内において公共、交通、決済といった広い分野のサービスで普及しており、その例として、住民基本台帳用ICカード、IC旅券、taspoなどがあげられます。　テキスト p.804

正解　**1（ア・イ）**

35 情報通信用語

情報セキュリティの用語に関する次の説明のうち、妥当でないものはどれか。

1　ウィキリークス

　政治、行政、ビジネス、宗教などに関する機密情報を匿名で公開するウェブサイトの一つであり、アメリカ政府の外交機密文書が公開されるなど話題となった。

2　IPアドレス

　通信する相手（コンピュータ）を一意に特定するため、インターネットに直接接続されるコンピュータに割り振られる固有の数値をいう。

3　フィッシング

　電子メールやWWWを利用した詐欺の一種で、悪意の第三者が企業等を装い、偽のサイトに誘導し、クレジットカード等の情報を入力させて盗み取る手法をいう。

4　公開鍵暗号

　暗号化と復号のプロセスにそれぞれ別個の鍵（手順）を使って、片方の鍵を公開できるようにした暗号方式である。

5　ファイアウォール

　火事の際の延焼を防ぐ「防火壁」から取られた用語で、企業などが管理するサーバ・マシンを物理的に取り囲んで保護する装置をいう。

1　**妥当である**　ウィキリークスとは、政治・行政・ビジネス・宗教などに関する機密情報を匿名で公開するウェブサイトの一つです。近年、このウィキリークスにより、アメリカ政府の外交機密文書が公開されるなど話題となりました。テキスト p.797

2　**妥当である**　ＩＰアドレスとは、通信する相手（コンピュータ）を一意に特定するため、インターネットに直接接続されるコンピュータに割り振られる固有の数値をいいます。テキスト p.802

3　**妥当である**　フィッシングとは、電子メールやＷＷＷを利用した詐欺の一種で、悪意の第三者が企業等を装い、偽のサイトに誘導し、クレジットカード等の情報を入力させて盗み取る手法をいいます。テキスト p.798

4　**妥当である**　公開鍵暗号とは、暗号化と復号のプロセスにそれぞれ別個の鍵（手順）を使って、片方の鍵を公開できるようにした暗号方式のことです。テキスト p.797

5　**妥当でない**　ファイアウォールとは、「防火壁」を意味し、外部と内部のネットワークを結ぶ箇所に導入することを通じて、データの出入口の段階で不正な攻撃を検知するソフトウェアのことです。したがって、サーバ・マシンを物理的に取り囲んで保護する装置ではありません。テキスト p.798

第6部

基礎知識

🔍 **キーワード**　情報セキュリティ

　情報セキュリティとは、情報の①機密性（第三者に情報が漏えいしないようにすること）、②完全性（情報と処理方法が正確かつ完全であること）、③可用性（利用者が必要なときに情報を利用することができるようにすること）という３つの要素を維持することです。

正解　**5**

36 情報通信用語

難易度 **易** 重要度 **A**

　情報や通信に関する次のア〜オの記述にふさわしい略語等の組合せとして、妥当なものはどれか。

ア　現実ではないが、実質的に同じように感じられる環境を、利用者の感覚器官への刺激などによって人工的に作り出す技術

イ　大量のデータや画像を学習・パターン認識することにより、高度な推論や言語理解などの知的行動を人間に代わってコンピュータが行う技術

ウ　ミリ波などの高い周波数帯域も用いて、高速大容量、低遅延、多数同時接続の通信を可能とする次世代無線通信方式

エ　人が介在することなしに、多数のモノがインターネットに直接接続し、相互に情報交換し、制御することが可能となる仕組み

オ　加入している会員同士での情報交換により、社会的なつながりを維持・促進することを可能とするインターネット上のサービス

	ア	イ	ウ	エ	オ
1	SNS	IoT	5G	VR	AI
2	SNS	AI	5G	VR	IoT
3	VR	5G	AI	SNS	IoT
4	VR	5G	AI	IoT	SNS
5	VR	AI	5G	IoT	SNS

解説

ア **VR** 現実ではないが、実質的に同じように感じられる環境を、利用者の感覚器官への刺激などによって人工的に作り出す技術を、VRといいます。
テキスト p.804

イ **AI** 大量のデータや画像を学習・パターン認識することにより、高度な推論や言語理解などの知的行動を人間に代わってコンピュータが行う技術のことを、AIといいます。 テキスト p.804

ウ **5G** ミリ波などの高い周波数帯域も用いて、高速大容量、低遅延、多数同時接続の通信を可能とする次世代無線通信方式を、5Gといいます。
テキスト p.803

エ **IoT** 人が介在することなしに、多数のモノがインターネットに直接接続し、相互に情報交換し、制御することが可能となる仕組みを、IoTといいます。 テキスト p.801、802

オ **SNS** 加入している会員同士での情報交換により、社会的なつながりを維持・促進することを可能とするインターネット上のサービスを、SNSといいます。 テキスト p.802

第6部

基礎知識

正解 **5**

37 情報通信用語

インターネット通信で用いられる略称に関する次のア～オの記述のうち、妥当なものの組合せはどれか。

ア BCCとは、Backup Code for Clientの略称。インターネット通信を利用する場合に利用者のデータのバックアップをおこなう機能。

イ SMTPとは、Simple Mail Transfer Protocolの略称。電子メールを送信するための通信プロトコル。

ウ SSLとは、Social Service Lineの略称。インターネット上でSNSを安全に利用するための専用線。

エ HTTPとは、Hypertext Transfer Protocolの略称。Web上でホストサーバーとクライアント間で情報を送受信することを可能にする通信プロトコル。

オ URLとは、User Referencing Locationの略称。インターネット上の情報発信ユーザーの位置を特定する符号。

1 ア・イ
2 ア・オ
3 イ・エ
4 ウ・エ
5 ウ・オ

解説

ア 妥当でない BCC（Blind Carbon Copyの略称）とは、電子メールの送信先指定方法の一つで、宛先であるユーザー以外の人（BCCに指定したユーザー）に同じ内容の電子メールを送信するものの、その人に電子メールが送信されていることは他の受信者に通知されない方法のことです。 テキスト p.801

イ 妥当である SMTP（Simple Mail Transfer Protocolの略称）とは、電子メールを送信するための通信プロトコルのことです。 テキスト p.802

ウ 妥当でない SSL（Secure Socket Layerの略称）とは、インターネット上でデータを暗号化して送受信する方法の一つです。 テキスト p.799

エ 妥当である HTTP（Hypertext Transfer Protocolの略称）とは、Web上でホストサーバーとクライアント間で情報を送受信することを可能にする通信プロトコルのことです。 テキスト p.801

オ 妥当でない URL（Uniform Resource Locatorの略称）とは、インターネット上で情報が格納されている場所を示す文字列のことです。 テキスト p.802

正解 **3（イ・エ）**

38 情報通信用語

　情報通信に関する用語を説明した次のア〜オの記述のうち、妥当なものの組合せはどれか。

ア　自らに関する情報が利用される際に、ユーザ本人の許可を事前に得ておくシステム上の手続を「オプトイン」という。

イ　インターネット上で情報発信したりサービスを提供したりするための基盤を提供する事業者を「プラットフォーム事業者」という。

ウ　情報技術を用いて業務の電子化を進めるために政治体制を専制主義化することを「デジタルトランスフォーメーション」という。

エ　テレビ電話を使って離れた話者を繋ぐ情報システムのことを「テレワーク」という。

オ　ユーザが自身の好みのウェブページをブラウザに登録することを「ベース・レジストリ」という。

1　ア・イ
2　ア・ウ
3　イ・エ
4　ウ・オ
5　エ・オ

ア 　妥当である　 自らに関する情報が利用される際に、ユーザ本人の許可を事前に得ておくシステム上の手続を「オプトイン」といいます。 テキスト p.799

イ 　妥当である　 インターネット上で情報発信したりサービスを提供したりするための基盤を提供する事業者を「プラットフォーム事業者」といいます。 テキスト p.800

ウ 　妥当でない　 「デジタルトランスフォーメーション」とは、データやデジタル技術を活用して製品、サービス、ビジネスモデルを変革するとともに、業務、組織、風土をも改革し、競争上の優位性を確立することです。したがって、政治体制を専制主義化することを指すわけではありません。 テキスト p.803

エ 　妥当でない　 「テレワーク」とは、情報通信技術を活用した時間や場所を有効に活用できる柔軟な働き方のことです。したがって、テレビ電話を使って離れた話者を繋ぐ情報システムのことを指すわけではありません。 テキスト p.804

オ 　妥当でない　 ユーザが自身の好みのウェブページをブラウザに登録することを「ブックマーク」といいます。なお、「ベース・レジストリ」とは、公的機関等で登録・公開され、様々な場面で参照される人・法人・土地・建物・資格等の社会の基本データのことです。 テキスト p.800

第6部　基礎知識

正解　1（ア・イ）

39 デジタル行政推進法

　「情報通信技術を活用した行政の推進等に関する法律」（いわゆるデジタル行政推進法）に関する次の記述のうち、正しいものはどれか。

1　この法律は、行政手続のオンライン化を認める基本法ではあるが、個別の手続ごとに法改正を行うことが必要とされている。
2　この法律は、個別法および主務省令の改正を必要とすることなく、従来の書面による行政手続を電子化またはオンライン化することを認めた。
3　この法律は、行政処分の申請についてのオンライン化は認めているが、行政機関側からの処分通知などの重要書類は文書によることとしている。
4　この法律では、オンラインの行政手続のうち申請については発信主義をとっており、申請者の利用する電子計算機から申請が発せられた日時を申請日時とみなしている。
5　この法律は、行政機関が他の法令により書面での作成を義務づけられた文書等の作成も、主務省令の定めるところにより電子化することを認めている。

1　**誤り**　デジタル行政推進法は、個別の法律で書面による行政手続が必要とされている場合でも、その法律を改正することなく、主務省令の定めによりオンライン化することができることとした法律です（6条1項、7条1項、8条1項、9条1項）。したがって、個別の手続ごとに法改正を行う必要はありません。　テキスト p.807

2　**誤り**　デジタル行政推進法は、個別の法律で書面による行政手続が必要とされている場合でも、その法律を改正することなく、主務省令の定めによりオンライン化することができることとした法律です（6条1項、7条1項、8条1項、9条1項）。したがって、主務省令の改正は必要となります。　テキスト p.807

3　**誤り**　デジタル行政推進法は、行政処分の申請についてのオンライン化（6条1項）のみならず、行政機関側からの処分通知についてのオンライン化（7条1項）も認めています。　テキスト p.806

4　**誤り**　オンライン申請は、行政機関等の使用に係る電子計算機に備えられたファイルへの記録がされた時点で行政機関等に到達したもの（申請日時）とみなされます（6条3項）。　テキスト p.806

5　**正しい**　デジタル行政推進法は、行政機関が他の法令により書面での作成を義務づけられた文書等の作成も、主務省令の定めるところにより電子化することを認めています（9条1項）。　テキスト p.807

正解　5

第6部

基礎知識

40 公的個人認証法

　「電子署名等に係る地方公共団体情報システム機構の認証業務に関する法律」（いわゆる公的個人認証法）に関する次の記述のうち、正しいものはどれか。

1　この法律によれば、地方公共団体の住民である外国人に対して認証業務を提供することは、一切予定されていない。

2　この法律は、地方公共団体で公的な機関として署名をする職員をも公的個人として認証することを定めている。

3　この法律により発行される個人番号カード用署名用電子証明書には、氏名、生年月日、性別、本籍地が記載される。

4　この法律により発行される個人番号カード用電子証明書は、民間事業者に対するオンライン手続においては、利用することができない。

5　この法律により発行される個人番号カード用電子証明書の有効期間は、主務省令で定めることとされている。

解説

1 [誤り] 公的個人認証法による認証業務の提供の対象となるのは、住民基本台帳に記録されている者です（3条1項、22条1項）。そして、住民基本台帳法の改正に伴い、2013年から、外国人も認証業務の提供の対象とされています。 `テキスト p.808、809`

2 [誤り] 個人番号カード用署名用電子証明書は、私人の本人性確認のために用いられるのであり、地方公共団体自身の組織認証のために用いられたり、地方公共団体で公的な機関として署名する職員を認証するものではありません。 `テキスト p.809`

3 [誤り] 公的個人認証法により発行される個人番号カード用署名用電子証明書には、氏名・生年月日・性別・住所等が記載されますが（7条3号）、本籍地は記載されません。 `テキスト p.809`

4 [誤り] 公的個人認証法により発行される個人番号カード用電子証明書は、2016年1月から、民間事業者に対するオンライン手続においても利用することができるようになりました。 `テキスト p.809`

5 [正しい] 公的個人認証法により発行される個人番号カード用電子証明書の有効期間は、主務省令で定めることとされています（5条、24条）。 `テキスト p.809`

正解　**5**

41 個人情報保護法（目的・基本理念）

　「個人情報の保護に関する法律」に関する次のア〜オの記述のうち、誤っているものはいくつあるか。

ア　この法律は、デジタル社会の進展に伴い個人情報の利用が著しく拡大していることを背景として制定された。

イ　この法律は、個人情報の有用性に配慮しつつ、個人の権利利益を保護することを目的とする旨を明文で定めている。

ウ　この法律は、個人情報取扱事業者と消費者の情報格差を是正し、消費者の経済的権利を保護することを明文で定めている。

エ　この法律は、国及び地方公共団体の責務のほかに、個人情報取扱事業者及び行政機関等の遵守すべき義務を明文で定めている。

オ　この法律は、個人の人格尊重の理念の下に個人情報を慎重に取り扱うべき旨を明文で定めている。

　　1　一つ
　　2　二つ
　　3　三つ
　　4　四つ
　　5　五つ

解説

ア **正しい**　個人情報保護法は、デジタル社会の進展に伴い個人情報の利用が著しく拡大していることを背景として制定されました（1条）。 テキスト p.815

イ **正しい**　個人情報保護法は、個人情報の有用性に配慮しつつ、個人の権利利益を保護することを目的とする旨を明文で定めています（1条）。 テキスト p.815

ウ **誤り**　個人情報保護法は、個人情報取扱事業者と消費者の情報格差を是正し、消費者の経済的利益を保護することを明文で定めているわけではありません。 テキスト p.815

エ **正しい**　個人情報保護法は、国及び地方公共団体の責務のほかに、個人情報取扱事業者及び行政機関等の遵守すべき義務を明文で定めています（1条）。 テキスト p.815

オ **正しい**　個人情報は、個人の人格尊重の理念の下に慎重に取り扱われるべきものであることに鑑み、その適正な取扱いが図られなければならないとされています（3条）。 テキスト p.816

正解　1（ウの一つ）

42 個人情報保護法（個人情報）

　次に掲げる情報のうち、原則として「個人情報の保護に関する法律」による規律の対象とならないものはどれか。

1　死者の個人情報

2　法人の有する顧客情報や従業者情報

3　6歳未満の者の個人情報

4　外国人の個人情報

5　民間の病院のカルテに記載されている個人情報

解説

　個人情報保護法による規律の対象となる「個人情報」とは、生存する個人に関する情報であることが前提とされています（2条1項）。 テキスト p.816

1　対象とならない　死者の個人情報は「生存する個人に関する情報」に当たりませんので、個人情報保護法による規律の対象となりません。 テキスト p.816

2　対象となる　法人の有する顧客情報や従業者情報も「生存する個人に関する情報」に当たりますので、個人情報保護法による規律の対象となります。 テキスト p.816

3　対象となる　6歳未満の者の個人情報も「生存する個人に関する情報」に当たりますので、個人情報保護法による規律の対象となります。 テキスト p.816

4　対象となる　外国人の個人情報も「生存する個人に関する情報」に当たりますので、個人情報保護法による規律の対象となります。 テキスト p.816

5　対象となる　民間の病院のカルテに記載されている個人情報も、生存する患者のものであれば「生存する個人に関する情報」に当たりますので、個人情報保護法による規律の対象となります。 テキスト p.816

第6部
基礎知識

正解　1

43 個人情報保護法（個人情報取扱事業者の義務）

個人情報の保護に関する法律に関する次の記述のうち、正しいものはどれか。

1　個人情報取扱事業者は、個人データの取扱いの安全管理を図る措置をとった上で、個人データの取扱いについて、その一部を委託することは可能であるが、全部を委託することは禁止されている。

2　個人情報取扱事業者は、公衆衛生の向上のため特に必要がある場合には、個人情報によって識別される特定の個人である本人の同意を得ることが困難でない場合でも、個人データを当該本人から取得することができ、当該情報の第三者提供にあたっても、あらためて、当該本人の同意を得る必要はない。

3　個人情報取扱事業者は、合併その他の事由による事業の承継に伴って個人データの提供を受ける者が生じる場合には、個人情報によって識別される特定の個人である本人の同意を得なければならない。

4　個人情報取扱事業者は、地方公共団体が法令の定める事務を遂行することに対して協力する必要がある場合でも、個人情報によって識別される特定の個人である本人の同意を得た場合に限り、個人データを当該地方公共団体に提供することができる。

5　個人情報取扱事業者は、個人情報の取得にあたって通知し、又は公表した利用目的を変更した場合は、変更した利用目的について、個人情報によって識別される特定の個人である本人に通知し、又は公表しなければならない。

1 **誤り** 個人情報取扱事業者は、個人データの取扱いの**全部又は一部**を委託する場合は、その取扱いを委託された個人データの安全管理が図られるよう、委託を受けた者に対する必要かつ適切な監督を行わなければならないとされています（25条）。したがって、個人データの取扱いの全部を委託することも禁止されていません。 テキスト p.822

2 **誤り** 個人情報取扱事業者は、あらかじめ本人の同意を得ないで、個人データを第三者に提供してはなりませんが（27条1項）、公衆衛生の向上や児童の健全な育成の推進のために特に必要があり、**本人の同意を得ることが困難な場合には、本人の同意を得る必要はありません**（27条1項3号）。したがって、本人の同意を得ることが困難でない場合には、原則どおり、本人の同意を得る必要があります。 テキスト p.822

3 **誤り** 個人情報取扱事業者は、あらかじめ本人の同意を得ないで、個人データを第三者に提供してはなりませんが（27条1項）、**合併その他の事由による事業の承継に伴って個人データの提供を受ける者が生じる場合には、提供を受ける者は「第三者」に該当しません**（27条5項2号）。したがって、提供を受ける者は、本人の同意を得る必要はありません。 テキスト p.822

4 **誤り** 個人情報取扱事業者は、あらかじめ本人の同意を得ないで、個人データを第三者に提供してはなりませんが（27条1項）、地方公共団体が法令の定める事務を遂行することに対して協力する必要があり、**本人の同意を得ることにより当該事務の遂行に支障を及ぼすおそれがある場合には、本人の同意を得る必要がありません**（27条1項4号）。 テキスト p.822

5 **正しい** 個人情報取扱事業者は、個人情報の取得にあたって通知し、又は公表した利用目的を変更した場合は、変更した利用目的について、個人情報によって識別される特定の個人である**本人に通知し、又は公表しなければなりません**（21条3項）。 テキスト p.821

第6部 基礎知識

| 正解 | 5 |

44 個人情報保護法（適用除外）

　個人情報の保護に関する法律は、憲法上の自由との関係で、個人情報取扱事業者のうち一定の者については、その活動目的を基準として、第4章（個人情報取扱事業者の義務等）の規定を適用除外としている。次に掲げる事業者のうち、その名称が法の適用除外規定のリストに載っている者はいくつあるか。

ア　報道機関

イ　大学

ウ　宗教団体

エ　政治団体

オ　弁護士会

　　1　一つ

　　2　二つ

　　3　三つ

　　4　四つ

　　5　五つ

ア 　**載っている**　放送機関・新聞社・通信社その他の報道機関（報道を業として行う個人を含む）が報道の用に供する目的で利用する場合、個人情報取扱事業者の義務等の規定は適用されません（57条1項1号）。したがって、報道機関は、個人情報保護法の適用除外規定のリストに載っています。　テキスト p.824

イ 　**載っていない**　大学は、個人情報保護法の適用除外規定のリストに載っていません。従来、大学のような学術研究機関等は、適用除外規定のリストに載っていましたが、2021年の個人情報保護法の改正により、個別の義務規定ごとに適用されるものとそうでないものに分けられました。　テキスト p.824

ウ 　**載っている**　宗教団体が宗教活動（これに付随する活動を含む）の用に供する目的で利用する場合、個人情報取扱事業者の義務等の規定は適用されません（57条1項3号）。したがって、宗教団体は、個人情報保護法の適用除外規定のリストに載っています。　テキスト p.824

エ 　**載っている**　政治団体が政治活動（これに付随する活動を含む）の用に供する目的で利用する場合、個人情報取扱事業者の義務等の規定は適用されません（57条1項4号）。したがって、政治団体は、個人情報保護法の適用除外規定のリストに載っています。　テキスト p.824

オ 　**載っていない**　弁護士会は、個人情報保護法の適用除外規定のリストに載っていません。　テキスト p.824

第6部
基礎知識

🔥 **ポイント**　**適用除外の見分け方**

　個人情報保護法の適用除外規定のリストに載っているのは、憲法上の自由が保障されている団体です（例えば、信教の自由が保障されている宗教団体などです）。

正解　**3（ア・ウ・エの三つ）**

45 個人情報保護法（行政機関等の義務）

Check !
／　／　／　平18-57改

難易度 **易**　重要度 **A**

　「個人情報の保護に関する法律」に関する次の記述のうち、妥当なものはどれか。

1　この法律は、個人情報である限り、日本国民に関する情報のみならず外国人に関する情報も保護の対象としている。

2　行政機関等は、個人情報を保有するにあたっては、利用の目的をできる限り特定しなければならず、また最初に個人情報を保有した目的を変更してはならない。

3　本人から、直接、書面に記録された当該本人の個人情報を取得するときには、取得の状況からみて利用目的が明らかであっても、利用目的を明示しなければならない。

4　この法律によれば本人の個人情報はすべて本人に開示されるが、本人以外の個人情報等一定の不開示情報は原則として開示されない。

5　この法律に基づく訂正は、保有個人情報の内容が事実でない場合のみならず、評価・判断の内容が不当な場合にも行われる。

1 　**妥当である**　　「個人情報」とは、生存する個人に関する情報であることが前提とされています（2条1項）。そして、個人情報保護法は、個人情報である限り、日本国民に関する情報のみならず外国人に関する情報も保護の対象としています。 テキスト p.816

2 　**妥当でない**　　行政機関等は、個人情報を保有するに当たっては、その利用の目的をできる限り特定しなければならず（61条1項）、利用目的を変更する場合には、変更前の利用目的と相当の関連性を有すると合理的に認められる範囲を超えて行ってはなりません（61条3項）。したがって、利用目的の変更がまったく認められないわけではありません。 テキスト p.826

3 　**妥当でない**　　行政機関等は、本人から直接書面（電磁的記録を含む）に記録された当該本人の個人情報を取得するときは、原則として、あらかじめ、本人に対し、その利用目的を明示しなければなりません（62条柱書）。ただし、取得の状況からみて利用目的が明らかであるときは、利用目的の明示は不要です（62条4号）。 テキスト p.826

4 　**妥当でない**　　本人の個人情報であっても、本人の生命・健康・生活・財産を害するおそれがある情報などは開示されません（78条1項1号）。 テキスト p.827

5 　**妥当でない**　　何人も、自己を本人とする保有個人情報の内容が事実でないと思料するときは、当該保有個人情報を保有する行政機関の長等に対し、当該保有個人情報の訂正を請求することができます（90条1項本文）。しかし、評価・判断の内容が不当な場合には、保有個人情報の訂正を請求することができません。 テキスト p.827

第6部 基礎知識

正解 　**1**

46 個人情報保護法（行政機関等の義務）

個人情報保護法*に関する次の記述のうち、正しいものの組合せはどれか。

ア　この法律は、行政機関ではない会計検査院には適用されない。

イ　この法律は、行政機関の長等に対し、公的個人認証の方法による安全管理措置を講じるよう義務づけている。

ウ　個人は成人にならなくとも、行政機関の長等に対し、当該行政機関の長等の属する行政機関等の保有する自己を本人とする保有個人情報の開示を請求することができる。

エ　行政機関の長に対し開示請求をする者は、開示にかかる手数料を実費の範囲内で納めなければならない。

1　ア・イ
2　ア・ウ
3　イ・ウ
4　イ・エ
5　ウ・エ

（注）　＊　個人情報の保護に関する法律

解説

ア 　**誤り**　個人情報保護法における「行政機関」とは、各省庁や会計検査院などの国の行政機関をいいます（2条8項）。したがって、個人情報保護法は、会計検査院にも適用されます。 テキスト p.819

イ 　**誤り**　行政機関の長等は、保有個人情報の漏えい・滅失・毀損の防止その他の保有個人情報の安全管理のために必要かつ適切な措置を講じなければなりません（66条1項）。このように、安全管理措置の方法は「必要かつ適切な措置」とされているにとどまり、公的個人認証の方法による安全管理措置を講じることが義務付けられているわけではありません。 テキスト p.826

ウ 　**正しい**　何人も、行政機関の長等に対し、当該行政機関の長等の属する行政機関等の保有する自己を本人とする保有個人情報の開示請求をすることができます（76条1項）。したがって、個人は成人にならなくとも（未成年者であっても）、開示請求をすることができます。 テキスト p.826

エ 　**正しい**　行政機関の長に対し開示請求をする者は、実費の範囲内において手数料を納めなければなりません（89条1項）。 テキスト p.827

正解　**5（ウ・エ）**

47 個人情報保護法（個人情報保護委員会）

Check!
／　／　／　令元-57

難易度 **易**　重要度 **A**

個人情報保護委員会に関する次の記述のうち、妥当でないものはどれか。

1　個人情報保護委員会は、総務大臣、経済産業大臣および厚生労働大臣の共管である。

2　個人情報保護委員会は、法律の施行に必要な限度において、個人情報取扱事業者に対し、必要な報告または資料の提出を求めることができる。

3　個人情報保護委員会の委員長および委員は、在任中、政党その他の政治団体の役員となり、または積極的に政治運動をしてはならない。

4　個人情報保護委員会は、認定個人情報保護団体*が法律の定める認定取消要件に該当する場合には、その認定を取り消すことができる。

5　個人情報保護委員会の委員長、委員、専門委員および事務局の職員は、その職務を退いた後も、職務上知ることのできた秘密を漏らし、または盗用してはならない。

（注）　＊　認定個人情報保護団体とは、個人情報の適正な取扱いの確保を目的として、個人情報保護委員会の認定（個人情報の保護に関する法律47条）を受けた団体を指す。

1 　妥当でない　 個人情報保護委員会は、総務大臣、経済産業大臣および厚生労働大臣の共管ではなく、内閣総理大臣の所轄に属します（130条2項）。テキスト p.828

2 　妥当である　 個人情報保護委員会は、法律の施行に必要な限度において、個人情報取扱事業者に対し、必要な報告または資料の提出を求めることができます（146条1項）。テキスト p.828

3 　妥当である　 個人情報保護委員会の委員長および委員は、在任中、政党その他の政治団体の役員となり、または積極的に政治運動をしてはなりません（142条1項）。テキスト p.829

4 　妥当である　 個人情報保護委員会は、認定個人情報保護団体が法律の定める認定取消要件に該当する場合には、その認定を取り消すことができます（155条1項）。テキスト p.829

5 　妥当である　 個人情報保護委員会の委員長、委員、専門委員および事務局の職員は、その職務を退いた後も、職務上知ることのできた秘密を漏らし、または盗用してはなりません（143条）。テキスト p.829

第6部

基礎知識

正解　1

48 情報公開制度

情報公開制度に関する次の記述のうち、誤っているものはどれか。

1　情報公開制度については、地方自治体の条例制定が先行し、その後、国の法律が制定された。

2　国の法律の制定順序については、まず、行政機関が対象とされ、その後、独立行政法人等について別の法律が制定された。

3　地方自治体の情報公開条例は、通例、地方自治の本旨を、国の情報公開法は知る権利を、それぞれ目的規定に掲げている。

4　行政文書の開示請求権者については、国の場合は何人もとされているが、今日では、地方自治体の場合にも何人もとするところが多い。

5　開示請求手数料については、国の場合には有料であるが、地方自治体の開示請求では無料とする場合が多い。

1 | 正しい | 情報公開制度については、**地方自治体の条例制定が先行**し、その後、国の法律が制定されました。 テキスト p.830

2 | 正しい | 国の法律の制定順序については、**まず、行政機関が対象**とされ（1999年成立）、その後、独立行政法人等について別の法律が制定されました（2001年）。 テキスト p.830

3 | 誤り | 地方自治体の情報公開条例は、通例、地方自治の本旨を目的規定に掲げていますから、前半は正しいです。しかし、**国の情報公開法は、知る権利を目的規定に掲げていません**から（１条）、後半は誤りです。
テキスト p.830、831

4 | 正しい | 行政文書の開示請求権者については、**国の場合は何人も**とされています（３条）。また、今日では、**地方自治体の場合にも何人も**とするところが多くなっています。 テキスト p.831、832

5 | 正しい | 開示請求手数料については、**国の場合には有料**とされています（16条１項）。しかし、**地方自治体の開示請求では無料**とする場合が多くなっています。 テキスト p.831

正解 3

49 公文書管理法

　公文書管理法（公文書等の管理に関する法律）に関する次の文章のうち、誤っているものはどれか。

1　公文書管理法には、行政機関の職員の文書作成義務を定める規定が置かれている。
2　公文書管理法は、行政機関の長が毎年度行政文書の管理の状況を内閣総理大臣に報告しなければならないと定めている。
3　公文書管理法は、行政機関の長が行政文書の管理に関する定め（行政文書管理規則）を設けなければならないと定めている。
4　公文書管理法は、行政機関の長が保存期間が満了した行政文書ファイル等を廃棄しようとするときは、あらかじめ内閣総理大臣に協議し、その同意を得なければならないと定めている。
5　公文書管理法は、行政機関の職員が行政文書ファイル等を違法に廃棄した場合の罰則について定めている。

解説

1 正しい　行政機関の職員は、公文書管理法の目的の達成に資するため、当該行政機関における経緯も含めた意思決定に至る過程、当該行政機関の事務・事業の実績を合理的に跡付け、又は検証することができるよう、処理に係る事案が軽微なものである場合を除き、所定の事項について文書を作成しなければなりません（4条）。 テキスト p.834

2 正しい　行政機関の長は、行政文書の管理の状況について、毎年度、内閣総理大臣に報告しなければなりません（9条1項）。 テキスト p.835

3 正しい　行政機関の長は、行政文書の管理が適正に行われることを確保するため、行政文書の管理に関する定め（行政文書管理規則）を設けなければなりません（10条1項）。 テキスト p.835

4 正しい　行政機関の長は、保存期間が満了した行政文書ファイル等を廃棄しようとするときは、あらかじめ、内閣総理大臣に協議し、その同意を得なければなりません（8条2項）。 テキスト p.835

5 誤り　公文書管理法には、そもそも罰則規定は設けられていないことから、行政機関の職員が行政文書ファイル等を違法に廃棄した場合の罰則も定めていません。 テキスト p.835

正解　　5

50　内容把握問題

　次の文章は、「公共哲学」について述べているが、ア～オの記述のうち、本文の趣旨と合うものの組合せとして、妥当なものはどれか。

　「広く社会一般に利害や正義を有する性質」（『広辞苑』第五版）という意味での公共性は、政府だけではなく、市民、国民、住民などの総称としての「民（たみ）」も担っているのであり、その解明には、既存の社会科学パラダイム*では不十分で、「政府の公（オフィシャル）」と「民の公共（パブリック）」を区別しつつ、その「相互作用」を明らかにする公共哲学が不可欠となる。

　このような公共哲学は、滅私奉公で国家への忠誠を謳った戦前の「公哲学」とは全く異なるし、また現代のリベラリズムが説くような「公私二元論」にも満足しない。政治や司法などの領域や国家の税金で賄われる組織を「公領域」と考え、個人の幸福追求や家庭はもとより、経済や宗教なども「私的領域」とみなす公私二元論は、経済や宗教や家庭がもつ公共的次元を看過している。

　公哲学に反対し、公私二元論に与さないこの公共哲学は、個人が「他者とのコミュニケーション」を通して自分を活かしながら、「民の公共性」を開花させ、「政府の公」をできるだけ開いていくという意味での「活私開公」を志向する。唯我論や利己主義と異なるこの人間像によって、また集団主義と異なるこの社会像によって、「個人の尊厳と公共性」は対立するどころか補完しあうと、公共哲学は考えるのである。

　さらにまた、公共哲学は、「現実主義VS.理想主義」「グローバリズムVS.ローカリズム」といった二項対立に風穴をあける。前者についていえば、社会が現実に「ある」姿の考察と、社会の「あるべき」理想と、その理想が「実現できる」可能性の三つを区別しつつも切り離さない方法論によって、公共哲学は、単なる現実主義や理想主義と区別された「理想主義的現実主義」ないし「現実主義的理想主義」をモットーとする。後者についていえば、各自がそれぞれの「現場」や「地域」（ローカリティ）に根ざしながら、平和、環境、福祉などグローバルな問

題を追究する「グローカルな視座」を重視する。

　かくして公共哲学は、哲学不在の日本社会の閉塞状態を突破する起爆剤を、人々に提供するのである。

（出典　山脇直司「哲学不在の社会とその突破口」より）

（注）　＊　パラダイム：ある分野での、その時代ないし社会で共有している思考の枠組み、学問の方法論。（共通の基準の意でも使われる。）

ア　「民の公共」という表現が「民」であるにもかかわらず「公」であるのは、正義という規律が、個人の行動、意志まで制約する社会基盤であることによる。

イ　公共哲学の使命は、パブリックの立場がオフィシャルと対立する構造を明確にすることで、個人の立場を社会的に意味づけることを保証する点にある。

ウ　公私二元論の限界を打破するには、二項対立的な考え方の限界に対して、民のもつ社会性を認識させ「公」につながる役割を明確にすることが必要である。

エ　二項対立は、「公の中心性」に対して「民の個人性」を考えるので、公共哲学のあるべき理想を考えるとき、経済や宗教等をいかに活用するかがポイントとなる。

オ　「グローカル」という語は、グローバルとローカルのそれぞれの視点を統合しており、既存の二項対立的な社会科学的パラダイムから脱した新たな考え方を示したものである。

1　ア・ウ
2　ア・エ
3　イ・エ
4　ウ・オ
5　エ・オ

第6部

基礎知識

解説

ア [合わない]　第3段落に「『個人の尊厳と公共性』は対立するどころか補完しあう」とありますから、本肢の「正義という規律が、個人の行動、意志まで制約する社会基盤である」という部分は、本文の趣旨と合わないといえます。

イ [合わない]　第1段落に「『政府の公（オフィシャル）』と『民の公共（パブリック）』を区別しつつ、その『相互作用』を明らかにする公共哲学」とありますから、公共哲学の使命は、パブリックの立場がオフィシャルと対立する構造を明確にすることではありません。

ウ [合う]　第3段落に「公私二元論に与さないこの公共哲学は、個人が『他者とのコミュニケーション』を通して自分を活かしながら、『民の公共性』を開花させ、『政府の公』をできるだけ開いていくという意味での『活私開公』を志向する」とありますから、公私二元論の限界を打破するには、二項対立的な考え方の限界に対して、民のもつ社会性を認識させ「公」につながる役割を明確にすることが必要であるといえます。

エ [合わない]　本肢のような「公共哲学のあるべき理想を考えるとき、経済や宗教等をいかに活用するかがポイントとなる」といった内容は、本文では述べられていません。

オ [合う]　第4段落に「公共哲学は、『現実主義VS.理想主義』『グローバリズムVS.ローカリズム』といった二項対立に風穴をあける」とありますから、「グローカル」という語は、既存の二項対立的な社会科学的パラダイムから脱した新たな考え方を示したものであるといえます。また、その後に「各自がそれぞれの『現場』や『地域』（ローカリティ）に根ざしながら、平和、環境、福祉などグローバルな問題を追究する『グローカルな視座』を重視する」とありますから、「グローカル」という語は、グローバルとローカルのそれぞれの視点を統合しているといえます。

正解　**4（ウ・オ）**

第6部

基礎知識

51 空欄補充問題

　本文は、川端康成の小説『伊豆の踊子』に関する文章である。

　伊豆の徒歩旅行中の主人公（旧制第一高等学校の学生）は旅芸人の踊子達と道連れとなった。

　冒頭に引用されている場面（下線を施した部分）は、別々の宿に泊まった翌朝、朝風呂に入って主人公を対岸の共同浴場から見つけた踊子の様子を描いたものである。

　本文中の空欄　Ⅰ　～　Ⅳ　に当てはまるものの組合せとして、適切なものはどれか。

　仄暗い湯殿の奥から、突然裸の女が走り出して来たかと思ふと、脱衣場の突鼻に川岸へ飛下りさうな格好で立ち、両手を一ぱいに伸して何か叫んでゐる。手拭もない真裸だ。それが踊子だった。若桐のやうに足のよく伸びた白い裸身を眺めて、私は心に清水を感じ、ほうつと深い息を吐いてから、ことこと笑つた。子供なんだ。

　（中略）主人公が、コトコト笑った背景を確認しておこう。

　今から八〇年も前の話。旅芸人は、かなり差別的に扱われ、この話も、踊子は、時に身を売ることだってある、という設定で書かれている。事実、「茶店の婆さん」も、主人公に向かって、踊子たちは、「お客があればあり次第、どこにだつて泊るんでございますよ」と、ずいぶんなことを平気で言っている。

　その婆さんの「甚だしい軽蔑を含んだ」言葉に、主人公は、「それならば、踊子を今夜は私の部屋に泊らせるのだ」と、義憤にかられたりする。一晩だけでも、守ってやるつもりなのである。けれども、踊子は、ほかの芸人たちと共に宿屋の座敷に呼ばれ、三味線にあわせて、太鼓をたたき続ける。その太鼓の音がとだえ、夜が静まりかえると、主人公は、「踊子の今夜が汚れるのであらうか」と思って、悶々とするのである。

　そして、明けた朝。

　主人公は、旅芸人の一行の男と、一緒に風呂に行く。そのあとに、前に引用したシーンが続く。

　それで、主人公は、自分が想像していたことなど、まったく起こらなかったことを瞬時に悟るのである。「子供なんだ」という思いには、主人公の、安堵をはじめとした、

さまざまに重なる気持ちがこもっている。

　その思いで、主人公は、「ことこと笑つた」のである。（中略）
主人公が、「けたけた」笑ったらどうか。これはどうも、ちょっと軽すぎる。踊子のことを何かバカにしているようなニュアンスさえ感じる。

　「けらけら」笑ったらどうか。明るい感じは、よい。好意も感じる。しかし、明るすぎないか。落ち着きがない。ちょっと品もない。

　「からから」笑ったらどうか。朗らかである。心地よい。これは、悪くない。けれども、やはり明るすぎる。快活すぎる。主人公の、　Ⅰ　は何だったのか、といぶかしくなる。

　「あはあは」も同じ。無邪気だが、明るすぎ。（中略）

　「ころころ」笑ったらどうか。これは、かなり近い。悪くない。しかし、ちょっと幼すぎるのではないか。

　「がはがは」「げたげた」「げらげら」。論外。声が大きすぎ。品もなさすぎ。

　今までのところから得られるのは、軽く、明るく、しかし、はじけすぎず、　Ⅱ　を表わしている、というところであろう。

　もう少し、考え続けてみる。

　「にこにこ」笑ったらどうか。これも悪くない。踊子への、優しいまなざしを感じる。しかし、まあ、ありきたりである。また、これは、踊子への直接的なまなざしは表現できるが、　Ⅲ　が、どこか感じられない。また、これには、声がない。

　「くすっ」と笑ったらどうか。これも悪くない。優しいまなざしと、好意。けれども、これでは、瞬間的すぎる。　Ⅳ　が表現しきれていない。この点、「にこっ」と笑う、も同じである。

　（小野正弘『オノマトペがあるから日本語は楽しい　擬音語・擬態語の豊かな世界』より）

ア　穏やかな行為
イ　あの悶々とした気持ち
ウ　自分でも押さえきれないほど、こみ上げてくる笑い
エ　自省というか、内観というか、とにかく、自分自身の気持ちの深まり

	Ⅰ	Ⅱ	Ⅲ	Ⅳ
1	イ	ア	エ	ウ
2	イ	ウ	エ	ア
3	エ	ア	イ	ウ
4	エ	ウ	ア	イ
5	エ	ウ	イ	ア

❶ 「やはり明るすぎる。快活すぎる。主人公の、 I は何だったのか、とい ぶかしくなる」とありますから、 I には「明るい」「快活」といった意味 と反対の意味が入るところ、イの「悶々とした気持ち」は、これに合致しま す。また、「何だったのか」と過去形を用いているところ、エの「自省」「内 観」「自分自身の気持ちの深まり」は主人公がことこと笑った場面における気 持ちであるのに対し、イの「悶々とした気持ち」はことこと笑う場面より前の 気持ちですから、イのほうが過去形に合致します。したがって、 I にはイ の「あの悶々とした気持ち」が入ることがわかりますから、選択肢3〜5を消 去します。

❷ 次に、「これでは、瞬間的すぎる。 IV が表現しきれていない」とありま すから、 IV には瞬間的ではない、すなわち継続的な意味の語句が入ること がわかります。したがって、 IV にはウの「自分でも押さえきれないほど、 こみ上げてくる笑い」が入ることがわかりますから、選択肢2を消去し、正解 が「1」と判断できます。

正解	1

第
6
部

基礎知識

52　空欄補充問題

　本文中の空欄　ア　〜　ウ　に入る言葉の組み合わせとして適当なものはどれか。

　どのように技術は習得されるのであろうか。日本伝統芸能の演者の述懐には、彼らがどのように基本の動きや身のこなしを習得していったかがしばしば述べられている。たとえば歌舞伎役者の場合、基本的に代々の家系によって受け継がれ、幼いころからその特殊な環境に身を置きながら、伝統を体現していくことが求められていく。いくら幼い子どもでも、彼らの周りがそうだから、芸事や稽古はみな日常的なものとなる。彼らは、幼い頃から何度も稽古を重ね、身体に身振りを染みこませ、身体に覚えさせるのだという。

　このような　ア　に基づいて得られた身体的な知とは「暗黙知」とか「身体知」とよばれている。自転車に乗るように、スポーツをするように、なかなか言葉では言い表せないような体に染みついた知識となっている状態だ。一度獲得してしまうと、それが当たり前のような状態になる。(中略)

　伝統的に歌舞伎の世界では、次世代に伝えるべきことを書いて残すことをしない。彼らはあえて書かないのではなく、卓越者の演じ方や振る舞いについてはそもそも書けないのだという。やり方やきまりについては書こうと思えば書けるけれども、卓越者の　イ　に見られる彼らの気持ちの問題、感性の部分については書きようがない、というのだ。(中略)

　ある歌舞伎役者は、基本的な動きや身のこなしができるようになってはじめて役になりきることができ、そのような基礎が身につかなければ芸の面白さが見る人たちに伝わらないのだとも述べている。書き記し、マニュアル化することができるものは、知識や理解の断片に過ぎない。もちろん、これらがきちんと習得されなければ、その先にある面白さを伝えることはできない。

　そしてそれらの断片の全てがつながったとき、それ以上のものが発揮されるのだろう。全体は部分の総和ではない。これはゲシュタルト心理学の考え方に詰め

込まれている。ゲシュタルトというのはドイツ語で（まとまった）形、形態を意味する言葉だ。まとまりの感じ方は、一つひとつの部分ではなく部分同士の関係による。全体は部分の総和以上のものである、という言葉は、心理学では使い古された言葉ではあるが、面白さや美しさといった芸術のメッセージの伝わり方が、個々の技術や表現の総和を超えたものであることに　ウ　性を与えてくれる。

（川畑秀明「脳は美をどう感じるか－アートの脳科学」より）

	ア	イ	ウ
1	芸事	表現	蓋然
2	芸事	表情	普遍
3	家系	技術	情緒
4	経験	表情	情緒
5	経験	表現	普遍

❶　まず　ア　から検討すると、「このような　ア　に基づいて得られた身体的な知」とありますから、「このような」が指し示している内容がわかれば、それをヒントに　ア　に入る言葉がわかります。そして、直前に、「彼らは、幼い頃から何度も稽古を重ね、身体に身振りを染みこませ、身体に覚えさせるのだという。」という一文があり、この一文が、「このような」が指し示している内容だということがわかります。つまり、「幼い頃から何度も稽古を重ね、身体に身振りを染みこませ、身体に覚えさせる」＝「このような　ア　」という等式が成立することになります。ここで選択肢を見ると、　ア　には「芸事」「家系」「経験」のいずれかが入ることがわかります。そして、「何度も稽古を重ね、身体に身振りを染みこませ、身体に覚えさせる」ということは、まさに「経験」を積む、ということにほかなりませんから、　ア　には「経験」が入ることがわかります。また、　ア　の直後に「体に染みついた知識となっている状態」とあることからも、　ア　に入れる言葉は「経験」がふさわしいと確認できます。

❷　次に　イ　を検討します。　イ　の置かれている第3段落を最初から読んでみると、「伝統的に歌舞伎の世界では、次世代に伝えるべきことを書いて残すことをしない。」とありますので、以下の文では、「書いて残すことをしないというのはなぜか？」ということについての説明がされているものと予測できます。そこでさらに読み進めていくと、「あえて書かないのではなく、卓越者の演じ方や振る舞いについてはそもそも書けないのだという。」→「…卓越者の　イ　に見られる彼らの気持ちの問題、感性の部分については書きようがない、というのだ。」と論が展開していきます。ここで、2つの文の文末に「書けない」「書きようがない」という、同じような意味をあらわす言葉が使われていることに注目すると、この2つの文は、同じような意味の言葉を繰り返しているのではないか、という予測が成り立ち、各文の、「卓越者の演じ方や振る舞い」という部分と「卓越者の　イ　」という部分は対応関係にあることがわかります。そして、選択肢を確認すると、　イ　には「表現」「技術」「表情」のいずれかが入りますが、「演じ方や振る舞い」とはすなわち「表現」のことなので、　イ　には「表現」が入ります。

❸　この時点で「5」が正解だと判断できるのですが、念のため　ウ　も検討します。第5段落を読むと、「面白さや美しさといった芸術のメッセージの伝わり方が、個々の技術や表現の総和を超えたものである」ということが、「全体

は部分の総和以上のものである」という言葉によって、「　ウ　性」を与えられる、という内容になっており、問題文全体の文脈に照らせば、　ウ　には「普遍」を入れるのが最も適当であり、正解は「5」であると確認できます。

正解　　5

53　空欄補充問題

難易度　**易**　重要度　**A**

本文中の空欄 Ⅰ ～ Ⅳ に入る言葉の組合せとして適当なものはどれか。

　作者、それも近代的な意味でいう作者の誕生は、コロンブスの航海と切り離して考えることはできません。いきなりなにを、と驚かれるかもしれないので、まず順を追って話をさせていただきます。まず近代的ではない作者とはどういうものだったのか。中世においては、それぞれの分野に権威とみなされる存在がいました。修辞学ではローマ時代のキケロ、弁証法とか哲学ではアリストテレス、天文学ではプトレマイオス、文法ではローマ時代の詩人たちなどです。もちろん神学の場合は、聖書あるいは福音書の作者たちが権威の源泉でした。とにかくこういういろいろな分野に、権威ある人物とか書物が存在した中世において、作者というのは、権威ある書物についての該博な知識をもち、それを Ⅰ できる人間でした。なにか出来事なり現象が生じた場合、それを過去の権威あるいは権威ある書物と照らしあわせて、過去の権威にもとづいてアレゴリカルな解釈のできる人間、それが中世的意味でいう作者でした。なにか個人的な体験があったとします。そうした体験を、中世の作者は、たとえばそれは聖書のここに書いている事件と符合するとか、イエスの生涯のこの時期のこれと同じであるということを確認して、意味づけることができたのです。

　ところがコロンブスの航海ののち、意味づけができないものが、どんどん西欧に入ってくる。もちろん、新世界での出来事を、過去の権威ある書物に引き寄せて解釈する試みは決して途絶えたわけでもなく破綻を宣告されたわけでもなかったのですが、にもかかわらず、過去の権威ある書物では Ⅱ しきれないことがでてくる。ヨーロッパ人には未知のものが伝えられてくる。たとえば探検家が新世界にゆき、その地で見慣れないものを発見する。原住民にきいてみると、これはトマトでありポテトであるという。そういうはじめてのものがヨーロッパに伝えられたときの衝撃は容易に想像できます。つまり過去の権威は完全無欠ではないとわかってしまった。かわりに、「原住民に聞いたら、これはポテトだといっ

た」という個人的な体験に、最大最高の価値が付与されるようになります。わたしはそこに行ってきた。見てきた。聞いてきた。こうした体験を $\boxed{\text{Ⅲ}}$ することによって、その人間はいわば権威の拠り所となったのです。

かくしてみずからを権威の拠り所とする近代的作者が、新世界の「発見」とともに誕生したのです。ただ、ここでも誤解のないよう付け加えれば、これは、西欧では小説家の先祖が、みな、新大陸の探検家か冒険家あるいは旅行者であるということではありません。そうではなくて、新世界の消息を伝えるというかたちで、経験だけを拠り所とする文化領域が新たに誕生し、それが、自己のみを権威の拠り所とする近代的作者の可能性を $\boxed{\text{Ⅳ}}$ することになったということです。

（大橋洋一「新文学入門」より）

	Ⅰ	Ⅱ	Ⅲ	Ⅳ
1	応用	理解	通達	示唆
2	応用	対応	報告	導入
3	体験	理解	報告	承認
4	解釈	想像	通達	導入
5	体験	対応	論証	承認

第6部

基礎知識

❶ まず ⅠⅠ から検討します。「権威ある書物についての該博な知識をもち、それを ⅠⅠ できる人間」という部分はその直後の「現象…を…権威ある書物と照らしあわせて、過去の権威にもとづいて…解釈のできる人間」という部分と対応関係にあり、現象を権威ある書物と照らしあわせるということは、権威ある書物の知識を「応用」している、ということに他ならないため、 ⅠⅠ には「応用」が入るとわかり、この時点で選択肢3・4・5を消去することができます。

❷ 次に ⅢⅢ を検討します。 ⅢⅢ の前の部分の「(探検家によって)未知のものが伝えられてくる」「はじめてのものがヨーロッパに伝えられた」「わたしはそこに行ってきた。見てきた。聞いてきた」という表現から考えると、 ⅢⅢ には、目上の者が目下の者に告げ知らせるといったニュアンスをもつ「通達」よりも、ただ単に告げ知らせるというニュアンスの強い「報告」を当てはめるのが最適であると考えられます。この時点で正解は2とわかりますが、念のため ⅡⅡ に「対応」、 ⅣⅣ に「導入」を当てはめて読んでみても特に不自然な点や筋の通らない点はないため、正解は2であると確定できます。

正解	2

第6部

基礎知識

54 空欄補充問題

難易度 **易**　重要度 **A**

　本文中の空欄 $\boxed{\text{I}}$ ～ $\boxed{\text{IV}}$ には、それぞれあとのア～エのいずれかの文が入る。その組合せとして妥当なものはどれか。

　私たちはこれまで常に「誰かが意味を与えてくれる」ことに慣れていた。子どものときは親が意味を与えてくれる。学校が意味を与えてくれる。そして就職すれば会社が意味を与えてくれる。そのように社会の側が私たちの「生きる意味」を与えてくれていた。$\boxed{\hspace{4cm}\text{I}\hspace{4cm}}$ 。

　社会が転換期を迎えるときには、評論家とかオピニオンリーダーと呼ばれる人たちが次の時代に目指すべき意味を指し示してくれてきた。そして私たちは「次の時代の潮流に乗り遅れないようにしなければ」と必死だった。$\boxed{\hspace{5cm}\text{II}\hspace{1cm}}$ 。

　かなり前から「これからはモノの時代ではなく、心の時代だ」と言われるようになった。そして新聞などの世論調査を見ても、「モノより心だ」という意識は顕著に表れてきているし、私もその方向性には共感を覚える。しかし繰り返し「心の時代」が説かれているにもかかわらず、私たちがいっこうに豊かさを感じることができないのは何故だろう。

　それは「心の時代」の「心」が誰の心なのかという出発点に全く意識が払われていないからだ。「心の時代」の「心」が誰の心なのかと言われれば、それは「あなたの心」でしかありえない。「心の時代」とは私たちひとりひとりの心の満足が出発点になる時代のことなのだ。$\boxed{\hspace{4cm}\text{III}\hspace{3cm}}$ 。

　あなたの人生のQOL、クオリティー・オブ・ライフは、あなた自身が自分自身の「生きる意味」をどこに定めるかで決まってくるものだ。評論家やオピニオンリーダーの言うことを鵜呑みにしてしまうのでは、それは既にあなたの人生のQOLではなくなってしまう。この混迷する世の中で、「あなたはこう生きろ！」「こうすれば成功する！」といった書物が溢れている。そして、自信のない私たちはそうした教えに頼ってしまいそうになる。$\boxed{\hspace{4cm}\text{IV}\hspace{4cm}}$ 。

（出典　上田紀行「生きる意味」から）

ア　しかし、「おすがり」からは何も生まれない

イ　しかし誰かが指し示す潮流にただ流されて進んでいくことからは、もはや私たちの生き方は生まれえないのである

ウ　しかし、私たちの多くはこれまでのように「誰かが私たちの心を満足させてくれる方法を教えてくれるだろう」とか「心の時代の上手な生き方を示してくれるだろう」と思ってしまっている

エ　しかし、いまやその「与えられる」意味を生きても私たちに幸せは訪れない

	Ⅰ	Ⅱ	Ⅲ	Ⅳ
1	ア	ウ	イ	エ
2	イ	ア	エ	ウ
3	ウ	エ	ア	イ
4	エ	イ	ウ	ア
5	エ	ウ	イ	ア

第6部

基礎知識

解説

❶ まず、ア〜エの肢を見ると、いずれも「しかし」という接続語で始まっています。そして、「しかし」という接続語は、前の文と反対の内容を述べるときに使われます。そこで、 Ⅰ の前の文を見ると、「社会の側が私たちの『生きる意味』を与えてくれていた」とあります。これと反対の内容を述べているのは、エの「いまやその『与えられる』意味を生きても私たちに幸せは訪れない」ですから、 Ⅰ にはエが入ります。この時点で、正解は「4」か「5」に絞られます。

❷ 次に、 Ⅱ の前の文を見ると、「私たちは『次の時代の潮流に乗り遅れないようにしなければ』と必死だった」とあります。これと反対の内容を述べているのは、イの「誰かが指し示す潮流にただ流されて進んでいくことからは、もはや私たちの生き方は生まれえないのである」ですから、 Ⅱ にはイが入ります。この時点で、正解は「4」と確定できます。

❸ 念のため、 Ⅲ の前の文を見ると、「『心の時代』とは私たちひとりひとりの心の満足が出発点になる時代のことなのだ」とあります。これと反対の内容を述べているのは、ウの「私たちの多くはこれまでのように…『心の時代の上手な生き方を示してくれるだろう』と思ってしまっている」ですから、 Ⅲ にはウが入ります。

❹ また、 Ⅳ の前の文を見ると、「自信のない私たちはそうした教えに頼ってしまいそうになる」とあります。これと反対の内容を述べているのは、アの「『おすがり』からは何も生まれない」ですから（「頼る」と「すがる」は類義語です）、 Ⅳ にはアが入ります。

正解	4

第6部

基礎知識

55 空欄補充問題

　本文中の空欄 I ～ V には、それぞれあとのア～オのいずれかの文が入る。その組合せとして妥当なものはどれか。

　言葉というのは、人間が持っているコミュニケーション手段であり、これが人間の最大の特徴だといっても良い。言葉によってコミュニケーションが取れない状態というのは、人間的な行為がほとんどできない状況に近い。しかし、それでも、その言葉は、それを発する人の本心だという保証はまったくないのである。故意に嘘をつくこともできるし、また、言い間違える、ついうっかり発言してしまう、無意識に言ってしまう、売り言葉に買い言葉で返してしまう、などなど、多分にエラーを含んだものである。　　　I　　　。行動で判断できるのは、単に「好意的」か「敵対的」かといった雰囲気でしかない。

　したがって、自分が認められていない、という判断は、多分に主観であるから、自分で自分の寂しさ、孤独感を誘発することになる。仲間の中に自分がいても、孤独を感じることになる。　　　II　　　。孤独とは、基本的に主観が作るものなのである。

　　　III　　　。大人になれば、あからさまな危害というのは（法律で禁止されているわけだから）滅多に受けないが、子供のうちは、そうともいえない。突然暴力を振るってくる他者がすぐ近くにいるかもしれない。相手にも相手の理屈があって、「目つきが悪い」というような言いがかりをつけられることだってあるだろう（大人でも、不良ややくざならあるかも）。　　　IV　　　。こういった物理的な被害があれば、誰でも、「自分はあいつにとっては良い子ではない」と判断するだろう。　　　V　　　。これなどは、客観に近いといえるかもしれない。

（出典　森博嗣「孤独の価値」から）

ア　しかし、これ以外に、相手の気持ちというのはなかなか認知できない

イ　勝手な主観で、「敵対的」だと判断され、先制攻撃を受けるわけである

ウ　ようするに「気に入られていない」状況であり、つまりは、認められていないわけである

エ　ただ、もちろん、主観とはいえないような状況も存在する

オ　それは、たとえば、都会のような大勢の人々がいる場所でも孤独になれるということだ

	I	II	III	IV	V
1	ア	イ	エ	オ	ウ
2	ア	オ	エ	イ	ウ
3	イ	オ	ウ	ア	エ
4	エ	ウ	オ	イ	ア
5	オ	エ	イ	ア	ウ

解説

❶　まず、 Ⅳ から検討します。空欄の少し前の部分に「相手にも相手の理屈があって、「目つきが悪い」というような言いがかりをつけられることだってあるだろう」とあるところ、これはまさに肢イの、「勝手な主観で、「敵対的」だと判断され、先制攻撃を受けるわけである」ということに他ならないため、 Ⅳ には肢イが入ることがわかり、この時点で選択肢1・3・5を消去することができます。

❷　次に Ⅲ を検討します。これは Ⅳ に「勝手な主観で、「敵対的」だと判断され、先制攻撃を受けるわけである」が入ることから考えると、これはまさに、肢エの「主観とはいえないような状況」に他なりませんから、 Ⅲ には肢エが入ることがわかります。

❸　この時点で正解は2とわかりますが、念のため Ⅰ にア、 Ⅱ にオ、 Ⅴ にウを当てはめて読んでみても特に不自然な点や筋の通らない点はないため、正解は2であると確定できます。

正解　2

56 並べ替え問題

　次のア～オの文は、枠内の文に続く一連の文章をバラバラにしたものである。正しい順序は、1～5のうちどれか。

　科学者の造る共同体では、科学者は、自分の関心に従って研究を行い、研究成果は、同じ専門家仲間とのみ共有する。そこで得られた成果を使ってさらに研究を先に進めるのは、自分自身か、同じ共同体に属する仲間だけである。それを評価するのも共同体の仲間だけである。こうして科学は、個々の専門領域において成立している専門家の共同体の内部で自己完結し、自己充足している知的営みとして、自らを確立していったのである。この科学の特性は、現在でも半ば以上維持されてきている。そうである限り、科学と、それを取り囲む一般社会との関係は、基本的にはどこにもないことになる。

ア　こうして19世紀以降ほぼ一世紀の間、共同体の内部で自己完結的、自己充足的に営まれてきた科学は、否応無く、共同体の外部の一般社会との間に、強い絆を持たざるを得なくなったのである。他方国家は、社会的利得を生み出す「金の卵」として科学研究を遇するようになり、様々な制度的対応を行うことになった。

イ　しかし、科学にとってある意味では幸福であったこうした時代は長くは続かなかった。第1次世界大戦の頃から、軍事と産業において、科学のなかに蓄積されている知識の「利用可能性」がようやく認知されるようになった。一方では、工業における「開発」に科学研究が寄与することが明らかになってきた。

ウ　しかし、同時に科学者は、それだけの「社会的」責任を負った、ということを忘れるわけにはいかない。かつて完全に自己充足的な形で行われていた科学であれば、研究に対する責任は、自分たちの共同体の内部の同僚に対してのみ負えばよかった。今日のように、社会との絆が築かれた後では、研究結果がそのまま社会全体の動向を左右するような可能性が生じている。したがって科学

者は、同僚に対してよりも遙かに重い責任を、社会全体に対して負わなければならなくなっているからである。

エ　このように考えると、19世紀のヨーロッパに誕生した科学は、広義の科学とは違って、社会的効用という概念の外に意図的に自らを置こうとしたと考えることができる。ある意味で、近現代社会は、ちょうど芸術や文学のように、直接的な社会的利得を追求しない営み、携わる人々の好みと趣味に由来する喜びをひたすら追求する営みの一つとして、科学の存在を許したことになる。エスノサイエンス*が実地のノウハウであった以上、こうした科学の出現は新しい事態であった。

オ　もちろん、その絆は科学にとって負の意味ばかりではなかった。自分の面白いと思うことを、外部に煩わされることなく、ひたすら追求できる、という状況に楔が打ち込まれたことは確かだが、社会的利得を生むという科学的知識の価値には、一般社会からそれなりの対価が支払われることになった。その結果科学者は、それまでにはとても期待できなかった豊かな研究のための資源を、外部社会から、それも心理的な負い目を持たずに獲得することができるようになった。現在でも、多くの科学研究は、19世紀以来の科学の論理で動いている。しかし、そこに投下される社会からの資金に関して、科学者は、自分たちの研究成果はいずれどこかで、社会的利得に還元される可能性がある、ということを主張することで、心理的負い目を解消できるようになったからである。

（出典　村上陽一郎『科学・技術の歴史のなかでの社会』より）

（注）　＊　エスノサイエンス：個々の民族文化に固有の知識・論理の体系を重視する記述・分析上の立場。

1　アーウーイーオーエ
2　イーウーアーエーオ
3　ウーオーイーアーエ
4　エーイーアーオーウ
5　エーアーウーイーオ

第6部
基礎知識

❶ オの冒頭の「その絆」という指示語に着目すると、オの前には何らかの絆について述べた文章がくることがわかります。そして、アの文章の1文目には「19世紀以降ほぼ一世紀の間、共同体の内部で自己完結的、自己充足的に営まれてきた科学は、否応無く、共同体の外部の一般社会との間に、強い絆を持たざるを得なくなったのである」とありますから、ア→オという文のつながりが発見できます。この時点で、ア・オが並んでいるのは選択肢4しかないことから、「4」が正解と判断できます。

❷ ア→オという文のつながりが発見できなかった場合、ウの冒頭の「しかし」という接続詞に着目します。すなわち、「しかし」という接続詞が使われていることから、ウの文章は何かと反対の意味を述べているということがわかります。そして、ウの文章の1文目には「しかし、同時に科学者は、それだけの『社会的』責任を負った」とあり、科学者が負った責任について述べられています。これに対して、オの文章の最後を読むと、「科学者は、自分たちの研究成果はいずれどこかで、社会的利得に還元される可能性がある、ということを主張することで、心理的負い目を解消できるようになったからである」とあり、科学者が解消できた責任(心理的負い目)について述べられています。したがって、ウはオと反対の意味を述べていることがわかりますから、オ→ウという文のつながりが発見できます。この時点で、オ・ウが並んでいるのは選択肢4しかないことから、「4」が正解と判断できます。

解答の テクニック 　頭から並べ替えなくてもOK

　文章理解の並べ替え問題の場合、頭から並べ替えなくても、上記のように文のつながりを発見して選択肢を検討すれば、正解を導けることが多いです。頭から並べ替えることにこだわらず、わかりやすいところから文のつながりを発見していくとよいでしょう。

正解　**4**

第6部

基礎知識

57 並べ替え問題

　本文の後に続く文章を、ア～オの記述を並べ替えて作る場合、順序として適当なものはどれか。

　どんな場合でも、根拠は多い方がいいのかというと、そうは問屋が卸さない。一つ一つの根拠が、独立して見れば正しくても、それらが併せあげられることで、根拠間で不両立が生じてしまうからである。（中略）

　例えば、このような議論はどうだろうか。日本の商業捕鯨再開に反対する人が、その根拠としてあげたものである。

a　「鯨は高度の知能をもった高等な哺乳類である」

b　「欧米の動物愛護団体の反発を招き、大規模な日本製品の不買運動が展開される恐れがある」

　レトリックでは、aの型の議論を「定義（類）からの議論」、bの型の議論を「因果関係からの議論」と呼ぶ。そして、同一の主題について、同一の論者が、同時にこの二つの議論型式を用いるとき、それはしばしばその論者の思想に不統一なものを感じさせる。

　具体的に説明しよう。aの議論では、何よりも、鯨が人間に近い高等な生き物であるからこそ、捕鯨に反対する。つまり、鯨とはどのような生物かという性格づけをその根拠としている。この場合、捕鯨再開がもたらす結果は、考慮の埒外にある。それが外国の非難を浴びようが、あるいは歓迎されようが、そんなことは関係ない。鯨が高等生物であるがゆえに、食料にする目的で捕獲してはいけないと言っているのである。

　これに対し、bの議論は、鯨のことなど問題にしてもいない。それはただ、商業捕鯨再開が招きかねない経済的制裁を憂慮しているにすぎない。だから、もし捕鯨再開に対して何の反発も起きないのであれば、鯨などいくら獲ってもかまわないということになる。

　このように、aの議論とbの議論の背後には、それぞれ独自の哲学・思想があ

り、それがお互いを否定し、また不必要なものとする。

（出典　香西秀信「論より詭弁　反論理的思考のすすめ」より）

ア　本質論に立つａからすれば、ｂのようなプラグマティックな考えはむしろ排
　斥しなければならないからだ。

イ　したがって、説得力を増す目的で、ａの議論にｂの議論を加えることは、か
　えってａの議論の真摯さに疑いをもたれる結果となろう。

ウ　ｂの議論にとって、捕鯨が正しいかどうかということは何の関係もない。

エ　これにａの議論が加われば、いかにも取って付けたような印象が残るだけで
　ある。

オ　逆に、ｂの議論にａの議論を付け加えたとき、それはまったく無関係な、不
　必要なことをしているのである。

　　1　アーウーエーオーイ
　　2　アーオーイーエーウ
　　3　イーアーオーウーエ
　　4　イーウーアーエーオ
　　5　ウーイーアーオーエ

解説

❶ イの冒頭の「したがって」という接続詞に着目します。すなわち、「したがって」という接続詞が使われていることから、イの文章は前の文章から導かれる結論を述べたものであることがわかります。ここで、本文の最後に着目すると、「aの議論とbの議論の背後には、それぞれ独自の哲学・思想があり、それがお互いを否定し、また不必要なものとする」のですから、説得力を増す目的で、aの議論にbの議論を加えることは、かえってaの議論の真摯さに疑いをもたれる結果となる、という結論が導かれます。したがって、本文の最後の文から導かれる結論がイの文章ですから、ア〜オの記述のうち一番始めにくるのがイであることがわかります。この時点で、イで始まっていない選択肢1・2・5を消去します。

❷ 次に、エの冒頭の「これに」という指示語に着目します。「これに」の後に「aの議論が加われば」とあることから、「これ」とはbの議論を指していることがわかります。そして、bの議論について述べている記述はウ以外にありませんから、ウ→エという文のつながりが発見できます。この時点で、ウ・エが並んでいない選択肢4を消去し、「3」が正解と判断できます。

❸ なお、アの記述が「〜からだ」で終わっていることから、アの記述は何かの理由を述べたものであることがわかります。そして、アの記述は「bのような…考えはむしろ排斥しなければならないからだ」とあり、これはイの記述の「bの議論を加えることは、かえってaの議論の真摯さに疑いをもたれる結果となろう」という部分の理由となっています。したがって、イ→アの文のつながりが発見でき、イ・アが並んでいない選択肢1・2・4を消去することができます。

❹ また、オの冒頭の「逆に」という接続詞に着目すると、オの記述が前の文章と逆のことを述べていることがわかります。そして、イの記述が「aの議論にbの議論を加えることは」とあり、オの記述が「bの議論にaの議論を付け加えたとき」とあることから、オの記述がイの記述と逆のことを述べていることがわかります。したがって、イがオよりも前に来ることが発見でき、これに反する選択肢1・2を消去することができます。このようなヒントを駆使して正解を導くことができればOKです。

正解　**3**

第6部

基礎知識

58 並べ替え問題

　本文中の空欄に入る文章をア～エの文を並べ替えて作る場合、順序として適当なものはどれか。

　接続詞は論理的か、というのは難しい質問です。論理学のような客観的な論理に従っているかという意味では、答えはノーです。もし厳密に論理で決まるのであれば、以下のように、論理的に正反対の事柄に両方「しかし」が使えるというのは説明できません。

　・昨日は徹夜をして、今朝の試験に臨んだ。しかし結果は0点だった。
　・昨日は徹夜をして、今朝の試験に臨んだ。しかし結果は100点だった。

　暗黙の了解として、前者の例では「徹夜をするくらい一生懸命準備すればそれなりの点が取れるだろう」があり、後者の例では、「徹夜をするくらい準備が不足していたのなら（または徹夜明けの睡眠不足の状態で試験を受けたのなら）それなりの点しか取れないだろう」があったと考えられます。このことは、接続詞の選択が客観的な論理で決まるものではなく、書き手の主観的な論理で決まることを暗示しています。

　（中略）

　接続詞で問われているのは、命題どうしの関係に内在する論理ではありません。命題どうしの関係を書き手がどう意識し、読み手がそれをどう理解するのかという解釈の論理です。

　もちろん、言語は、人に通じるものである以上、固有の論理を備えています。

　わかりやすくいうと、文字情報のなかに理解の答えはありません。文字情報は理解のヒントにすぎず、答えはつねに人間が考えて、頭のなかで出すものだということです。

（石黒圭「文章は接続詞で決まる」より）

ア　じつは、人間が言語を理解するときには、文字から得られる情報だけを機械的に処理しているのではありません。

イ　しかし、その論理は、論理学のような客観的な論理ではなく、二者関係の背後にある論理をどう読み解くかを示唆する解釈の論理なのです。

ウ　文字から得られる情報を手がかりに、文脈というものを駆使してさまざまな推論をおこないながら理解しています。

エ　接続詞もまた言語の一部であり、「そして」には「そして」の、「しかし」には「しかし」の固有の論理があります。

1　ア→イ→エ→ウ
2　ア→ウ→エ→イ
3　イ→ウ→ア→エ
4　エ→ウ→ア→イ
5　エ→イ→ア→ウ

❶ まず、肢エに「固有の論理」という言葉が使われていることに注目します。この「固有の論理」という言葉は空欄の直前でも使われており、そのことから肢エは空欄の直前の「固有の論理」という言葉をより詳しく説明した文である、ということがわかり、空欄の最初に入る肢はエであることがわかります。

❷ 次に、肢イをみると、肢イには「その論理」という言葉が使われています。そこで、肢イは「もちろん」で始まる「固有の論理」に関する話題に、「しかし」という接続詞を使うことで別の視点を付け加える役目を果たす文ではないかと予測できます。試しに、「もちろん」から始まる一文→エ→イと繋げて読んでみても不自然な点はないため、①エ→②イという順番が確定できます。

❸ この時点で正解は「5」であると判断できるのですが、念のため肢アと肢ウについても検討します。まず肢アと肢ウには、「文字から得られる情報」という言葉が共通して使用されている、ということに注目します。そのことを念頭に二つの文を読み比べてみれば、ア→ウという流れが自然であると判断でき、正解は5であると判断できます。

正解　5

第6部

基礎知識

59 並べ替え問題

　本文中の空欄　　　　　　に入る文章を、あとのア〜エを並べ替えて作る場合、その順序として適当なものはどれか。

　日本で初めてのノーベル賞受賞者である物理学者、湯川秀樹さんは中間子というものの存在を夢の中で思いついたのだそうです。（中略）

　客観世界の、それも目に見えない極微の世界の構造が、湯川さんの頭の中では見えていたのです。しかも、ここがわからない、というところもちゃんとわかっていたのです。ま、もっともわかるといっても理論の世界ですから、わかったぞ！と思った後は、陽子と中性子の相互関係を数学的に計算して、その力やその大きさがどのくらいでなければならないか、という裏付けをやらなければならず、その結果、その力はどれくらい、その大きさは電子の二〇〇倍くらい、などという具体的な予測に発展するわけですが、核子を結びつけるきずなの、おおよその様子、おおよその仕組みが、夢の中でわかったのだそうです。（中略）

　このようなわかり方はよく「直感的にわかる」、というふうに表現されます。

　飛躍があって答えに到達しているのでは決してなく、心は心なりにある必然的な方法で、疑問を処理し、答えに到達しているのです。ただ、その経過が意識されていないだけです。

　　　　　　　（山鳥重「「わかる」とはどういうことか―認識の脳科学」より）

ア　答えは外にも中にもないのです。ちゃんと自分で作り出すのです。

イ　あるいは答えが頭のどこかにあって、その答えに直達する、ということでもありません。

ウ　直感的にわかる、といっても外の世界から答えが頭の中へ飛び込んでくるわけ
　　ではありません。

エ　ただ、その作り出す筋道が自発的な心理過程に任されていて、意識的にその過
　　程が追いかけられないとき、われわれはほかに表現のしようがないので、直感的
　　にわかった、という表現を使うのです。

1　ア→イ→エ→ウ

2　ア→エ→ウ→イ

3　イ→ア→エ→ウ

4　ウ→イ→ア→エ

5　ウ→エ→イ→ア

❶ まず、肢ウに「直感的にわかる、といっても…」とあることに注目すると、肢ウは「直感的にわかる」という言葉を説明している文である、ということがわかります。そこで空欄の直前の文を見ると、「このようなわかり方はよく「直感的にわかる」、というふうに表現されます」とあるため、空欄の直前の文と肢ウはつながっており、空欄の最初に入る肢はウであることがわかります。

❷ 次に、肢イに「あるいは答えが頭のどこかにあって、その答えに直達する、ということでもありません」とあることから、肢イの前の文は何かを否定している文であろう、ということがわかります。そこで、そのような肢を探してみると、該当する肢はウのみであるため、ウ→イという文のつながりがわかります。この時点で、最初がウであり、さらにイと続く選択肢は4しかないことから、「4」が正解と判断できます。

正解　**4**

第6部

基礎知識

並べ替え問題

　本文中の空欄 [　　　　　] に入る文章を、あとのア〜オを並べ替えて作る場合、その順序として適当なものはどれか。

　日本には古来より、折りのかたちや、ものを包むかたちとして、西洋ばかりか東洋の中国や朝鮮にも見られない、独自の美学が生きたやり方がある。日本人の美意識によって育まれた和紙を用いた折りのかたちと、工夫を凝らした包みのかたち、現代風に言えばパッケージデザインである。

　こうした伝統的な折りのかたちや包みのかたちに私たちは、時折はっとするような美しさに出会うことがある。折ったり、包んだりする機能に幾何学的抽象の秩序のある美しさが加わり日本人独自の精神性が宿る造形美をつくりあげている。

　日本人のようにこうした折り形と包みのかたちに対して特別の思いを込める民族もめずらしいのではないだろうか。[　　　]

　折りの面白さだけではなく、包み込む全体の形状の美しさが優先されてきたように思う。のりを用いないパッケージとして、筆包みから手紙や色紙、花、薬、ごま塩などの包みまで、数多くの折りのかたちが残っている。

　　　　　　　（出典　三井秀樹「かたちの日本美—和のデザイン学」から）

ア　しかもその機能性にとどまらず、日本人は、これをいかに折り目正しく格好よく包みあげるかという造形美に対するひときわ高い願望を持つ。

イ　包みのかたちは本来中身を保護し、持ち運びしやすい包み（パッケージ）という用を満たした機能性に価値がある。

ウ　確かに折り形には包みのかたちのような機能的な側面は少ないかもしれない。

エ　ことに和紙の折り形には日本人独特の神聖視感と、しつらいの気持ちが込められている。

オ　しかし、その中にも伝統的な美しい包みのかたちの側面が残されている。

1　ア→エ→イ→オ→ウ

2　イ→ア→エ→ウ→オ

3　イ→エ→ウ→オ→ア

4　エ→ア→イ→ウ→オ

5　エ→オ→ウ→イ→ア

❶　まず、ウが「確かに」、オが「しかし」という接続語で始まっていることに着目します。「確かに」といったん譲歩しておいて、「しかし」と逆の主張を述べるのは、大変よく使われる技法ですから、ここですぐにウ→オと判断してしまいたいところですが、「確かに」で始まる文と「しかし」で始まる文の間に他の文が挿入されている場合もあるため、ウとオの間に入りそうな文はないかを探してみます。しかし、ウの後にア、イ、エと入れてみると、意味が通らなくなってしまいますので、やはりウ→オというつながりが正しいと判断できます。この時点で、ウ・オが並んでいない「1」「5」を消去します。

❷　次に、アが「しかもその機能性にとどまらず」と始まっていることに着目すると、アの前の文では、何らかの「機能性」についての記述がなされているものと考えられます。そこで、イを見ると、「包みのかたちは…機能性に価値がある」とあるため、ここでイ→アのつながりが分かります。この時点で、イ・アが並んでいない「3」「4」を消去し、正解は「2」と判断できます。

正解　2

MEMO

第6部
基礎知識

■執筆者　プロフィール

豊泉裕隆（とよいずみ　ひろたか）

昭和55年埼玉県生まれ。

平成14年早稲田大学法学部卒。

平成14年行政書士試験合格。

平成23年司法試験予備試験合格。

平成24年司法試験合格。

平成25年12月弁護士登録（埼玉弁護士会所属）。

平成26年３月埼玉県和光市に豊泉法律事務所を開設。

実務の傍ら、平成15年から、司法試験・行政書士試験・公務員試験の教材作成や書籍出版、答案の採点などに携わり現在に至る。

主な著書に、『司法試験・予備試験　逐条テキスト』シリーズ、『合格革命 行政書士』シリーズ、『プロ必携　平成26年改正会社法　逐条完全解説』〔監修〕（以上、早稲田経営出版）、『公務員試験論文答案集　専門記述　憲法』（TAC出版）などがある。

2024年度版　合格革命　行政書士　基本問題集

（2013年度版　2013年１月20日　初版　第１刷発行）

2023年12月24日　初　版　第１刷発行

編　著　者	行 政 書 士 試 験 研 究 会	
発　行　者	猪　　野　　　樹	
発　行　所	株式会社　早稲田経営出版	

〒101-0061

東京都千代田区神田三崎町3-1-5

神田三崎町ビル

電 話 03(5276)9492 (営業)

FAX 03(5276)9027

組　　版	朝日メディアインターナショナル㈱	
印　　刷	今 家 印 刷 株 式 会 社	
製　　本	株式会社 常 川 製 本	

Ⓒ Waseda keiei syuppan 2023　　　Printed in Japan

ISBN 978-4-8471-5105-7

N.D.C. 327

書籍の正誤に関するご確認とお問合せについて

書籍の記載内容に誤りではないかと思われる箇所がございましたら、以下の手順にてご確認とお問合せを
してくださいますよう、お願い申し上げます。
なお、正誤のお問合せ以外の書籍内容に関する解説および受験指導などは、一切行っておりません。
そのようなお問合せにつきましては、お答えいたしかねますので、あらかじめご了承ください。

1 「Cyber Book Store」にて正誤表を確認する

早稲田経営出版刊行書籍の販売代行を行っている
TAC出版書籍販売サイト「Cyber Book Store」の
トップページ内「正誤表」コーナーにて、正誤表をご確認ください。

CYBER TAC出版書籍販売サイト
BOOK STORE

URL:https://bookstore.tac-school.co.jp/

2 1の正誤表がない、あるいは正誤表に該当箇所の記載がない ⇒ 下記①、②のどちらかの方法で文書にて問合せをする

★ご注意ください★

お電話でのお問合せは、お受けいたしません。
①、②のどちらの方法でも、お問合せの際には、「お名前」とともに、
「対象の書籍名(○級・第○回対策も含む)およびその版数(第○版・○○年度版など)」
「お問合せ該当箇所の頁数と行数」
「誤りと思われる記載」
「正しいとお考えになる記載とその根拠」
を明記してください。
なお、回答までに1週間前後を要する場合もございます。あらかじめご了承ください。

① ウェブページ「Cyber Book Store」内の「お問合せフォーム」より問合せをする

【お問合せフォームアドレス】

https://bookstore.tac-school.co.jp/inquiry/

② メールにより問合せをする

【メール宛先 早稲田経営出版】

sbook@wasedakeiei.co.jp

※土日祝日はお問合せ対応をおこなっておりません。
※正誤のお問合せ対応は、該当書籍の改訂版刊行月末日までといたします。

乱丁・落丁による交換は、該当書籍の改訂版刊行月末日までといたします。なお、書籍の在庫状況等
により、お受けできない場合もございます。
また、各種本試験の実施の延期、中止を理由とした本書の返品はお受けいたしません。返金もいたし
かねますので、あらかじめご了承くださいますようお願い申し上げます。

(2022年7月現在)